完全定本《かんぜんていぼん》

人相学大全《にんそうがくたいぜん》

【麻衣版】

PHYSIOGNOMY

麻衣道者◎著　山道帰一◎編訳

河出書房新社

完全定本　人相学大全

【麻衣版】

麻衣道者著・山道帰一編訳

序

「相」という字は「木」（きへん）と部首の「目」から構成されている。すなわち「観察」するという意味である。広義の解釈としては、「天象」（天体観察）、「地相」（俯察地理《ふさつちり》：俯《うつむ》いて地理を察する）と「人相」「物相」である。狭義の解釈としては専ら「人相」を指す。また、「人相」は「相術」「相法」（俗称「手面相」）と称され、人の形（外見）、声（言葉）、気（気色）の観察と分析によって、人の運命の吉凶を預言する術数である。

中国相術は古い歴史を持つ命学術数の一つであり、その他に占卜、星命（占星術）、堪輿《かんよ》（風水）などを総称して「五術」（命・卜・相・山・医）と呼ばれる、人間の運命に対して配慮し探索するための「相」に属する。中国古代、数多の政治分野における領袖となる人物や思想家たちには相法に対して極めて深い研究がある。例えば、著名な人物として、文王、周公、孔子、孟子、張良、諸葛亮、劉伯温《りゅうはくうん》、曾国藩《そうこくはん》などによる、数多くの人相学にまつわる逸話が今日にも伝えられている。

もちろん、相法の歴史には著名な専門家、及びその著述があり、三国時代の管輅《かんろ》、前漢の許負《きょふ》による『人倫識《じんりんしき》鑑《かん》』、後漢の郭林宗《かくりんしゅう》、戦国時代の鬼谷子《きこくし》、五代十国の麻衣道者《まいどうしゃ》による『麻衣相法《まいそうほう》』とその弟子の陳希夷《ちんきい》（陳摶《ちんたん》）による『神相全編《しんそうぜんぺん》』、明代の袁珙《えんきょう》（柳荘居士《りゅうそうこじ》）による『柳荘集《りゅうそうしゅう》』、その子である袁忠徹《えんちゅうてつ》による『人相大成《にんそうたいせい》』、清代の范文園《はんぶんえん》による『水鏡集《すいきょうしゅう》』、雲谷山人《うんこくさんじん》による『鉄関刀《てつかんとう》』など数多くの貴重な相法における古典文献が後代の人たちの採用する実用的な相法の著作となっている。

彼らの著述の中から私たちは、中国古代における相法の歴史を理解するだけではなく、人間の性格を観察し、また人間の運命を探求する。彼らは人間の面相の部位の形状と気色《きしょく》の変化から、人間の成功と失敗を予測するのに十分な情報を引き出す。同時に数多の鑑定例から、どの年に成功し、どの年に失敗するかなどの人生に起こる重要な出来事の時期に対しても、彼ら相法家たちが極めて正確な推断をしてきたことがわかる。

彼ら相法家たちの理論のうち一部はあまりにも奥深く理解し難いものもあるのだが、そういったものも含めて相法の歴史の一部であり、二千年の試験と数万、数十万という実例こそがその正確さを実証しているのではないだろうか。その歴史と根拠は信じるに値する基礎を構築している。今日まで伝えられているこれらの相法の成果と実用性を信じる、信じないという次元で抹消すべきものではないと思う。

もっとも古代中国の相法における哲学観は、「相は心から生じる」（人相は心から表れてくる）、「相は心によって転じる」（人相は心のあり方で変わる）、「中から動き出して、形を外に表す」（心が形に表れてくる）という生理的・心理的影響の面相観は現代科学の観念と符合する。

中国の相術関係の著作は、広大な海のように多く、蔵書が極めて多い（汗牛充棟《かんぎゅうじゅうとう》）ため、全てを研究し尽くすなど実際には不可能であろう。ゆえに山道帰一は、麻衣道者に仮託され年月を経て書き集められた『麻衣神相』を藍本《らんぽん》（底本）とし、編纂して本書『人相学大全』を学習者への参考に供した。真に称賛に値する。

麻衣道者は五代から宋代にかけての仙風道骨《せんぷうどうこつ》の伝説の人物である。相術の他にも易学、術数に精通し、その著作とされる『麻衣神相』は相術の経典《けいてん》（古代中国の聖人や賢人が書いた書物）の作である。

山道帰一は本作において、現代の語法を用いて、中国古代相術を現代に解き、曖昧で雑な古典の挿絵を刷新し、初学者、閲読者への理解を助けている。

私たちは本著『人相学大全』を出版することによって、『麻衣神相』の中に説かれる昔からの玄機《げんき》（奥深い道理）を読者に十分に認識させ、そして読者は人生における禍福の奇妙な変化を予測する貴重な経験を汲み取ることだろう。

「相を看て人を知る」相術の知識を学んで身につけ、人を知る知識を善用《ぜんよう》することで、人生におけるリスクマネジメント力の向上となり、益出《えきだ》しできる。

これを序とする。

鍾進添

二〇一七年十一月台中にて

完全定本　人相学大全——目次

序　iii

第一章　面相法……1

形を論ずる　2
神《しん》を論ずる　2

面相について——5

面相の十分とは　5
七神　6
五官と五臓　7

面痣《めんし》——8

痣の分類　8
男子面痣　9
男子面痣吉凶分析一　10
男子面痣吉凶分析二　14

女子面疱　17
女子面疱吉凶分析　18
気色《きしょく》の吉凶――22

第二章 相術の体系

相術の体系……25
九州《きゅうしゅう》八卦《はっけ》干支《かんし》説――27
六府《ろくふ》三才《さんさい》三停《さんてい》説――32
五官《ごかん》五行《ごぎょう》生剋《せいこく》説――35
十二宮《じゅうにきゅう》五官《ごかん》説――37
四学堂《しがくどう》・八学堂《はちがくどう》説――42
五岳《ごがく》四瀆《しどく》――45
五星六曜――47
十三部位《じゅうさんぶい》総図歌《そうずか》：麻衣神相の精髄――50
面相《めんそう》三十六宮《さんじゅうろくきゅう》――55
十字《じゅうじ》面相《めんそう》法――67

第三章

五官相法

79

1. 骨の相を判断する――81
2. 肉の相を判断する――85
3. 頭と髪の相を判断する――87
4. 額の相を判断する――90
5. 面相を判断する――93
6. 眉の相を判断する――95
7. 目の相を判断する――111
8. 鼻の相を判断する――161
9. 人中《じんちゅう》の相を判断する――178
10. 口の相を判断する――189
11. 唇の相を判断する――201
12. 舌の相を判断する――203
13. 歯の相を判断する――205
14. 耳の相を判断する――208

第四章

手相

……221

中国手相学とは?——222
手形の看法——225
五形　225
八卦と明堂の看法——231
十二宮の看法——235
西洋手相学と中国手相学の比較　239
左手と右手の手掌(手のひら)について　241
掌紋の流年看法　242
掌紋看法～成功と失敗の分水嶺——243
掌紋とは何か?　243
三才の掌紋　243
玉柱紋《ぎょくちゅうもん》(事業線)　245
六秀紋《りくしゅうもん》(成功線)　246
理財紋《りざいもん》(資産線)　247

貴《き》人紋《じんもん》　248
麻衣相法の手紋解説――249
麻衣相法の足紋解説――293
あとがき　297

第一章

面相法

形を論ずる

人は生まれつき陰陽の気を授かり、天地の形に似ます。また、五行の性質を受け、万物は霊性を宿しています。ゆえに頭は天を形象し、足は地を形象します。目は日月《じつげつ》を形象し、声音《せいおん》は雷霆《らいてい》（雷が轟くこと）を形象します。血脈は江河を形象し、骨節は金石を形象します。鼻と額は山岳を形象し、毫髪《ごうはつ》（細い毛）は草木を形象します。天は高遠であるのが良く、地は四角く厚くあるべきです。日月は光明《こうめい》（明るい光）であるのが好ましく、雷鳴は震響《しんきょう》するのが道理です。江河は潤ってこそのものであり、金石は堅固を旨とします。山岳は峻《しゅん》でこそ、その特質を顕にし、草木は茂り花を咲かせようとします。これは皆、自然の摂理です。郭林宗《かくりんそう》（中国後漢代の儒者128—169年）が人を看るのに用いた八つの法は、この摂理に基づくのです。

神《しん》を論ずる

人の容貌は血の中の栄養分によって形作られ、その血は気から生まれ、気は「神《しん》」（精神）の働きから生じます。ゆえに容貌の全ては血の全てであり、血の全ては則ち気の全てであり、気の全ては則ち「神」の全てなのです。容貌は「神」のあり方に影響し、気が安《やす》まらなければ、「神」も暴れて安まりません。自分の「神」を安ませることができるのは、聖人君子だけでしょうか。「神」は、目覚めれば目の輝きとなりますが、寝ると心に留まります。姿形は「神」より出でくるもので、形は「神」の表れなのです。ちょうど、太陽や月の光は外界の万物を照らしますが、その光の根源は太陽や月の内に存在するのに似ています。目が澄んでいれば、「神」は清らかであり、目に明るさがなければ、「神」も濁っています。「神」が清ければ、頭脳明晰で、呆然としていることは少ないでしょう。また、その逆も真であると言えます。頭脳明断であることを推断できる人は、人の貴賤を知ることができるのです。

「神」の働きは、夢のようなものです。心の中にあるだけでなく、遠く五臓六腑の間を出てしまうこともあります。目や耳が、視るとはなしに視て、聴くとはなしに聴いているのと同じことです。「神」がさまよい出る場所と、そこで見る事柄、あるいは感じたり、遭遇したりすることも、我が身に生じた体験です。夢の中に見る事柄は、自分の身体の中に生じたものではなく、身体の外に生じたものなのです。

白眼禅師《びゃくがんぜんし》が夢について説くところに五境というものがあります。一つ、霊境。二つ、宝境。三つ、過去境。四つ、現在境。五つ、未来境。「神」の暗さは夢に出ます。「神」が落ち着いていれば境がなくなります。それを望めば、その形が表れます。ある時は、さっぱりとして清く、またある時は、郎然《ろうぜん》（明るくはっきりとしているさま）として明るく、またある時は、凝然《ぎょうぜん》（じっと動かずにいるさま）として重厚です。「神」は内において発し、表において見えるものです。「神」が清く、光明にして澄んでいるならば、富貴の相であると言えます。明るくなく軟弱であれば、濁っており、結果として短く薄い相となります。冷静であれば、その「神」は安まります。実体がなく性急ならば、「神」は傷つくのです。


いにしえの詩には、次のように書かれています。


「神」は形の内に居して見るべからず。気を以って「神」を養い命根（最も大切なもの）となる。

気を壮にして血と和とし、即ち安固《あんこ》（安全で堅固）となる。血は枯れ気を散じ、神光《しんこう》は奔《に》げる。

英俊な風采、清秀（秀麗である）な心は「神」によって爽やか。

気血が調和して「神」は昏《くら》からず。「神」の清濁は形に表れる。貴賤を最も甚だしきは定めると論ずる。

「神」が露わになることは良くありません。露わになれば必ず凶となります。「神」が貴となるのは、内において隠れ潜んでいる場合です。何かに対する畏敬の念は精神に良い働きをもたらし、その人は貴となります。一般的に、相において「神」が活発で、姿形に結びついていないのであれば良いですが、姿形ばかりがあって、「神」が不足すると良くありません。「神」は驚くような状況を好みません。驚きは寿命を損ないます。「神」は性急さを嫌います。性急さは多くの誤りを生むからです。また、人の器を知るためには、姿形の大きさを看ます。姿形が広くて大きいと、その人としての器も大きい、つまり徳も大きく、物事をよく悟ることができます。心とはつまり器なのです。器が浅ければ見識は賤しく、器に余る「神」があると、たとえ君子であってもつまらない人になってしまうのです。

面相について

――面相の十分とは

達摩《だるま》祖師（5世紀後半から6世紀前半）は、人身と人面における十分法をつくりました。人身を10点で判断し、人面もまた10点満点で、身体と面部、各器官の占める割合は不同であり、その重要性もまた不同です。

人身の10点

面部6点　＋　身体4点＝　10点

人面の10点

3点　＝　目
3点　＝　額
1点　＝　眉
1点　＝　口
1点　＝　鼻
1点　＝　耳

七神

相学の用語で重要な概念として「形」と「神」があります。「神」とは、精神活動です。達摩によれば、人間には七つの「神」があります。

蔵：露われず、深い場所にある気。
安：動揺せず、意志を固く定めること。
発：露われず、発揚であること。
清：気質が清純であり、高雅であること。
和：対人との和気。
怒：正気であり、怒ったときの状態。
剛：剛強、不屈、敬うこと。

七神に対して忌むこと。

晦：暗く、神気が欠乏していること。
愚：自分の意見に固執する。融通がきかないこと。
露：軽佻《けいちょう》（軽はずみ）である。隠し忍ぶことを知らないこと。
枯：精気が欠乏していること。

弱：馴れ馴れしいこと。自分の意見がないこと。
争：邪悪な気。修養がないこと。
孤：偏執。超然として傲慢であること。

五官と五臓

人の顔の五つの器官（五官）と身体内部の五臓に相関関係があることは、中医学における望診も説明するところです。内臓に疾病があれば、その異変が面部の五官に表れます。

■五臓と面相

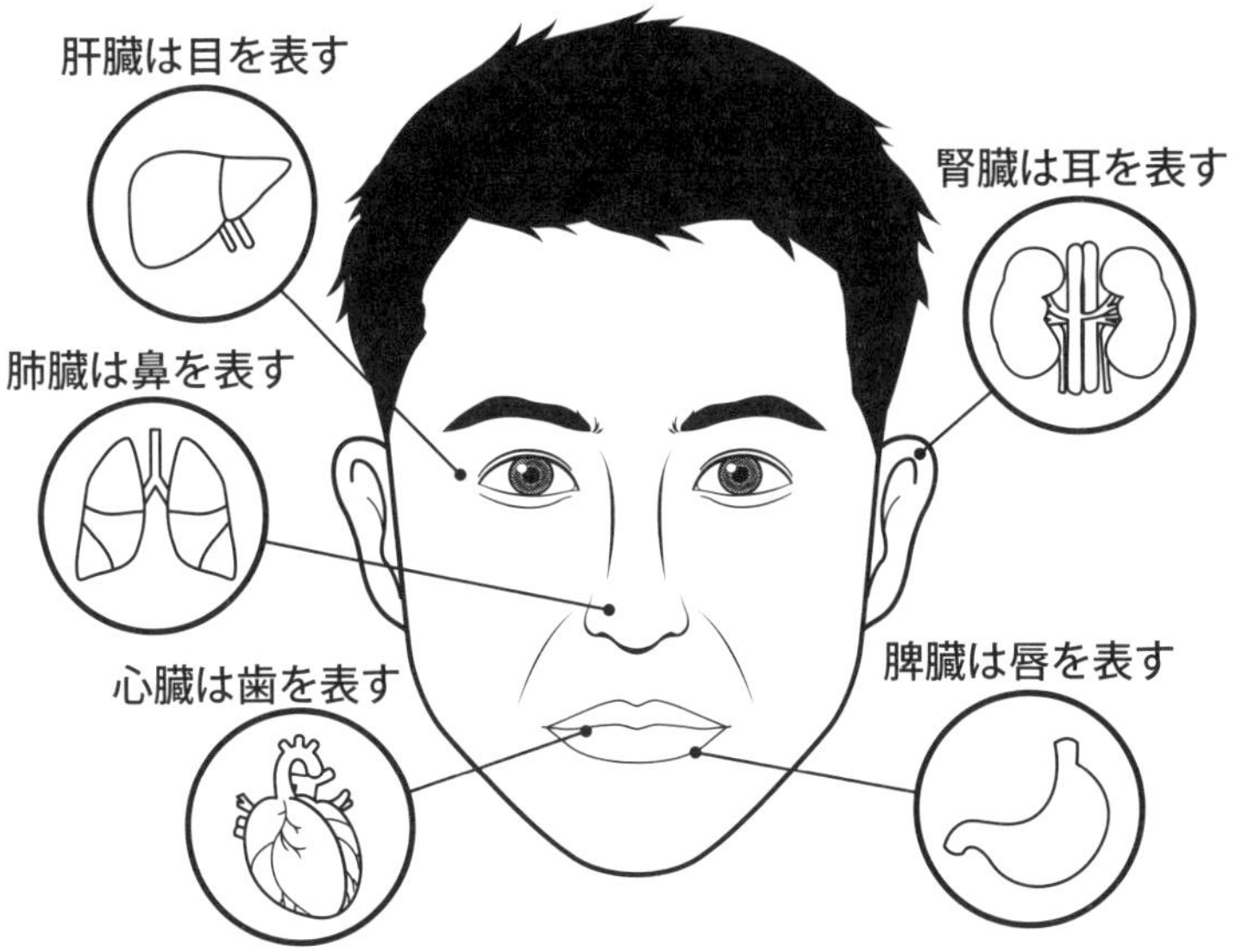
肝臓は目を表す
腎臓は耳を表す
肺臓は鼻を表す
心臓は歯を表す
脾臓は唇を表す

面痣《めんし》

面痣、つまり顔の痣《あざ》によって吉凶を分別します。

――痣の分類

痣とは、皮膚に生じた赤や青などの斑紋の俗称です。先天性の母斑《ぼはん》、後天性の皮下出血や紫斑があり、皮膚上の小さな凸した斑点（表面にまばらに散らばった点）、有褐色で黒色、青色、紅色の色素が細胞に入り、皮膚の表層に集中して形成される痣を言います。

『袁柳荘神相全編《えんりゅうそうしんそうぜんぺん》』では、

「痣は山林、峰刃《ほうじん》の如く高くなければならない」「凡《およ》そ高ければ（凸出）痣とする。平な点、青色は斑とする。凡そ斑点があるのは面を生じるのに宜しからず。書に曰く面に多くの斑点があれば、おそらく寿が耆《き》（60歳以上の老人）となる人に非ず」

と記されています。

また、痣には顕痣《けんし》と隠痣《いんし》があります。面上に明らかに表れているのが顕痣であり、痣が毫毛《ごうもう》（細い毛）に隠れて身体上に見えない痣が隠痣です。

——男子面痣

痣の色について、面相術では、「黒は墨、赤は朱の如く、硬く丸く高いのは大貴、中平は小貴」とします。

古典図にある男性の面痣《めんし》は、次の「男子面痣」、「男子面痣の図 1〜麻衣相法大全」及び「男子面痣の図 2〜麻衣相法大全」のとおりです。

■男子面痣

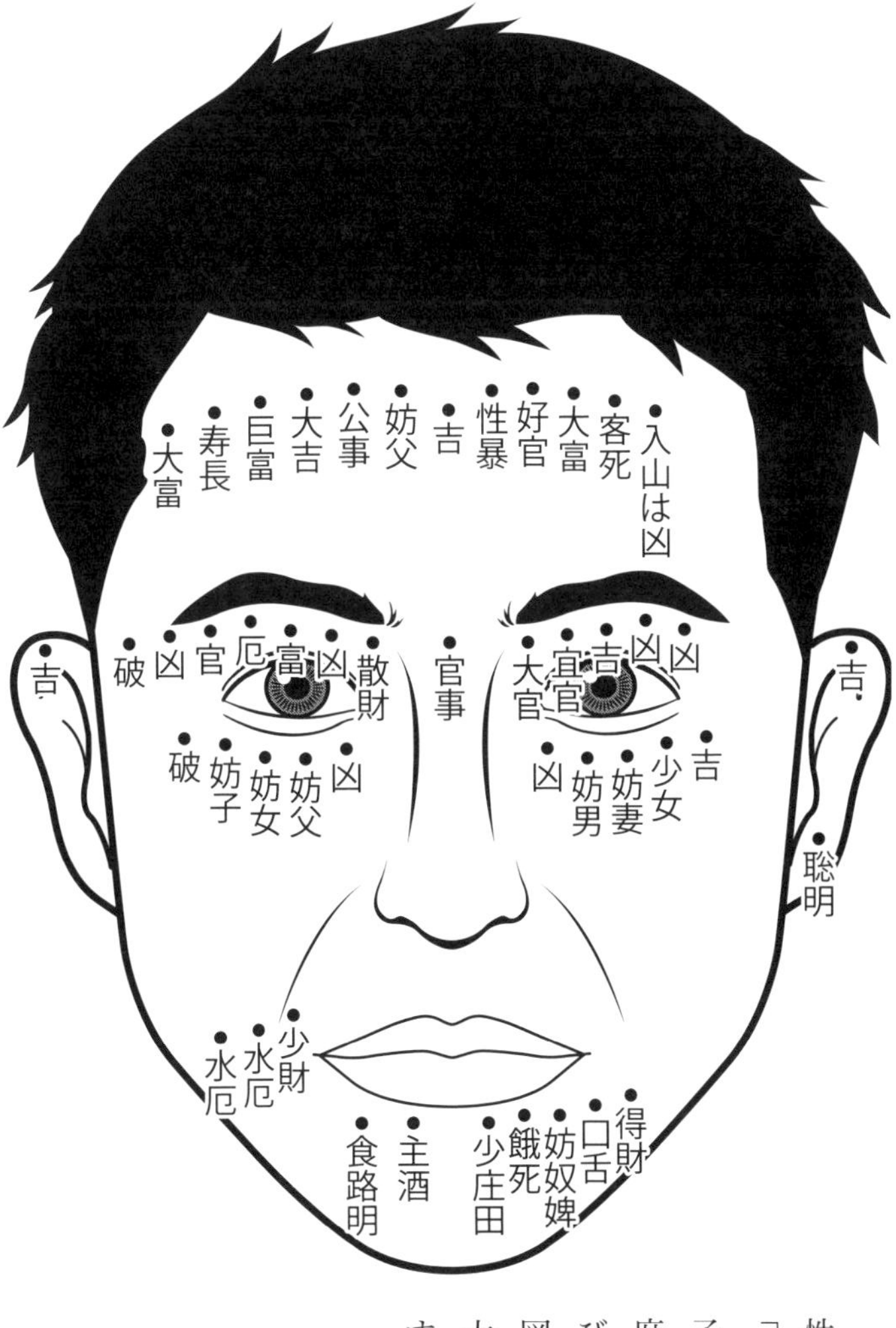

■男子面痣の図　1～麻衣相法大全

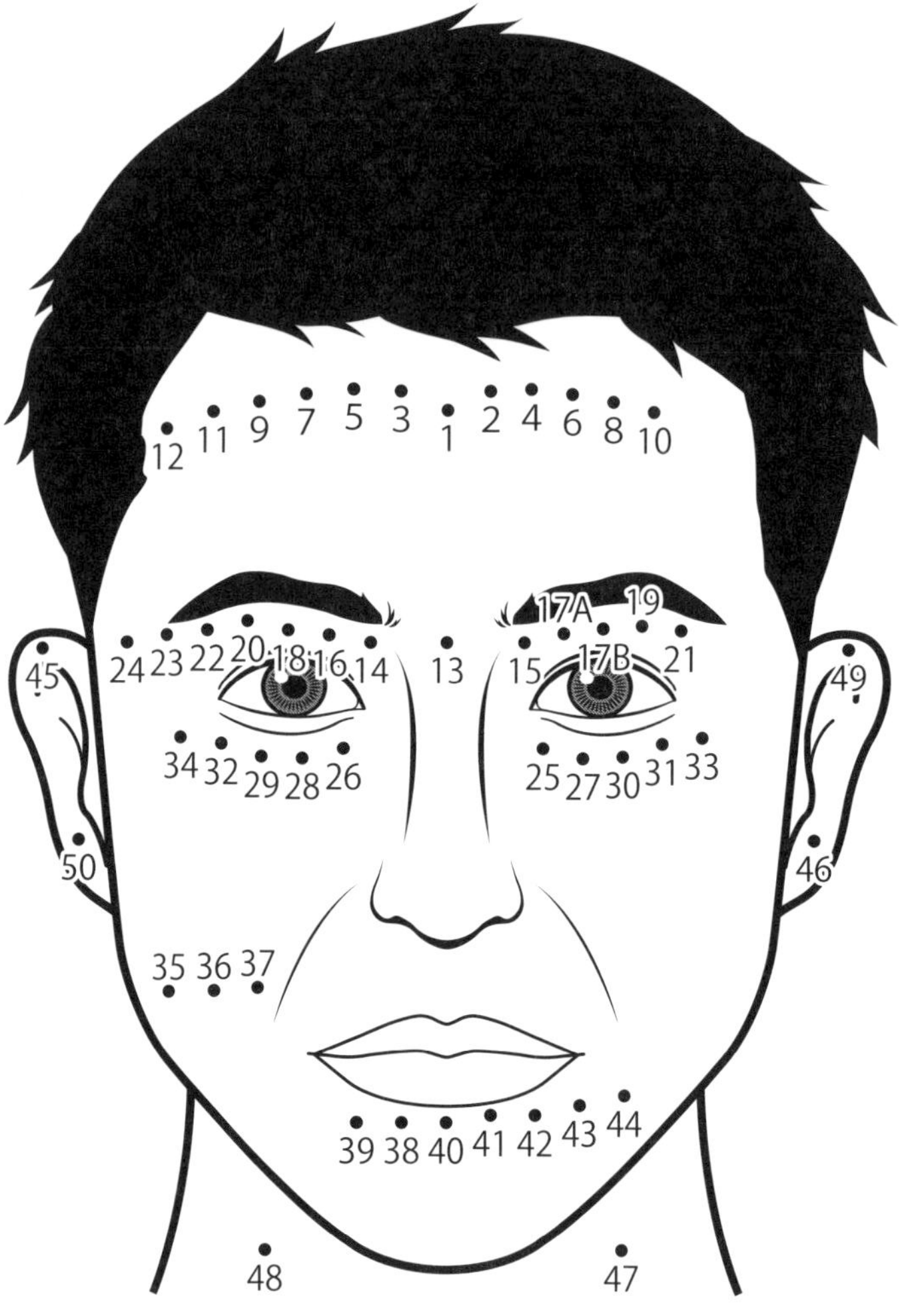

1.吉	9.巨富	16.凶	23.凶	30.妨妻	37.少財	44.得財
2.性暴	10.忌む入山	17A・B.大吉	24.破	31.少女	38.主酒	45.吉
3.妨父	11.孤独	18.富	25.凶	32.妨子	39.食路明	46.聡明
4.好官	12.大富	19.凶	26.凶	33.吉	40.少庄田	47.吉
5.公事	13.仕事運	20.厄	27.妨男	34.破	41.餓死	48.貴
6.大富	14.散財	21.凶	28.妨父	35.水厄	42.妨奴婢	49.吉
7.大吉	15.仕事運	22.官	29.妨女	36.水厄	43.口舌	50.孝敬
8.客死						

1に痣がある人は、痣が紅色ならば吉利となる面相。

2に痣がある人は、怒りっぽくて気性の激しい性格。

3に痣がある人は、父親の妨害となる人。

4に痣がある人は、無我夢中になって役人になる（官職につく）。一歩ずつ登っていく。

5に痣がある人は、公務を処理するのが好き。

6に痣がある人は、痣につやがあれば好ましい。大富の面相。

7に痣がある人は、痣が紅色ならば、大吉の面相。

8に痣がある人は、晩年苦労する。結婚しにくい。容易に異郷で客死する。

9に痣がある人は、痣が紅色ならば、財運の徴候がある。経営にたずされば、巨大な財富。

10に痣がある人は、冒険性の強い性質の活動に従事しないのが好ましい。例えば登山などは危険がある。

11に痣がある人は、性情は、ひねくれていて人づきあいをしない。心が偏狭である。自殺する可能性がある。

12に痣がある人は、痣につやがあれば、財運は順調で大富となる相。

13に痣がある人は、痣が紅色ならば、官運は順調な徴候。

14に痣がある人は、金遣いが荒い。破財の面相。

15に痣がある人は、痣が紅色ならば、官運がある。

16に痣がある人は、性情は残虐で、凶悪。

17A、Bに痣がある人は、痣が紅色で明るく、光沢があれば、大吉の面相。

18に痣がある人は、痣が紅色ならば、富がある面相。

19に痣がある人は、性情が凶悪な人。

20に痣がある人は、不吉。容易に厄運に遭遇する。

21に痣がある人は、性情は凶悪で残虐。
22に痣がある人は、痣が紅色ならば、官となる。
23に痣がある人は、凶。性情が凶悪。
24に痣がある人は、没落し、衰える面相。
25に痣がある人は、性情は凶悪で残忍である。
26に痣がある人は、凶悪で残虐な人。
27に痣がある人は、男子の妨害となる。
28に痣がある人は、父親にとって不利。
29に痣がある人は、女子の妨害となる。
30に痣がある人は、妻子の妨害となる。
31に痣がある人は、後代子孫に女の子が生まれてきやすい。
32に痣がある人は、子どもにとって不利。
33に痣がある人は、大吉大利の面相。
34に痣がある人は、破敗（没落、衰退）の面相。
35、36に痣がある人は、容易に水難の厄運に遭遇する。船に乗ったり、水泳したりする時に注意が必要。
37に痣がある人は、命運に財富が非常に少ない。
38に痣がある人は、一生酒食の福がある。
39に痣がある人は、一生飲み食いに愁いがない。
40に痣がある人は、田地や家屋などの不動産の財産が全て少ない。
41に痣がある人は、餓死する面相。一生生活が貧乏である。

42に痣がある人は、部下との関係に妨害がある。
43に痣がある人は、いざこざや争いが多い。おしゃべりな人である。
44に痣がある人は、予想外の財を得る。
45に痣がある人は、大吉大利の面相。
46に痣がある人は、頭脳が明晰な人。
47に痣がある人は、大吉大利。
48に痣がある人は、富貴が表れる。社会的地位のある面相。
49に痣がある人は、大富の面相。
50に痣がある人は、父母を孝行し長輩を敬う人。

■男子面痣の図　2～麻衣相法大全

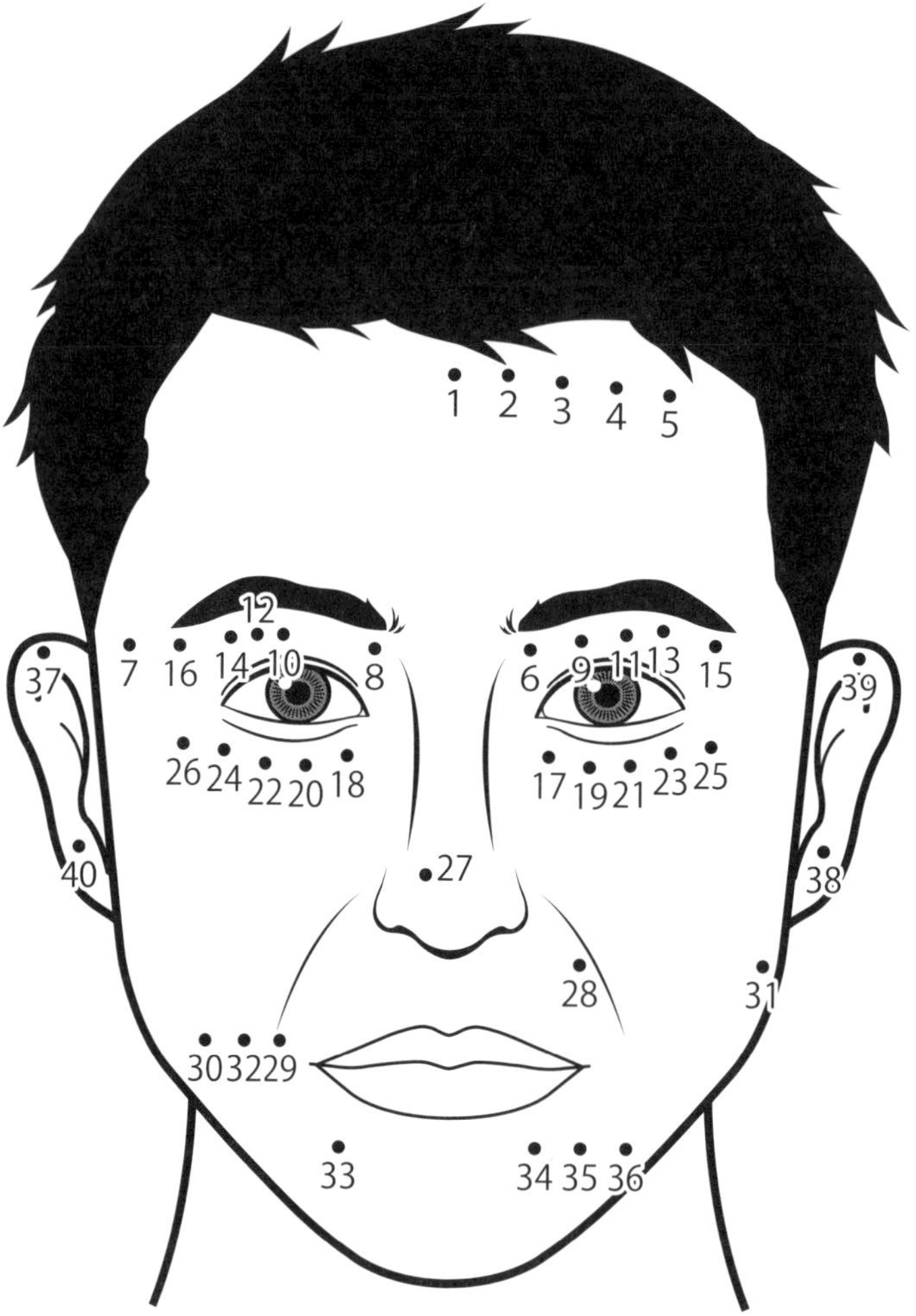

1. 妨父母	8. 散財	16. 無財	23. 児子少	30. 客死	37. 大吉
2. 性暴	9. 官	17. 凶悪	24. 女児少	31. 得財	38. 聡明
3. 大富	10. 富	18. 凶悪	25. 奸詐	32. 厄	39. 吉
4. 客死	11. 12. 水難	19. 喪児子	26. 放蕩	33. 聡明	40. 孝敬
5. 不宜入山	13. 凶	20. 喪女児	27. 凶悪	34. 主酒	
6. 富貴	14. 不善良	21. 不生女児	28. 水難	35. 大吉	
7. 大貴（散家）	15. 破財	22. 憂鬱	29. 厄	36. 善良	

1に痣がある人は、父母にとって不利。

2に痣がある人は、性格が怒りっぽい。

3に痣がある人は、経営にたずさわれば、大富となる面相。

4に痣がある人は、至る所に放浪し、容易に異郷で客死する。

5に痣がある人は、外出（出張・旅行）が好ましくない。外出時は煩わしい目に遭うので注意が必要。

6に痣がある人は、富貴の面相。

7に痣がある人は、大貴の面相。

8に痣がある人は、仕事が順調でない。

9に痣がある人は、官運がある。

10に痣がある人は、大吉大利の面相。
11、12に痣がある人は、水難の相。水場で災禍がある。
13に痣がある人は、性情は凶悪で狂暴である。

14に痣がある人は、心が優しい人ではない。

15に痣がある人は、金遣いが荒い。破財の面相。

16に痣がある人は、『麻衣相法』では無財の兆候。『袁柳荘神相』では財がある兆候となっている。

17に痣がある人は、性情が凶悪な人。

18に痣がある人は、性情が凶悪で、かつ妻子の妨害となる面相。

19に痣がある人は、子どもを喪う面相。

20に痣がある人は、『麻衣相法』では女の子を喪《うしな》う。『袁柳荘神相』では、父親を喪う面相。

21に痣がある人は、『麻衣相法』では女の子を産めない相。『袁柳荘神相』では、跡継ぎがない面相。

22に痣がある人は、常々哭《な》く。心情は憂鬱。
23に痣がある人は、男の子が少ない。
24に痣がある人は、女の子が少ない。
25に痣がある人は、性情が腹黒い。
26に痣がある人は、淫欲に耽《ふけ》る。性格が放蕩な人。
27に痣がある人は、性情が凶悪。
28に痣がある人は、水難事故に遭いやすい。
29に痣がある人は、常に厄運がある。
30に痣がある人は、放浪し、容易に異郷で客死する。
31に痣がある人は、予想外の財を得る。
32に痣がある人は、牛馬を飼うべきではない。
33に痣がある人は、聡明で頭の回転が速い。
34に痣がある人は、美酒に耽る。常に大酒飲み。
35に痣がある人は、大吉大利の面相。
36に痣がある人は、心根が優しい。
37に痣がある人は、大吉大利の面相。
38に痣がある人は、聡明で利発である。
39に痣がある人は、『麻衣相法』では吉利の面相、『袁柳荘神相』では凶悪な面相。
40に痣がある人は、父母を孝行する。

女子面痣

古典図にある女性の面痣《めんし》は、次の「女子面痣〜麻衣相法大全」のとおりです。

■女子面痣〜麻衣相法大全

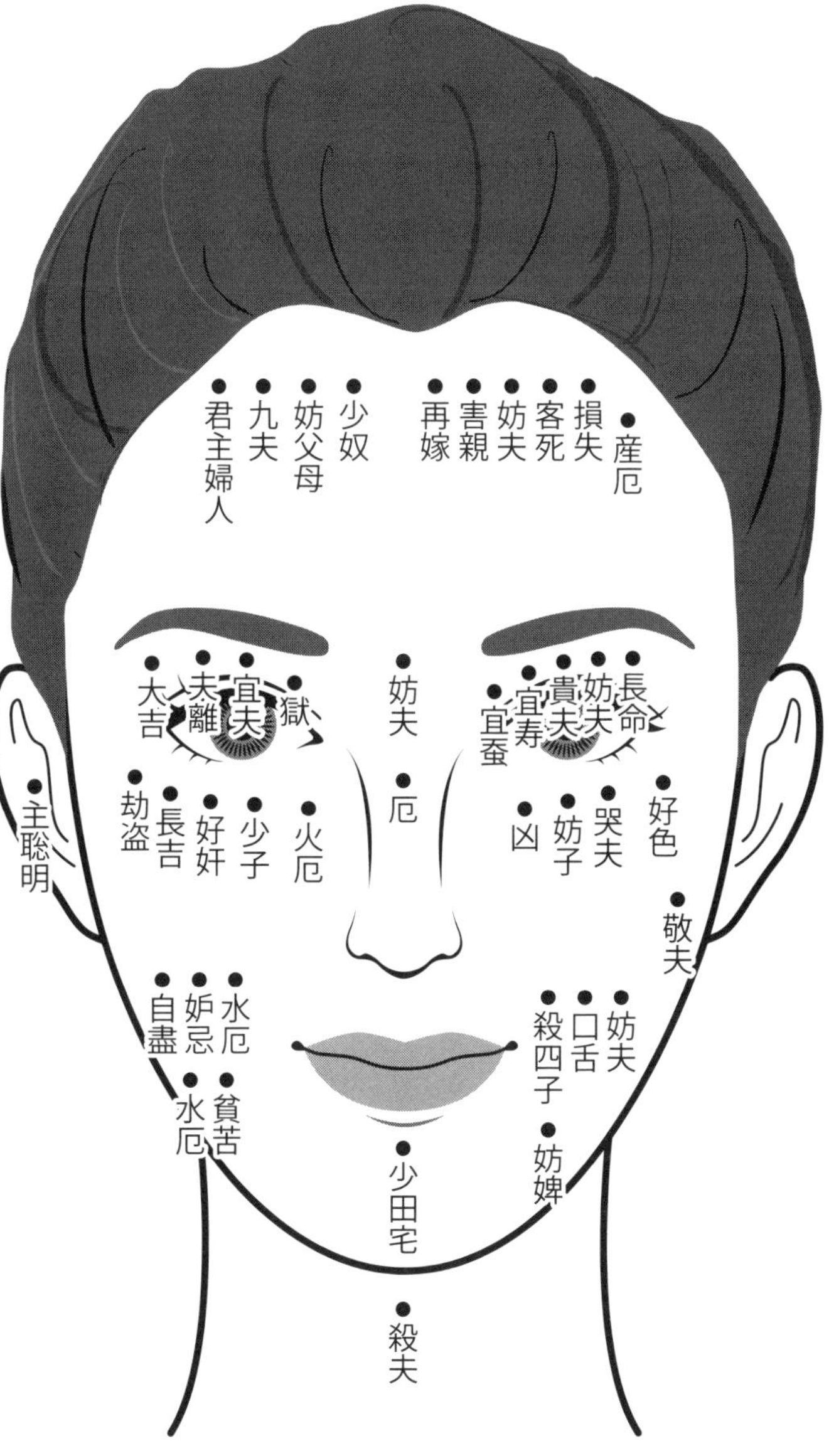

■女子面痣～麻衣相法大全

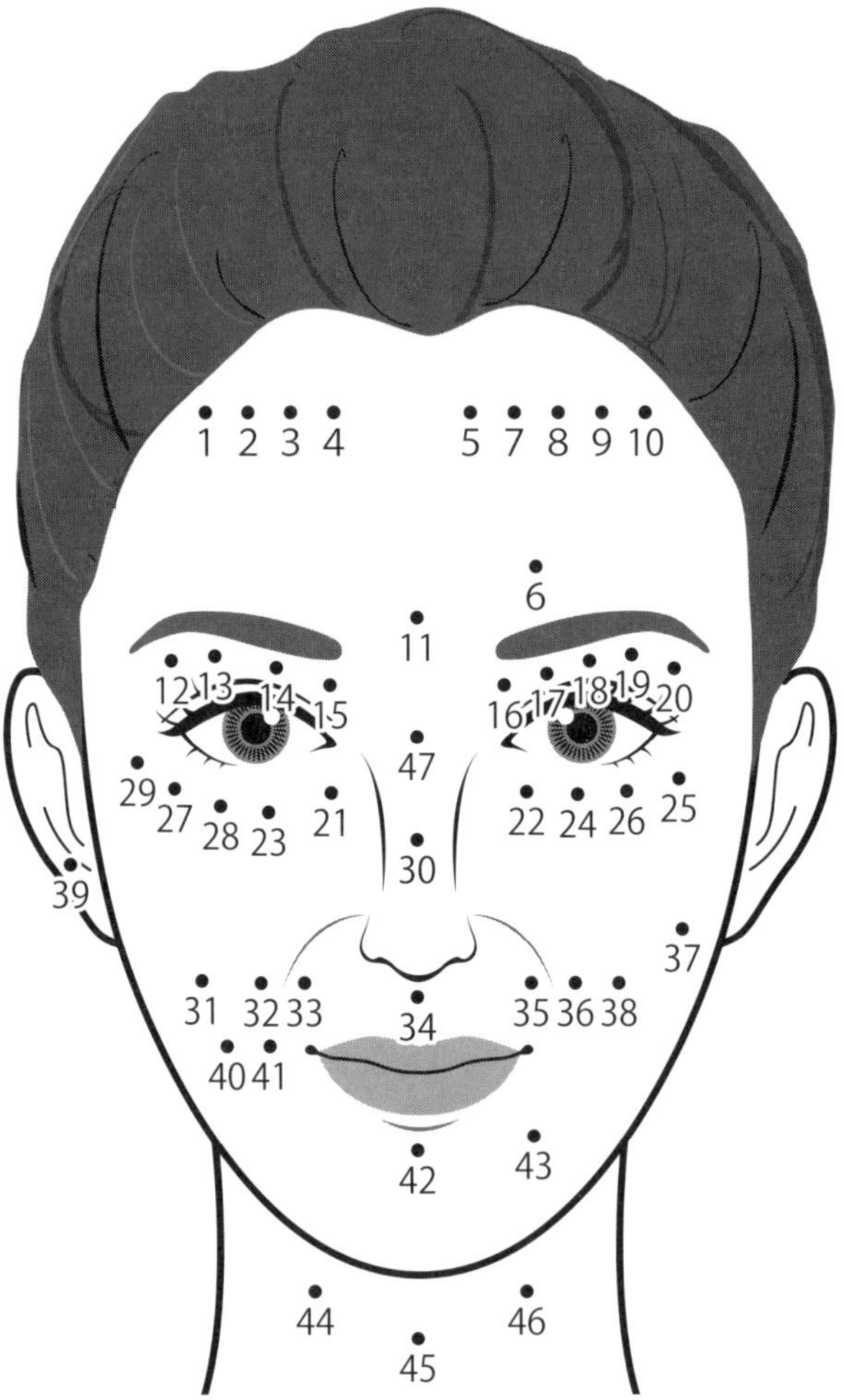

1. 君主婦人	9. 剋夫	17. 宜子	25. 好色	33. 厄	41. 貧苦
2. 九夫	10. 産厄	18. 貴夫	26. 哭夫	34. 双生	42. 少田宅
3. 妨父母	11. 妨夫	19. 妨夫	27. 長吉	35. 殺四子	43. 妨婢
4. 少奴	12. 大吉	20. 長命	28. 好奸	36. 口舌	44. 大貴
5. 再嫁	13. 夫離	21. 火厄	29. 劫盗	37. 敬夫	45. 殺夫
6. 不利	14. 宜夫	22. 凶	30. 厄	38. 妨夫	46. 自害
7. 害親	15. 獄	23. 少子	31. 自盡	39. 聡明	47. 厄
8. 客死	16. 宜蚕	24. 妨子	32. 妒忌	40. 厄	

1に痣がある人は、大官の夫人となる。大貴の面相。

2に痣がある人は、結婚を何度もする。夫（大人の男）を剋害《こくがい》する面相。

3に痣がある人は、父母にとって不利。

4に痣がある人は、倹約し一家を支える人。暮らし向きは小康（やや裕福）。

5に痣がある人は、再婚する面相。

6に痣がある人は、家族や親しい人にとって不利。

7に痣がある人は、父親と夫にとって妨害となる。

8に痣がある人は、遠くの異郷に嫁に行く。容易に他郷で客死する。

9に痣がある人は、剋夫《こくふ》の面相。

10に痣がある人は、子どもを産むときに容易に危険に遭遇する。

11に痣がある人は、夫の妨げになる。

12に痣がある人は、大吉大利の面相。

13に痣がある人は、夫にとって不利。

14に痣がある人は、夫にとって有利。

15に痣がある人は、夫に傷害、盗み、姦淫などの罪で投獄される。

16に痣がある人は、紡織業か養蚕業に従事するかもしれない。

17に痣がある人は、子どもの才能を引き出して育てる。孟母（孟子の母。賢母の代表とされる）に同じ。

18に痣がある人は、夫にとって有利。夫を助ける相。

19に痣がある人は、夫の事業にとって不利。

20に痣がある人は、長寿の面相。

21に痣がある人は、火災などの災難に遭いやすいので、注意すること。

22に痣がある人は、性格は凶悪で残酷。

23に痣がある人は、子どもが少ない運命。

24に痣がある人は、子どもにとって不利。

25に痣がある人は、姦淫を働く。

26に痣がある人は、夫が哭く痣。夫にとって妨害。

27に痣がある人は、何を成すにも吉利。

28に痣がある人は、性情は風流。

29に痣がある人は、盗みを働く習慣がある。

30に痣がある人は、常に厄運がある。

31に痣がある人は、心の度量が小さい。自殺の危険がある。『袁柳荘神相』では、この痣は異郷で客死すると説かれている。

32に痣がある人は、嫉妬心が強い。

33に痣がある人は、容易に水難事故などの災禍に遭いやすい。

34に痣がある人は、双子を生むとされる。

35に痣がある人は、性情は残虐で、子どもを虐待する。

36に痣がある人は、いざこざや争いが好き。

37に痣がある人は、賢い妻。夫を尊重し愛護する。

38に痣がある人は、夫にとって不利。

39に痣がある人は、聡明。

40に痣がある人は、水難事故などの災禍がある。
41に痣がある人は、一生貧苦。
42に痣がある人は、家事を切り盛りするのが苦手。家の生活状態は困窮。
43に痣がある人は、部下、目下、後輩にとって不利。
44に痣がある人は、大富大貴の面相。
45に痣がある人は、夫を殺そうとたくらむ。
46に痣がある人は、自身に不利。
47に痣がある人は、厄がある。注意すること。

気《き》色《しょく》の吉凶

気が五臓に通じているように、人間の喜怒哀楽などの情緒の変化は、面上の気色に影響を与えます。疾病から生死もまた、気色の変化として面上に現れるのです。

人を襲う気

邪気。もし、自然の気が足りなかったり、気を養うことが足りなかったりすれば、邪気に襲われやすくなります。例えば、中医学では肌や口、鼻を介して体内へ入り込む外邪には六種類のタイプがあるとし、「六邪（風邪、寒邪、暑邪、湿邪、燥邪、火邪に分類される）」と呼ばれます。いずれも気候にかかわっており、その変調から異常が発生して外邪へと変化します。

人を養う気

浩然の氣。孟子の説くところによると、人間の内部より発する気で、正しく養い育てていけば天地の間に満ちるものとされます。内部に生成するものであるため、外界から妨げられることがありません。

自然の気

五行の秀気。天稟の才として天から授けられます。

「気」とは一種の統一的呼称にすぎません。そのため、分析すればいくらでも右記のように区別できますが、ここでは、青、黄、赤、白、黒の五行に基づく五種の色に細分化する方法を紹介します。この方法は、気を色で細分化するので、「気色」と呼ばれます。

五行		吉色	凶色
青色	木	鮮明で軽快、笹の葉や柳の葉の如し。	乾いて枯れる、凝結、きらきらし青色に定まらず。
		吉時：甲、乙、寅、卯年	凶時：庚、辛、申、酉年
黄色	土	潤って肉付きがいい、浮かず、固まらず。	黄色は停滞、煙雲が覆う如し。
		吉時：戊、己、辰、戌、丑、未年	凶時：甲、乙、寅、卯年
赤色	火	光沢が華麗で秀でる、朱丹(濃赤)を塗るが如し。	焦燥、苛立ち、火焼した赤色の如し。
		吉時：丙、丁、巳、午年	凶時：壬、癸、亥、子年
白色	金	温和柔順、長い間変わらない白色。	灰塵と乾き枯れている、少しも紅色の潤いがない。
		吉時：庚、辛、申、酉年	凶時：丙、丁、巳、午年
黒色	水	色調は流暢、風流、鮮やかに輝く。	煙霧が四方に昏々としているが如く、汚濁し明らかでない。
		吉時：壬、癸、亥、子年	凶時：戊、己、辰、戌、丑、未年

第二章

相術の体系

相術学の流派は非常にたくさんあり、各派の根拠や理論は異なっています。面部の各部位が表象する相、そして象意となる運命を象徴する多種多様な看法があります。

有名なものとして、「九州《きゅうしゅう》八卦《はっけ》干支《かんし》説」「六府《ろくふ》三才《さんさい》三停《さんてい》説」「五官《ごかん》五行《ごぎょう》生剋《せいこく》説」「十二宮《じゅうにきゅう》五官《ごかん》説」「四学堂《しがくどう》・八学堂《はちがくどう》説」「五岳《ごがく》四瀆《しどく》・五星《ごせい》六曜《ろくよう》説」「十三部位《じゅうさんぶい》説」「十字面相《じゅうじめんそう》法」があります。

九州八卦干支説《きゅうしゅうはっけかんし》

相術家は九州と八卦を面部の幾つかの部位に合致させ、人の吉凶休咎《きっきょうきゅうきゅう》を読み解きます。九州とは「冀《き》、豫《よ》、雍《よう》、揚《よう》、兗《えん》、徐《じょ》、梁《りょう》、青《せい》、荊《けい》」の九つの州を指します。八卦とは「乾《けん》、坤《こん》、震《しん》、巽《そん》、離《り》、坎《かん》、艮《ごん》、兌《だ》」を包括します。

① 「雍州は**乾**位に在る」左の頰の下。北西方。
凹んで陥没していれば、仁徳に欠く。
気色が黄色：求官・横財。
気色が白色：遠遊。

② 「冀州は**坎**位に在る」下顎。北方。
青黒ければ好色。
気色が黄色：吉慶。
気色が黒色：災禍がある。

③ 「兗州は**艮**位に在る」右の頰の下。北東方。
澄んだ青色（緑色）、紅色ならば吉。

気色が黄色：昇進。
気色が黒色：泥棒。

④「青州は**震**位に在る」右の顴骨。東方。
青色を呈していれば吉。
気色が黄色：葬儀がある。
気色が白色：必ず財を得る。

⑤「徐州は**巽**位に在る」右眉の上。南東方。
凹んで陥没していれば信義に欠く。
気色が黄色：思いどおりにならない。
気色が黒色：病気。

⑥「揚州は**離**位に在る」印堂（眉間）の上。南方。
凹んで陥没していれば訴訟、警察沙汰などの災いがある。
気色が黄色：吉慶。
気色が黒色：災禍がある。

⑦「荊州は**坤**位に在る」左眉の上。南西方。
凹んで陥没していれば、妻の妨げとなる。

気色が黄色：吉慶。
気色が白色：挫折・屈辱。

⑧「梁州は**兌**位に在る」左の頬骨。西方。
凹んで陥没していれば孤独を象徴する。
気色が黄色：横財。
気色が白色：子孫が優れている。

⑨「豫州は**中央**に在る」鼻梁の上。中央。
凹んで陥没していれば田宅（家と土地）に欠く。
気色が赤色：失財。
気色が黄色：財利がある。

九州八卦干支説では、主に九州八卦の部位における気色で吉凶を判断します。古代相術家は面部の九州の各処は豊満（肉付きがよい）であることを素晴らしいものとして、欠陥（肉付きが少ない。こけている）があるのを凶として判断しました。この二種の状況によって命運の良し悪しが決まり、差は大きくなります。一般的には、面上に分布している九州の各部位が豊満で良い気色を呈しているのが吉となる条件であり、その人の食禄が必ず順調であると考えます。ただし、気色は良くても、豊満ではなく欠陥がある場合は、吉相とは言えません。

九州

中国全土の称。九は極数を意味するが、前4〜前3世紀頃から具体的に九つの州を挙げることが行われだした。諸説ある中で最も有名なのは『**書経**』の〈禹貢《うこう》〉に記されている九州で、山川を基準にして中国を次のように分けている。冀州（今日の山西省、河北省）、兗州（河北省南部、山東省北西部）、青州（山東省中東部）、徐州（山東省南部、江蘇省北部、安徽省北部）、揚州（江蘇省、安徽省、浙江省）、荆州（湖北省、湖南省、江西省）、豫州（河南省、湖北省北部）、梁州（陝西省南部、四川省）、雍州（陝西省、甘粛省）の九つである（『世界大百科事典』より）。

■九州八卦干支の部位と吉凶

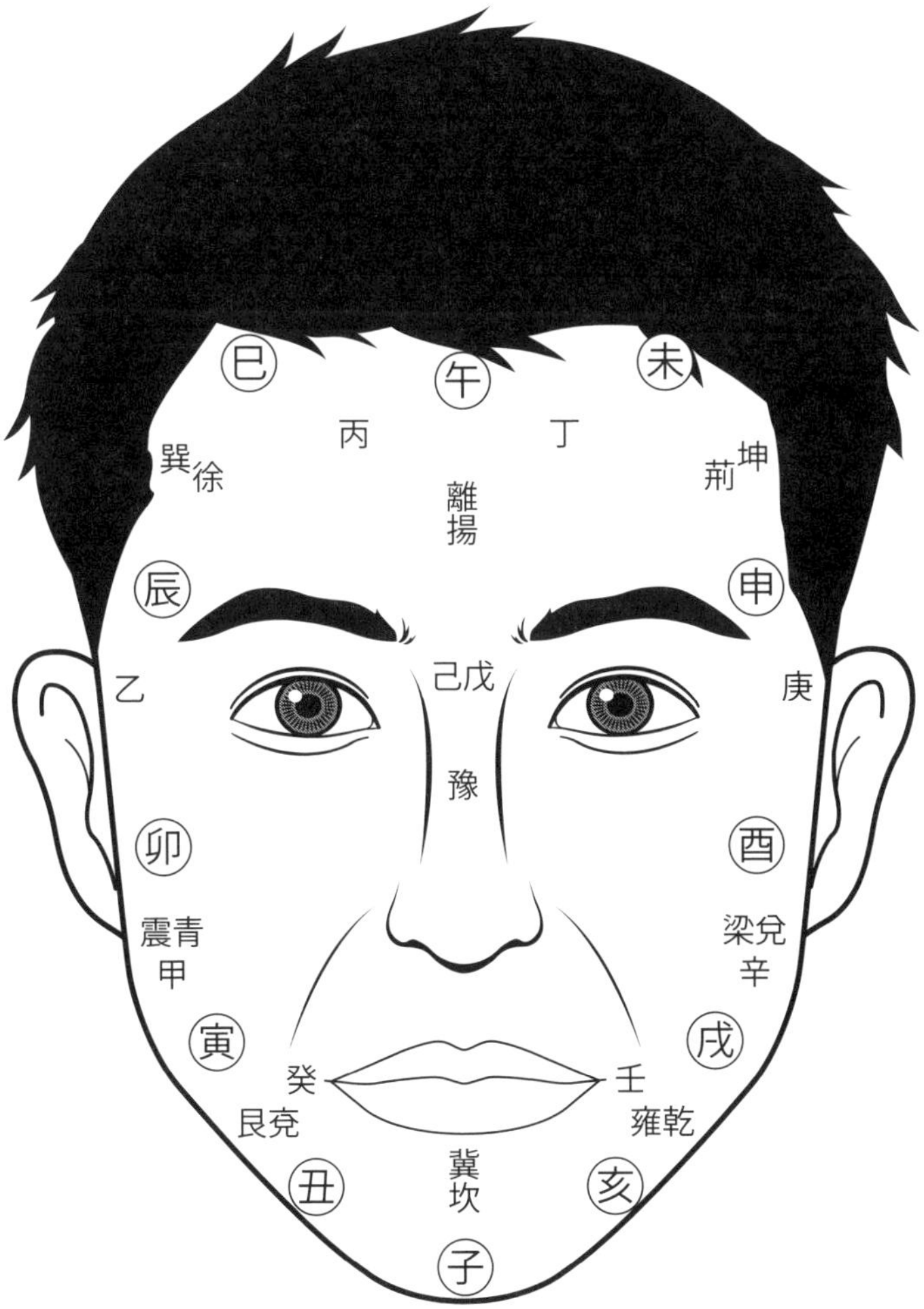

六《ろく》府《ふ》三《さん》才《さい》三《さん》停《てい》説

「六府三才三停説」は、天地自然の道をもって、人の面部を組み立て、人の命運を推断する学説です。

面部の六府とは左右の両輔骨《ほこつ》（眉骨《まゆぼね》）、両頬骨（頬骨《ほおぼね》）、両頤骨《おとがいこつ》（顎骨《がっこつ》）を指し、これらの部位に財貨が集まるのを観察します。相術学では、人の面部における「六府」によって人の虚実《きょじつ》を面部の満ち欠けによって窺い知ることができるとしています。

六府は、一般的に、豊満で左右のバランスが取れているのを良しとします。左右のバランスが乱れているのは問題です。

「三才」とは、天、人、地を指します。相術学においては、額、鼻、顎の別称です。中国古代伝統「天人合一」思想は、天地人の三才の相関関係を述べています。和諧（調和）し統一する観念が面相術においても現れています。

天：禄

判断　少年期

豊満ならば福を授かる。

人：寿

判断　中年期

高く聳《そび》え隆起していれば、中年期に成功。

地：富

判断　老年期

もし欠陥があれば晩年に破財。

「三停」とは、顔を三部分に分けて身体と命運を看ます。面相の三停の部位には、次のような意味があります。

上停：生え際から印堂。頭部。

判断　少年期

父母と家庭環境。

中停：印堂から鼻準《びじゅん》。肩から腰。

判断　中年期

■三才三停

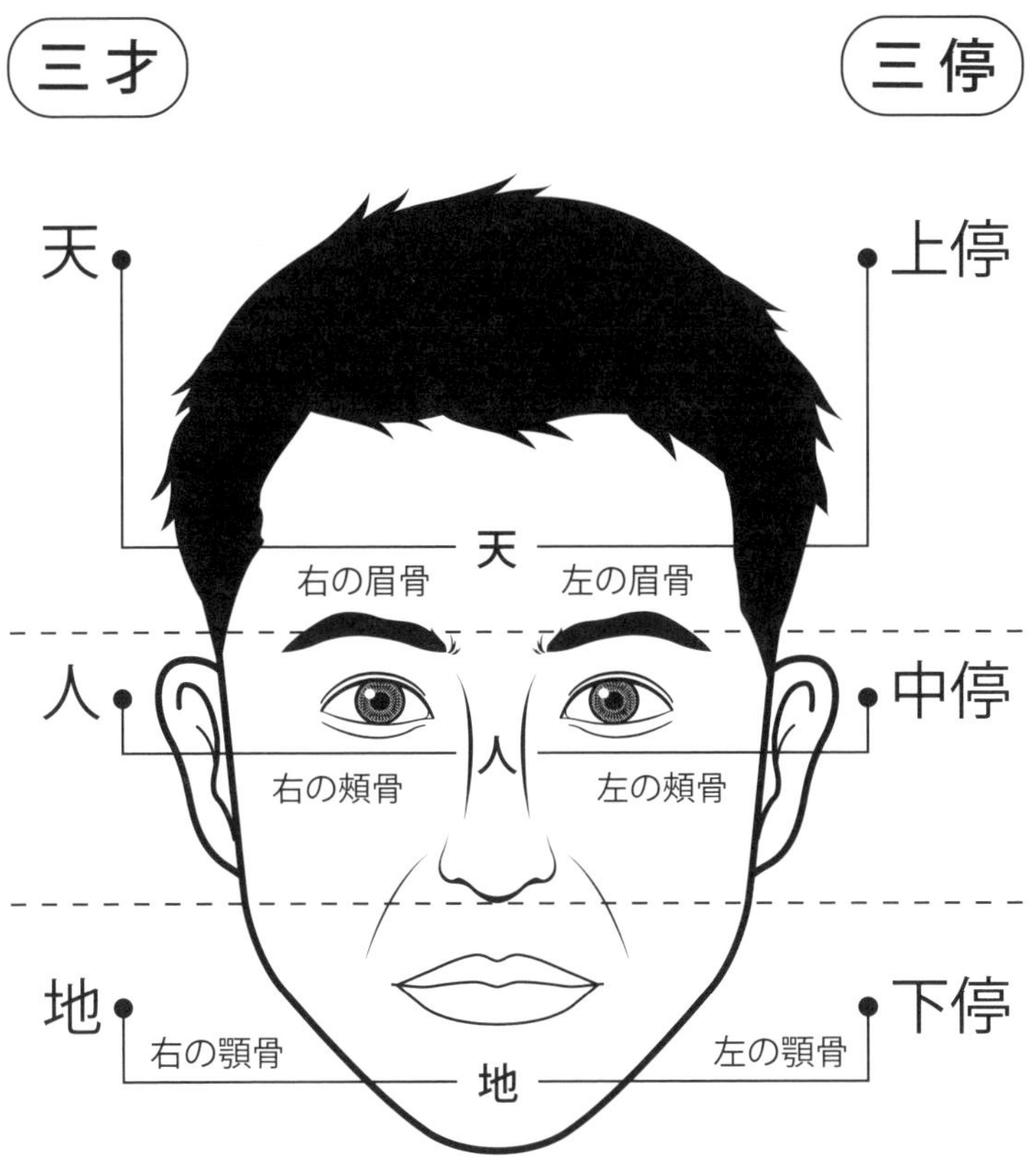

兄弟と妻子・事業の成敗（成功と失敗）。
下停：人中から地閣（顎）。腰から下。
判断 晩年期
子孫の繁栄・余生の福。

五《ご》官《かん》五《ご》行《ぎょう》生《せい》剋《こく》説

相術学は、人の五官と陰陽五行の性情とが一致することを見出しています。ゆえに、両者の相配によって、命理の意義を読み取ることができます。つまり、人の五官における形相を判断し、命相を同時に一歩踏み込んで観察することにより、比較的複雑な命理の内容を推断することができるのです。

相術学の「五官」は、五種に区分された面部の器官である「眉、目、鼻、口、耳」における各特徴によって判断されます。

眉：保寿官《ほじゅかん》……広く綺麗で長いのが良い。新月のように湾曲し、ふくよかで、眉の先が額の中に入るのが良い。

目：監察官《かんさつかん》……明るく透き通っていて、出っ張っていないのが良い。端正ならば上品。

鼻：審辯官《しんべんかん》……高く聳え端正なのが良い。高さがある。明るい黄色。鼻頭は丸い。鼻翼が高いのが良い。

口：出納官《しゅつのうかん》……唇が厚く、紅色で、歯は白いのが良い。口を開けば大きく、口を閉めれば小さいのが良い。

耳：採聴官《さいちょうかん》……輪郭がはっきりとしているものが良い。ふくよかな肉付き、色は艶があって光沢があり、高く聳え眉を超えるのが良い。

相術学は、五官に人の性格や気質が現れていると考えます。気質とはその富貴貧賤《ひんせん》（貧しく身分が低い）です。五官で一官だけでも良ければ、十年の好運を授かるとされます。もし五官が全て好ましいものであれば、終身においで栄華と富貴があるとされます。

相術学の五官と陰陽五行の相配とは、
目：甲乙木で、精華、茂秀、人の貴賤を定める。
眉：丙丁火で、威勢、勇烈、人の剛柔を定める。
鼻：庚辛金で、刑誅、危難の意、人の寿夭《じゅよう》を定める。
口：戊己土で、万物を育み、人の貧富を定める。
耳：壬癸水で、聡明さを定める。

十《じゅう》二《に》宮《きゅう》五《ご》官《かん》説

十二宮の部位は41ページのイラストを参照してください。
まずは、各宮の意味するものを説明します。

1．命宮《めいきゅう》―印堂
平らで滑らかである、紅く潤っている、輝いている……天賦、聡明。
暗く輝きがない……運が悪い。
低く凹んで狭い、傷跡や痣がある……貧窮、男は妻を剋《こく》す。

2．財帛宮《ざいはくきゅう》―鼻
真っ直ぐで豊満……一生を通じてたくさん富がある。
生気がない……財産がない。
真っ直ぐで準頭が丸く、潤い光沢がある……大変富貴。
方正（真四角である）……財源が尽きない。
鷹嘴《ようし》のような鼻……破財の相、貧寒。
鼻の穴が天に向く……貧窮、困窮する。

3. 兄弟宮《けいていきゅう》—眉毛（両眉）

色が濃い……兄弟姉妹と仲睦まじい。

眉尻が目尻を過ぎる（目より眉が長い）……兄弟が多い。一人っ子ではない。

秀麗な新月のような眉……聡明である。

太く短い眉……兄弟の対立がある。

枯れてまばらである……異郷で死ぬ。

左右が不釣り合い……異母兄弟。

眉が渦を巻く、逆に眉毛が生えている……才能がない。平凡な人。

4. 田宅宮《でんたくきゅう》—眉と目の間（両眼）

枯渇して光沢がない……家業を衰退させる。晩年は凄涼《せいりょう》（ぞっとするほどものさびしいさま）。

広く肉がある……一生大富貴。

眉が高く、鳳眼《ほうがん》……家業があり、福禄がある。

5. 男女《だんじょ》（子女《しじょ》）宮《きゅう》—涙堂《るいどう》（目の下のふくらみ。両眼の下）

平らで満ちている……子孫に福がある。名と禄を二つ収める。

深く陥没している……鰥夫《かんぷ》（妻のいない男）、寡婦《かふ》（未亡人）、子女との縁が薄い。

柔軟で豊満……香火（子孫たちの先祖供養の焼香）が盛んで、子孫が栄える。

痣がある……労碌《ろうろく》（苦労して働く）の命、子孫を剋す。

6. 奴僕宮《ぬぼくきゅう》―下顎

豊満で赤く潤っており光沢がある……高官となり厚禄《こうろく》（高い俸給）。奴僕が群れを成す。

豊満で方正（真四角である）……必ず大官になる。権威がある。

痩せていて削れている、あるいは傷跡や痣がある……孤立無援。晩年は凄涼。

7. 妻妾宮《さいしょうきゅう》―奸門《かんもん》（こめかみの位置。目尻）

艶があり滑らかで豊潤……夫が旺じる相。夫が貴となり、妻は栄える。

深く凹んで、魚尾に皺が多い……離婚の可能性あり。妻を剋す。老いるまで一緒にいることができない。

枯れて黒く艶がない……身体に病気がある。性生活が不調和。

痣があるか、あるいは斜めの紋がある……妻が婦道（女の守るべき道）を守らない。

8. 疾厄宮《しつやくきゅう》―山根（印堂の下）

豊かに盛り上がる……智慧、長寿、富貴。

陥没……人にこき使われる。困窮し落ちぶれる。疲れなどが身体に淀んで病になる。身内に不幸がある。

9. 遷移宮《せんいきゅう》―天倉《てんそう》（眉の端）

豊かに盛り上がり、豊満である……万事が順調。心配事がない。

陥没している……顛沛流離《てんぱいりゅうり》（つまずいて倒れたりしながら）、家がなく放浪。

眉尻が遷移宮に挿入する……異郷で生活する。

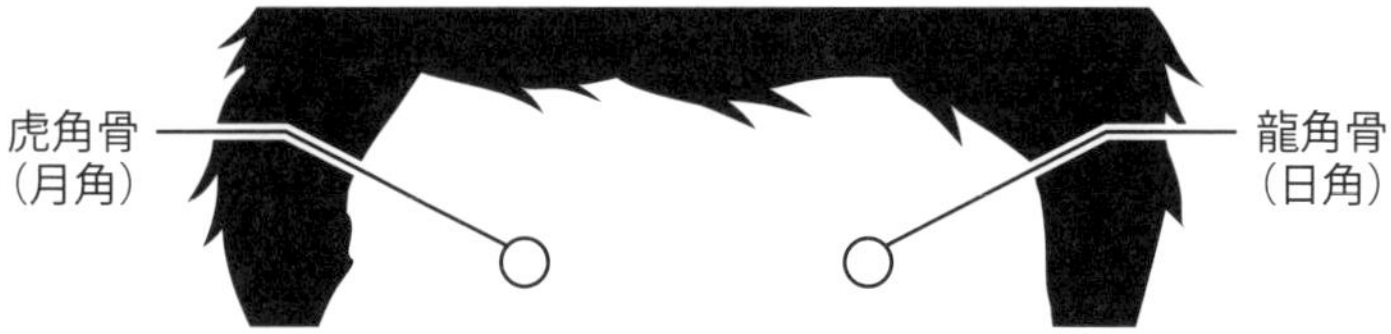

10. 官禄宮《かんろくきゅう》─額の中（印堂の上）

紅く潤い豊満で平らかである……発達し貴は顕れる。

凹んでいたり、傷跡あるいは痣がある……容易に訴訟が起きる。仕事が順調ではない。

凹んでいたり、跡があり、紅い眼珠（赤い瘤）……投獄される災い。

11. 福徳宮《ふくとくきゅう》─左右の額（天倉）

下顎に対して豊満……富がある。福貴。

下顎に対して不均一……運命が不遇である。

12. 相貌宮《そうぼうきゅう》─五官（耳、眉、目、鼻、口）

豊満、均整……富貴は顕達する。威厳がある。

尖んがり、均整ではない……貧困。零落する。苦難。

命宮	印堂	光明は鏡の如し。福寿双全。
財帛宮	鼻	真っ直ぐ聳え立ち豊かな隆起。財旺資豊。
兄弟宮	両眉	細長い。旺財旺夫。
田宅宮	両眼	清秀で分明。産業が栄える。
男女宮	両眼の下	ふくよかで厚い、光彩がある。貴子が多い。
奴僕宮	下顎	丸くて放漫。奴僕が群れになる。
妻妾宮	目尻	艶があり潤っている。皺がない。妻は四徳あり。
疾厄宮	印堂の下	豊かに隆起し透き通っている。福禄無窮。
遷移宮	眉の端	豊満さに欠け、満ちて隆起。華彩あり憂いなし。
官禄宮	印堂の上	光明がありて、かつ清い。顕達、群れを超える。
福徳宮	天倉	豊満で角張っており、明るく潤っている。福禄が盛ん。
相貌宮	五官	凹凸が整っている。富貴、栄えることが多い。
父母宮	日角・月角	豊満で光沢がある。父母が長寿。大吉大利。

13．父母宮《ふぼきゅう》—日月角（右上図参照）

豊満で光沢がある。気色が紅色。潤った黄色。豊かに盛り上がっている。父母が長寿……大吉大利。

暗くて艶がない。痣や傷跡がある。凹んでいる……父母が早逝《そうせい》（若くして死去すること）。家庭内で悲劇が起きる。

■十二宮の部位と吉凶

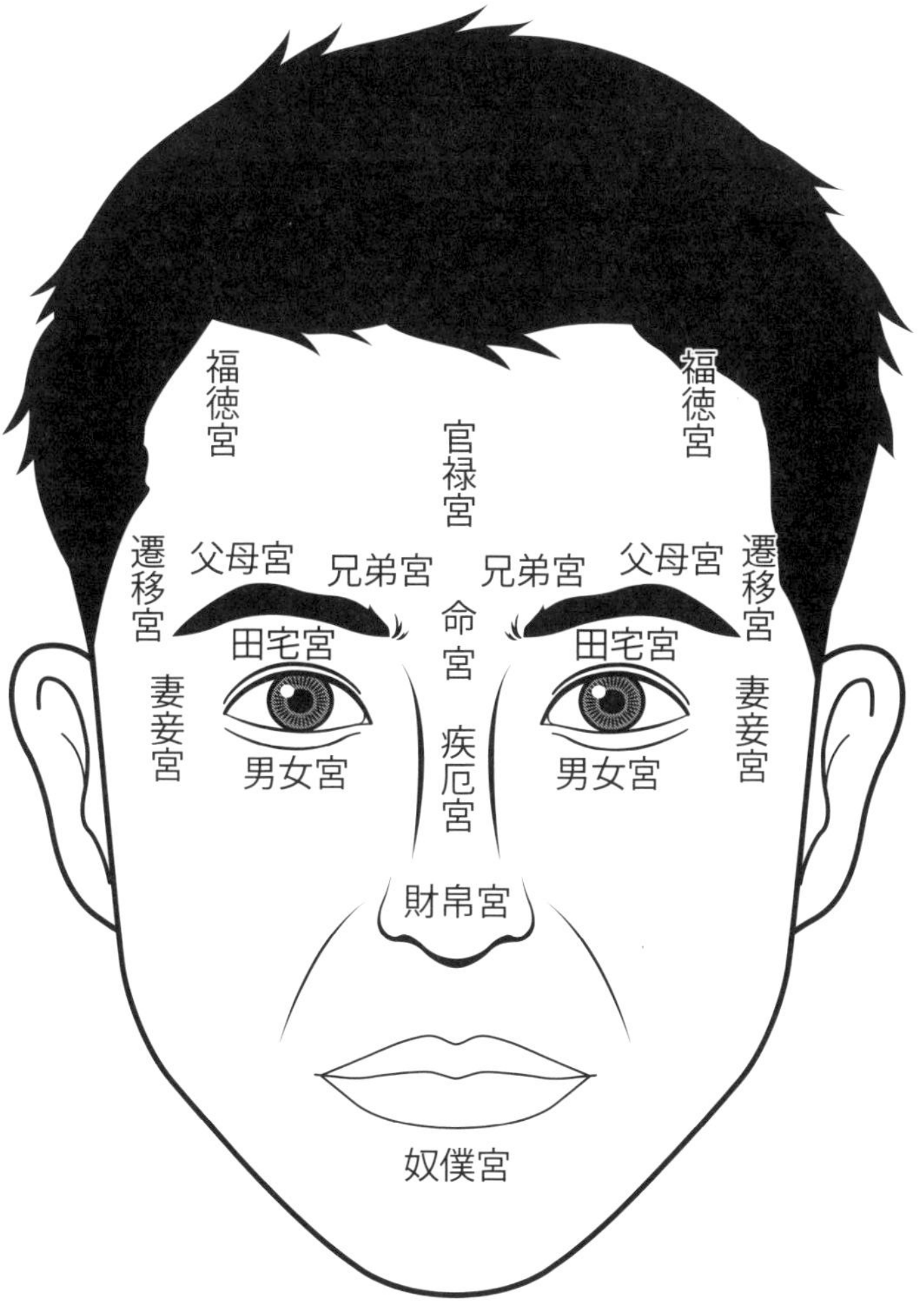

四《し》学《がく》堂《どう》・八《はち》学《がく》堂《どう》説

相術家は、面上の部位に人の聡明さに密接に関係した部位があることを認識し、その密接な関係を「学堂」と称し研究しました。一般的には「四学堂」と「八学堂」と呼ばれるものがあります。

「四学堂」とは、面相において、人の賢愚と禍福を判断する四つの部位（学堂）があるとする説です。

官学堂《かんがく》：目
禄学堂《ろくがく》：額
内学堂《ないがく》：当門《とうもん》両歯
外学堂《がいがく》：耳門《じもん》の前

四学堂では、それぞれ四つの学堂が、四つの異なる人生の命運に関係しています。各学堂の形相が良ければ、富貴双全となり、福寿も兼ねます。また、学問を志せば成功するとされ、その名声は遠くまで轟くとされます。もし、これらの部位の形相が不完全であれば、艱難辛苦は免れ難いものとなります。

四学堂の中でも、目は長く清秀なのが、理想であり、主に官職の位を表します。

額は広く長いのが良く、官禄と寿命を表します。

二つの門と牙からなる内学堂は、端正であれば、その人は忠信で孝敬であるとされます。小さく不完全であれば、多くは狂気じみている（あるいは傲慢）とされます。

耳門の前の部位である外学堂は、ふくよかで艶・光沢・潤いがあることが望ましく、そうであれば、その人は聡明であるとされます。ただし色つやが暗ければ、その人は愚鈍であるとされます。

「八学堂」とは、相学家が人の吉凶貴賤をあらわす部位が八つあるとす

■四学堂・八学堂

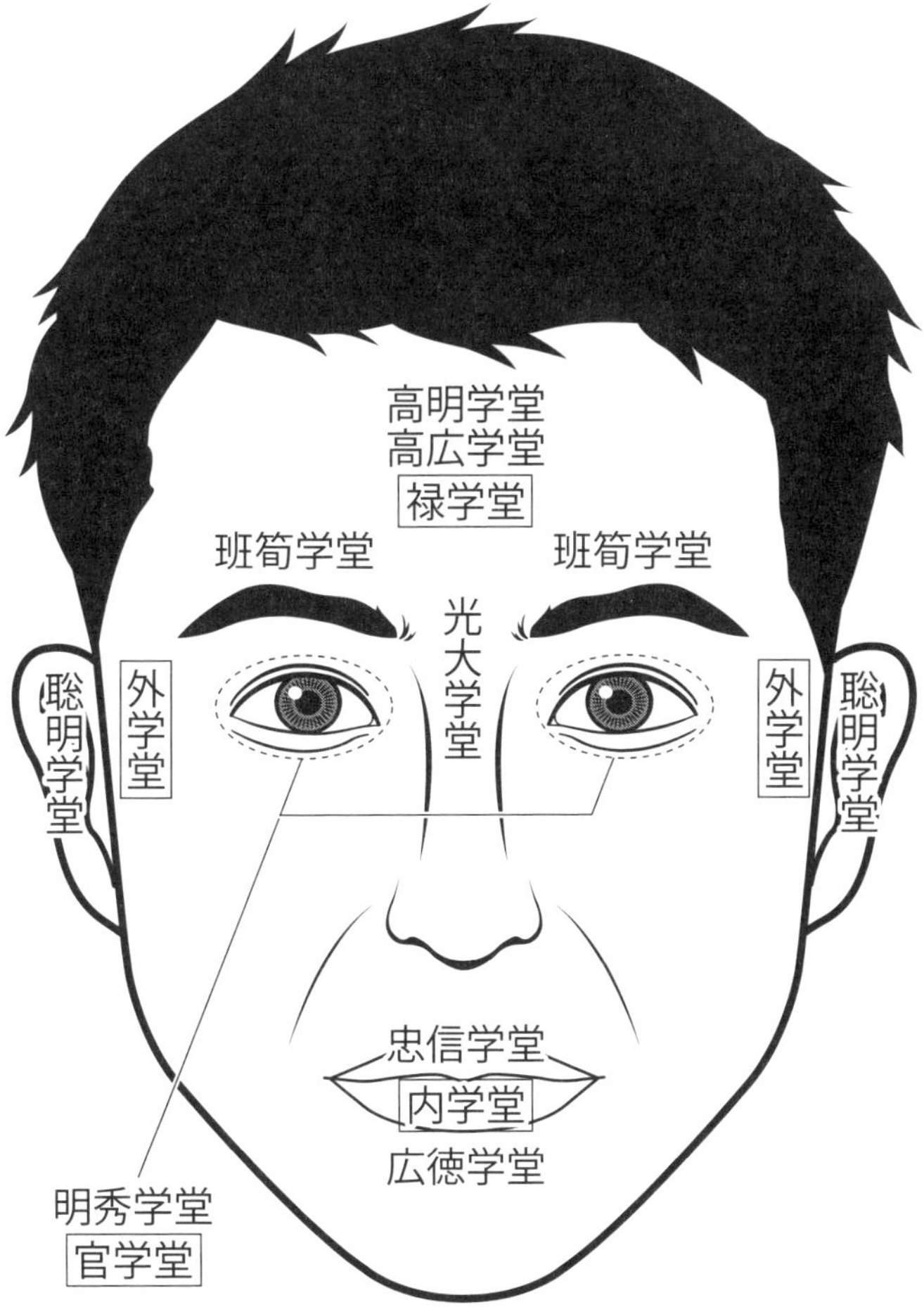

四学堂

目－官学堂
額－禄学堂
当門両歯－内学堂
耳門の前－外学堂

八学堂

頭－高明学堂
額－高広学堂
印堂－光大学堂
目－明秀学堂
耳－聡明学堂
牙（歯）－忠信学堂
舌－広徳学堂
眉－班筍学堂

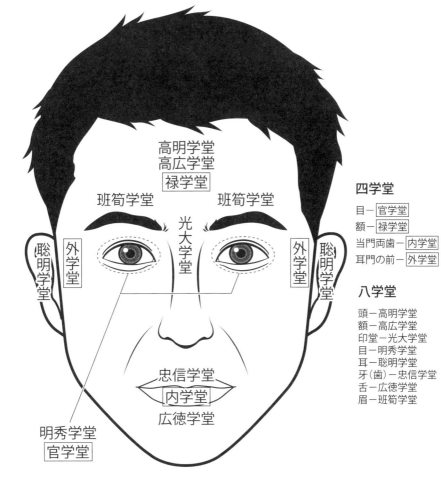

る説です。それらは、頭や額、面部に分布しています。各部位の相形への富貴吉祥となる要件は次のとおりです。

高明《こうめい》学堂：頭：頭は丸いのが好ましい。
高広《こうこう》学堂：額：額は丸く艶があるのが好ましい。
光大《こうだい》学堂：印堂：なだらかで、傷跡がないのが好ましい。
明秀《めいしゅう》学堂：目：目は漆黒で、眼球が出っ張っていないのが好ましい。
聡明《そうめい》学堂：耳：輪郭、色は紅白黄色が好ましい。
忠信《ちゅうしん》学堂：牙（歯）：均整がとれ隙間がなく色は霜のような白が好ましい。
広徳《こうとく》学堂：舌：舌は準頭に至り、紅紋は長いのが好ましい。
班筍《はんしゅん》学堂：眉：眉上には横紋《おうもん》があるのが好ましい。

これらに反すれば、すなわち好ましくないとされます。

五《ご》岳《がく》四《し》瀆《どく》

相術家は、五星・六曜などの日月星宿や、五岳・四瀆などの山川河流の名勝を、五官に関係があるものと認識しました。五岳四瀆・五星六曜説は、厳然とした天地自然の精華が、面部に縮影されて成り立っていると考える説です。

「五岳」とは、次のとおりです。

額：衡山《こうざん》
顎《あご》：恒山《こうざん》
鼻：嵩山《すうざん》
右の頬骨：泰山《たいざん》
左の頬骨：華山《かざん》

「四瀆」（瀆は水の意）とは、次のとおりです。

耳：江瀆（長江《ちょうこう》）
眼：河瀆（黄河《こうが》）
口：淮瀆（淮水《わいすい》）
鼻：済瀆（済水《せいすい》）

衡山ー額

泰山ー右の頬骨

嵩山ー鼻

華山ー左の頬骨

恒山ー顎

以上が、面部の器官あるいは部位に対応する「五岳四瀆」の名山や大川の名です。相学では、面部の五岳を看て、人の福寿《ふくじゅ》・休咎《きゅうきゅう》を断ずるのに用い、相互にどのような勢いをもっているかを観察します。もし、四瀆の形相がはっきりとして端正で、明るくて綺麗ならば財富を得ます。ただし、もし混濁し整っていないのならば、万物は育たないのが道理です。人の聡明と愚鈍、貴と賤、福寿と貧夭《ひんよう》はここから推断できるのです。

■五岳四瀆

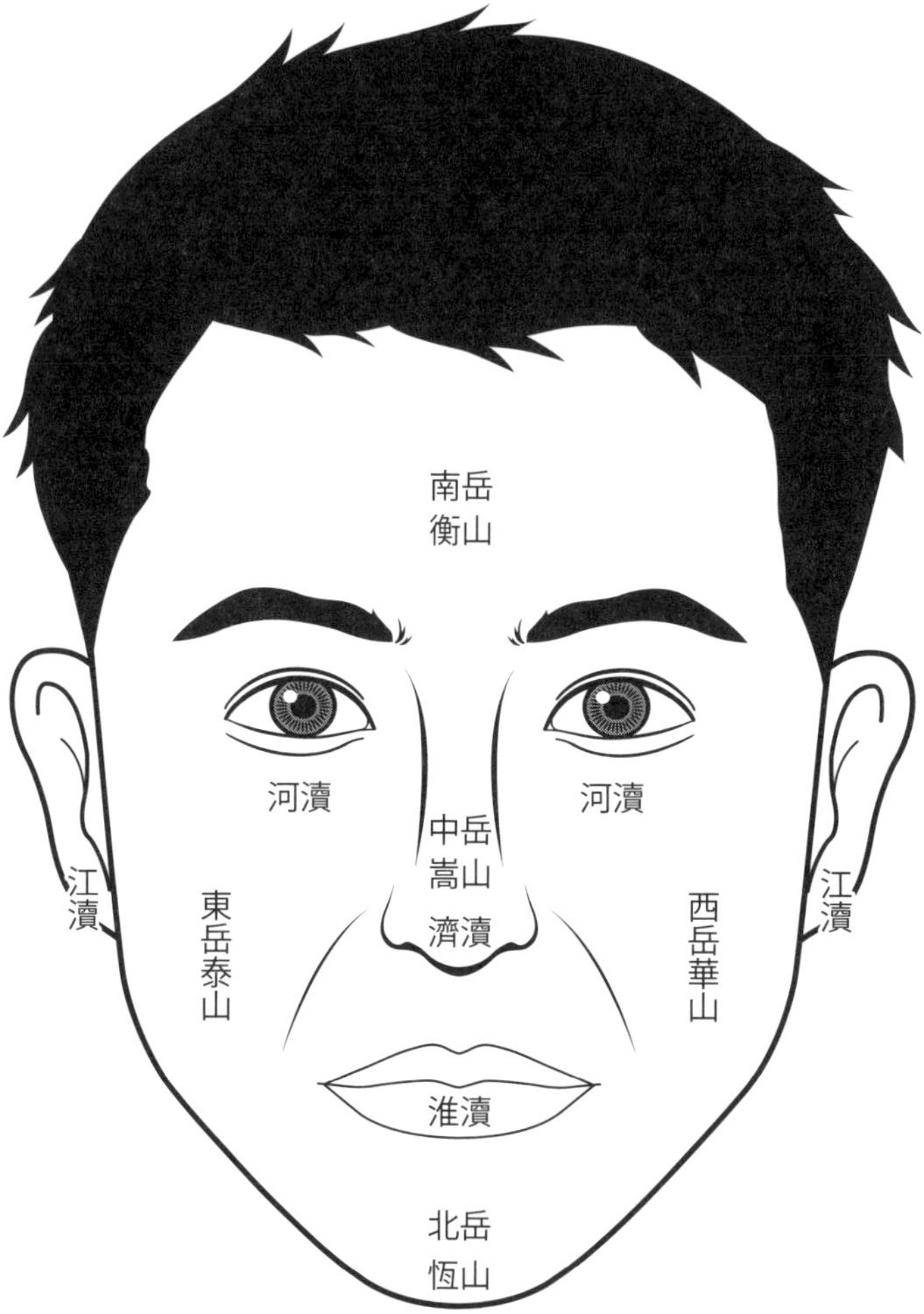

面部	五岳	貴人の相
額	衡山・南岳	形が整っている。広い。
顎	恆山・北岳	丸くて厚い。
鼻	嵩山・中岳	高く聳える。険しい山
右頬	泰山・東岳	丸くて艶がある。端正。
左頬	華山・西岳	丸くて艶がある。端正。

面部	四瀆
鼻	済瀆
眼	河瀆
耳	江瀆
口	淮瀆

五星六曜

■五星六曜

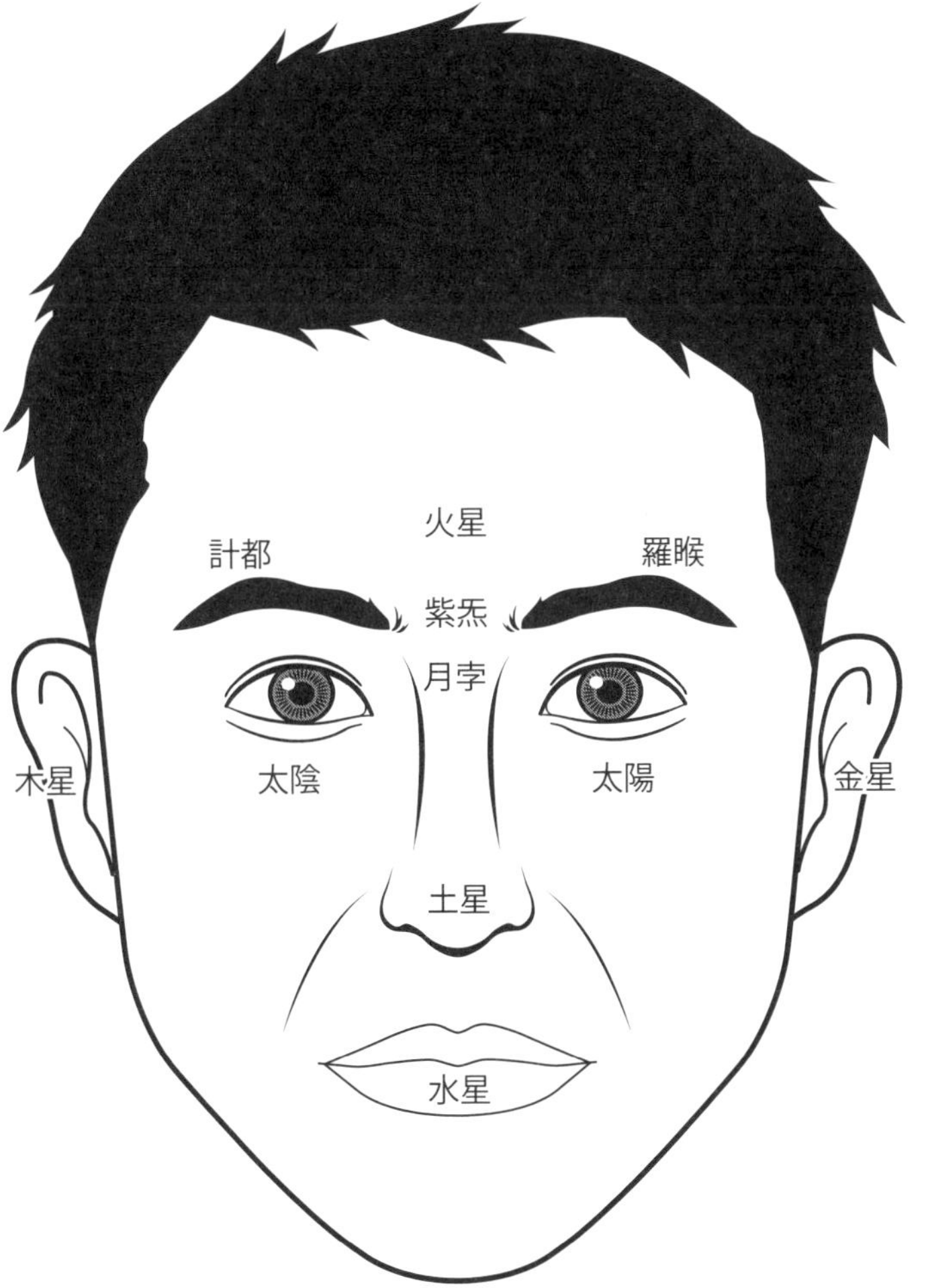

「五星」とは、火星、土星、木星、金星、水星です。

相学中の分別では、額、鼻、右耳、左耳、口がこれらに対応します。

「六曜」とは、太陽、太陰、月孛《げつはい》、羅睺《らごう》、計都《けいと》、紫炁《しき》です。

相学中の分別では、左目、右目、山根、左眉、右眉、印堂がこれらに対応します。

五星・六曜は宇宙間の主要な天象であり、相学家はそれらを人面の部位あるいは器官に相配し、人の命運を予測します。一般的には、両者の特徴は、互いに当てはまります。吉は善相であり、凶厄は貧賤相とされます。

五星の吉凶			
五星	部位	吉	凶
金星	左耳	輪郭がはっきりとしている。均整がとれている。広い。威厳がある。高く聳える。高く聳え眉を過ぎる。大福大貴。	反りかえる。端正だが狭まっている。あるいは大小が不均一。学識、財と富がないことを示唆。
木星	右耳	右耳と左耳吉凶が同じ。輪郭がはっきりとしている。均整がとれている。広い。威厳がある。高く聳える。高く聳え眉を過ぎる。大福大貴。	右耳と左耳の吉凶が同じ。反りかえる。端正だが狭まっている。あるいは大小が不均一。学識、財と富がないことを示唆。
水星	口	端正で広い。唇は紅潤で朱砂の如し。歯は白くて整然としている。人中は明らかでくっきりとしている。聡明で、官は三公（168ページ参照）に至る。	端正でない。唇が薄い、口角が尖っている。口の端が垂れ下がっている。賤、奸詐。
火星	額	広くて、つるつるしている。光沢が充満する。父母に貴は顕れる。その人自身は聡明。福禄双収。	尖っていて皺紋がある。平凡な頭。赤い筋がある。人丁は旺じず、甚だしきは牢獄の災。
土星	鼻	ぴんと伸びている。ふくよかで厚い。鼻の穴は大きく外に向いていない。官運（法律問題）、財運と寿運も好ましい。	上を向いた鼻、貧賤。鼻頭が尖って薄い。老いた時、無依。鷹の嘴（くちばし）のような鉤鼻。奸詐。

六曜の吉凶			
六曜	部位	吉	凶
紫炁	印堂	つやがあり隆起している。雑な紋がない。色は銀色を呈している。官職を得て財禄を添える。	黄色。平凡。尖っていて狭い。紋がある。学ばず無術。家業を破敗させる。
太陰・太陽	目	細長く黒く輝いている。風采は生き生きとしている。親戚に顕達する。貴人の助力を得る。官運（法律問題）。	黄、赤色。家人を剋す。斜視する。神がない。赤色。災難がある。
月孛	山根	高く隆起し、光沢に満ちている。賢良で、平安幸福となる。	陥没している。学業、事業を得られない。尖っていて狭い。多くは災難。困窮する。
羅睺・計都	眉毛	清秀で細く長い。人望があり名誉がある。太く黒く、長く、もみあげを過ぎる。官禄に恵まれる。	眉が短い。赤色を呈している。家人の死。非業の死。眉骨が高く聳える。強悪。

十《じゅう》三《さん》部《ぶ》位《い》総《そう》図《ず》歌《か》：麻衣神相の精髄

■十三部位の吉凶

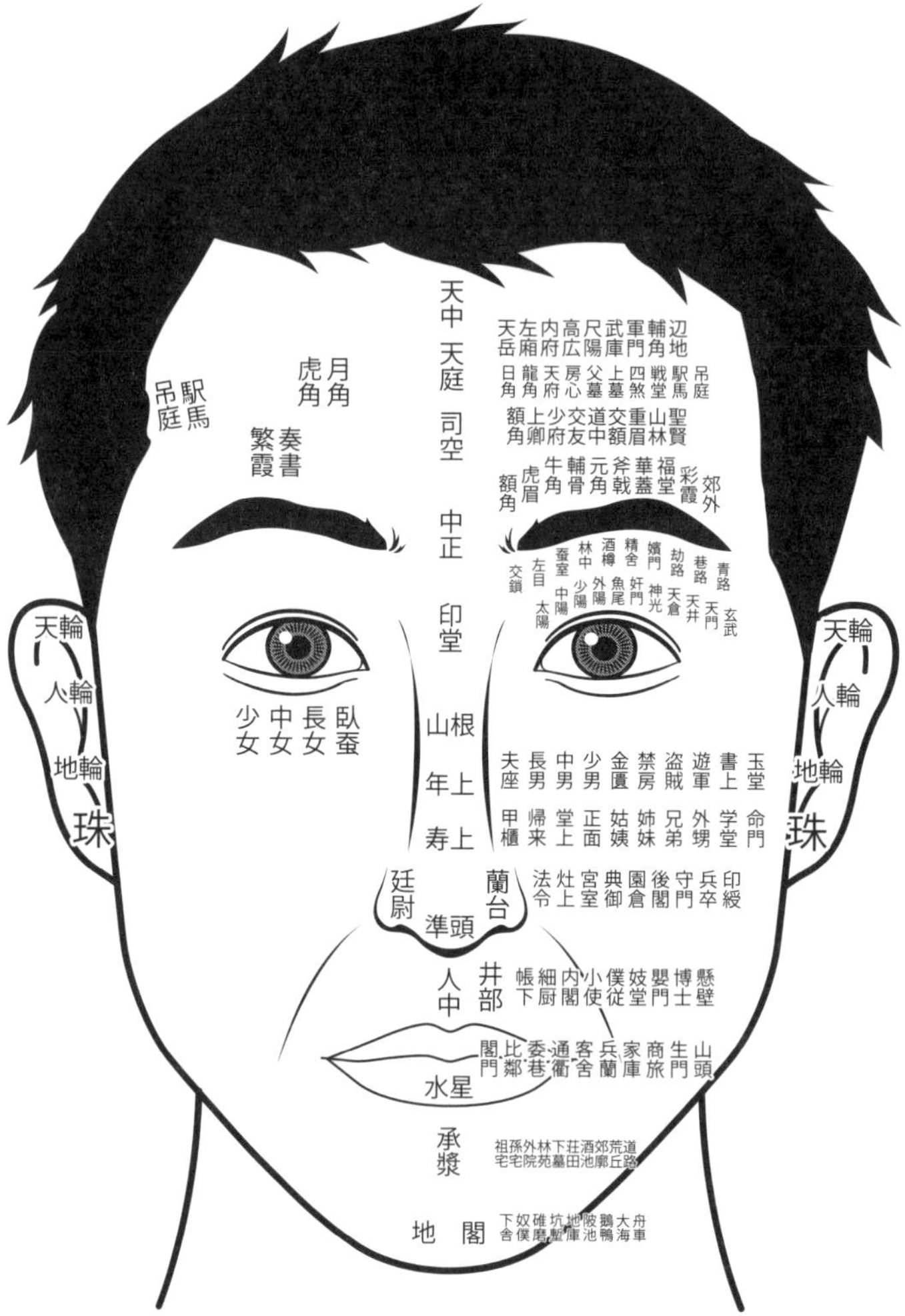

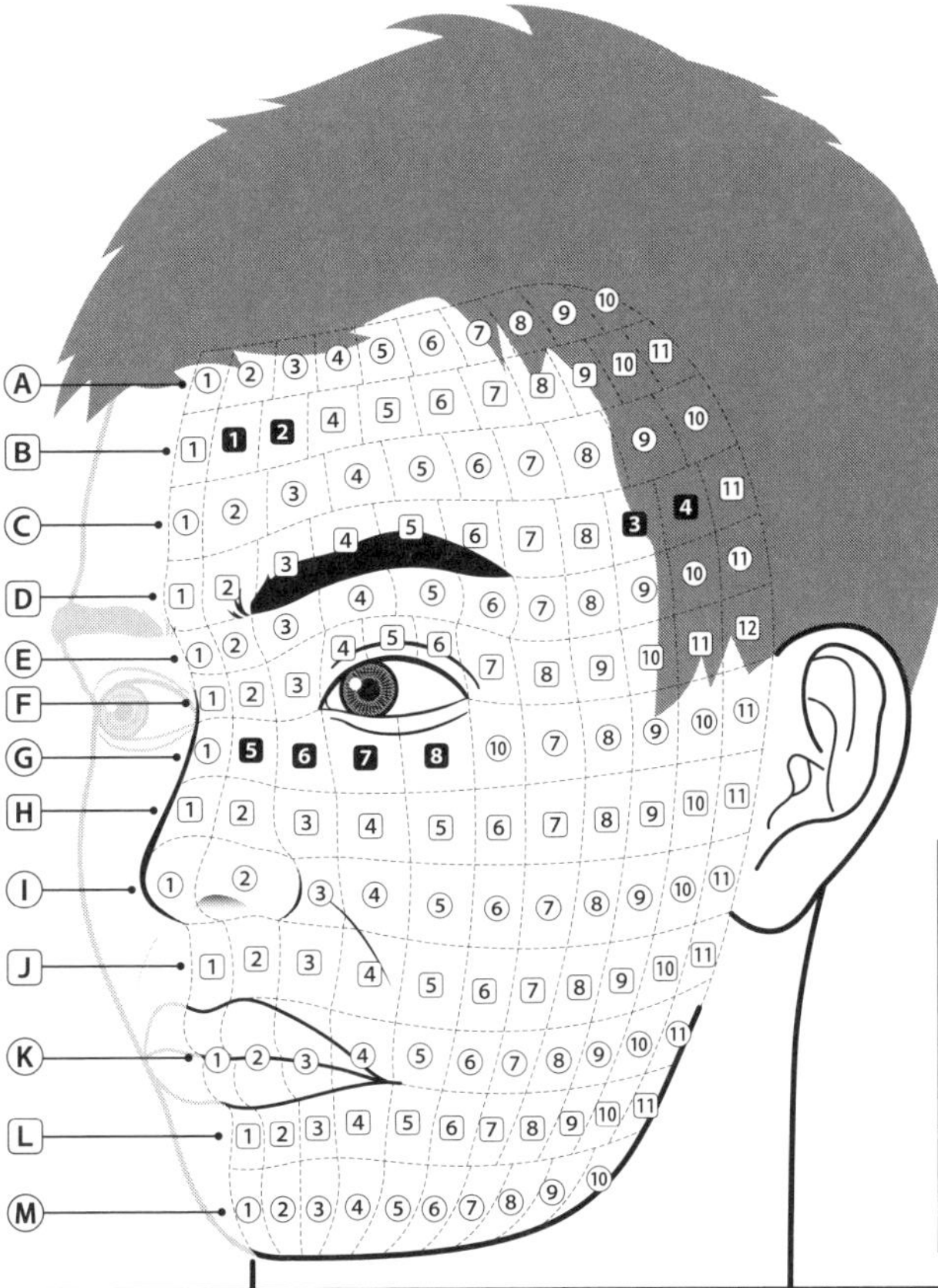

	左面	右面
1	日角	月角
2	龍角	虎角
3	福堂	奏書
4	彩霞	繁霞
5	夫座	臥蚕
6	長男	長女
7	中男	中女
8	少男	少女

	A	B	C	D	E	F	G	H	I	J	K	L	M
1	天中	天庭	司空	中正	印堂	山根	年上	寿上	準頭	人中	水星	承漿	地閣
2	天岳	1	額角	額角	交鎖	太陽	5	甲櫃	蘭台	井部	閣門	祖宅	下舎
3	左厢	2	上卿	虎眉	左目	中陽	6	帰来	法令	帳下	比鄰	孫宅	奴僕
4	内府	天府	少府	牛角	蚕室	少陽	7	堂上	灶上	細厨	委巷	外院	碓磨
5	高広	房心	交友	輔骨	林中	外陽	8	正面	宮室	内閣	通衢	林苑	坑塹
6	尺陽	父墓	道中	元角	酒樽	魚尾	金匱	姑姨	典御	小使	客舎	下墓	地庫
7	武庫	上墓	交額	斧戟	精舎	奸門	禁房	姉妹	園倉	僕従	兵蘭	荘田	陂池
8	軍門	四煞	重眉	華蓋	嬪門	神光	盗賊	兄弟	後閣	妓堂	家庫	酒池	鵝鴨
9	輔角	戦堂	山林	3	劫路	天倉	遊軍	外甥	守門	嬰門	商旅	郊廓	大海
10	辺地	駅馬	聖賢	4	巷路	天井	書上	学堂	兵卒	博士	生門	荒丘	舟車
11		吊庭		郊外	青路	天門	玉堂	命門	印綬	懸壁	山頭	道路	
12						玄武							

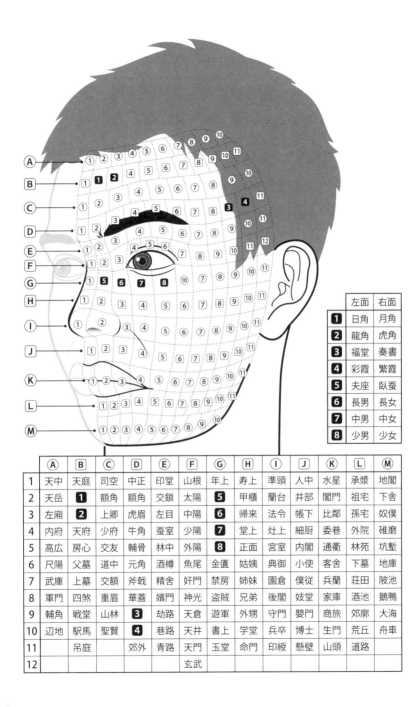

十三部位総括の詩

十三部位は、すなわち百三十部位（およそ130に近い部位）の総関。

額上五部、天中、天庭《てんてい》、司空《しくう》、中正、印堂、横列合して五十位、初運を象徴します。

鼻中四部、山根、年上、寿上、準頭《じゅんとう》、横列合して四十位、中運を象徴します。

顎下四部、人中、水星、承漿《しょうしょう》、地閣、横列合して四十位、晩運を象徴します。

いにしえの詩にはこうあります。

第一 天中、天岳に対す。左廂《さしょう》、内府《だいふ》、相《あい》連続す。
高広《こうひろ》、尺陽《せきよう》、武庫《ぶこ》に同じ。軍門、輔角《ほかく》、辺地《へんち》足る。

第二 天庭、日角に連なる。龍角、天府、房心、父墓。
上墓、四煞、戦堂に連なる。駅馬《えきば》、吊庭《ちょうてい》、善悪を分かつ。

第三 司空、額角《がくかく》の前。上卿《しょうけい》、少府、さらに相連なる。
交友、道中、交額《こうがく》、好《よ》し。重眉《ちょうび》、山林、聖賢を看る。

第四 中正、額角の頭。虎眉《こび》、牛角《ぎゅうかく》、輔骨《ほかく》、眉にて遊ぶ。
元角、斧戟と華蓋《かがい》を描《えが》く。福堂、彩霞《さいか》、郊外に求む。

第五 印堂、交鎖の裡《うち》、左目、蚕室《さんしつ》、林中から起こる。
酒樽、精舎に対するは嬪門。劫路、巷路《こうろ》、青路《せいろ》の尾。

第六 山根、太陽に対す。中陽、少陽、並びに外陽。
魚尾《ぎょび》、奸門《かんもん》、神光に接す。天倉《てんそう》、天井、天門、玄武を蔵《かく》す。

第七 年上、夫座《ふざ》、参《まじ》ゆ。長男、中男と少男。
金匱《きんき》、禁房《きんぼう》、併せて、盗賊《とうぞく》。遊軍、書上、玉堂の庵《いおり》。
第八 寿上、甲櫃《こうき》に依る。帰来《きらい》、堂上、正面の時。
姑《こ》姨《い》、姉妹、兄弟好《よ》し。外甥《がいせい》、学堂、命門の基。
第九 準頭、蘭台《らんたい》の上。法令、灶上《そうじょう》、宮室、盛んなり。
典御《てんぎょ》、園倉《えんそう》の後閣《こうかく》、連なる。守門《しゅもん》、兵卒《へいそつ》、印綬《いんじゅ》に記す。
第十 人中、井部に対す。帳下、細厨、内閣、附す。
小使、僕従《ぼくじゅう》、妓堂《ぎどう》の前、嬰門《えいもん》、博士、懸壁《けんぺき》の路。
第十一 水星、閣門に対す。比鄰《ひりん》、委巷《いこう》、通衢《つうく》に至る。
客舎、兵蘭《へいらん》、及び家庫、商旅、生門、山頭に寄せる。
第十二 承漿、祖宅に安し。孫宅、外院、林苑を看る。
下墓、荘田、酒池の上、郊廓《こうかく》、荒丘、道路の旁《かたわ》ら。
第十三 地閣、下舎に随《したが》う。奴僕、碓磨、坑塹、危し。
地庫、陂池《ひち》及び鵝鴨《がおう》、大海、舟車、憂疑。

面上部位―気色の吉凶

面上の各部は、形や凹凸状態だけではなく、その部位の気色がどう変わるかも見なくてはなりません。変化し異なる気色は、近い将来に起こる運勢の暗示となります。

駅馬	紫黄気	部下や目下の者、物事が順調
	光沢	貴人を得る
金匱	黒色	田宅を売りつくす
	黄色	常に財帛を得る
印堂	青色	貴子を得る
	紅色が紫色に変化	神が光れば喜慶の事
	赤色	口論、争い、散財、怒り
	白色	一か月以内に厄運がある
	黒色	近くに疾病あり
	黄色	近い将来に喜び事
	紫色	横財が飛来する
魚尾	青色	近いうちに水難
	赤色	近い将来に災禍
学堂	青色	怠け者、勉強したくない
	白色	知識と修養がない
	黄色	聡明
両頬	青色	兄弟と妻子に災禍あり
	赤色	怒る
	黒色	破財
	黄色	恩恵を授かる
	灰色	父母に災厄あり
	紫色	横財が飛来する
司空	黄色	近いうちにお金が入る
家庫	紅黄色	巨富

太陽	黄色がかった紅色	近い将来に大きい財
	紫色	近いうちに官職につく
奸門	赤色	貴子が生まれる
	青色	訴訟や争いごとを防ぐ
盗賊	赤色	盗賊あり
	青紫	暗闇の中で助けがある
	白色	淫邪
	赤色	口厄に遭う
	濃い白色	手紙が来る
	黄色	帰って来る喜び事
	青色	近いうちに喜び事がある
天門	紫色	近いうちに財運がある
	白色	婦人が家を出て行く
帰来	黒色	官事（訴訟や争いごと）がある
	紅気	財物が突然手に入る
	黄気	常に財利を得る
承漿	紫色	妾をもらう。あるいは財を得る
	黄色	聡明
	青色	近いうちに吉
	赤色	常に人に頼む
	白色	近いうちに哭泣の事がある
	黒色	近い将来に失財する
甲櫃	黄色	近いうちにお金が入る
地閣	紫色	近いうちにお金が入る

面《めん》相《そう》三《さん》十《じゅう》六《ろく》宮《きゅう》

■面相三十六宮図

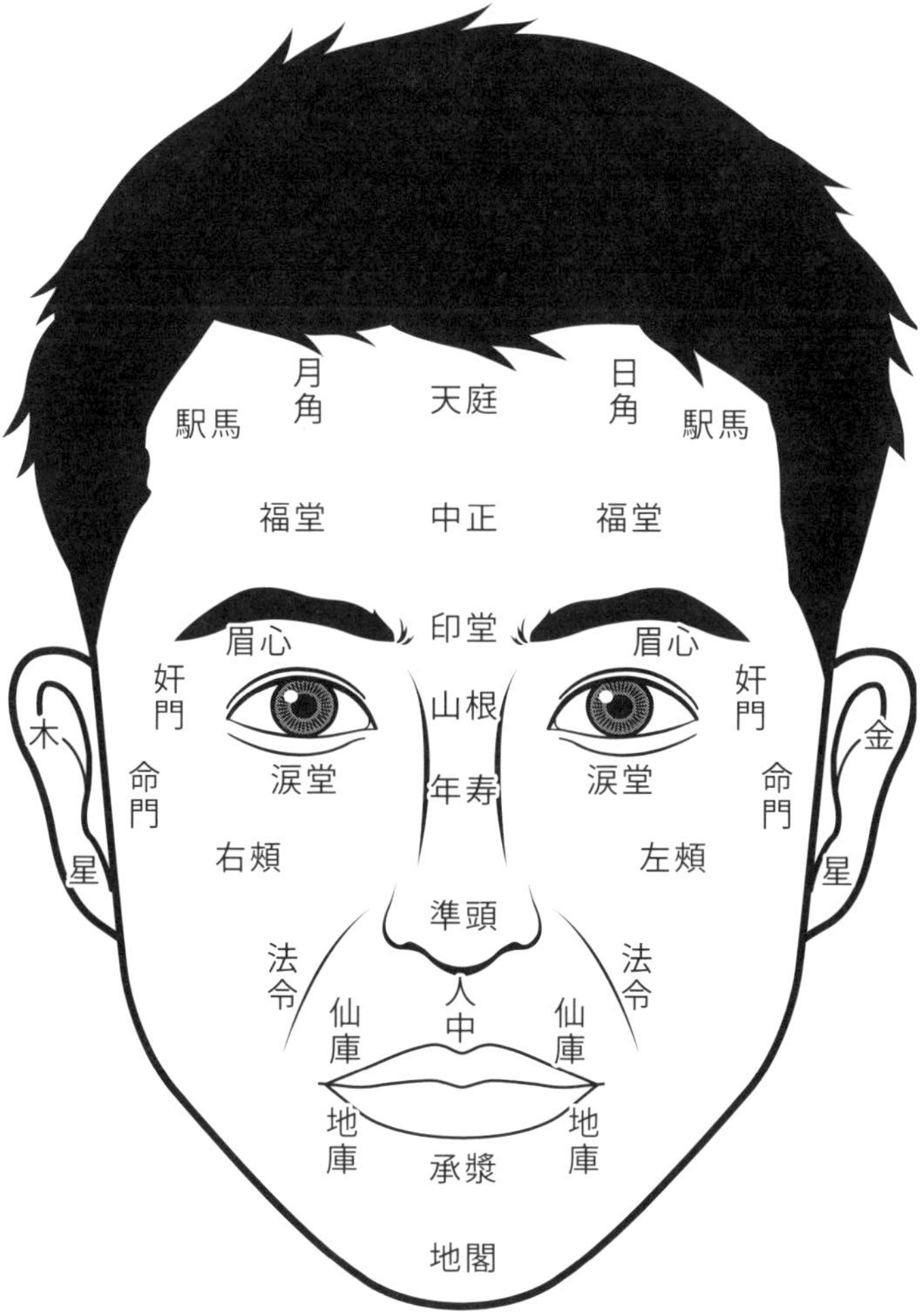

比較的使用頻度の高い十三部位総図内の三十六の部位（宮）です。

上図は暗記するのが望ましい人相学上の重要な部位となります。

流年運気の部位歌：面相と年齢

流年運気部位歌

1、2 天輪
3、4 天城
5、6、7 天廓
8、9 天輪
10、11 人輪
12、13、14 地輪
15 火星
16 天中
17 日角
18 月角
19 天庭
20、21 輔角
22 司空
23、24 辺城

25 中正
26 丘陵
27 塚墓
28 印堂
29、30 山林
31 凌雲
32 紫気
33 彩霞
34 繁霞
35 太陽
36 太陰
37 中陽
38 中陰
39 少陽

40 少陰
41 山根
42 精舎
43 光殿
44 年上
45 寿上
46 左頬
47 右頬
48 準頭
49 蘭台
50 廷尉
51 人中
52、53 仙庫
54 食倉

55 禄倉
56、57 法令
58、59 虎耳
60 水星
61 承漿
62、63 地庫
64 陂池
65 鵝鴨
66、67 金縷
68、69 帰来
70 頌堂
71 地閣
72、73 奴僕
74、75 腮骨

76、77 子
78、79 丑
80、81 寅
82、83 卯
84、85 辰
86、87 巳
88、89 午
90、91 未
92、93 申
94、95 酉
96、97 戌
98、99 亥

■流年運気部位歌

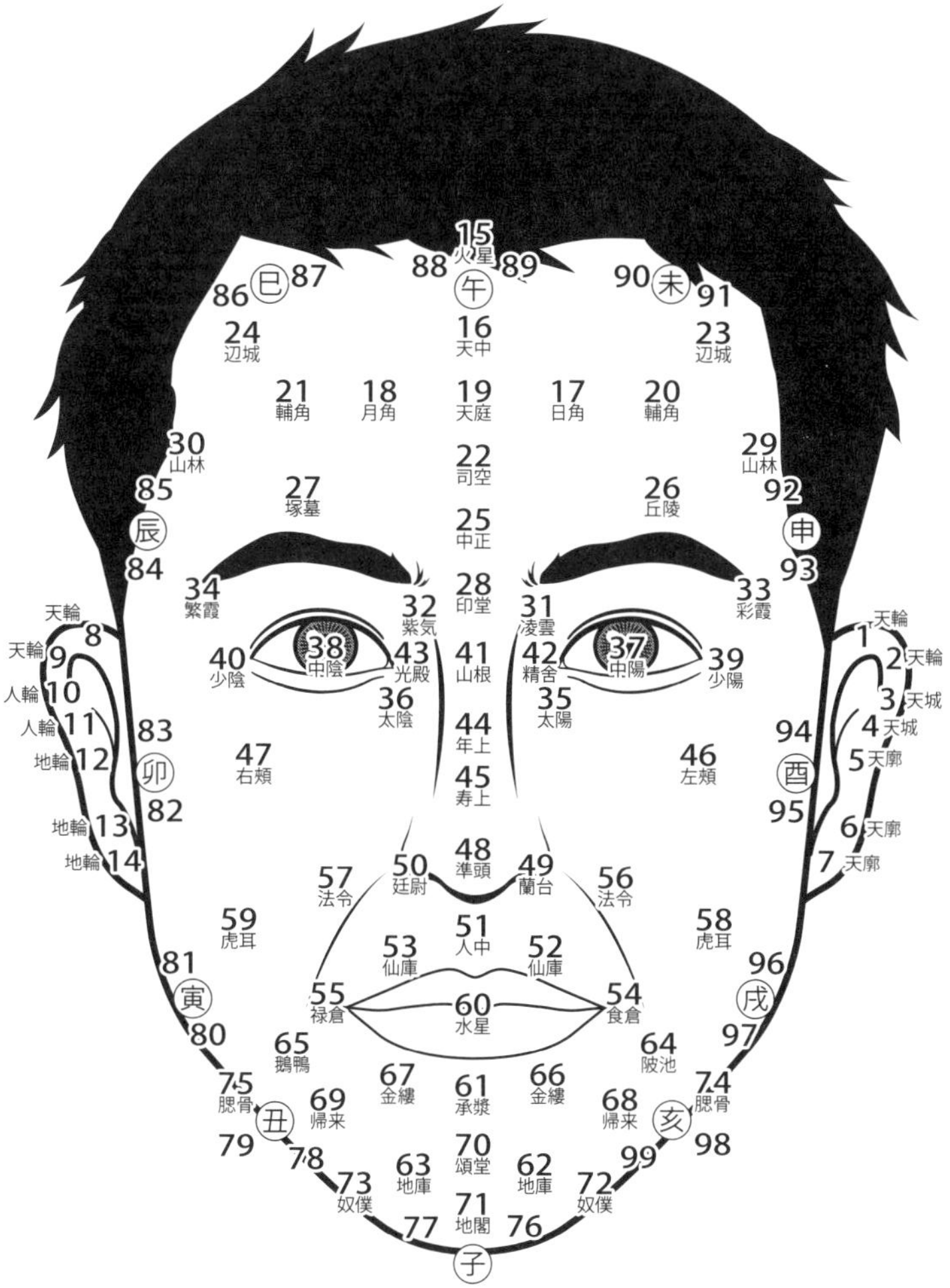

※流年部位のそれぞれの呼称は異説もあります。

■流年運気部位歌（鍾進添老師）

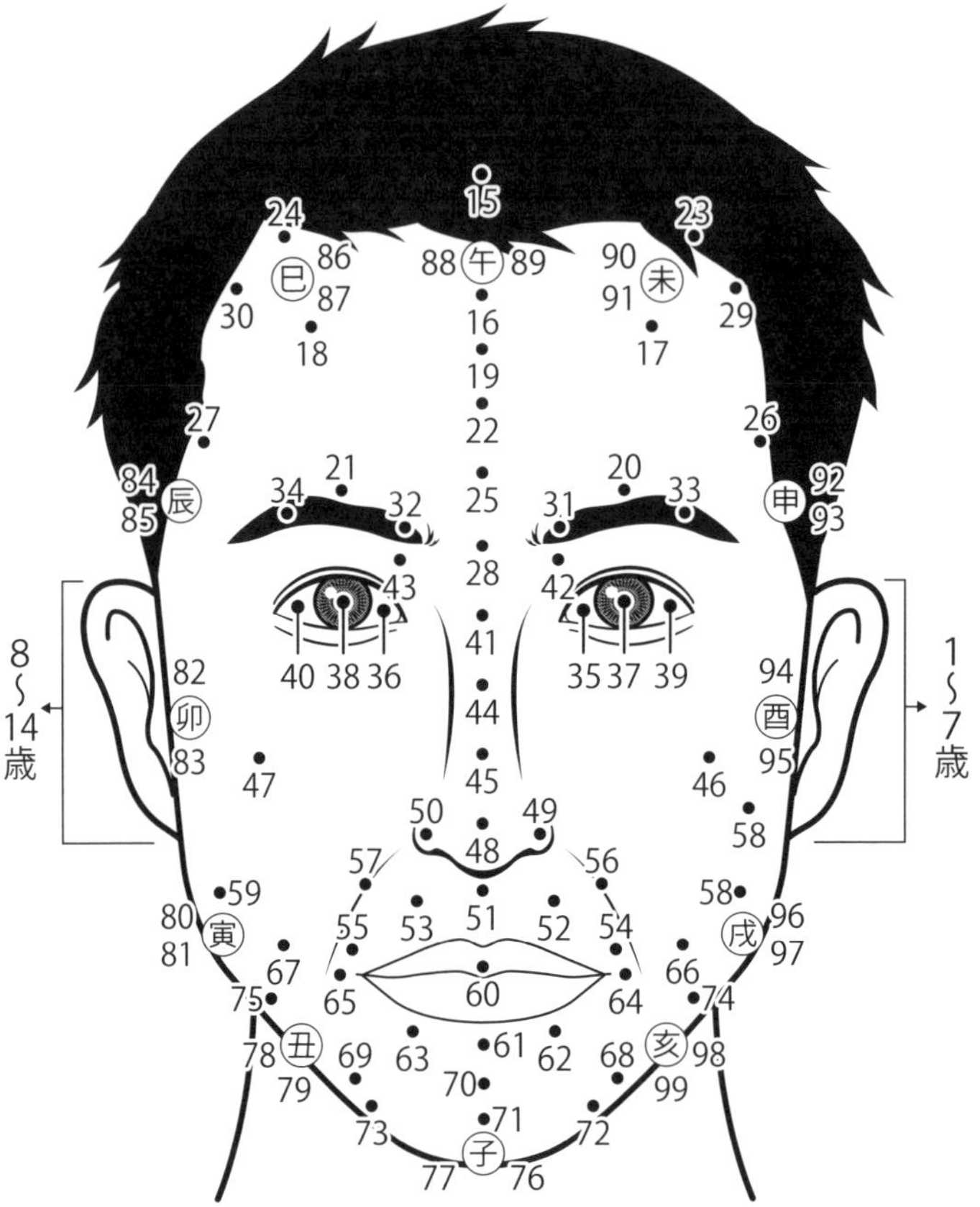

1, 2 天輪	22 司空	36 太陰	49 蘭台	65 鵝鴨	86 , 87 巳
3, 4 天城	23 , 24 辺城	37 中陽	50 廷尉	66 , 67 金縷	88 , 89 午
5, 6, 7天廓	25 中正	38 中陰	51 人中	68 , 69 帰来	90 , 91 未
8, 9 天輪	26 邱陵	39 少陽	52 , 53 仙庫	70 頌堂	92 , 93 申
10 , 11 人輪	27 塚墓	40 少陰	54 食倉	71 地閣	94 , 95 酉
12 , 13 , 14 地輪	28 印堂	41 山根	55 禄倉	72 , 73 奴僕	96 , 97 戌
15 火星	29 , 30 山林	42 精舎	56 , 57 法令	74 , 75 腮	98 , 99 亥
16 天中	31 凌雲	43 光殿	58 , 59 虎耳	76 , 77 子	
17 日角	32 紫気	44 年上	60 水星	78 , 79 丑	
18 月角	33 繁霞	45 寿上	61 承漿	80 , 81 寅	
19 天庭	34 彩霞	46 , 47 頬	62 , 63 地庫	82 , 83 卯	
20 , 21 輔角	35 太陽	48 準頭	64 陂池	84 , 85 辰	

流年とは生まれてから、一年ごとの運勢を指します。相術上は、約１００の部位からなる面部分に対して、１～１００歳（数え年）までが相対します。

また、男女の区別があり、耳の場合は、男は左を看て、女は右を看ます。

1～14歳

子どもはまだ身体が発育段階にあり、骨髄がまだ成長しきっていないので、頭と身体の対比が整った成人とは異なりますが、相術上においても、この段階で一生の吉凶を決めることはできません。ただ、耳を観察し、身体の健康を観察することはできます。耳を看る時は、男の子は左耳を看て、女の子は右耳を看ます。もし、耳の色が赤くつやつやして光沢があれば、天賦の才があります。生活は裕福で、身体は健康に過ごすことができるでしょう。もし耳の色が薄暗く灰色から白色ならば、身体に病気がある兆候があります。おそらくは長寿ではないだろうと判断できます。

15～16歳

額や頭を見て、光沢があれば生活に憂いはないでしょう。憂いがないとは、好運の兆候です。これに反して、もし額や頭が薄暗く光沢がないならば、年少の頃の生活はよくないでしょう。

17～18歳

日角と月角の位置を看ます。もし日角と月角が明るく輝き光沢があるのならば、父母の身体は健康であることを意味しています。もし薄暗ければ、父母のうち片方一人に災いがあると判断します。最悪の場合は、死別ということもあり得ます。

19〜21歳

天庭と輔角の位置を看ます。この年齢の青少年は現代においては、一般的に高校生から大学生にかけての若者で、命運の上では人生の転機でもあります。ある人は中途で学問をやめて社会に出て行くでしょうし、またある人は有名な大学に行き学問の造詣を深めるかもしれません。交友関係においては、うっかり誤った道に進む人もいるかもしれません。

天庭と輔角の部位に輝きがあり、紅色で艶やかならば、好運にいると言えるでしょう。これは人生の良好なスタートと言ってよいです。これに反して、もし二つの部位が暗く、不明瞭ならば、思考は清くはなく、災難が起きやすいため、必ず自分の人生の方向性に対して再度、冷静に見直さなくてはいけません。ただ、この年齢の時に運がなくても、以後さらに良い運となる機会が来れば、まだ間に合うでしょう。

22歳

司空の部位を看ます。この部位が明るくピカピカし潤いがあれば、吉相です。青黒ければ、不吉の予兆です。もし22歳の時に、この部位が夏に赤くなったり、春に青くなったりすれば、それらは全て不吉なことが起きる予兆です。

23〜24歳

辺城（辺地）を看ます。この部位が明るい黄色を呈すれば、この人は好運にいます。もし、軽微な紅色ならば、運気は普通と考えます。ただし、明らかな紅色で赤色に変化している過程にあるか、赤色になっていれば、災禍が起こることを示唆しています。その他に、青色もまた凶であり、身体の健康が優れていないかあるいは災禍発生の予兆と捉えます。

25歳

中正の部位を看ます。この部位が明るく輝き、光沢があれば大吉です。これに反して、暗い、あるいは青黒ければ、不吉な兆候です。

26〜27歳

丘陵、塚墓の部位を看ます。この二つの部位が、もし青く黒ければ、驚き慌てる必要はなく、正常です。また、良いことが近い未来で起こることの予兆でもあります。これに反して、もし紅色で赤く変化しているならば、これは不吉な面相です。災禍に遭う可能性を示唆しています。

28歳

印堂を看ます。この部位の色合いが紅色、黄色、紫色に光っているのならば、吉相です。これに反して赤く暗い、あるいは黒くて青いならば、置かれている状態がいい運気にないことを示唆しています。これは運にカビが生えた状態とも言えます。

29〜30歳

山林を看ます。清秀で、草木が青々と茂っている山林は人を気持ちよくします。この部位は額と髪の生え際であり、はっきりとしているのが望ましいです。もしこの部分の生え際がのこぎりの歯のようならば、この人は働きすぎて疲労しているか、生活状態が悪いと判断します。髪の生え際が混濁し、暗ければ、不吉な面相です。外出すれば災禍に遭う可能性があります。

31〜34歳

両眉の間にある凌雲、紫気。両眉毛の端の彩霞と繁霞。これらの部位に紅紫色が出現していると、運気は非常に良いと言えます。白色の輝きがあれば、財運は順調です。ただし、白い点が出現するのは良くありません。最悪の場合は兄弟に死に至るような災禍があるかもしれません。男の人で、この部位に白い点が出現していると、剋妻の面相です。妻子に近いうちに災禍があるかもしれません。

35〜40歳

目を看ます。目が明るく輝き、紅紫色を呈していれば、吉相です。目が潤っており透き通って光っていれば、運気は良いです。目が明るくて綺麗、白くて綺麗ならば、運気は普通です。最悪なのは、目が青黒く暗く淀んでいる状態です。この人は何をしても成功しないでしょう。

41〜43歳

山根の部位を看ます。もしこの部位の色つやが紅色で潤って輝いていれば、吉相です。何をしても順利でしょう。もしこの部位が白ければ、煩わしいことが多く思いどおりに事を運べないでしょう。最悪なのは、この部位が青黒くやつれて暗いことです。大きな不幸があります。

44〜45歳

年上と寿上を看ます。この部位で身体の健康状態が判断できます。もしこの部位が明るく潤い輝いていれば、大変良好な状態です。もしこの部位に紅色、赤色、青黒い色が出現したら、この人に疾病があることを示唆しています。早い段階で、病院で検査を受けるべきでしょう。

46〜47歳

両方の頬骨を看ます。若い時に健康だった人は、この部位が必ず紅色で艶があり明るく輝いています。46〜47歳の時に、黄色く艶があれば正常です。もし、青暗い色を呈していれば、この人の身体は万全ではありません。長寿とはならないでしょう。

48〜50歳

鼻の部位である準頭、蘭台、廷尉を看ます。面相における五行の上では、鼻は土に属します。だから、鼻は黄色いのが良いです。最も素晴らしいのは明るい黄色です。もし、紅色ならば、災禍が起こるかもしれません。注意して予防する必要があります。赤色ならば、破財するでしょう。青黒い色ならば、大凶です。死亡する災いがあるかもしれません。

51〜57歳

唇の部位である人中、仙庫、食倉、禄倉と法令を看ます。この部位は、明るく潤っていれば、最も素晴らしい状態です。もし、これらの部位が白や黄色ならば、体調がよくないはずです。凶の兆しと考えられ、将来災禍が起こるでしょう。

58〜59歳

虎耳の部位を看ます。ここが黄色く暗いと、運気は良くないでしょう。

60歳

水星《すいせい》の部位を看ます。年齢を問わず、唇が紅色で湿って潤い、光沢があるのが健康的な面相です。もし唇が紫に輝いていれば、さらに良いでしょう。女子の場合は唇が白いのは良くありません。男子の場合は、赤紅色が良くありません。これらは全て凶兆です。災いを防ぐための注意が必要です。また、これらは身体の健康面にも表れます。

61歳

承漿の部位を看ます。若い時にもしこの部位が黒色を呈したことがあるならば、この人は将来に水難があることを示唆しています。61歳の時に、この部位に白、紅色の色つやが表れるのが良いです。その他の色が出るのは全て健康ではない証拠です。

62〜63歳

地庫の部位を看ます。この部位が白色を呈しているのが良いです。もし、この部位が黒色ならば、年齢にかかわらず全て凶相です。

64〜67歳

陂《は》池《ち》、鵝《が》鴨《おう》、金縷《きんろう》の部位を看ます。これらの部位は同様に白く明るく輝き潤っているのが吉です。もし、白、灰色、粉おしろいのような白骨の色ならば、この人は生きる望みがないことを表しています。長くは生きられないでしょう。

68～69歳
帰来《きらい》の部位を看ます。この部位もまた、しっとりとしているのが良いです。最も忌むのが枯れた色が出現することです。枯れるのは衰老の象徴だからです。

70～71歳
頌堂と地閣の部位を看ます。この部位が白色、紅色ならば良いです。晩年は大変幸福でしょう。もし、黒色ならば、寿命はすぐに尽きてしまうでしょう。

72～77歳
奴僕、腮骨と子位の部位。

78～79歳　丑位の部位。
80～81歳　寅位の部位。
82～83歳　卯位の部位。
84～85歳　辰位の部位。
86～87歳　巳位の部位。
88～89歳　午位の部位。
90～91歳　未位の部位。
92～93歳　申位の部位。
94～95歳　酉位の部位。

96〜97歳　戌位の部位。

98〜99歳　亥位の部位。

100歳　額位。

面相流年吉凶一覧

	1〜14歳	15〜16歳	17〜18歳	19〜21歳	22歳	23〜24歳
部位	耳	額	日角・月角	天庭・輔角	司空	辺城
吉	紅色で艶がある	光沢がある	てかっている。光沢がある	紅色で明るく透き通って潤う	輝いている	黄色・微かに紅色
凶	灰色・白色	灰色で暗い。無光	灰色で暗い	暗い。不明瞭	青色・暗い	紅色・赤色・青色

	25歳	26〜27歳	28歳	29〜30歳	31〜34歳	35〜40歳
部位	中正	丘陵・塚墓	印堂	山林	凌雲・紫気・繁霞・彩霞	眼睛
吉	光沢がある	青色・暗い	紅色・黄色・紫色に光る	明らかである	紅紫色・白く輝いた色	潤い輝き、透き通っている
凶	暗い・青黒い	濃い紅色	赤暗い・青黒い	生え際がのこぎりの歯	白い点が出現（水疱瘡など）	青黒い。暗く淀んでいる

	41〜42歳	43〜45歳	46〜47歳	48〜50歳	51〜57歳	58〜59歳
部位	山根	年上・寿上	頬骨	準頭・蘭台・廷尉	人中・仙庫・食倉・禄倉・法令	虎耳
吉	紅色で艶があり、輝く	明るく輝く	紅色で艶があり、てかっている	明るい黄色	明るく潤う	明るく輝く白亮
凶	白色・青黒い	紅色・赤色・青黒色	青暗い色	紅色・赤色・青黒い	白色・黄色	黄色・暗い

	60歳	61歳	62〜63歳	64〜67歳	68〜69歳	70〜71歳
部位	水星	承漿	地庫	陂池・鵝鴨・金縷	帰来	頌堂・地閣
吉	紅色で艶がある光沢・紫色に輝く	白色・紅色	白色	白く、てかって潤っている	しっとりとして潤っている	白色・紅色
凶	白色・赤紅色	黒色	黒色	白色・灰色	枯れた色	黒色

十字面相法《じゅうじめんそう》

相術学において、人の面相を個々の具体的な事例から一般に通用するような原理・法則などを帰納法的に導き出し、「由、甲、申、田、同、王、円、目、用、風」の十文字の象形になぞらえて類型化したのが十字面相法です。吉凶禍福の判断に用います。

① 由《ゆう》

特徴：上が細く下が大きい。おでこが狭くて、頬の骨が大きい。

個性：家庭を重んじる。とても率直で、屈強。忍耐しにくい。女性の場合は、優しさに欠く。ただし夫を助けて家業を良くこなす。

運勢：15～35歳までは、運気がそれほどよくない。35歳までに死亡することもあるが、生き延びれば運気は安定する傾向がある。

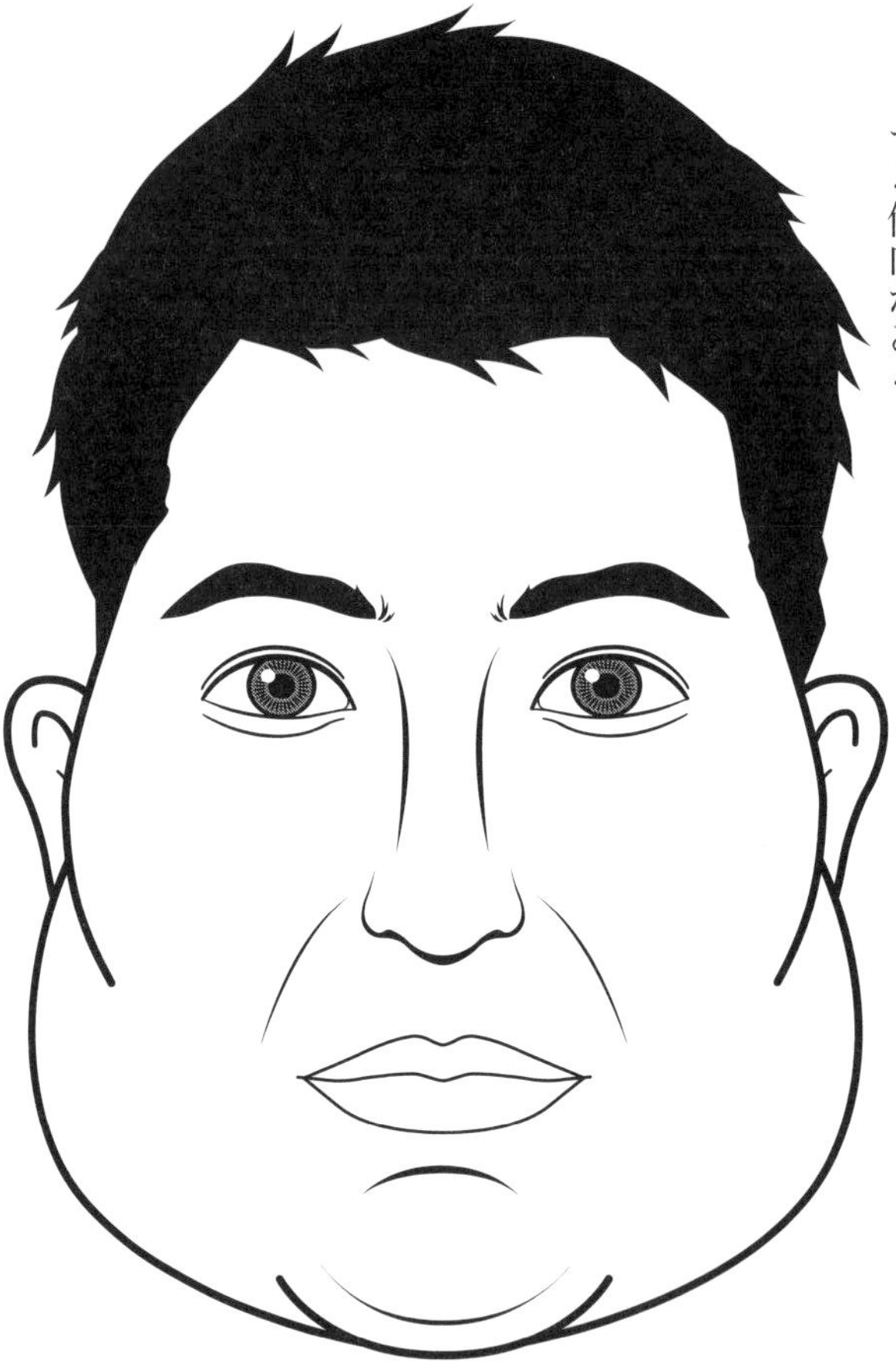

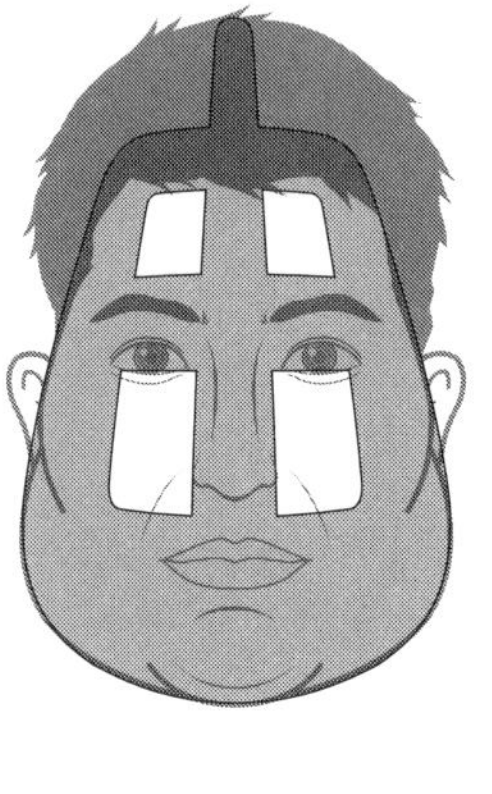

② 甲《こう》

特徴：上が大きく下が細い。おでこが大きくて、広い。鼻が大きくて真っ直ぐ。

個性：思想は敏捷で、真面目に責任を取って、事を処理する。若い時は運気は相当良い。少し驕傲。自尊心が強く、簡単に人と付き合う。

運勢：生まれてから35歳まで運気は相当よい。

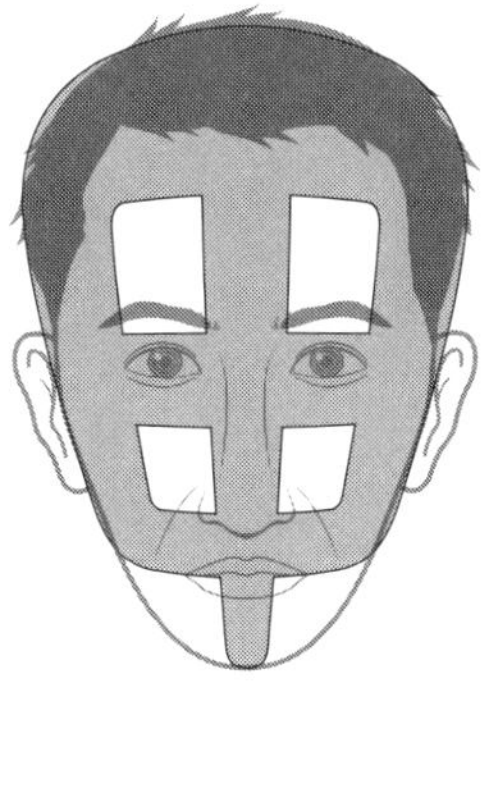

③　申《しん》

特徴：上下（額・頬と顎）は皆小さく、中間は比較的大きい。おでこが狭く、頬骨は広い。顎が鋭い。

個性：二重人格。感情的。適応能力は高い。ただし自制心に欠く。

運勢：15～30歳までは運気が悪い。31～50歳までは比較的良い。51歳までに死亡することもある。
51歳以降は運気が悪い。

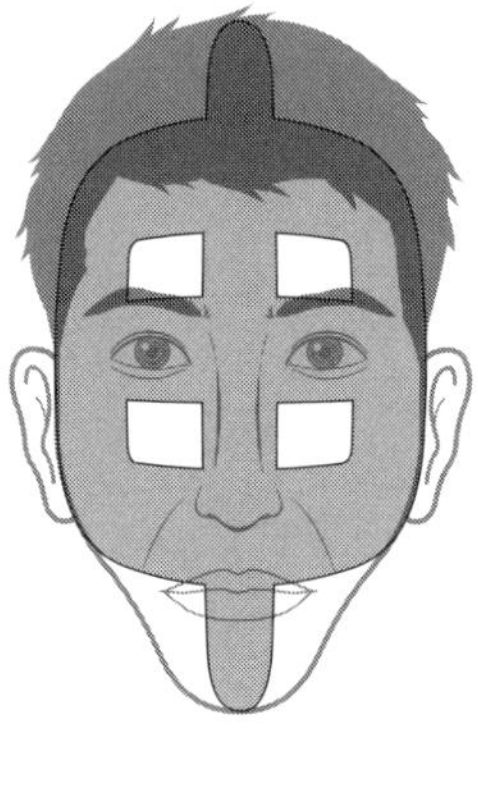

④ 田《でん》

特徴：丸みに四角を帯びた形をしている。肥えていて顔は短く、腮骨《しこつ》（エラ）は四角い。
個性：穏健である。理智的。欲望が強く、野心が大きい。計画したことを実行する、実行能力が高い。
運勢：一生を通じて大きな紆余曲折や波瀾がない。比較的平穏な運勢。

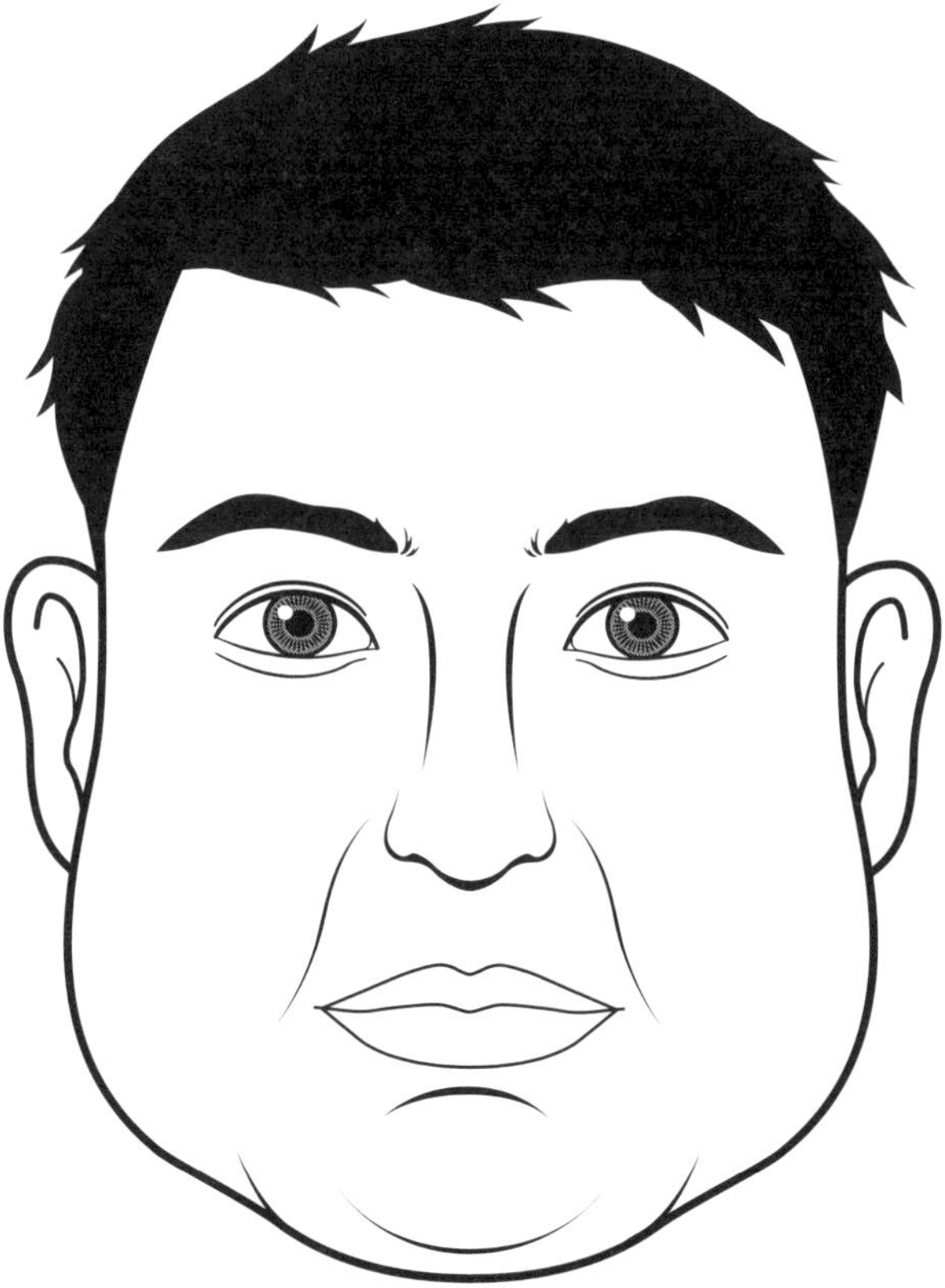

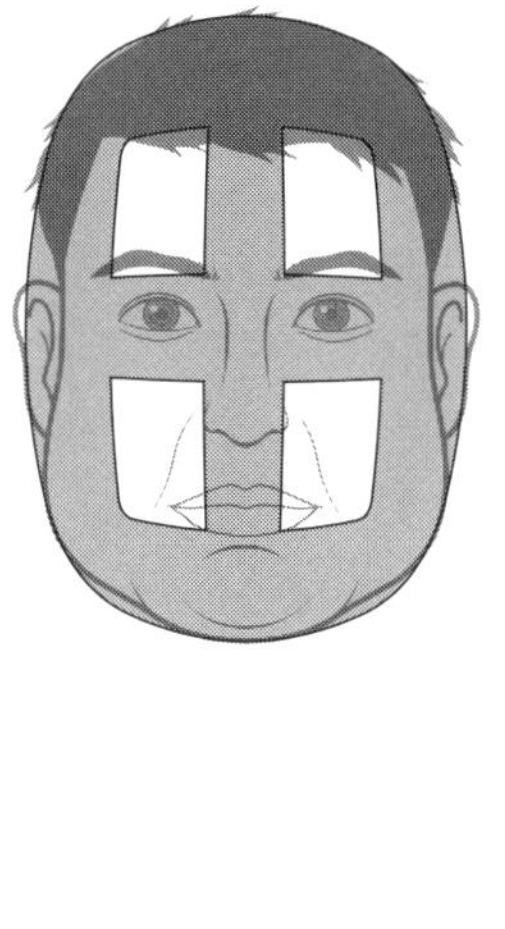

⑤　同《どう》

特徴：顔の形が四角い。腮骨、頬骨は比較的大きい。鼻は真っ直ぐで額は低い（引っ込んでいる）。

個性：力がある。苦しみに耐えられる。個性は率直、正直で、事にあたっては責任を負う。真面目。過剰なほど理性や意志よりも、感情や情緒で動く。

運勢：一生を通じて富む。妻は貴く子も貴い。寿命は80歳を超える。

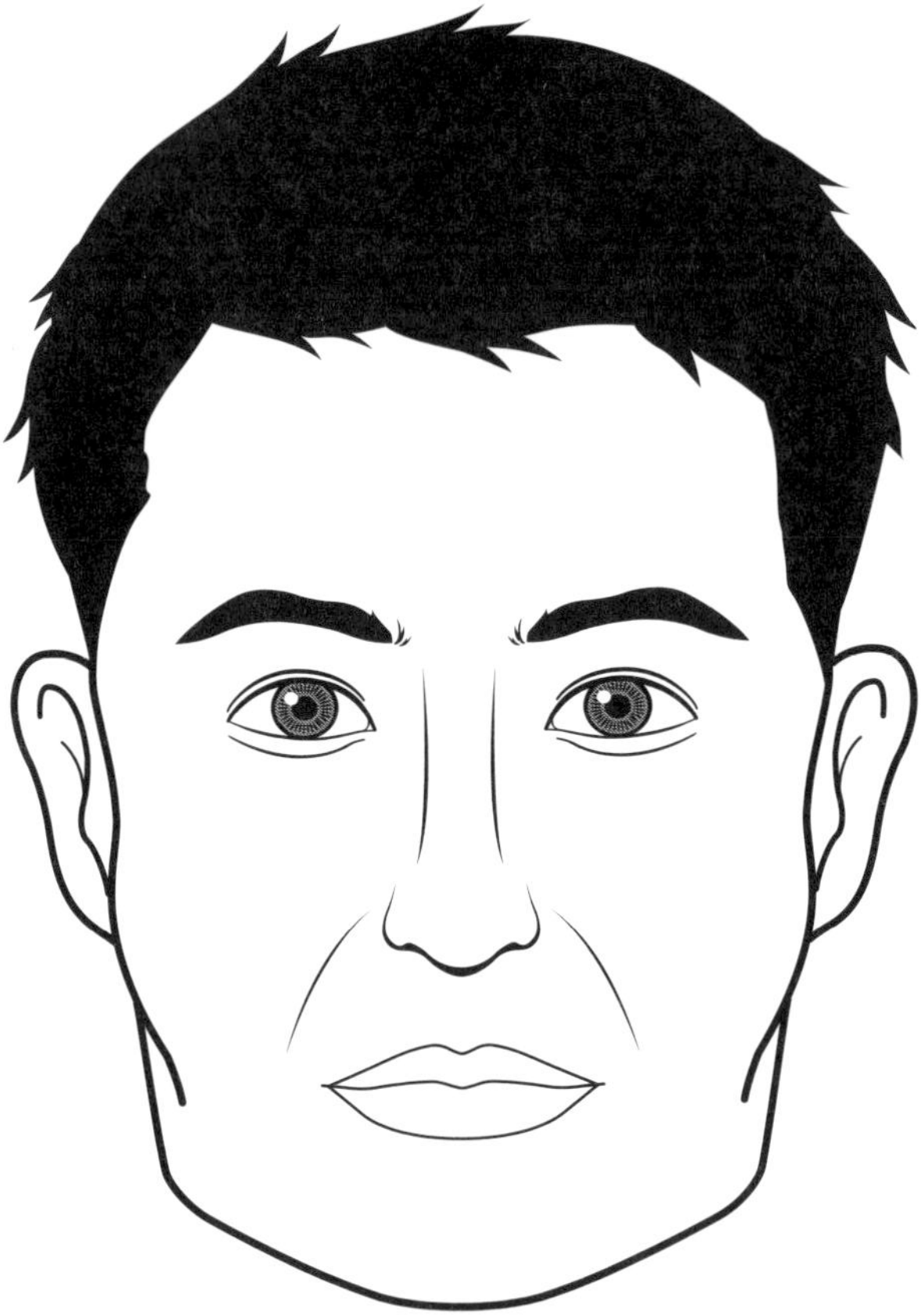

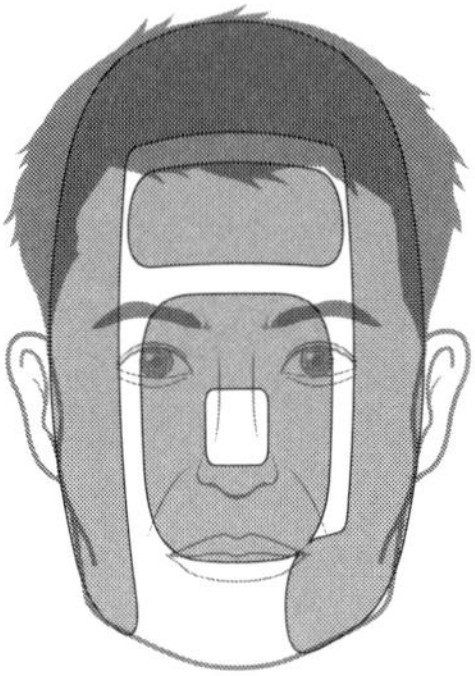

⑥ 王《おう》

特徴：痩せていて骨ばかりである。腮骨（エラ）、頬骨は全て大きい。額も大きい。

個性：固執する性格で、尊大。事にあたっては周到な計画性に欠く。将来のことを見通すことが苦手。

運勢：波瀾に満ちた生涯。一年良く、一年悪いというような運。

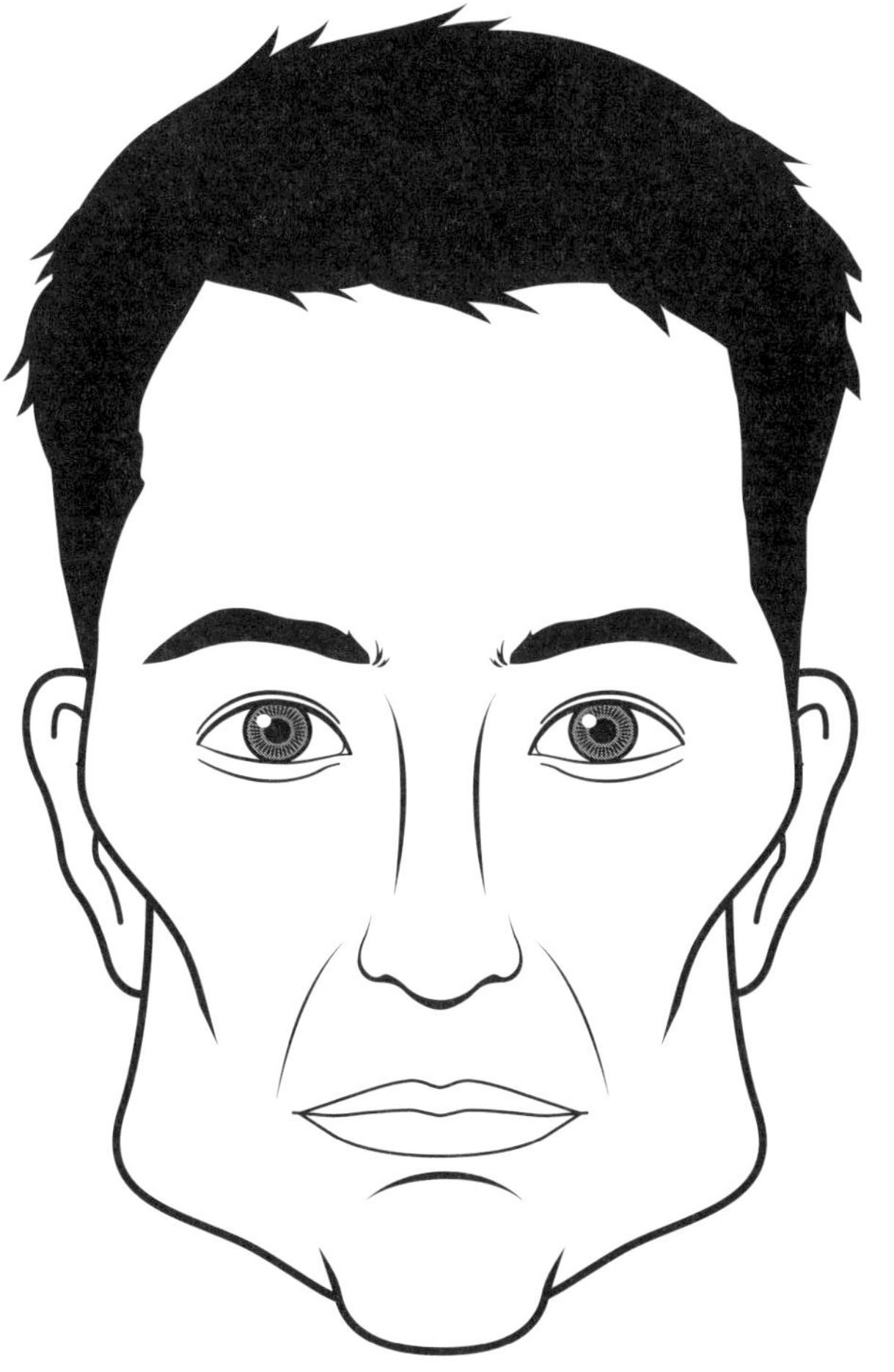

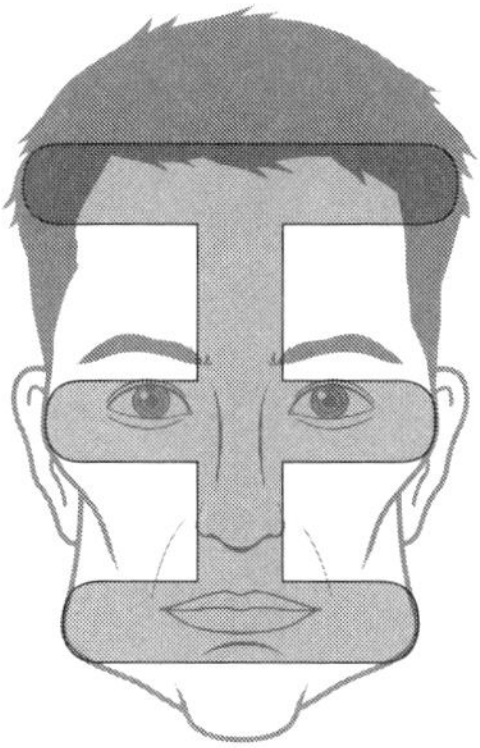

⑦ 円《えん》

特徴：顔の形は丸く太っている。鼻の頭が比較的大きい。

個性：世話焼きで、適応能力が高い。事を処するに鎮定《ちんてい》（丸く収める）。忍耐力がある。事に当たって計較《けいかく》（比べ合わせて考えること）するのが苦手。

運勢：一生を通じてよい運気にある。大きな波瀾は多くない。

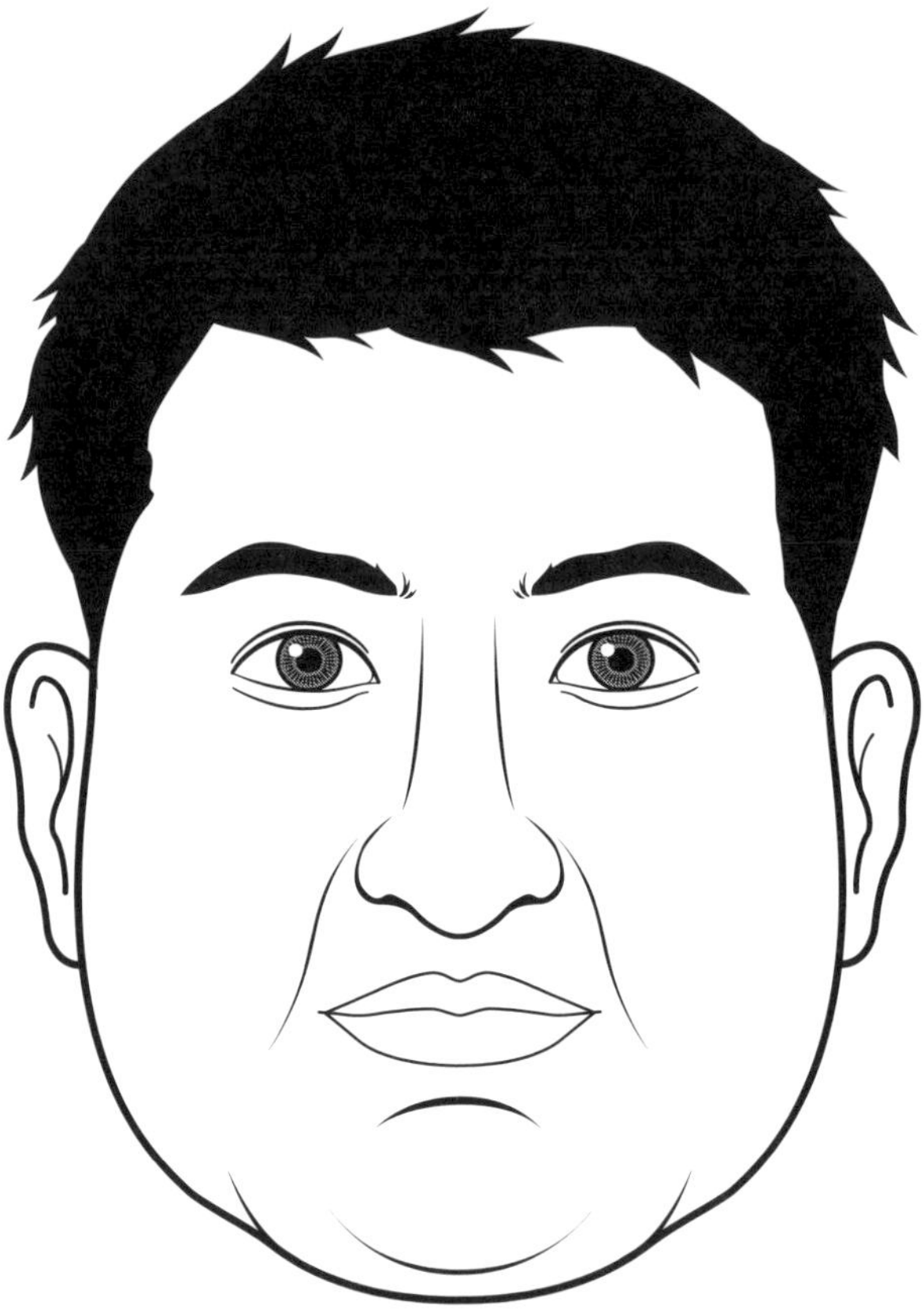

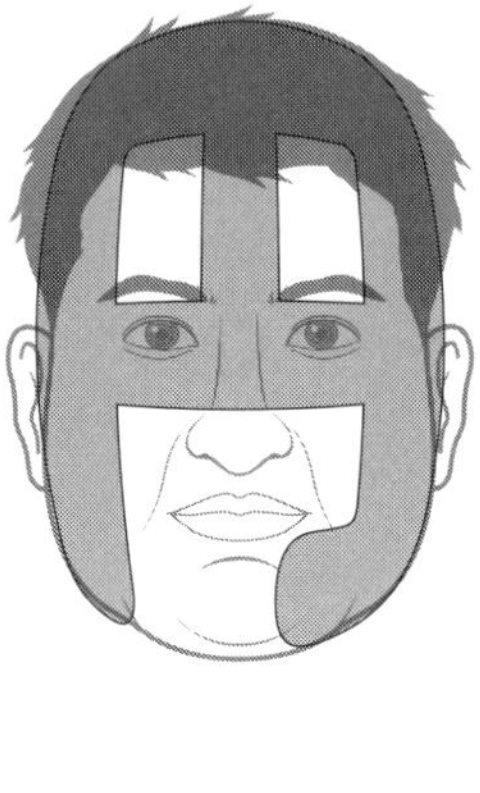

⑧ 目《もく》

特徴：面形が狭くて長い。鼻は真っ直ぐで、天庭《てんてい》（ひたいの中央）は高くて狭い。顔はのっぺりとして平らである。地閣《ちかく》（下顎）は狭まっていて長い。

個性：個性は剛にして屈強。気性は猛烈。事を為すのに活気がない。尊大。

運勢：一生を通じて大きな波瀾や変化は特にない。

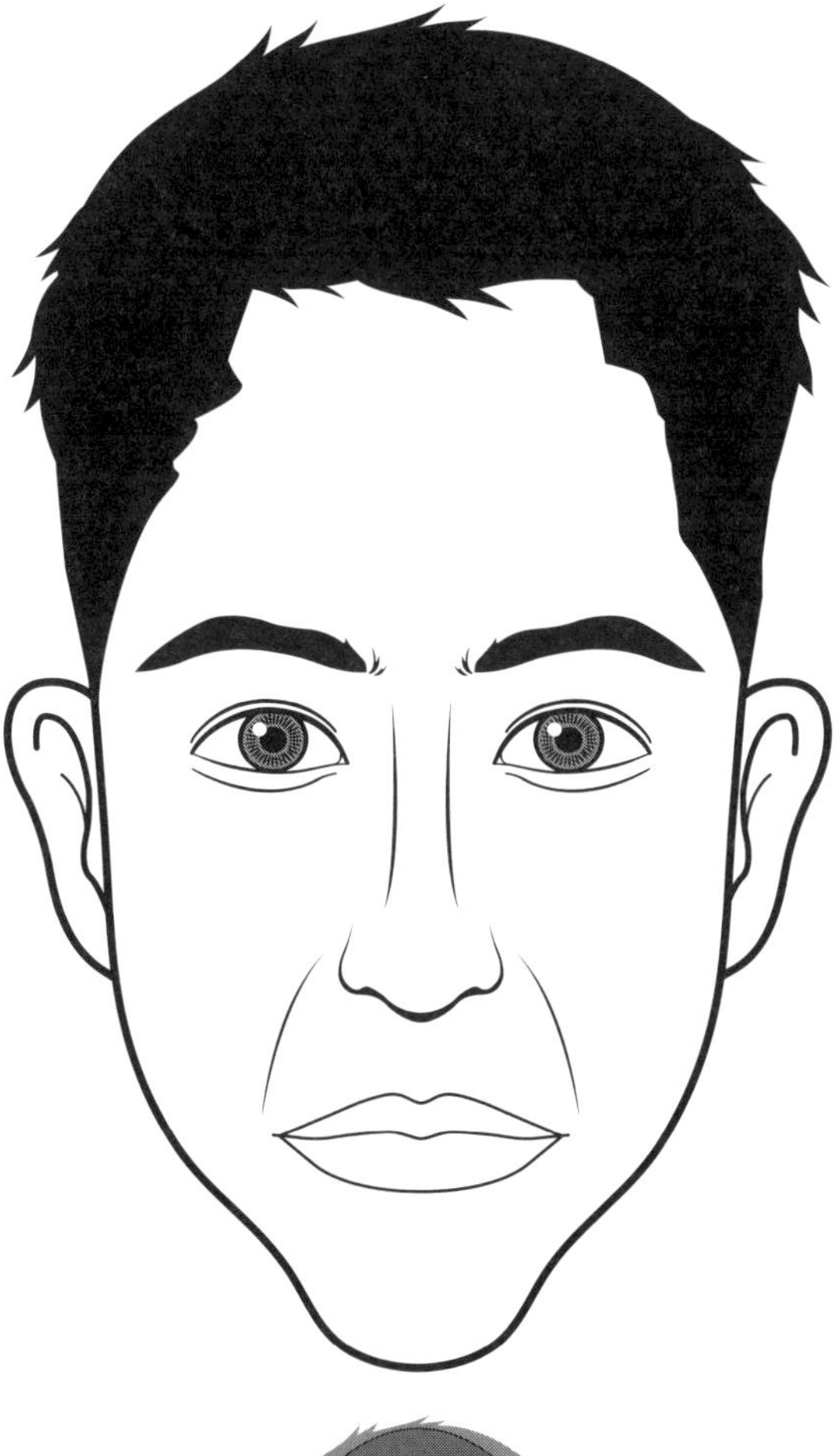

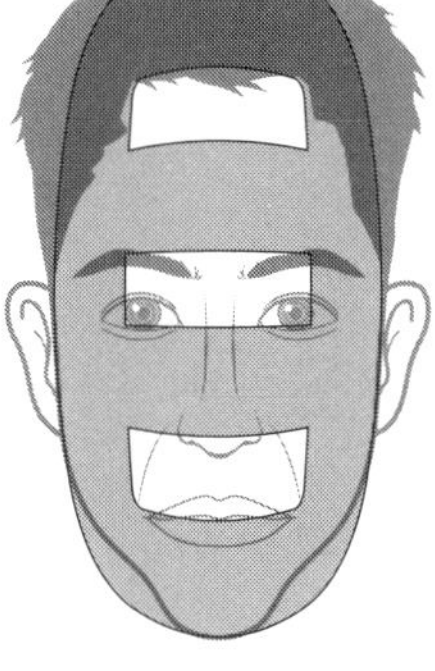

⑨ 用《よう》

特徴：顔が歪んでいて、一方で面が大きく、もう一方で面が細い。

個性：二重人格。話好きで欲望が強い一方で、抑鬱（気持ちが晴れ晴れしない）とし、信心に欠く。
友達は多いのに、つきあいは少ない。

運勢：一生を通じて波瀾に富む。チャンスを逃し、運気は極めて不安定。

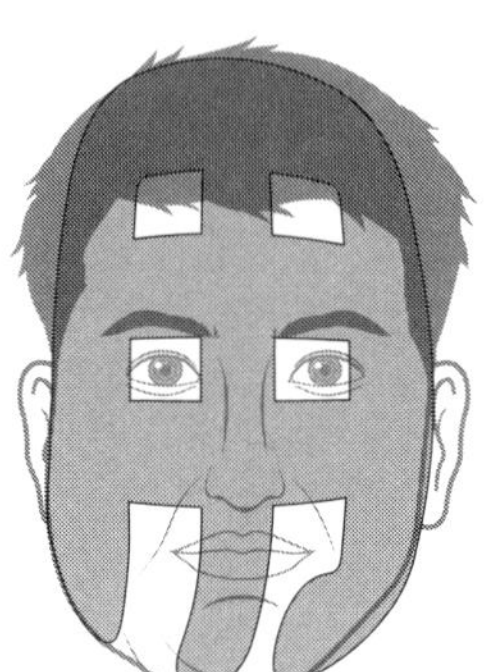

⑩ 風《ふう》

特徴：額は広く、福徳宮（眉の上）が比較的狭まっている。腮骨が出っ張っている。後にも頬が見える。

個性：臨機応変であり、事に当たっては責任を負う。将来を見通すのに長けている。自尊心が極めて強い。力を求めて学習能力は高い。

運勢：15～35歳までの運気は比較的良い。35～50歳は波瀾が多い。50歳の晩年期に至っては比較的安定する。

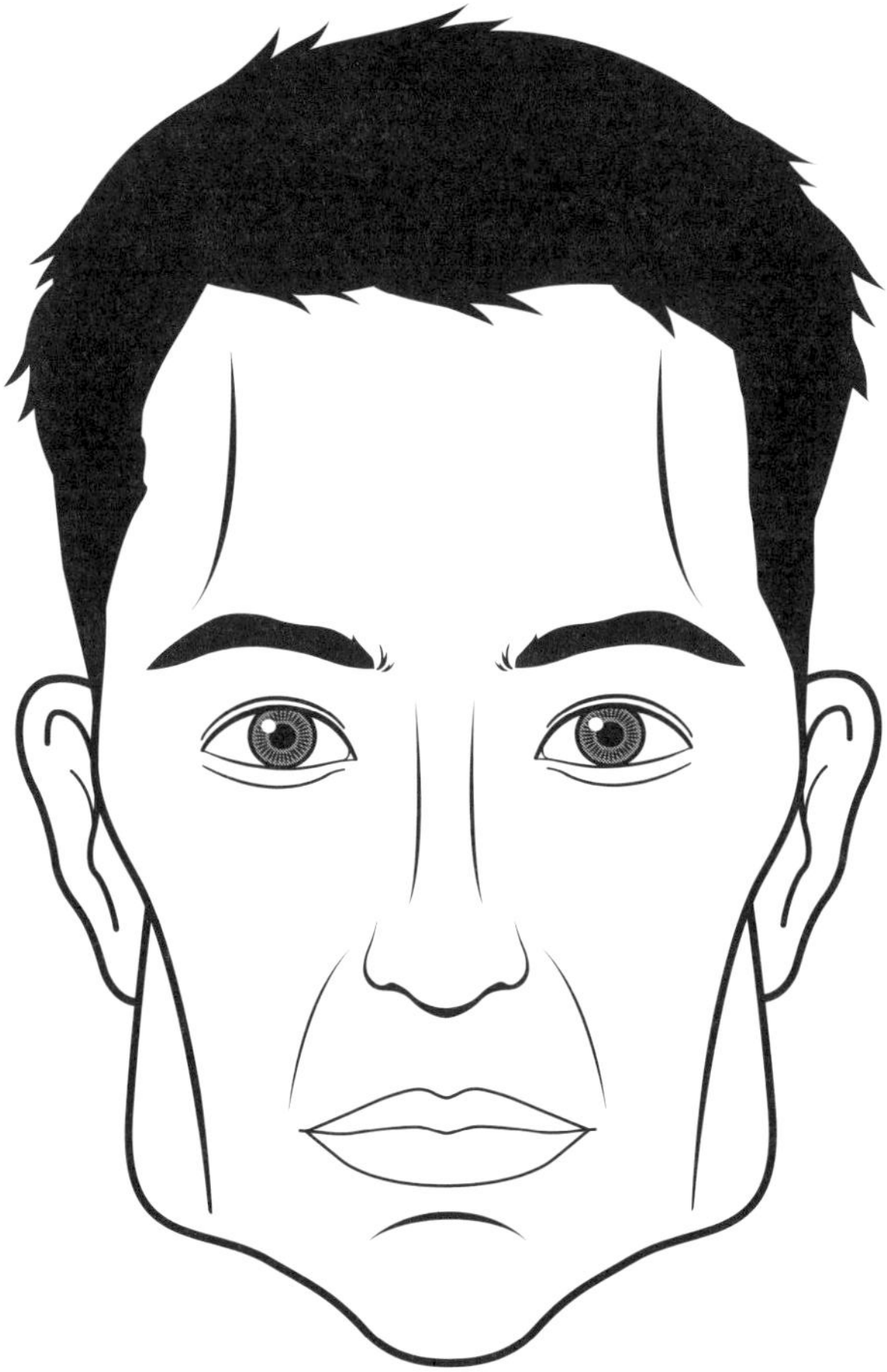

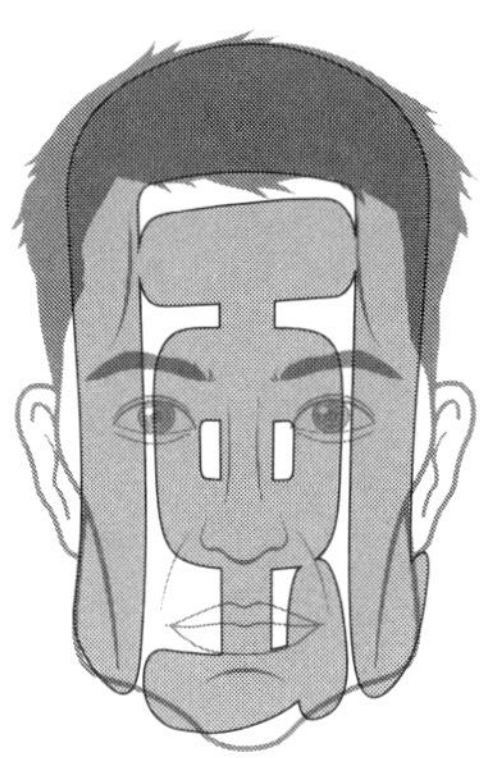

第三章

五官相法

五官とは、保寿官《ほじゅかん》（眉）、監察官《かんさつかん》（目）、審辯官《しんべんかん》（鼻）、出納官《しゅつのうかん》（口）、採聴官《さいちょうかん》（耳）のことを指します。五官が清新で秀気があり、豊満にして隆起している人は富貴の相です。

相術学の「五官」は、人の五種に区分された面部の器官である「眉、目、鼻、口、耳」における各特徴によって判断します。

眉：保寿官……広く綺麗で長く、新月のように湾曲し、ふくよかで、眉の先が額の中に入るのが良いとされます。

目：監察官……明るく透き通っていて、出っ張っていないのが良いとされます。端正であるなら身分が高くなります。

鼻：審辯官……高く聳《そび》え端正なのが良いとされます。高さがあり、明るい黄色をしていて、鼻頭は丸いのが良いです。また、鼻翼が高いほうが良いでしょう。

口：出納官……唇が厚く、紅色で歯は白いのが良いとされます。また、口を開けば大きく、口を閉めれば小さいものが吉とされます。

耳：採聴官……輪郭がはっきりとしていて、ふくよかな肉付きのものが良く、色は艶があって光沢があるものが良いとされます。高く聳え眉を超えるものは吉です。

1. 骨の相を判断する

■相骨

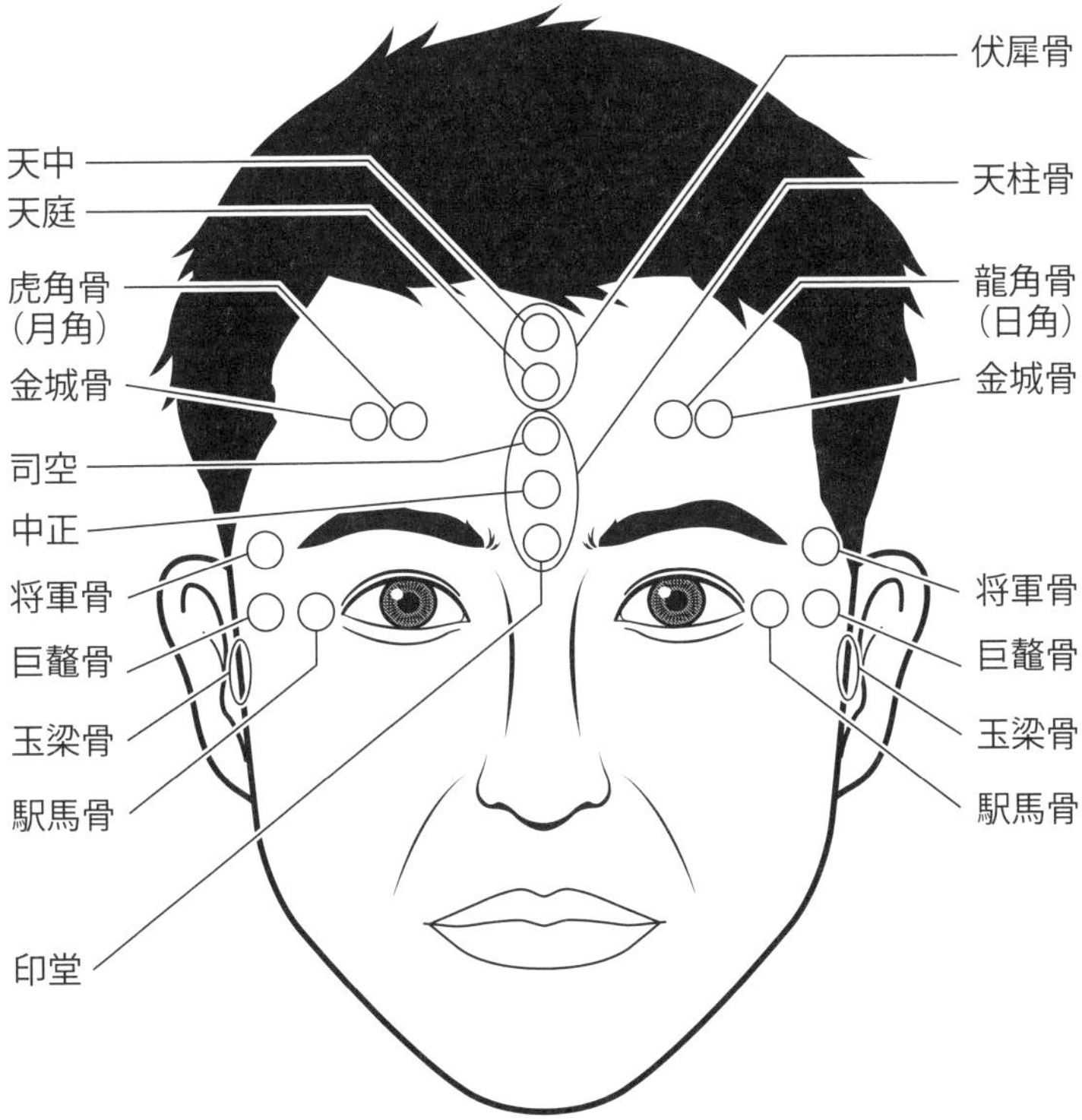

骨や節の成長は、金石（金属と石）に似ています。峻《たか》く横にならずに、まん丸でごつくないのが良く、痩せていて骨が露わになっているのは良くありません。肉が骨を助けることがなく、骨が露わになっているならば、多くは何らかの問題があり、禍がある人です。肥えており、肉が露わになっているのも良くなく、沈滞の人です。太ろうと思っていないのに太っているのは、死人の相です。

骨と肉の釣り合いが取れて、気と血が相互に応じます。骨が人に寒いと思わせるくらい骨ばっている人は、もし貧しければ長寿ですが、もし富んでいれば短命です。

日角の左、月角の右に一塊の骨があり、骨が真っ直ぐで突起していれば「金城骨《きんじょうこつ》」といい、公卿《こうけい》（官位としての公と卿）の位に至る官運の象徴となります。

印堂から天庭にかけてある一塊の隆起した骨は「天柱骨《てんちゅうこつ》」といい、印堂から頭頂（天中）まで貫く骨は「伏犀骨《ふくさいこつ》」といい、これらも公卿の位に至る官運の象徴とされています。

骨と、その肉との釣り合いが取れてはじめて、その器となります。

面上にある突起した骨を頬骨といい、権勢を象徴しています。

頬骨が耳まで連なれば、「玉梁骨《ぎょくりょうこつ》」といい、寿命の長短を象徴します。

肩から肘までの骨を「龍骨」といい、君主の象徴で長くて大きいほど良いとされます。

肘から手首までの骨を「虎骨」といい、臣下の象徴で短くて細いほど良いとされます。

骨は峻《たか》く伸びて、丸く潤い、かつ硬く、真っ直ぐで節があり、ぎっしりと詰まっており、ごつごつして大きくないのが良いでしょう。その上で、頑丈であれば素晴らしい骨相です。

頬骨は真っ直ぐもみあげまであれば「駅馬骨《えきばこつ》」と言います。左目の上の骨は「日角骨」、右目の上の骨を「月角骨」と言います。また、耳の位置に近く整った骨を「将軍骨《しょうぐんこつ》」と呼びます。二つの外側の溝の骨は「巨鼇骨《きょごうこつ》」と言います。そして、おでこの正中線の両端の丸まった骨を「龍角骨」「虎角骨」と言います。

骨は聳えず露わにならず、また丸く清く（潤い）秀気を兼ねているのが良いとされます。

骨を陽とし、肉を陰とすると、陰陽は表裏一体ですから、陽が多くなければ、陰はくっつきません。もし、ある人の骨と肉のバランスが見合ったものでなければ、この人は少年時代には富貴がなく、成長し老いた後に富貴となったのだと考えられます。

骨が聳やかす（そびえるように高い）のならば、夭折（若いうちに亡くなること）する可能性があります。

骨が外に露わ（むき出し）になっていれば、財富がない象徴です。

骨が軟らかくて弱い人は長寿ではあるが、楽しい人生ではないでしょう。

骨が意外なところにあるのは少し凶相です。

骨が軽いのは貧賤の相です。

骨が俗っぽく感じるのは、愚かで汚れている相です。

骨が露わ（むき出し）で冷たい印象を与える人は、窮困の相です。

骨が丸く潤っている人は、福があります。

骨が寂しい感じの人は、親しい人が少ないです。


木形の骨は、痩せて小さく濃い青色が顕れます。もし左右両方の骨がごつければ、多くの人は困窮、厄災に見舞われます。

水形の骨は、左右両方尖っています。そのような人は大変富貴です。

火形の骨は、左右両方太くて大きいです。そのような人には徳がありません。貧賤で人の手先になって悪事を働く人間です。

土形の骨は、大きくごつく分厚く、大変硬いです。そのような人は、子がたくさん生まれ、長寿ですが、人生は楽しくないでしょう。


頭角骨（88ページ参照）の上に、渦巻きがあれば、この人は晩年になって福禄があります。もし顎（地閣）や額上に渦巻きがあれば、この人は晩年に大きく財を成します。

いにしえの詩には、次のように書かれています。


貴人の骨節は細く丸く長い。骨上に筋は無く肉はまた香《かんば》しい。

君骨と臣骨は互いに助け合う。衣食の愁いが無く官位にも就く。

骨がごつい人は豊かな衣食にありつけない。求めても禄（俸禄）、官位を得られない。

龍角と虎角が相剋して陥没してはいけない。筋が骨上に纏《まと》わりつけば貧賤であり心配事が絶えないだろう。

長くて痩せており、関節の骨は見るからに露わになっておらず、長くてわずかに骨太で、骨の上には贅肉がないのが宜しい。

2. 肉の相を判断する

肉は血と骨を包蔵しています。それは、土が万物を生じるのに似ています。肉は豊満だが贅肉が多くないのが良いでしょう。痩せていてスタイルはよいが、痩せすぎではないのが良いということです。

肉（陰）が多すぎれば、陰（肉）が盛んで陽（骨）が衰えています。肉（陰）が少なすぎれば、陰（肉）が衰えて陽（骨）が盛んになっています。そのどちらともに一偏の相で、偏っており、良くありません。

肉は堅くて豊満で、人に活力と生気がみなぎっているように見えるのが良いでしょう。

肉が少なすぎ、骨に被さって包んでいるような状態ならば、陽（骨）が不足しています。骨がはっきりと肉の外に顕れているのは、陰（肉）にゆとりがあると考えます。

太りすぎの人は気が短くなるので、良くありません。骨が細すぎるのも良くありません。

太りすぎて、喘息になれば人心力が不足し、死に近づいている兆候であると考えます。人の肉の付き方は横に広がりすぎてはいけません。顔に肉が付きすぎて横に広がっている人の性格は、とても凶暴だからです。肉体のラインが緩やかすぎるのも良くありません。緩急がないラインは、軟弱で愚昧の相です。

また、太っていても、肉に乱れた皺がないほうが良いとされます。横方向に乱れた皺があれば、死に近づいている相です。

肉は温かく香《かぐわ》しさが顕れ、白く潤って光沢があり、皮膚は細かく滑らかなのが、吉相です。

もし肉の色が暗く、皮膚は枯れ、臭く、まるで塊のようならば、吉相ではありません。神気が集まっていない証拠であり、筋は骨を束ねることができず、皮膚は肉を包めず緩めてしまい、老衰によって死ぬ間際にある相です。

いにしえの詩には、次のように書かれています。


貴人の肉は細く滑らかで、まるで苔のようである。赤くて光沢がある。

皮膚は綿のように軟らかく、見た感じとても柔らかければ、この人は一生大きな災難がない。

皮膚と肉が緊密でぴんと張っていれば不吉である。この人は長寿ではない。

肉が黒ずんでいて、赤色が少なければ、この人の人生は不遇である。

全身の毛髪が多ければ、性格はせっかちである。


貴人、大官の体内からは、自然と一種の香気が発生する。芳草を身につけているわけではないのに、人に清香な感覚を与える。

3. 頭と髪の相を判断する

■頭骨の説明1

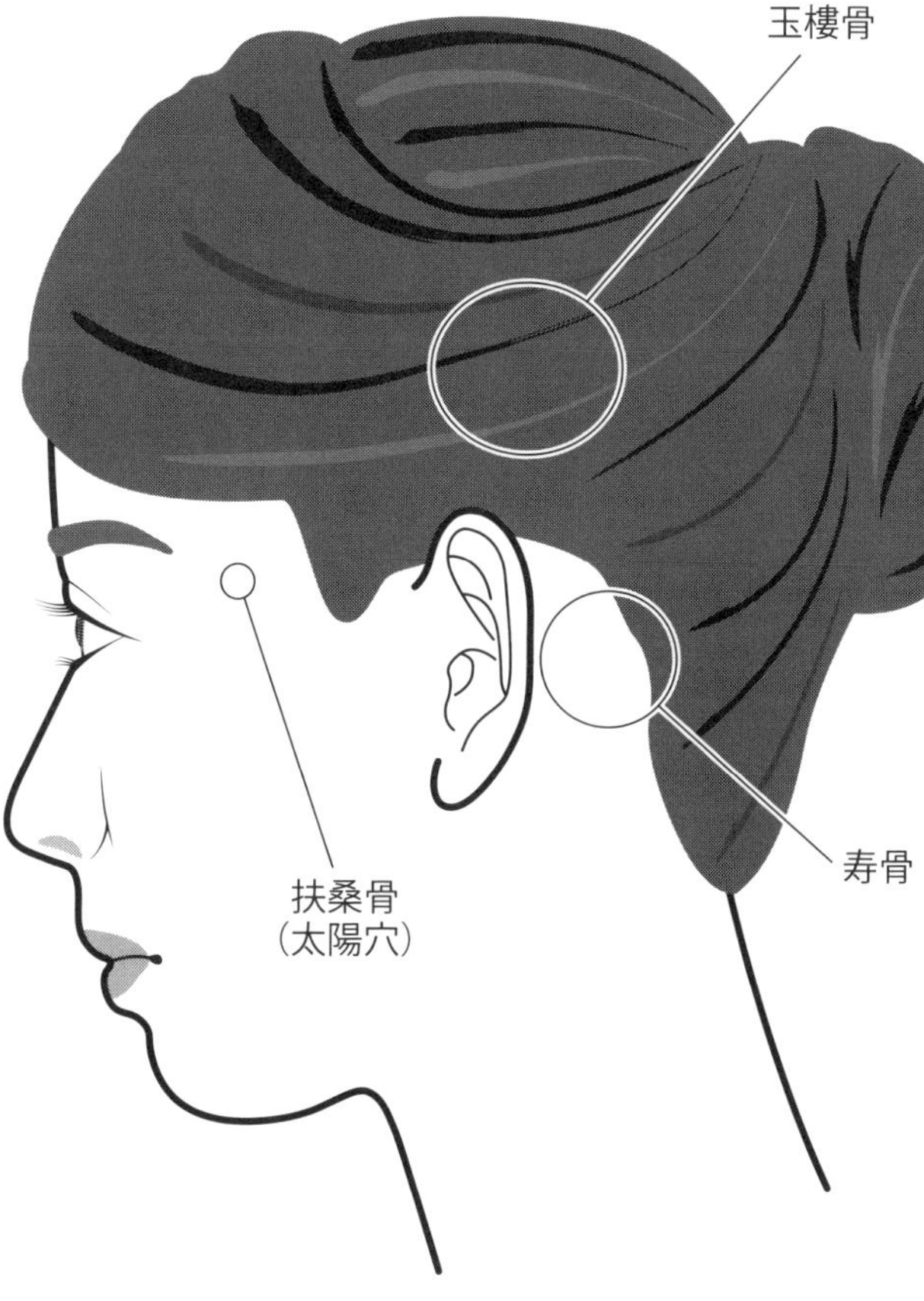

頭は人体において尊い部位であり百骸（多数の骨）の長であり、諸の陽が会する場所で、五行の宗（本元）です。身体で最も高いところに位置し、頭は丸く円形で、天地の徳行と同視することができます。

頭の骨は、豊満に起こり峻《たか》く突起しているのが良いです。皮は厚いのが良く、額は平らで広々としているのが吉です。額が短い場合は、皮が厚いのがよく、長い額は四角

■頭骨の説明2

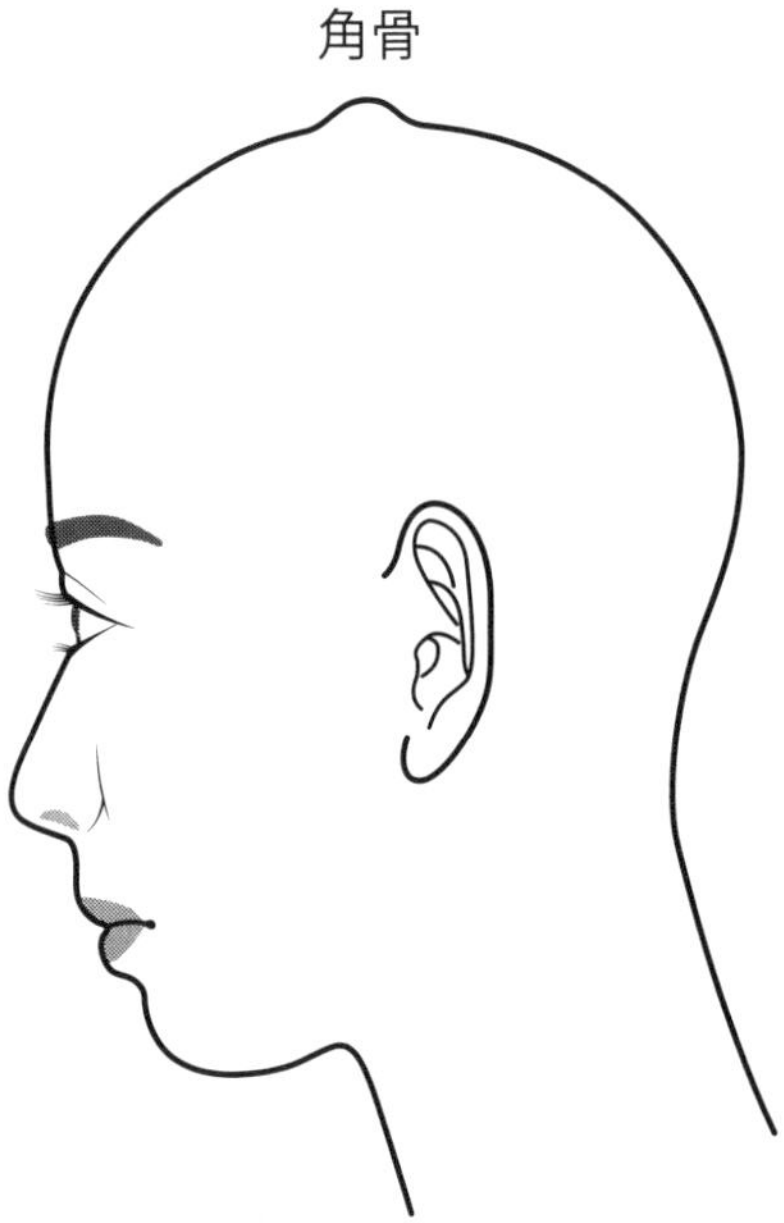

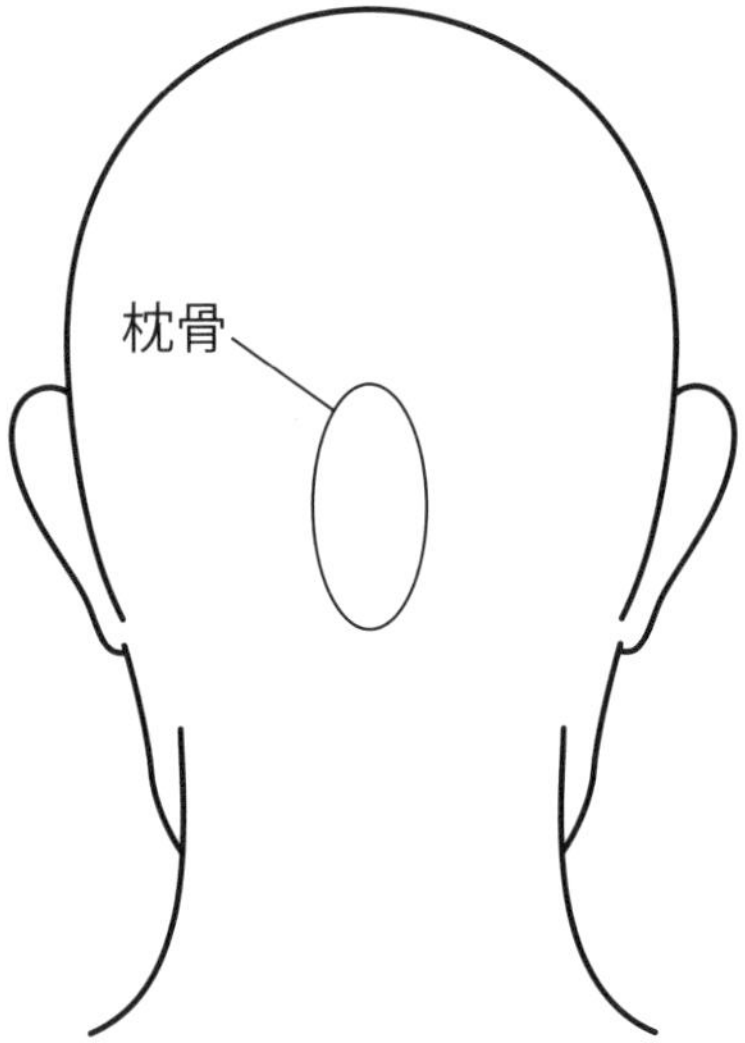

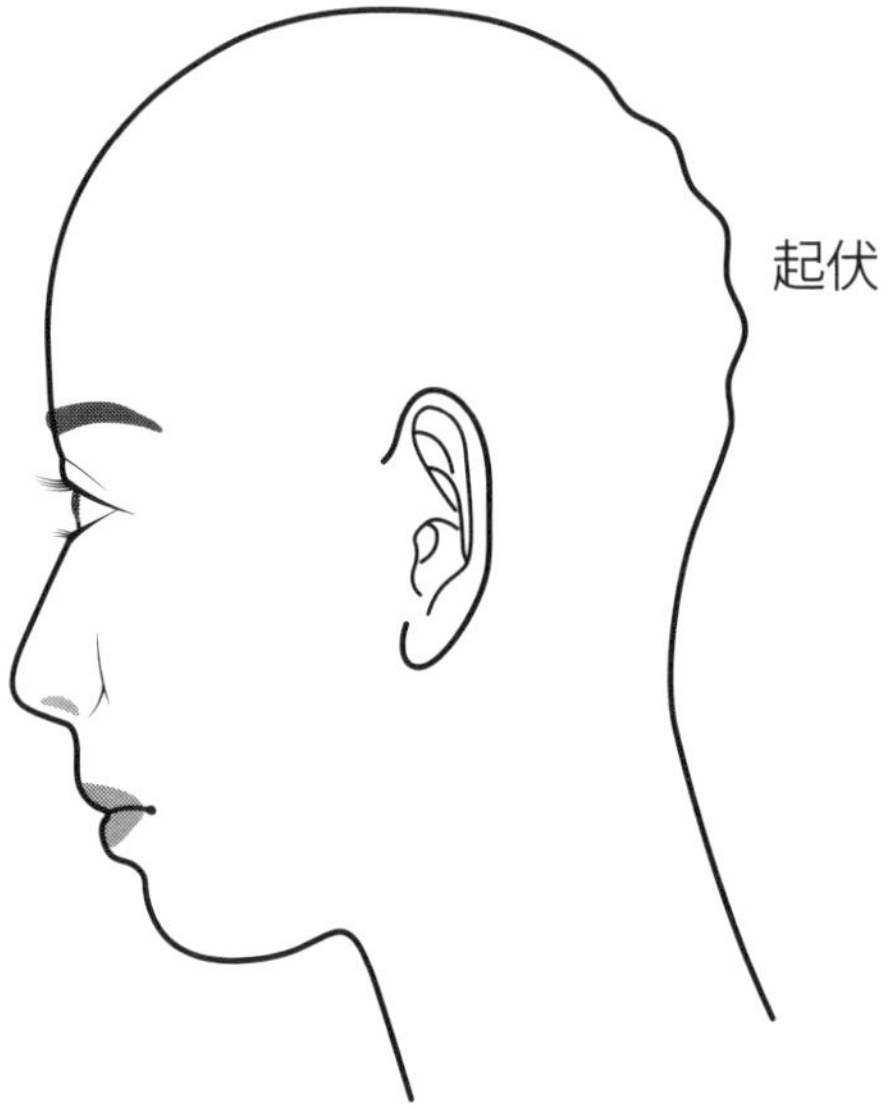

い形をしている場合に吉とします。

額の頂が突起していれば、この人は高貴な身分となります。

頭が陥没している人は寿命が長くありません。

頭の皮が薄ければ、貧窮し卑賤の相です。

もし、頭上に肉の角があれば、大貴となります。

頭部の右側が陥没していれば、母を剋します。左側が陥没していれば、父を剋します。

耳の後ろにある骨を寿骨《じゅこつ》といい、これが突起していれば、この人は長寿となります。寿骨が低く窪んでいれば、この人は短命です。


いにしえの詩には、次のように書かれています。


太陽穴の部位の骨を扶桑骨《ふそうこつ》という。耳の上の骨を玉樓骨《ぎょくろうこつ》という。この二つの骨は富貴を表す。

歩くときに頭を揺らし、坐る時に頭を低く垂れるのは貧賤の相である。

脳と太陽穴は互いに連なれば、大官となり、かつ長寿である。

髪がまばらで地肌が見えていれば、貧賤の相である。

左右が釣り合っておらず、欠けて窪んでいれば父母を剋す。

頭上に角骨があれば、武侯に封じられる。

脳の後ろが隆起して、山並みのように起伏があれば富貴となる。

枕骨《ちんこつ》（後頭骨）がさらに生じていれば福相である。上が尖り、下が短いのは貧賤の相である。

4. 額の相を判断する

■額の骨相

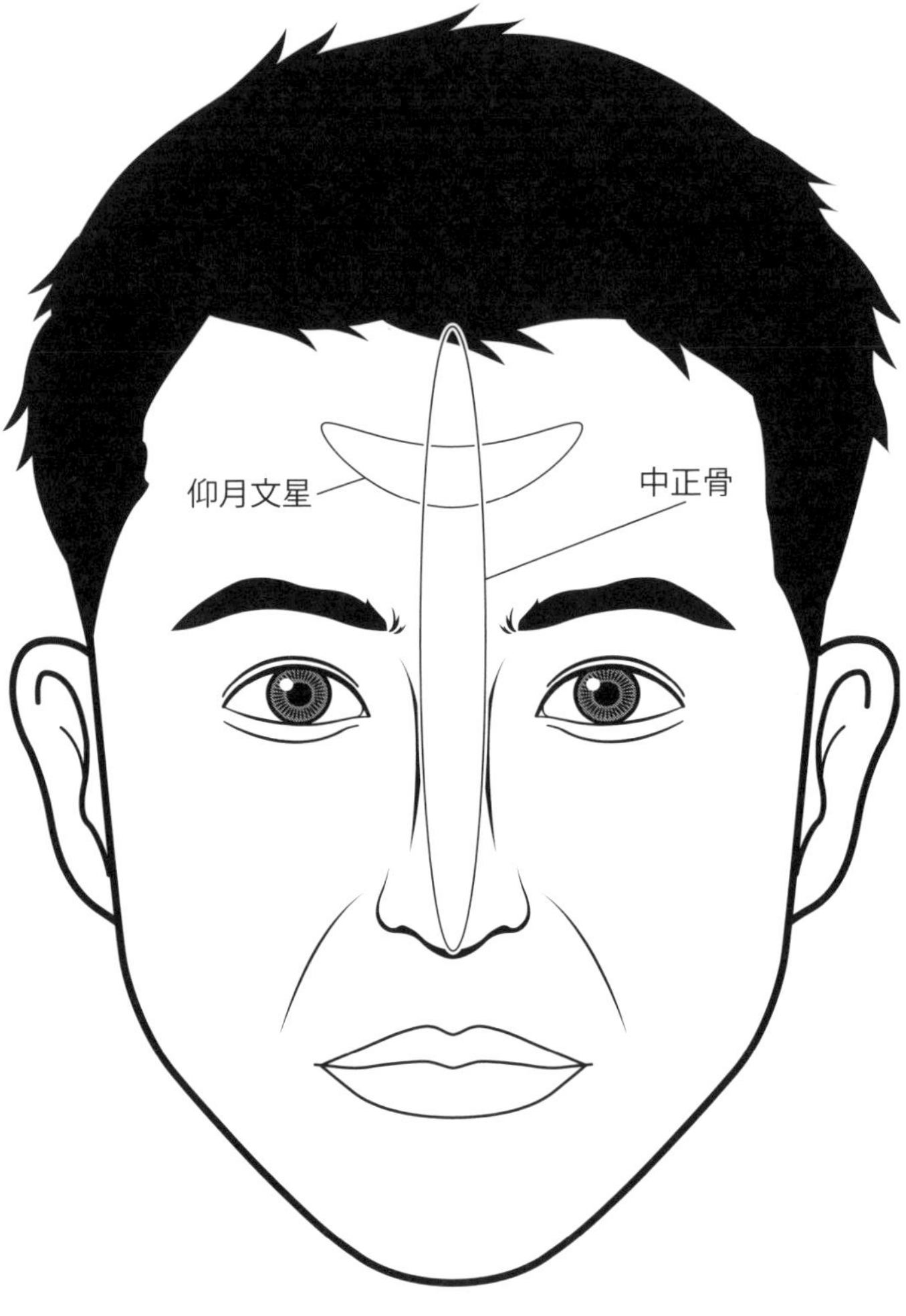

額は火星（五星六曜の一つ）であり、天庭、天中、司空の位置を額とします。額は富貴貴賤を表します。

額の骨が隆起し、聳え開《ひろ》く、次ページの図のように五柱骨《ごちゅうこつ》が起これば、貴いこと天子のようになります（大富大貴）。その峻《たか》さはそりたった壁のごとく、その円い様子は覆肝《ふくかん》（光沢がありつるつるとしている痣やしみがない状態）のように、広くして明らかに、四角くて長ければ、貴く高寿の相です。左右に偏れば、父母を損します。

いにしえの詩には、次のように書かれています。

額が聳え隆起して厚ければ、社会的な地位と賃金を決定する。
左右に偏り欠けていれば、真の賤相である。少年時代に父母が離婚する象徴。
髪の生え際が豊かに隆起し骨が高く起きれば、口達者であり性は英雄豪傑。
天倉（頬骨）の左右が豊かならば貴である。

■五柱骨

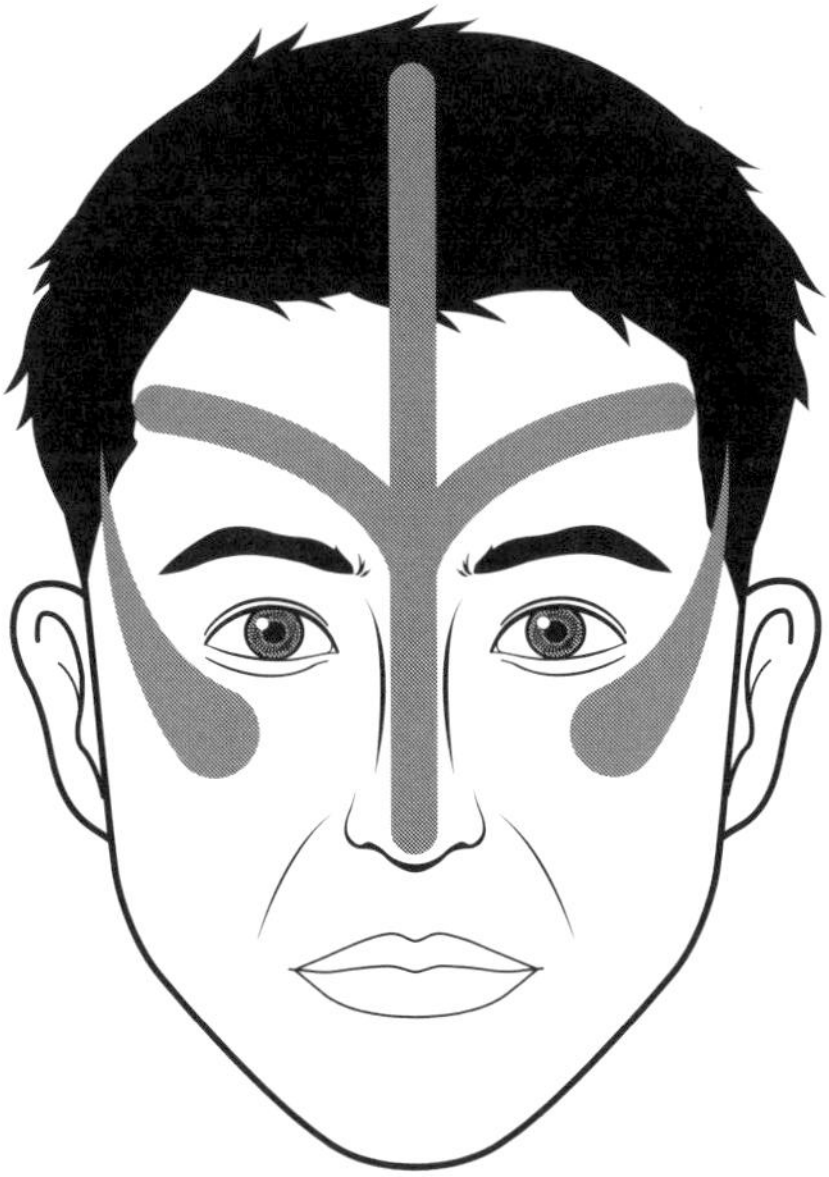

中正骨が起きる者は、*二《に》千石《せんせき》。窪んでいれば、女の子どもが貧窮するような災禍がある。
女性でこの相があれば、再婚する。女性にとっては、日角と月角が起これば、官運を享受する（配偶者を得る）。
印堂が潤い光沢があり骨が高く起これば、年が若くして要職を得て、貴は顕れる。
額の上に仰月《ぎょうげつ》文星（上方でしなった月の形）があれば上貴となる吉相である。面に丸く光沢があれば、英雄となる。

＊二千石……中国の漢代における官職の俸給の等級。俸給は半分が穀物、半分がお金で支払われた。次のように四種類の二千石がある。中二千石（九卿が該当、毎月１８０斛《こく》）、真二千石（前漢末の州牧などが該当、毎月１５０斛）、二千石（郡太守や太子太傅、司隷校尉などの官が該当、毎月１２０斛）、比二千石（郡都尉や丞相司直、光禄大夫、中郎将など、毎月１００斛）。

5．面相を判断する

面部は、身体全体の縮図です。五臓の調子がよく現れます。また、三才（天人地）の吉凶が現れるのも面部です。ゆえに五嶽（左右の頬骨、鼻、額、顎）四瀆（耳、目、口、鼻）、相朝（古代諸侯が互いに会見することから、均整であること）を得るのが良いとされます。三停（面部の上停、中停、下停）六府（左右の眉骨、左右の頬骨、左右の顎の骨）は、豊満であるのが吉相です。容貌は瑞々しく、「神《しん》」が浄《きよ》く（精神が安定している）、気が和する（気色が良い）者は、富貴の基になります。

相貌が端正ではなく、傾き欠陥があり、光沢がなく暗く、気色と容貌が醜悪なる者は、貧賤の相です。面の色が白く凝脂《ぎょうし》（なめらかでつやのある白い肌）の如く、黒く漆光の如く、黄色く蒸栗の如く、赤紫の絹の如き者は、皆大富貴です。面色が烈火の如き者は、短命です。毛色茸茸《じょうじょう》（草が盛んに茂っているさま）として、暗く濁り、枯れ、乾いて、風がないのに塵埃《じんあい》（ちり）があるのに似ているのは、貧窮し夭折する面相です。

怒っているときに面の色が藍色に変ずる者は残忍な人です。握り拳を三つ置ける顔をした者は、男は子を剋して、貧しいことを象徴します。女は夫を剋して、賤しきことを象徴します。面が満月の如く、両目が清秀にして、神彩《しんさい》（すぐれた風貌）が人を射るような面部を持つ者は、これを朝霞《ちょうか》（朝焼け）の面と言います。男は王侯《おうこう》・将《しょう》相《しょう》（王や諸侯・将軍や宰相）を象徴し、女は后妃《こうひ》（天子の妻。后は第一位、妃はその次位）となる夫人を象徴します。面の皮が厚き者は、性格は純真にして富みます。面の皮が薄き者は、性格は聡明にして貧しいでしょう。

身が肥えていて、面が痩せている者は、寿命が長く、性格は緩慢です。身が痩せて面が肥える者は、寿命が短く、性格は性急です。面が白く、身が黒い者は、性格がわかりやすく賤しいでしょう。反対に面が黒く、身が白き者は、性格は難しいですが、高い身分を得ます。面が胡瓜《きゅうり》のような者は、富貴栄華となります。面が青瓜《あおうり》のような者は、賢哲《けんてつ》（賢明で道理に通じていること）を誇るだけの能力があります。

いにしえの詩には、次のように書かれています。


鼻梁《びりょう》（眉間から鼻の先までの部分）が高く起きれば、どうして尋常であろうか。寿紋（鼻）が切迫しているのは寿命が中年くらいまでで長くはない。

地閣が豊かに丸ければ田宅が盛んになる。天庭が平らで広ければ子孫は盛んになる。

面に耳が見えずば、誰の家子《けご》（妻子・召使など、その家の者）かを問う（大貴の象徴）。

面に頬（頬の下半分）が見えずば、この人はどこから来たのか？（凶を象徴）

面が粗く身が細やかなるは多福の人。面が細やかで、身が粗きは一生貧しい。

縦に玉樓骨があるが、縦に髪がないのは、一生義がなく、また親はなし。

6. 眉の相を判断する

■眉毛の説明

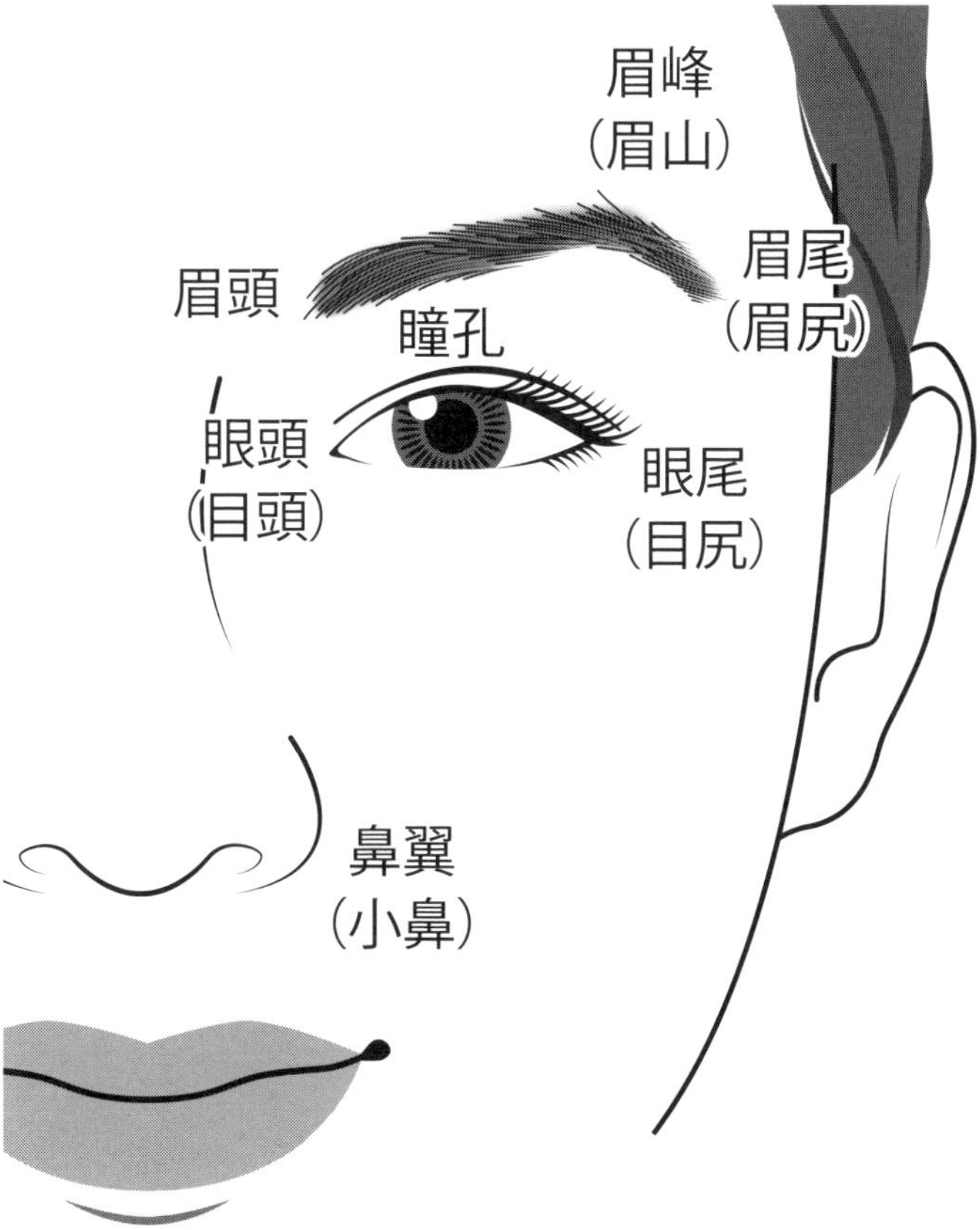

眉は媚（媚《こ》びる、媚《うつく》しい）を表します。両目の華《か》蓋《がい》（古代、帝王の乗る車についていた傘状の遮蔽物）、一面の風采であり、目の精華（美しくて華やかなこと）となります。ゆえに眉は賢いか愚かであるかを判別することを象徴しています。眉は細く平らで、広いのが好ましく、秀麗にして長きは、性質が聡明であることを表します。

眉が粗く濃く、逆にして乱れ（乱雑な印象を人に与えること）、短くて蹙《しじか》む（縮

眉毛が順に生じる

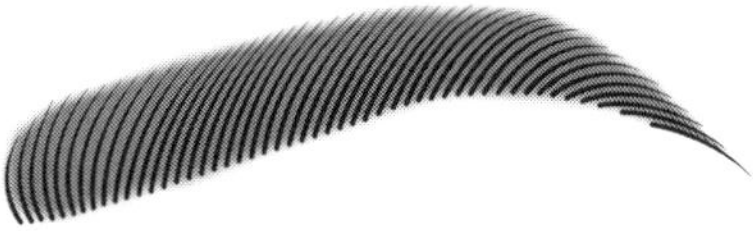

眉毛が逆に生じる

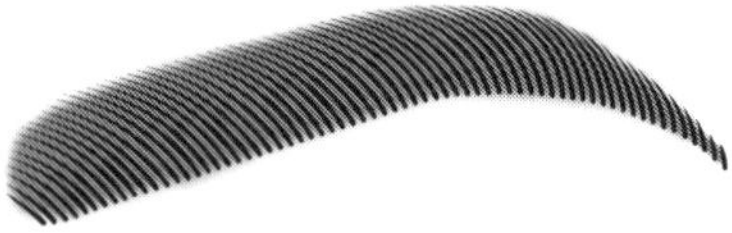

まる）のは、荒々しく頑な人です。

眉が目より長いのは富貴です。

眉が目より短く覆わないのは、財に乏しく窮迫することを表します。眉が昂《たかぶ》れば（盛んであれば）気が剛《つよ》い（性格が豪気）でしょう。眉が高く立てば性格は豪放です。眉尻が下に垂れれば気が弱い人です。眉頭が交わるのは、貧困にして浅薄で、兄弟の妨げになる（兄弟を剋する）とされます。

■眉稜骨

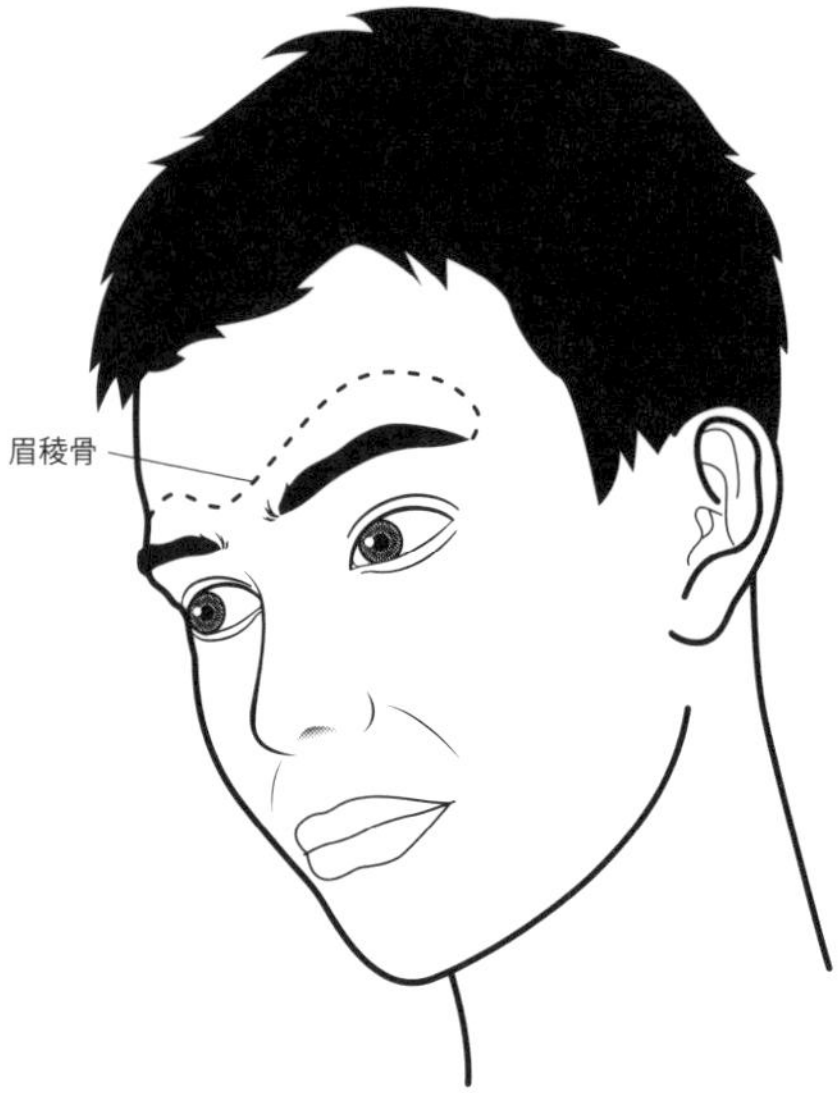

毛が逆に生えるのは良くありません。妻子の妨げになります（妻や子を剋する）。

眉稜骨《びりょうこつ》が起こるのは、性格が凶悪で、多くの挫折があります。

眉の中に黒子《ほくろ》や痣があるのは貴く聡明で賢いことを表します。

眉毛が高い位置にあれば、大貴となります。

眉の中に白毫《びゃくごう》（眉間のやや上に生えているとされる白く長い毛）が生じれば、多くは長寿となります。

眉の上に真っ直ぐな紋（皺）が多ければ富貴とされます。

眉の上に横紋（横皺）が多ければ貧苦のしるしです。

眉毛が欠けているのが多ければ奸計が多い人です。

眉が薄い、もしくは無ければ、多くは狡賢《ずるがしこ》い人です。

眉高く聳え秀でるは、威権があって禄が厚いことを表します。

眉毛が長く垂れるのは、高寿であることに疑いありません。

眉毛が潤沢なのは官職を得やすくなります。

眉が交わって分かれていないのは、早死にし、墓に帰ります。

眉の角が弓のようならば、性格は善良で、また勇敢です。

眉が新月のような人は聡明すぎる人です。だんだんと糸のように細くなる眉は貪淫《たんいん》（ひどく色を好むこと）にして良くありません。

彎々《わんわん》（弓を引き絞ったように曲がる）とした形で、蛾のような眉は好色の人が多いでしょう。

眉が目よりも長ければ、忠実で正直にして禄があります。

眉が目より短ければ、性格が孤独です。

眉頭が交錯すれば、兄弟が家を分かちます。

眉毛が細く起これば、賢くはないが貴い人です。

眉の角が鬢《びん》（頭髪の左右側面の部分）に入れば聡く才知が優れた人です。

二つの眉が旋毛（毛が渦のように巻いていること）は、不吉であり両親のうちどちらかが長生きできずに連れ子となることを象徴しています。

眉毛がゆらゆらとした形をしている人は、子どもは男が少なく、女が多くなります。

片方の眉が高く、もう片方が低ければ、低い身分のままです。眉が真っ直ぐならば、身は清い職となります。

眉中に破紋（途切れている）があれば、迍邅《ちゅんてん》（行きつもどりつして悩むこと）が常にあります。

古典には、次のように書かれています。

眉は人倫の紫炁星《しきせい》、稜高く疎淡にして秀を兼ねて清し。
一生の名誉は人の上に居る。食禄は貴い血筋にあり名を盛んにする。
眉が濃く髪が厚き人の多くは賤。眉が逆だち毛が粗ならば論ずるべきではない。
もし長寿で九十を過ぎるとも、眉短くて蹙む《しじか》（縮まる）は心配げな表情で田園に乏し。

1. 交加眉

2. 鬼眉（1）

2. 鬼眉（2）

1．交加眉《こうかび》

貧賤

形：眉頭から眉尻まで、だんだんと、まばらに変わっていく眉である。

相：中年期に刑罰を受ける。破産、家族を巻き添えにする。父母の離婚。大凶。

2．鬼眉《きび》

盗賊

形：眉毛は太く濃い（黒い）。目に迫る眉。

相：凶相。偽りの仁義。心は悪できまぐれ。総じていつも盗賊のような人物。

3. 疏散眉（1）

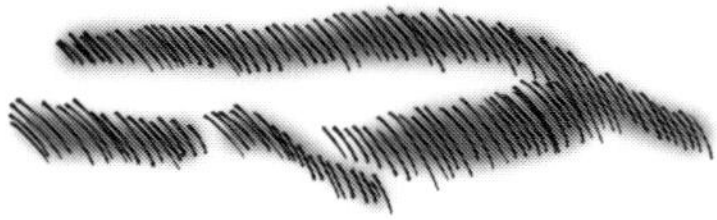

3. 疏散眉（2）

4. 黄薄眉

消耗

3. 疏《そ》散《さん》眉《び》

形：眉の形は幾つかに分かれ散じている。

相：財運がある。対人関係においては良いが、内弁慶である。ただし、晩年は、荒れ果てて見る影もなくなる。

破敗

4. 黄《おう》薄《はく》眉《び》

形：眉毛が短くて分散している。

相：少年期に富貴で放蕩、浪費する。長生きできない。最後は故郷以外の場所で客死する。

5. 掃帚眉（1）

5. 掃帚眉（2）

6. 尖刀眉（1）

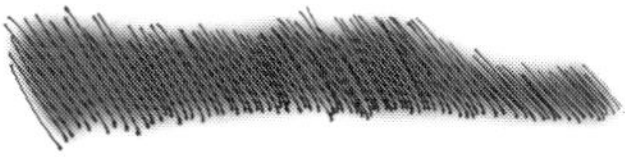

6. 尖刀眉（2）

福寿

5. 掃帚眉《そうそうび》

形：眉毛の前面は清楚で濃密である。眉尾に散じ、締まりがなく緩い。

相：家庭不和。一族が途絶える。兄弟がなく、心に嫉妬心がある。晩年には財帛も減っている。

凶暴

6. 尖刀眉《せんとうび》

形：眉毛は長く太くて大きい。野蛮な印象。

相：陰険。凶を抱く心。裏表がある。性格は固執し、短気で横暴で、人を陥れる。悪事を働けば刑罰は免れない。

7. 八字眉

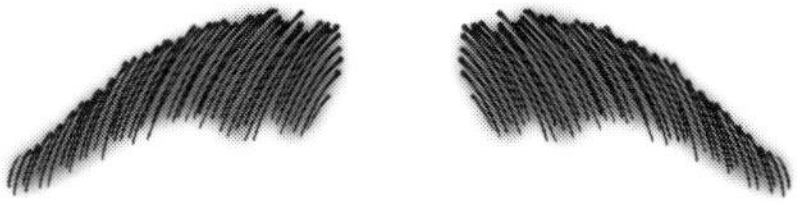

8. 羅漢眉

孤寿

7. 八字眉《はちじび》

形：眉頭がまばらで、眉尻は緩く、奸門の部位まで下がっている。

相：老年に至り、生活は十分に富む。ただし婚姻は、変故（思わぬ出来事、異変、災難）が多くなる。焼香を続けにくいとされ（先祖供養のための焼香を焚いてくれる子孫がいなくなること）、一族が途絶えることになる。

孤独

8. 羅《ら》漢《かん》眉《び》

形：眉毛は黒く光っており、一様でムラがない。

相：感情は不純。晩婚となり、比較的年をとってからの出産・子育てとなる。晩年は孤独。

9. 龍眉（1）

10. 柳葉眉（1）

9. 龍眉（2）

10. 柳葉眉（2）

大貴 9. 龍眉《りゅうび》

形：秀麗で細かい。曲折があれば秀でている。濃淡は均一。

相：素晴らしい兄弟たちがいて、相互に助け合う。各自、父母を敬い孝行する。才知があり、独立して成功する眉である。

発達 10. 柳葉眉《りゅうようび》

形：眉の形は太くて力強い。太い眉の中に濁があり、濁中に清がある。

相：忠義心が厚く、貴人に遇って発達する。ただし子孫と仲が悪くなる眉である。

11. 剣眉（1）

11. 剣眉（2）

権威

11. 剣眉《けんび》

形：清秀（うるわしい）で、細長い眉である。山林のようにこんもりと茂っている。

相：少年時、家は貧しいが、成年後に富貴になる。子孫に恵まれ、晩年は安泰である。

12. 獅子眉（1）

12. 獅子眉（2）

富貴

12. 獅子眉《ししび》

形：眉毛が高く聳え立ち、太く重い。武威の気がある。

相：若い時に苦しみに耐え、晩年は成功して、富貴となる。もし三停にも獅子の象があればさらに吉とされる。安泰な老後を送れる。

13. 前清後疏眉

14. 軽清秀眉

富貴

13. 前《ぜん》清《せい》後《こう》疏《そ》眉《び》

形：眉の形はまばらで、秀逸な気に富む。

相：早年の運気は普通で、中年以降発展し、名誉と実利の二つを収めることができる。
非凡な財を築き、先祖の名を高める。

富貴

14. 軽《けい》清《せい》秀《しゅう》眉《び》

形：秀でて細長い。湾曲していて眉尾が散じている。

相：高い地位を得る。家庭は和睦し、兄弟仲もよい。

15. 短促秀眉（1）

15. 短促秀眉（2）

富貴

15・短促秀眉《たんそくしゅうび》

形：短く、清秀。

相：長寿、優秀な子を生む。才能を発揮できる。仁と慈しみがある善良な心を持ち、親孝行である。

16. 旋螺眉（1）

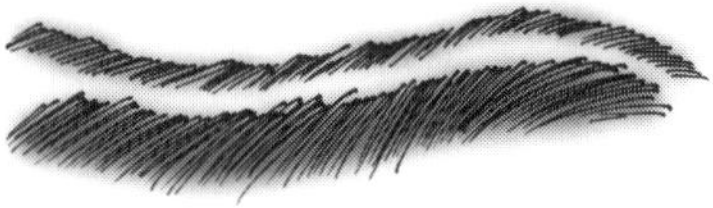

16. 旋螺眉（2）

福寿

16・旋螺眉《せんらび》

形：眉形に小さな螺旋状のものができている眉である。

相：大貴の人。ただし凡人にこの相があれば、一生不利となる。英雄、武職に適している。

17. 一字眉

18. 臥蚕眉（1）

18. 臥蚕眉（2）

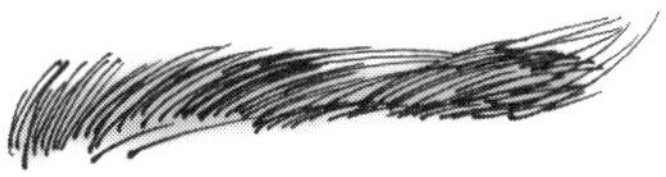

富貴

17. 一字《いちじ》眉《び》

形：一の字の形を呈している。整いそろっている眉である。

相：聡明で、功名をなす。婚姻は円満で、寿命も長い。

貴

18. 臥《が》蚕《さん》眉《び》

形：湾曲している。秀逸。

相：機敏。人と縁がある。富貴の両方を全うするが、ただ兄弟が不和である。

19. 新月眉（1）

20. 虎眉（1）

19. 新月眉（2）

20. 虎眉（2）

大貴

19. 新月眉《しんげつび》

形：眉の形は秀麗で、三日月のような形である。

相：最も素晴らしい眉の形である。もし眉尾が天倉を過ぎればさらによいとされる。兄弟仲が良く、発達する。学業も優秀であり、要職を得る。

福寿

20. 虎眉《こび》

形：太くて大きく、ごつい。端正で威厳がある。

相：胆力と識見がある。品行方正。偉業を成し遂げる。ただし財運は少ない。長寿。

21. 小掃帚眉（1）

21. 小掃帚眉（2）

22. 大短促眉（1）

22. 大短促眉（2）

富

21. 小掃帚眉《しょうそうそうび》

形：濃く重いが、晴朗（晴れ晴れとしている）である。天倉をまたぐ。眉尾が整っている。

相：吉利とはならない。家庭は不和。親情がまばらで、後代（子孫）を妨害する。子どもが災難に遭う。

刑祖

22. 大短促眉《だいたんそくび》

形：短いが端正（清秀）であり、乱雑ではない。眉頭が起きるのが理想である。

相：眉頭が整っていれば、なお良い。金銀が家に満ちるとされる。家庭はとても幸福。

23. 清秀眉（1）

23. 清秀眉（2）

24. 間断眉

富貴

23. 清秀眉《せいしゅうび》

形：秀麗で目より長い眉である。湾曲していて、天倉を過ぎる。

相：聡明で、学業において成功する。要職を得る。兄弟仲が良く、友をよく敬う。

刑敗

24. 間断眉《かんだんび》

形：眉毛に地肌が見え淡い。途切れたり、削られたりするような模様に見える。

相：兄弟仲は最悪である。先に父親が剋され死に、後に母親が剋され死ぬ。

7. 目の相を判断する

天地の壮大さは、日月《じつげつ》による光によって目で見ることができ、日月は万物の鑑《かがみ》と言えます。目は人の身体にとって日月です。左目は日であり、父を表します。右目は月であり、母を表します。寝ているとき「神《しん》」（2ページ参照）は心にあり、目覚めているとき「神」は目に宿ります。目は「神」が遊息《ゆうそく》（ゆっくりと静養すること）する宮なのです。

目の善し悪しを看ることで、「神」の清濁を知ることができます。目が長くて深く、光り潤うのは大貴とされます。漆の斑点のように黒い目なら、聡明で文章に優れます。

目が出っ張っておらず、明るい光を宿す者は富貴です。細くて深い目を持つ者は長寿です。目が浮かび上がって露骨なのは夭折します。

目が大きく凸（目が浮腫《むく》んで）して、丸くて怒る人は寿命を縮めます。凸出（目が突出）して、激しく流視（流し目）する人は淫らにして盗みます。

眊然《ぼうぜん》（目がはっきり見えないこと）とし、偏視（斜めに見ること）は不正の人で、赤縷《せきろう》（赤い血管の筋）が目を貫く者は不運な死を遂げます。

目が泳がず怯えのない者の「神」は壮《そう》（意気が盛んで勇ましいこと）です。羊眼《ようがん》（後述）の者は孤独にして残忍で、短小なのは賤しく愚かです。

目が高く起こる（突起する）人は性急な性格です。目の下に臥蚕《がさん》（蚕の繭のようなふっくらとした肉）がある人は、貴い子を生みます。婦人で黒目（瞳孔《どうこう》と角膜《かくまく》）が大きく、白目（結膜《けつまく》）がはっきりと分かれている人は振る舞いが丁寧で、目の下が赤色の人は、産厄の心配があります。盗み見る者の「神」は淫蕩《いんとう》です。「神」が定まって流れない者は、福を全うします。

大抵、目が怒ること、眼球に走る縷《ろう》（糸）が赤いのは良くありません。白目が多いのも、黒目が少なすぎるのも良くないです。勢いが断固としていても、傾いて見るのは好ましくありません。「神」が苦しむのは良くなく、目が眩《くら》むように反った視線も好ましくありません。光（目の視点）が流れるのも同様です。

目が丸くて小さく、短くて深い（目が凹んでいる）のは、好ましくない相です。両目の間は子孫宮で、豊満にして欠陥がないのがよいでしょう。

いにしえの訣には、次のように書かれています。


目が秀でて長きは、必ず君王に近づく。

目が金魚に似れば、家は肥えて定まる。

目が大いに光るは、多く田庄《でんしょう》（田畑と荘園）が発展する。

目頭が破れ欠けていれば、家財は絶滅する。

目が四白眼《しはくがん》で、出っ張っていれば、リーダーシップをとっても、成果をあげることはできない。

目が鳳眼《ほうがん》（後述）の如きは、必ず高官に定まる。

目が三角の形をした人は、必ず凶悪である。

目が短く眉が長いのは、愈《いよいよ》田の粮《かて》（穀物）を益《ま》す。

目が外にとび出ていれば、必ず夭折する。

赤目が瞳を侵せば、官事《かんじ》（争い事）が幾重にも重なっている。

目が赤く目玉が黄色となるのは、必ず夭亡を象徴する。

目の光が電《いなずま》の如きは、言葉では言えないほど貴い。

目が（標準より）一寸（非常にというほどでないが、ある程度）長ければ、必ず賢君《けんくん》（賢明な君主）を補佐する。

龍眼（後述）や鳳眼（後述）は、必ず重禄（高給）を得る。

目が烈しく威あれば、万人が帰依する。目が弓臥《きゅうが》（弓なりになって臥すこと）の場合は、必ず奸雄《かんゆう》（悪知恵を持った野心家）である。

目が羊眼《ようがん》（後述）のような場合は、肉親と殺し合う。

目が蜂目《ほうもく》のような場合は、悪死、孤独となる。

目が闘雞《とうけい》のような場合は、悪死するに疑いない。

目が蛇眼《じゃがん》（後述）のような場合は、狼毒《ろうどく》（クワズイモの根茎で有毒植物。毒のはなはだしいことを表す）にして孤刑《こけい》（蛇眼は、性格が陰険でやり口もあくどい。心狠手辣《しんこんしゅらつ》）である。両目の目尻が垂れていれば、夫妻は分離する。

目尻が朝天《ちょうてん》（上がる）すれば、福禄は綿々と続く。

女人が羊眼の四白眼ならば、間男を宅に入れる。

目の色に黄色が通れば、慈悲があり忠義で善良である。

黒目と白目がはっきりと分かれていれば、必ず京（首都）に赴く（要職を得る）。もしこれが女性ならば、必ず正直で忠義と貞節がある人である。

目が細く長く白目が大きければ、家庭環境が貧窮《ひんきゅう》である。

目の下が一並びに平らならば、所作のわかりやすい人である。

目の下の紋《もん》（皺）が乱れていれば、女性は子孫が多い。

目の下に臥蚕があれば、女の子が多く男の子が少ない。

目の光が乱雑ならば、姦淫《かんいん》の相手を頻繁に代える。

右目の小さい女は夫を恐れ、左目の小さい夫は嫁を恐れる。その男女の相は、注意すれば影響は小さくなる。

目の長さが一寸五分（ある程度）あれば、文章での記録する力は雲をしのぐほど高い。

また曰く、眼球が常に充血している人や黄色の目の人は、周囲の人（六親《ろくしん》：子女・父母・兄弟）から認めてもらえない。

烏目は黒目が少なくて白目が多く、監獄に入れられなくても、貧しくて破滅する。


また、別のいにしえの詩には、次のように書かれています。


目は日月の如くはっきりと分かれていることを必要とする。

鳳の目、龍の目は全部、清いことを必要とする。

最も恐れるのは、黄色の目と赤い脈（筋）が眼球に多いことである。一生が凶害となり活《い》きて成功することはない。

目が浮腫《むく》み、大きな羊目ならば、必ず凶を象徴する。身は孤にして財物に執着がなく空である。

目が細長く光（「神」）深い人は心腹《しんぷく》（心配事）がない。斜視《しゃし》の人は逢うべきではない（大凶の人のため）。

目は身を象徴する。また日月と坐を同じくする。群星《ぐんせい》（両目）は天上に伏せ、万象は鑑《かがみ》の中に開く。目が秀でて、美しければ官は栄え至り、清く長ければ富貴となる。

目が丸くてさらには露わ（出っ張っている）ならば、往々にして災いから逃れ難い。

目のうちに白多き女は夫を殺し、男児がこれにまた似れば、多くは愚かである。さらに目が黄色と赤脈とを兼ねれば、陽人（夫）は、この女（妻）を妨げる夫となる。目が深く陥る女は、資糧《しりょう》（資金と食糧）が乏しい。泣《きゅう》を帯びれば、夫を妨げて子は強くない。さらに眼中に塵が現れれば、多くは貧賤に応じ他郷に死すとされる。眼中に黒い小さなくぼみがある女の多くは悪賢い。両目が四角ならば寿を保つ顔である。もし黒目が丸くてさらに大きければ、きっと賢い中でも一番の賢者である。

あなたの左目が小さいのを見て、私はあなたがまさに長男だとわかる。まぶたがどちらかといえば厚い女性を見たら、その女性は一番目の子どもだと言うことができるだろう。

両目の胞《ほう》（涙袋・目袋）の下に、痣《あざ》がはっきりとしていれば、家に食糧ありて僧道の人（貧しくないのに出家する）です。

左目のすぐ下に痣が生じていれば、*諸侯《しょこう》に封ぜられて公卿に至ります。

眼下、横にできた肉のたるみが臥蚕《がさん》のように起こっていると、跡取りが絶えます。

さらに紋と小さなくぼみが生じ、瘢痕《はんこん》（できものや傷などが治った後に皮膚面に残るあと）が多ければ、子を剋《こく》し、児がない状況です。

目が一寸長ければ、諸侯に封ぜられます。龍眉《りゅうび》で鳳眼《ほうがん》の人は中貴です。

黒目と白目がはっきりと分かれていれば、信義は伝わります。

雞眼《けいがん》（黒目が大きい）は暗く、最後は賤しくなります。

両目に光明があれば、貴人です。虎と獅子の目の人は国の将軍となります。

牛眼《ぎゅうがん》（後述）の人の多くは慈しみがあります。亀眼《きがん》（後述）は滞ります（遅鈍）。蛇眼と羊眼の人と隣り合うことがないようにしたほうがよいでしょう（危険なため避けよ）。

盗み見るのが好きな人は、賊兵によって死にます（よい死に方ができない）。猫の額にある物を鼠が窺う（自分の実力を考えず、無謀なことをしようとすることのたとえ）ようなものです。

鷹眼《ようがん》は従来、道義心に慈しみがありません。猿目《えんもく》（後述）は顚狂《てんきょう》（狂気）して死にます。

左目が小さい人は、非常に妻を恐れます。魚眼《ぎょがん》（後述）の人の多くは、法律を犯し刑死します。目の大小が同じではないのは、兄弟がいる場合、父母が違います。

目尻の紋（皺）が多く、鬢《びん》（耳際の髪。また、頭髪の左右側面の部分）の門（もみあげ）に入るのは妻を刑し財が破綻します。

さらに両辺の目元の付近に、縦の紋（皺）、黒い瘡《そう》（できもの、傷、発疹）、小さなくぼみなどが、ほとんどないのがよいでしょう。

＊諸侯……古代中国で、天子から領地を受け、その領地を統治していた人。

■眼の形

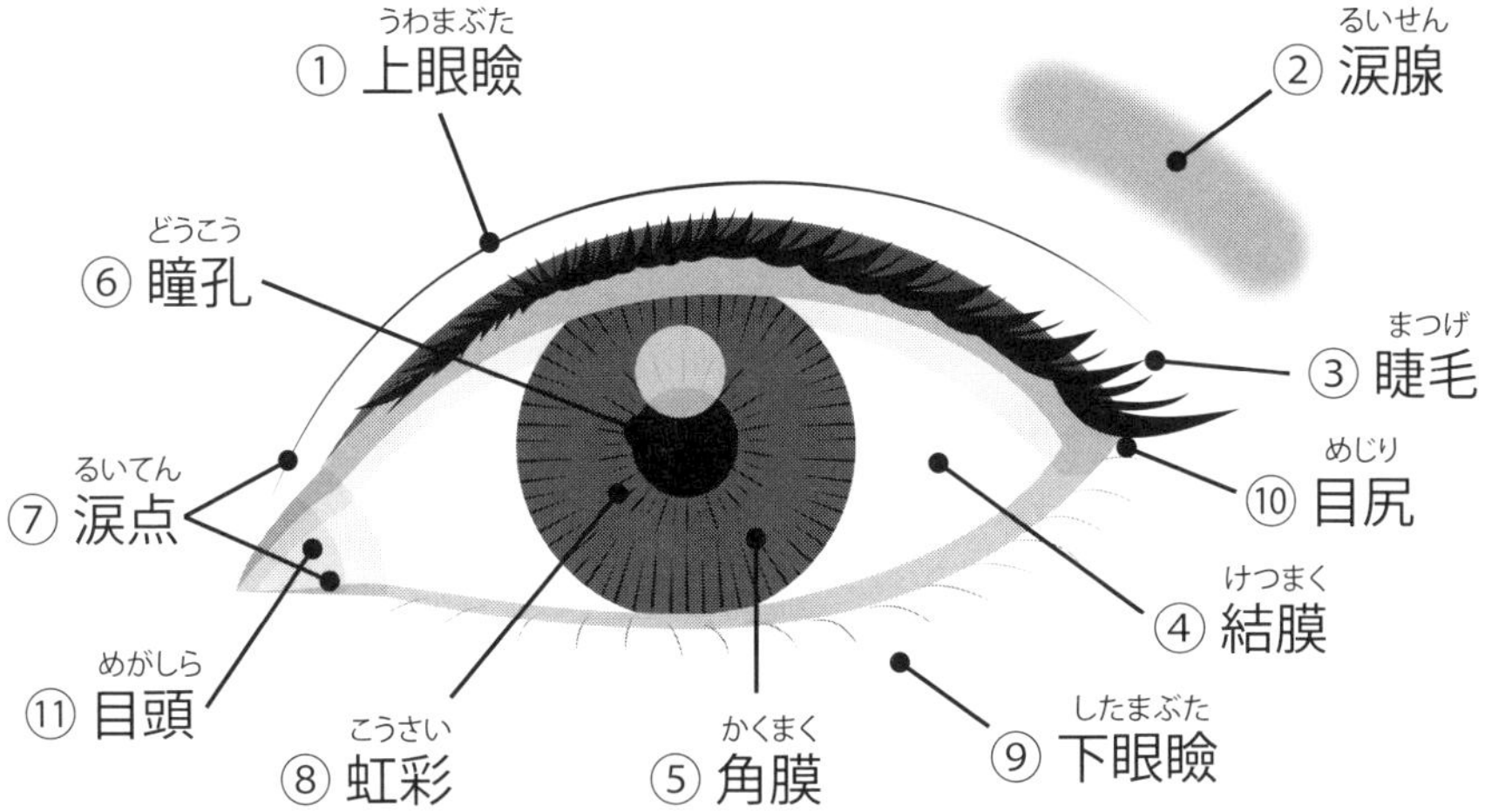

① 上眼瞼《うわまぶた》
② 涙腺《るいせん》
③ 睫毛《まつげ》
④ 結膜《けつまく》
⑤ 角膜《かくまく》
⑥ 瞳孔《どうこう》
⑦ 涙点《るいてん》
⑧ 虹彩《こうさい》
⑨ 下眼瞼《したまぶた》
⑩ 目尻《めじり》
⑪ 目頭《めがしら》

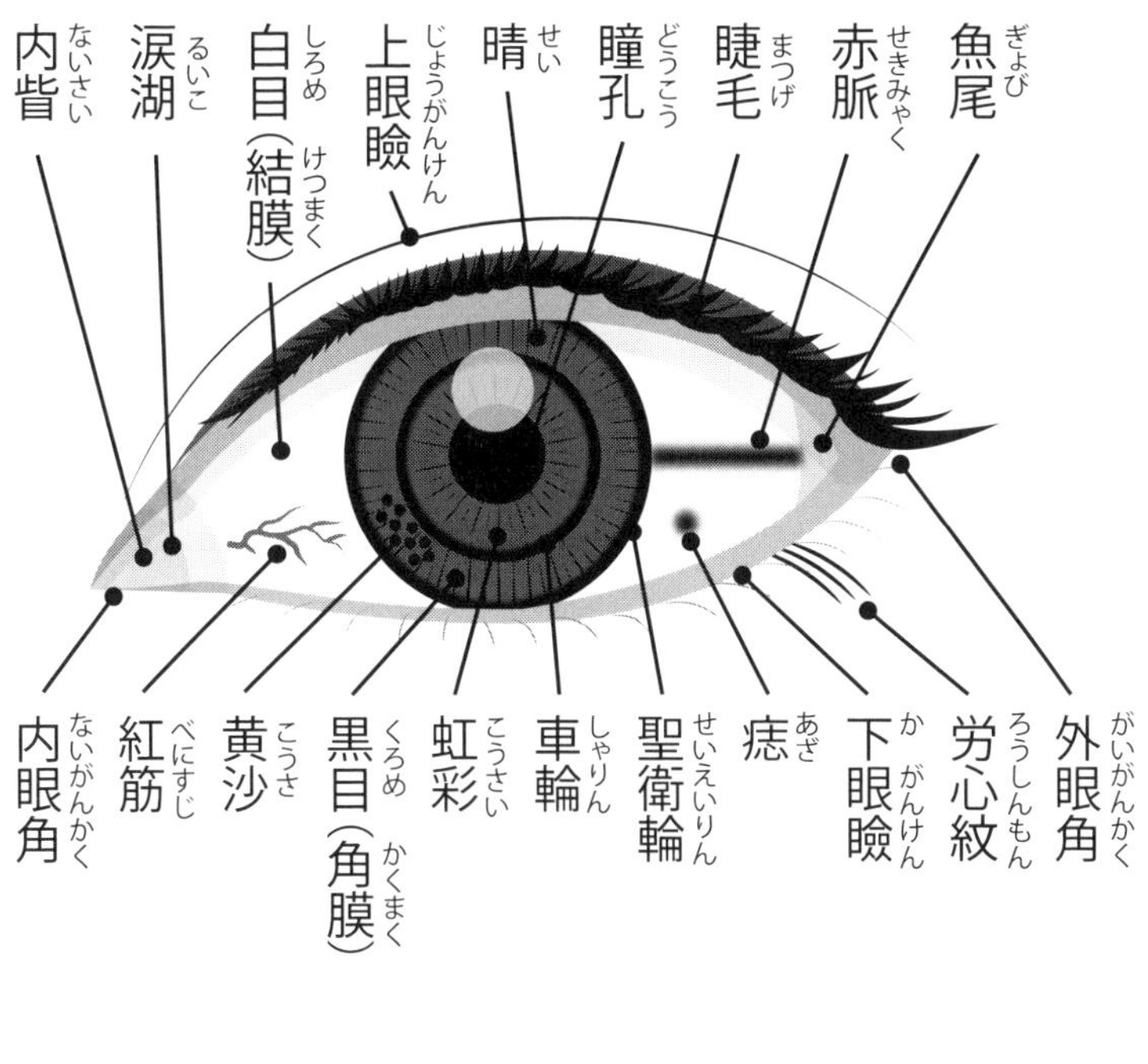

魚尾《ぎょび》
赤脈《せきみゃく》
睫毛《まつげ》
瞳孔《どうこう》
睛《せい》
上眼瞼《じょうがんけん》
白目《しろめ》（結膜《けつまく》）
涙湖《るいこ》
内眥《ないさい》
内眼角《ないがんかく》
紅筋《べにすじ》
黄沙《こうさ》
黒目《くろめ》（角膜《かくまく》）
虹彩《こうさい》
車輪《しゃりん》
聖衛輪《せいえいりん》
痣《あざ》
下眼瞼《かがんけん》
労心紋《ろうしんもん》
外眼角《がいがんかく》

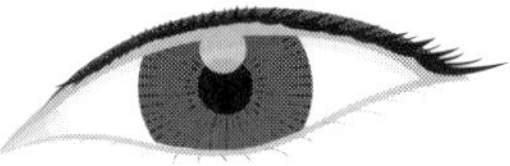

切れ長の目

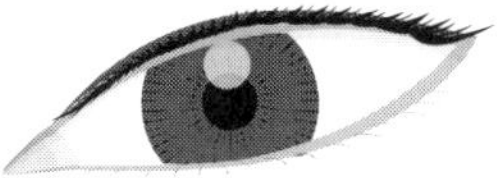

上がり（吊り）目

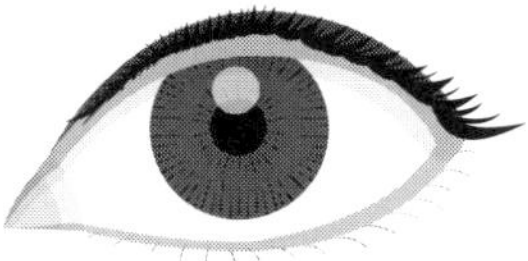

下三白眼

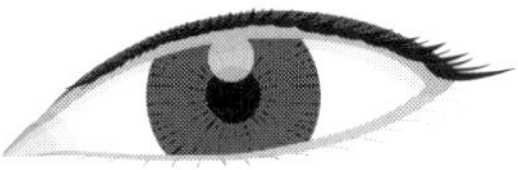

細い目

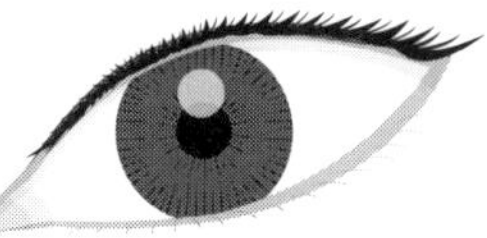

上がり（吊り）目

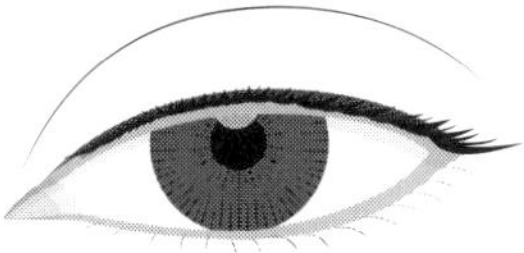

上瞼に隠れる

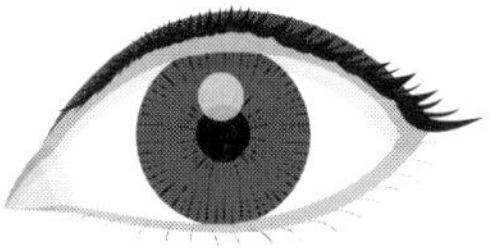

どんぐり目

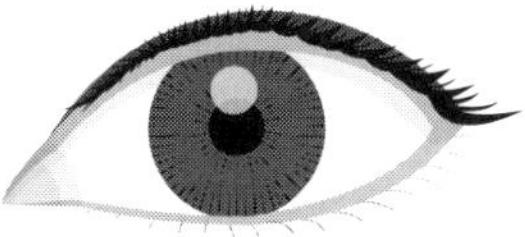

標準の目

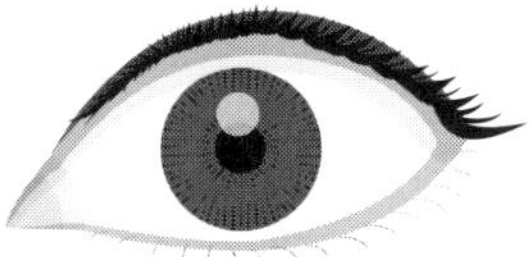

四白眼

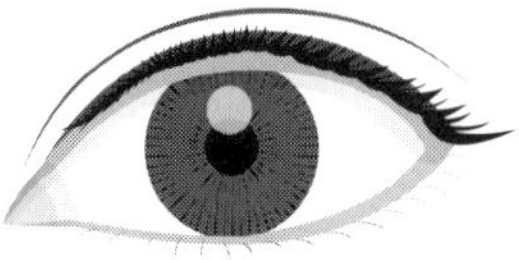

二重瞼

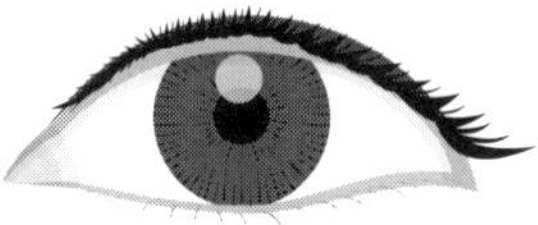

下がり（垂れ）目

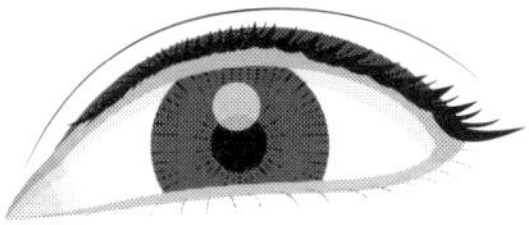

下瞼に隠れる

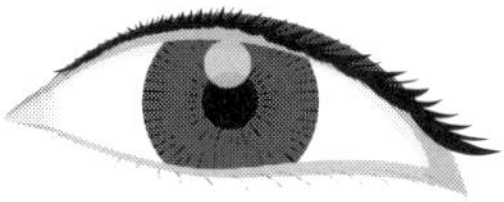

下がり（垂れ）目

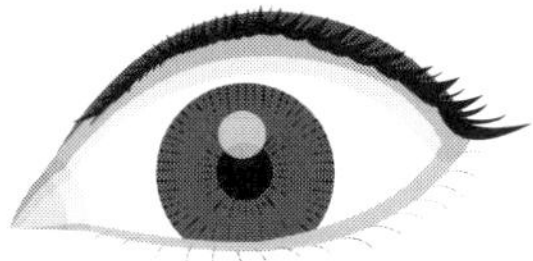

上三白眼

1. 龍眼《りゅうがん》

黒は明らかに白と分かち精神を彩る。波は長く眼大なれば気・神を蔵する。かくの如く富貴は小にすべきに非ず。ついに能く禄を受け、明皇を輔《たす》ける。

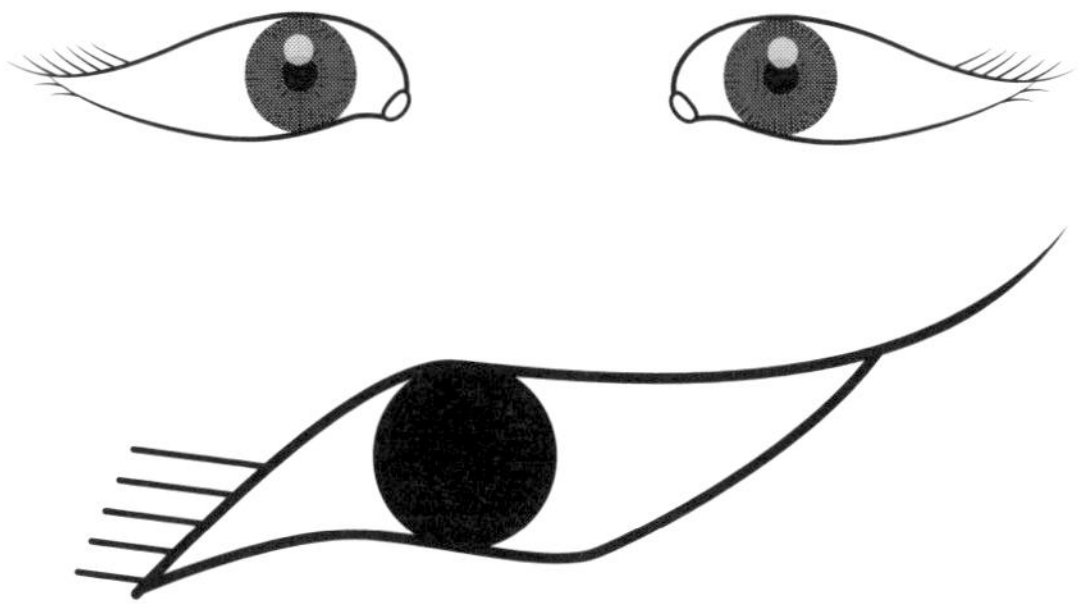

龍眼を持つ人の目は長く、黒目と白目を明確に分かちます。叡智があり、気と「神《しん》」のある顔つきで、眼中には威を暗蔵するが、表には現しません。龍眼の人は大貴の相です。一般的な富貴ではなく、英明なる君主を補佐し、得難き人才です。

形：目は清浄で、かつ非常に神采《しんさい》（すぐれた風采）。智慧と心情。

相：大貴相。大きな才人。

2. 鳳眼《ほうがん》

鳳眼の波長きは、貴自ら成る。影光に秀気あり、また神も清い。聡明で智慧あり、功名を遂げる（終局に達する）。抜萃《ばっすい》（抜きん出て）、群を超え、衆（大衆）英（英傑）を圧《お》す。

鳳眼は生まれもった富貴の相です。上下の瞼の皺はとても長く、くっきりとしていて、清々しい秀気です。眼波流轉《がんぱるてん》（澄んだ目が動くこと）し、自然に貴気は透《とお》ります。この種の眼相の人は、聡明で智慧もあり、出類抜萃（ずば抜けて優れた人物）です。早年から功名富貴を得ることでしょう。凡人の中に、優れた人物が一人交じっていることのたとえである鶏群の一鶴（鶴立鶏群《かくりつけいぐん》）となります。

形：目の瞼の上下の皺は長い。眼光は明るく、清く秀でて貴は尊い。

相：聡明で智慧がある人。早くから功名を得て禄を利し、地位は輝かしい。

3. 猴眼《こうがん》

黒睛（黒目）は昂《たか》く上り、波紋は矗《ちく》（聳え立つ）。転動（まわり動くこと）する機関（しかけ）はまた好ましい。
この相、もし真を全うすれば富貴。好く菓品《かひん》を食し坐して頭《こうべ》を低《た》れる。

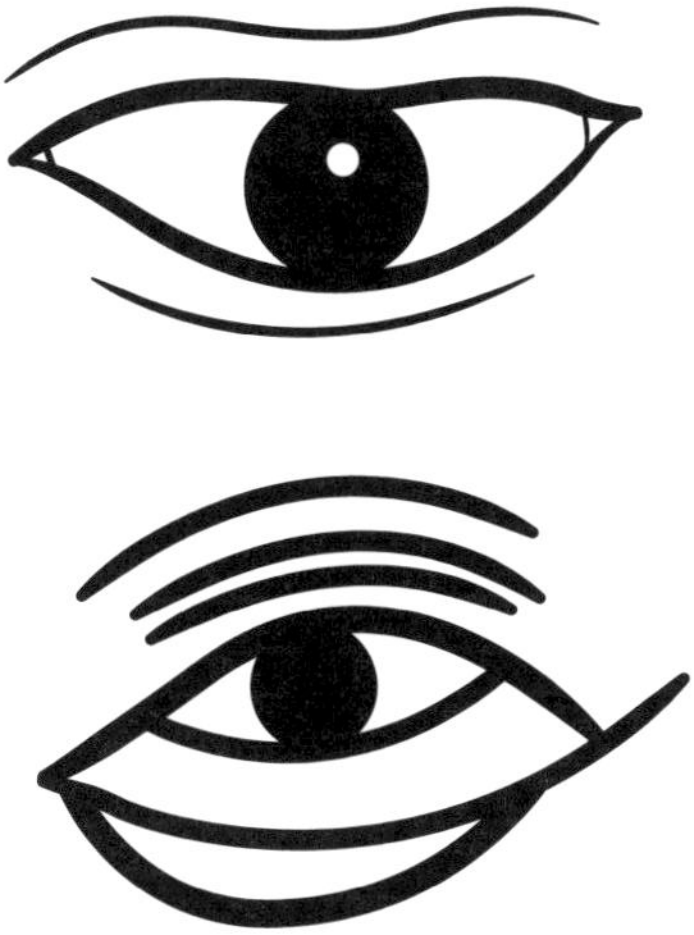

猴眼は目を見開いた形を指します。まんまるで元気があります。上瞼には波紋《はもん》（波の線、皺、ひだ状のもの）があり、真っ直ぐ高く聳え立っています。

この種の眼相の人は、機敏で活発で、応用力が高く、問題には周到に取り組み、仕事ぶりは謹厳です。物事を処理するにあたっては熟慮します。そして、大きな問題とならないようにするため、大富大貴とされます。ただ疑い深く、多く詐《さ》（騙す）があります。貴がなければ、事業の多くは失敗するとされます。

この種の人は果物が好きです。座っている時も頭を垂れて考え込み、脳を使うのが好きです。

形：目を見張るような目。円く元気がある。上瞼は高く聳え立ち、波紋がある。

相：活発で機転が利く。思維は緻密。大富貴になるとされる。

4. 亀眼《きがん》

亀の眼は精（細く）円で秀気を蔵する。数本の細い波紋が上瞼の上にある。健康で福寿。衣は足り、豊かである。悠遠（悠久）綿々と子孫に及ぶ。

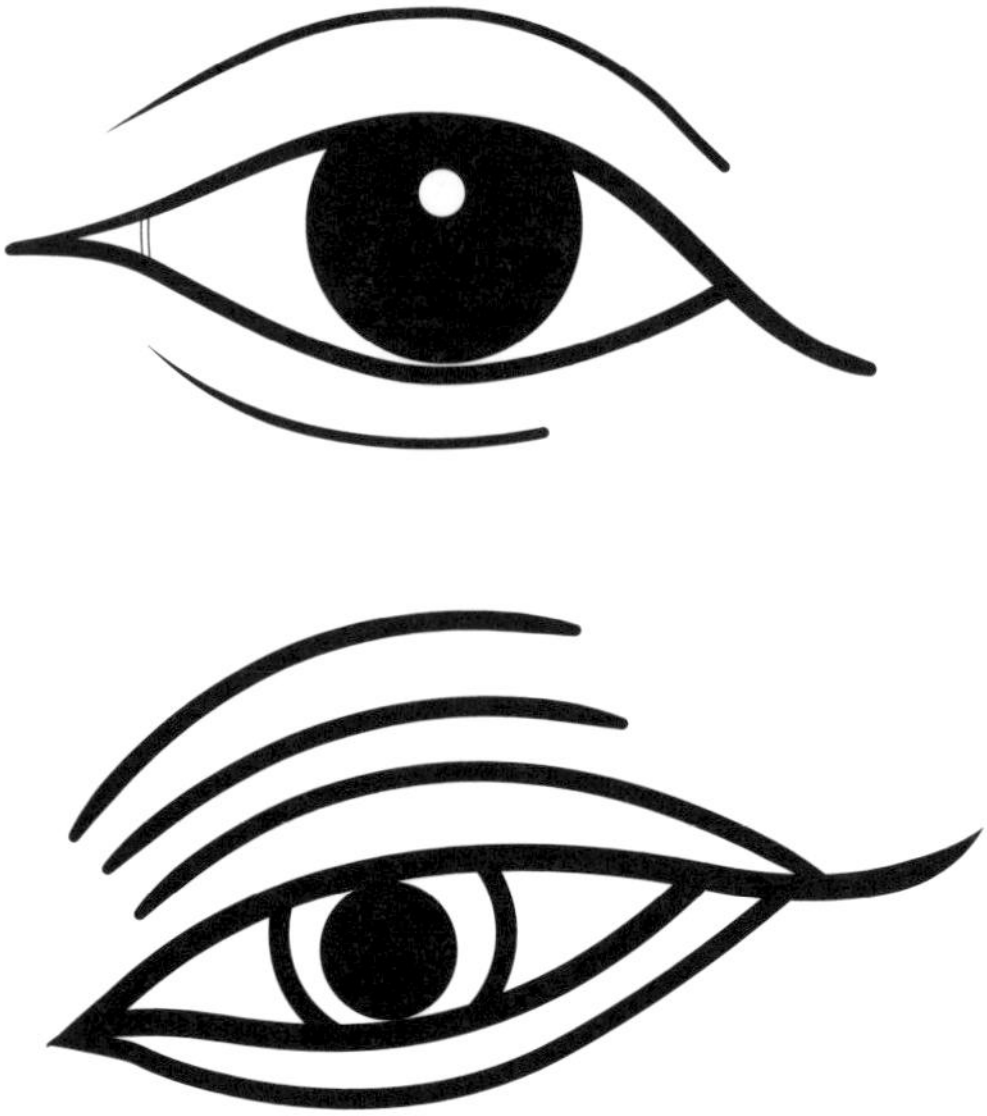

この人の目は長くわずかに円みを帯びているが、決して大きくはありません。とても、元気で霊気があります。一種の秀気を暗蔵し、瞼の上下に何本もの細い波紋（波の線、皺、ひだ状のもの）があります。

亀の目をしていて、その目がさらに長い人は長寿です。一生を通じて福を享受し、身体も健康で、生活は安寧です。衣食は足りて豊かです。子孫は後代にわたって長く続きます。

形：円くて小さい。霊秀の気韻《きいん》がある。瞼の上下に細紋《さいもん》（小さい皺、線、ひだ状のもの）がある。

相：健康で長寿、一生を通じて幸福。子孫に恵まれる。

5. 象眼《ぞうがん》

上下に波紋ありて秀気が多い。波は長く眼は細く、また仁和である。時に及んでは富貴皆な妙たり。*遐算《かさん》(高寿《こうじゅ》)*清平(太平)楽しみ且《か》つ歌う。

象眼とは目が象《ぞう》の目に似ていることを指します。上下の瞼に波紋(波の線、皺、ひだ状のもの)があります。大変秀気で、目の周りの眼波(上下の瞼の皺)には情が生じています。目は細く長く、ただし目の中には仁愛と柔和が充満しています。

この種の眼相の人は、透徹した人生観があります。心中には余計な未練はなく、時に及んでは行楽を愉しみます。生活は清く、人間の歓楽を享受します。歩きながら歌を歌うように束縛がありません。長寿で疾(疾病)なく人生を終えるとされます。

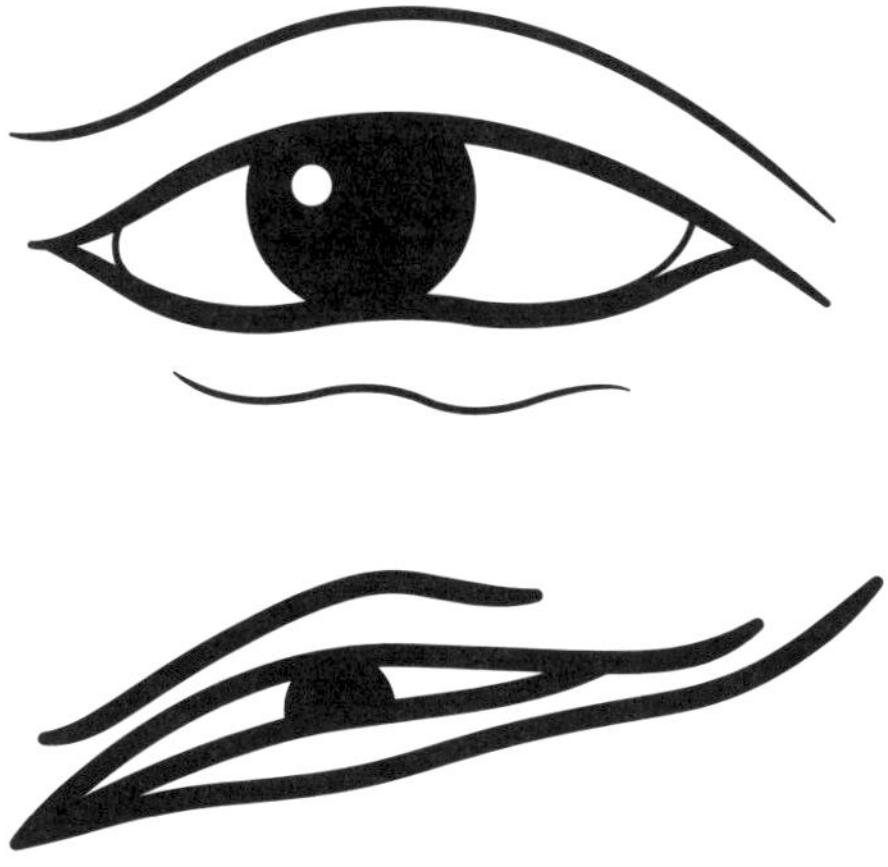

形:象の目に似る。瞼の上下に波紋がある。情趣があり、慈愛が現れている。

相:心内は度量が大きい。積極的で楽観的。長寿、無疾。

*遐算……深謀遠慮《しんぼうえんりょ》(遠い将来のことまで考えて周到にはかりごとを立てること)、高齢、高寿。

*清平……世の中がよく治まって平和なこと。

6. 鵲眼《しやくがん》

上に紋の如く有りて秀でて且つ長い。平生信真（誠実である）また忠良。少年に発達すること猶平淡の如し。終末の時はさらに吉昌。

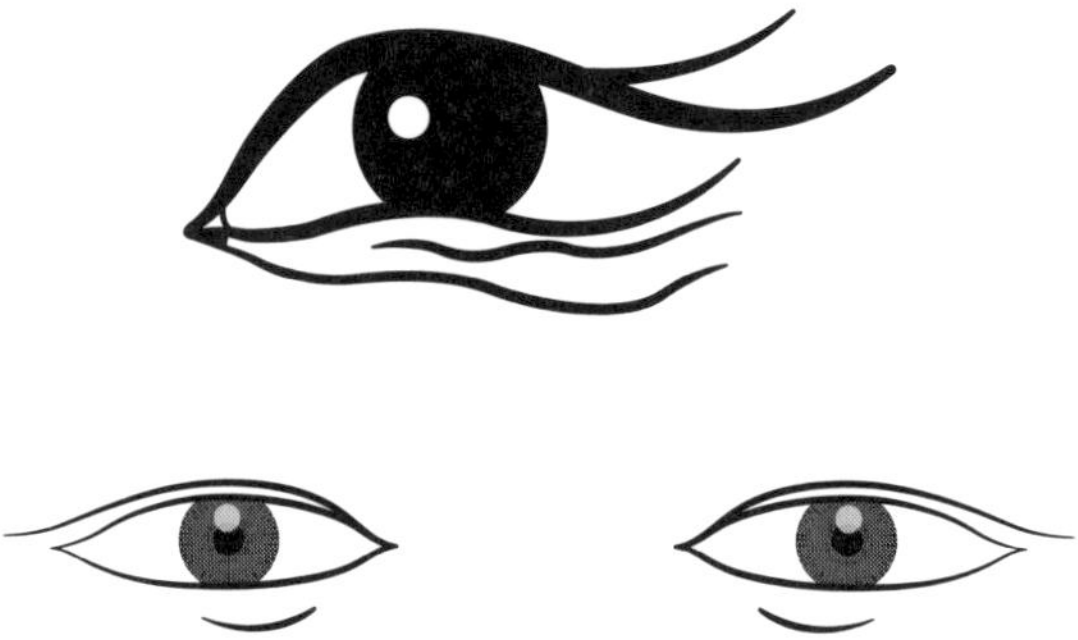

鵲（カササギ）の目は、上下の瞼にある細紋が比較的多いことを指します。目の形は清秀で細長い。

人にたくさんの表情を見せます。この種の眼相の人は、忠厚で善良です。信用でき、朋友に対して義気があります。

年少の時には発達できますが、鋭い勢いをもって発達はしません。老年の時にさらに発達し貴は表れます。

形：上瞼に多くの細紋がある。

相：善良で信を重んじる。若い頃は小さく発達、晩年に盛大である。

7. 獅眼《しがん》

眼は大きく威厳があれば、性はあらまし狂（狂傲、甚だしく傲慢）である。粗眉（太い眉）ならばこの人は端荘（端正で重々しい雰囲気の人）趁《お》う。貪らず、酷さず仁政を施す。富貴栄華、福寿康（健康）とされる。

獅眼とは目が獅子《しし》の目に似ていることを指します。この人の目はとても大きく、そして極めて威厳があり、傲慢な気を帯びています。さらに眉毛が太々としていれば、端正で重々しい雰囲気がありますが、気前もいい人です。獅子の目の人は、大富大貴の人です。忠誠心があり孝順で、清廉潔白を旨としています。人に対して情け深い人です。弱い者いじめのような暴政をしません。一方で、人々を虐げるむごい役人に対しては、厳重なる刑を施行します。そのため、一般大衆に人気があります。多くの人が*朝服《ちょうふく》に帰依し、栄華富貴を享受します。福禄があり、健康で長寿となるとされます。

形：目の形は荒々しく、端正で、威厳と狂傲（甚だしい傲慢）が表れる。

相：権勢があり、多くは富貴。仁慈（慈しみ恵むこと）を敬う。福禄があり、健康で長寿。

*朝服……天子以下の有位の官吏が朝廷に出仕の際に着用した服のこと。

8. 虎眼《こがん》

眼は大に晴（瞳）は淡き金色。瞳あるいは短く時有りて円い。性は剛にして沈重（ずっしりと重い）、而して患うことなく（憂いや災禍がない）。富貴は終年なれど子には傷がある。

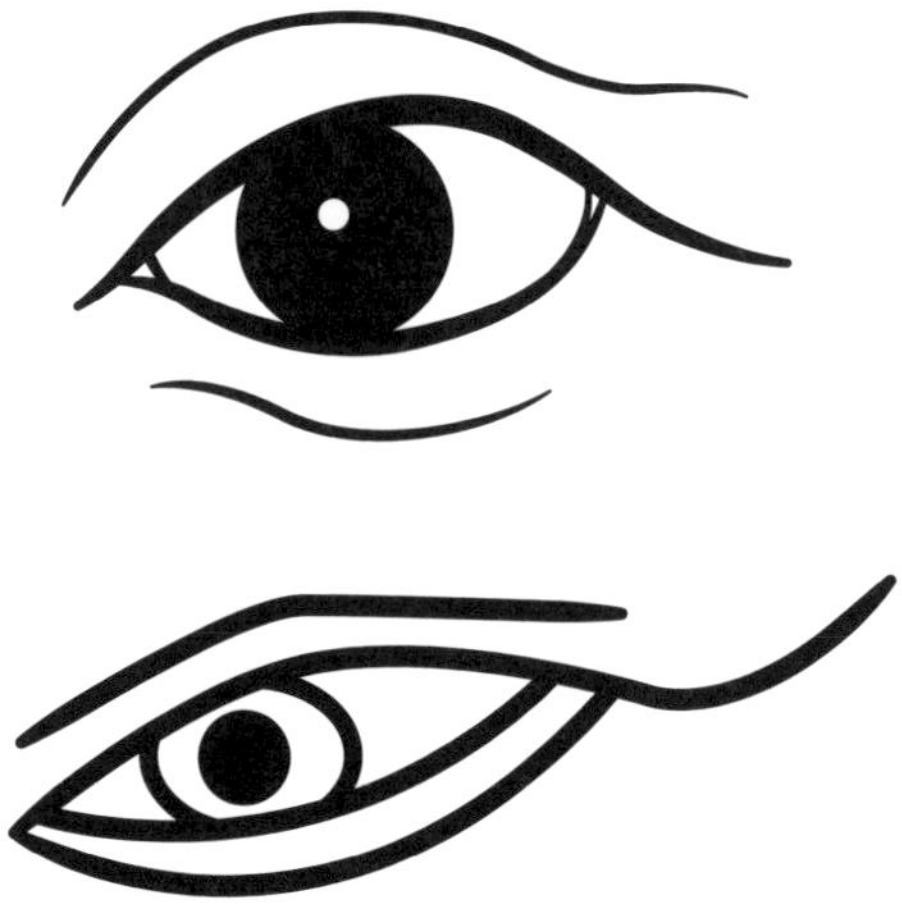

虎眼とは目が虎の目に似ていることを指します。目は大きく、目玉は黄色く、淡い金色を呈しています。瞳孔は大きくはなく、ある時は円形になります。凛々しく勇ましく、相手に容易には踏み込ませないほどの威厳があります。

この種の眼相の人は、性格が屈強で落ち着いています。大胆かつ智慧に富み、智謀に長けています。心に憂えることなく、難題をも解決するでしょう。問題は、晩年に子が災難に遭うとされることです。

形：目が大きい。目玉は淡い金色。瞳孔は時たま円形になる。人に畏敬の念を抱かせる。

相：性格は屈強で、知識や抱負がある。富貴は一生だが、晩年に子に災難がある。

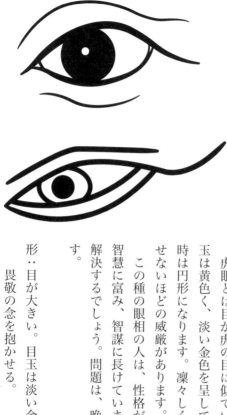

9. 牛眼《ぎゅうがん》

眼は大に睛（瞳）は円く、視は風を見る。これに遠近分明せず。財を興すこと巨万、*差跌《さてつ》（躓《つまず》いて転ぶこと）なし。寿算（寿命）は綿長（長く続くこと）、福禄は終える。

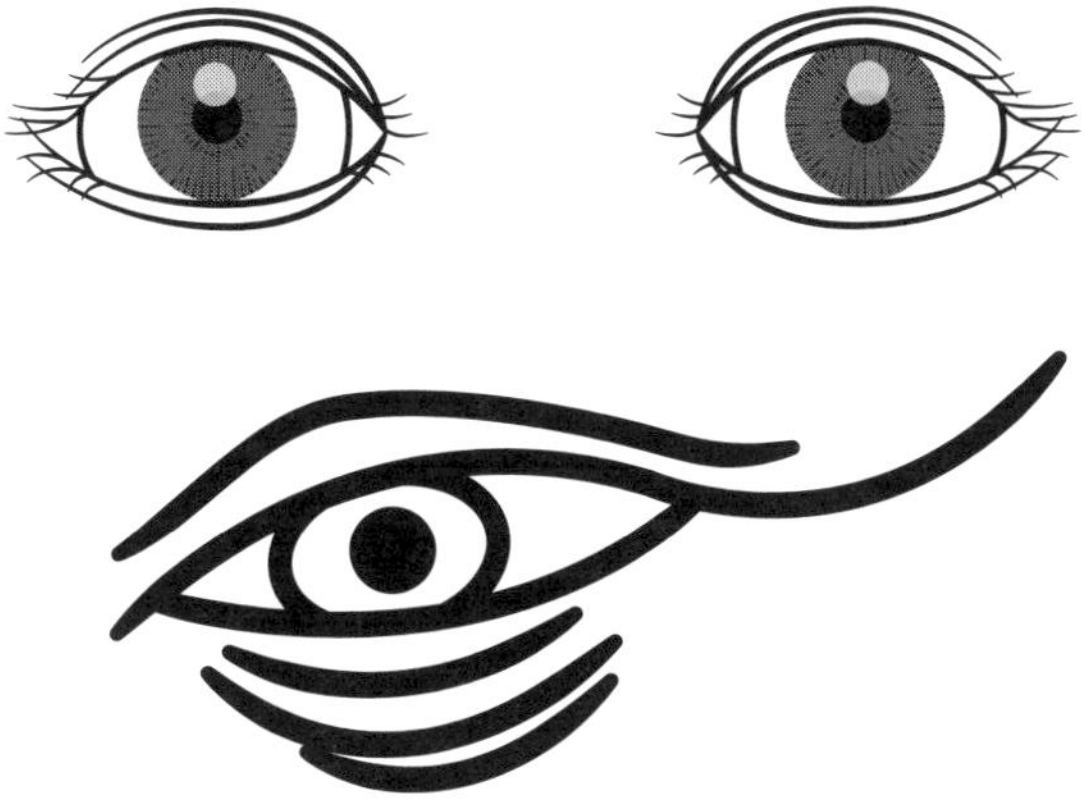

牛眼とは目がとても大きいことを指します。目の形は円く、気力旺盛です。

この種の眼相の人は、経済方面に優れた頭脳をもっています。巨万の富を築く資産家になるとされます。さらに長寿で、福禄双全となります。

形：目の形は大きく、円い。元気がある。
相：経済的な手腕と才能。財運は盛大。寿命は長い。福禄双全。

＊差跌
「其所守者不定，而外淫於世俗之風，所斷者差跌，而內以濁其清明。」（『淮南子』俶真訓）
其の守る所の者は定まらずして、外に世俗の風に淫れ、断ずる所の者は差跌して、内に以て其の清明を濁す。

10．孔雀眼《くじゃくがん》

眼に波有りて、明らか。晴（瞳）は黒く光る。青（黒目）多く白（白目）少なければ凶強なる悪。素廉《それん》清潔、乍《たちま》ち煖《だん》なるを嫌う。始末に興隆あり姓字揚《あげ》る。

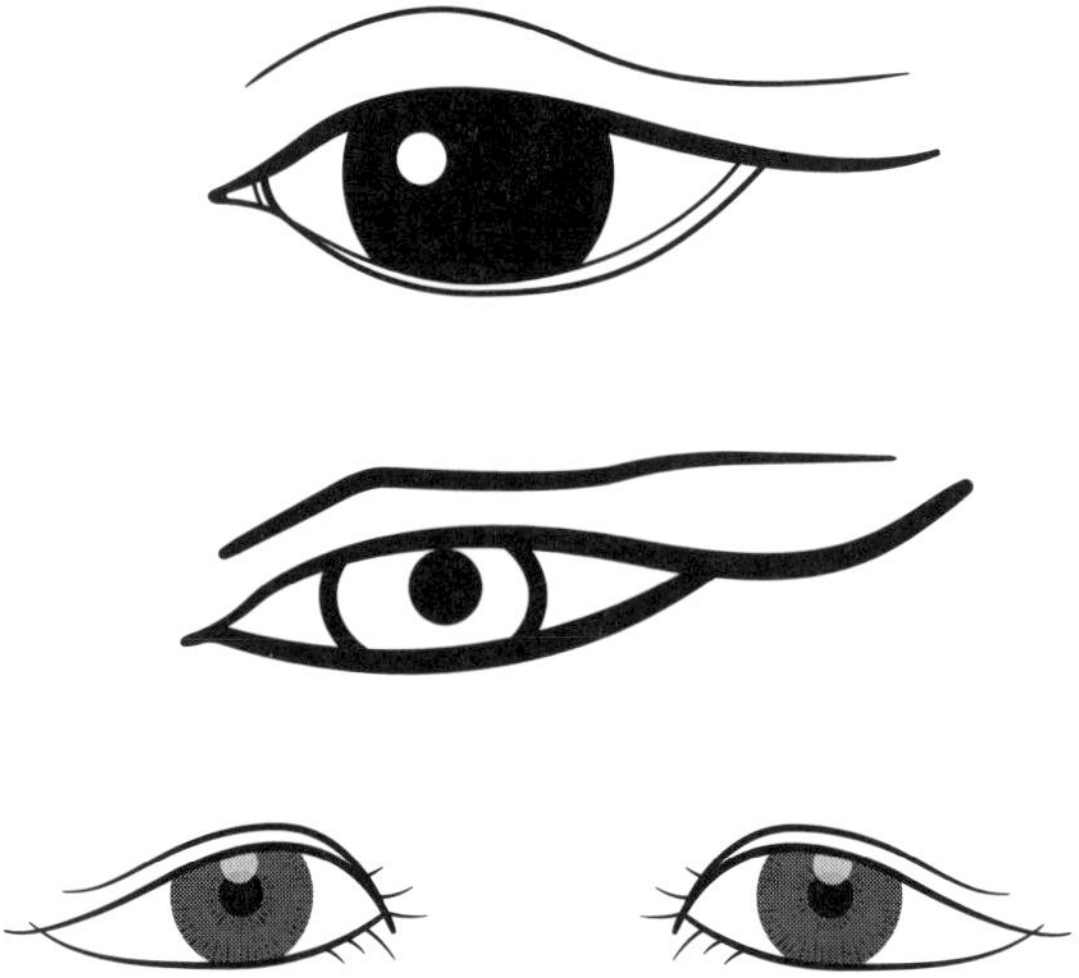

孔雀眼は、目が*孔雀の羽模様に似ていることを指します。愛情深い人です。明るい輝きには「神」の強さがあります。ただし黒目が大きく、白目が小さく、バランスが偏りすぎた孔雀の目は不吉です。そのような目の人は、性格が怒りっぽく、横柄です。

この孔雀の目を持つ人の*命中に官があれば、清廉潔白とした官吏となります。一般大衆から人気があります。この種の目の人は財産も豊かです。さらに夫婦は愛情があり仲睦まじく、家庭は幸福です。一生を通じて順調に興隆していきます。晩年は健康で、賢明の名は天下に響くとされます。

形：目は明るく輝き、愛情ある良い相である。ただし、黒目が大きく、白目が小さければ怒りっぽく、横柄である。

相：高官となる可能性が高い。一生を通じてどんどんよくなる。

＊孔雀の羽模様……孔雀眼は孔雀の羽の模様の形であり、目頭が鋭い形となっている。図のように目頭が下にわずかに垂れ、吊り目。白目が澄んでいて綺麗。

＊命中に官がある……「命中に官がある」とは、四柱推命の命式中に官殺があるということ。四柱推命の命式は、生年月日時から割り出され、その人の持って生まれた性質や才能を推し量ることができる。詳しくは鍾進添著『四柱推命大全』（河出書房新社）参照。

11．鴛鴦眼《えんおうがん》

眼は秀でて睛（瞳）は紅潤《こうじゅん》（艶がある紅色）で紗《しゃ》（薄絹《うすぎぬ》）が有る。眼は円くして畧露《ほぼ》わなり、桃花《とうか》（恋情）を帯びる。
夫妻は情に順《したが》いまた且つ美である。もし富貴ならばおそらく、いささか淫らであろう。

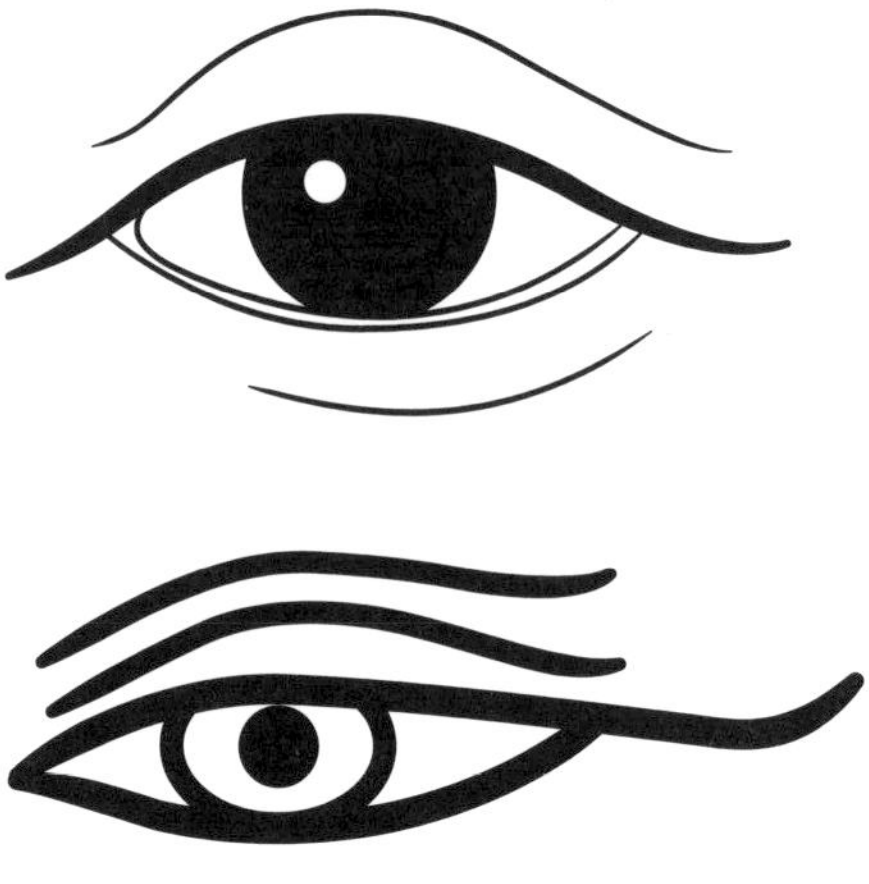

「鴛鴦」（オシドリ）とは、「鴛《えん》」は雄の、「鴦《おう》」は雌のオシドリで、オシドリのつがいを意味しています。

鴛鴦眼は目が清秀（端正で整っている）で、眼球は紅潤です。形は、ほぼ円く、「神」の強さがあります。眼神（目つき、目の色）は、細い紗《しゃ》が覆っており、人におぼろげな美しさを感じさせます。顔は桃花《とうか》を帯びて色っぽく、人に一種の甘美的な感覚を与えます。そのため、結婚生活は大変仲睦まじく、うまくいくとされます。ただし、富貴に余裕がある場合、悪い象意として、少し軽薄で放蕩です。まるで杏の花が内垣の外に顔を出してしまうように、浮気するようなことが起こりやすいとされます。

形：秀麗、紅潤。円い目。人を甘美にさせる。
相：結婚生活は円満。富貴に余裕がある場合、色情のトラブルをまぬがれ難い。

12. 鳴鳳眼《めいほうがん》

上層に波が起こりまた分明する。耳を視るに睜睜《せいせい》（目を見張る）しても神は露われず。敢えて取る。中年にして貴に遇うを。栄宗耀祖《えいそうようそ》（祖先の名を輝かせ）、門庭を改める。

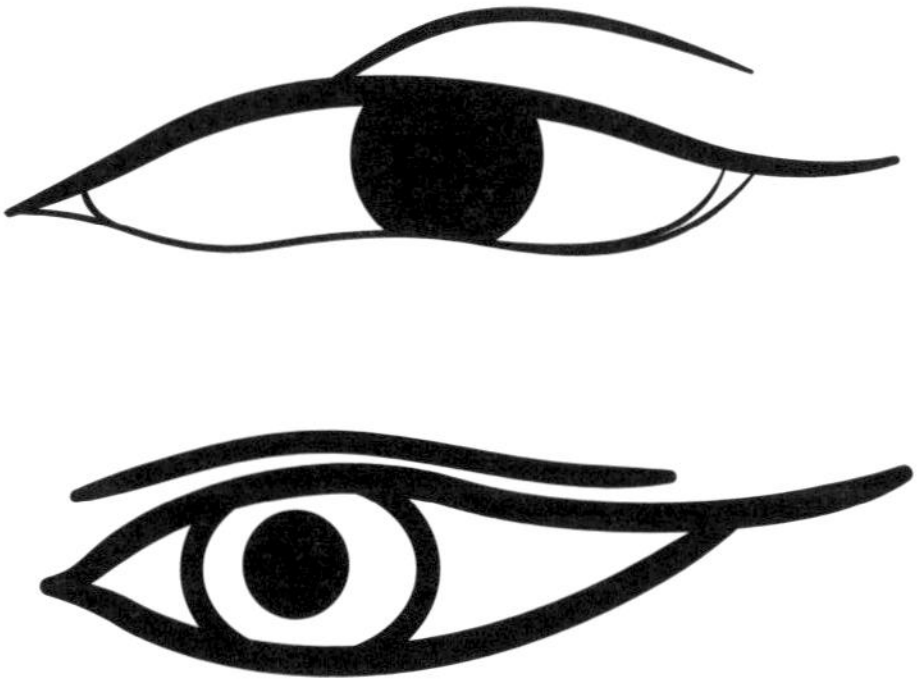

鳴鳳眼は、上瞼の上に現れている、はっきりとした波紋を指します。目は総じて、とても大きく、目を見張るかのようです。ただし、眼神は表には現れません。比較的控え目な性格です。

この種の眼相の人が、その真価を発揮するのは比較的晩年です。中年以降、才能を発揮し、貴は現れ、一族は栄光に輝くとされます。

形：上瞼に波紋がある。目は大きい。ただし眼光は含蓄されている。

相：大器晩成。ただし十分に出世する。

13. 睡鳳眼《すいほうがん》

平生（ふだん）の瞻視《せんし》（目つき）は偏斜（偏ったり）せず。笑に和を容れ帯び秀気は華やか。天性に人を容《ゆる》す度量があり、須《すべから》く富貴足り誇るに堪《こた》へたりを知るべし。

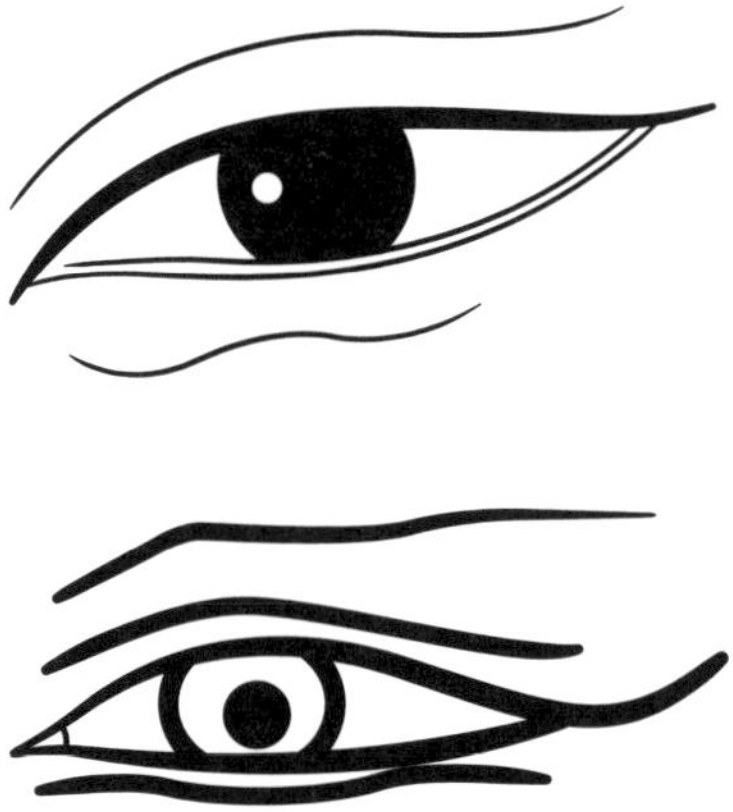

目に笑みを含み、秀気があり美しい目です。眠りから覚めたような目ともされます。磊磊落落《らいらいらくらく》（心が大きく、些細なことにこだわらないさま）の人です。華やかな貴気（貴い気品）の性質が現れ出ていません。目が斜めになっていなければ、貴人の相です。性格は温和で、器量が大きく、包容力があり、温柔で親切です。一生を通じて富貴は余りあるとされます。

形：目の形は細長く奥二重である。極めて秀麗。眼中に笑を含む。華やかな貴気がある。

相：貴人の相。性情は温柔。涵養《かんよう》（無理をしないで養い育てること）である。多くは富貴に富む。

14．瑞鳳眼《ずいほうがん》

日月を分明（明確に区別すること）し、両角は齊《ひと》しい。二波は長く秀でて笑うこと微微《びび》（わずか）たる。流れて動かざる神の光色。翰苑《かんえん》（＊翰林院の別称）にありて声名は鳳池に達する。

瑞鳳眼は、目の黒目と白目がはっきりと区別されることを特徴としています。神采《しんさい》（顔つき）は、眼角（目尻、まなじり、目頭）が左右の目において均等に配置されています。眼線（アイライン）は、細長く秀でて美しい。眼波（上下瞼の皺）は波打っています。眼神は笑みを帯び、目が動こうと動かなかろうと、光彩（きらきらと輝く美しい光。才能や優れた面が際立って目立つこと）がみなぎっています。

この種の眼相の人は、文才が非常に高く、王朝時代は重要文献に係る文官などになりました。現代では国家機関における要職である官僚や官吏などに適しており、立身出世するとされます。また、富もあります。

形：眼角は端正で、眼線は細長い。有情の雰囲気（趣のある風情）。

相：文才があり、要職を得られる。名は四海（天下）にとどろく。

＊翰林院《かんりんいん》……唐の玄宗が７３８年（開元26年）に設けた翰林学士院がその起源で、唐中期以降、主に詔書の起草に当たった役所のことをいう。

15. 雁眼《がんがん》

睛（瞳）は黒漆《くろうるし》の如きもので金黄（黄金色）を帯びる。上下の波紋は一様に長い。相に入る者が官となれば恭《うやうや》しく且つ蘊《たくわ》える。同気連枝《どうきれんし》（根幹を同じくする枝々が連なっていることから志趣が同じ同胞）の姓名が香る。

雁眼は、目が雁（ガン）の眼に似ていることを指します。雁眼は黒目が漆のようで、活力に満ちており、金色に輝いています。一種の言葉では言い表せないような貴気があります。上下の瞼には波紋があり、目と同じくらいの長さで、綺麗な秀気です。

この種の眼相の人は、対人において恭しく礼があります。一挙手一投足（細かな一つ一つの動作や行動）には、蘊蔵《うんぞう》（蓄えて奥深くしまいこむこと）した一種の人に信服される非凡な能力があります。ただし、自分の能力を誇張したり、強く自己主張したりすることはしません。事にあたっては落ち着いており、気前がいい人です。大富大貴になることができるとされます。親族や友人、この人についていく全ての人が、恩恵を被ることができます。そのため、名声は遠く千里に及びます。

形：黒く輝く瞳は「神」が強く、金色に輝いている。上下の瞼には綺麗な波紋がある。貴気がある。

相：修養があり、礼儀を理解しており、超然の才を備えている。富貴を得て名声は響き渡る。

16・陰陽眼《いんようがん》

両目に雌雄、睛（瞳）に大小あり。精神に光彩（優れた才能）あり。人を視るに斜なり。心非《あら》ずして口に是《これ》をいい誠実さがない。富を積むとも奸謀《かんぼう》（悪だくみ）あり詭《あざむ》きありて奢《おご》らず。

*陰陽眼は一方の目が大きく、もう一方が小さい目を指します。風采（顔つき）は精神に由来します。人や物を見るときに「斜めに見る」（横目、流し目）人の中には、心術不正《しんじゅつふせい》（心が邪悪）で、虚偽、奸計《かんけい》（悪だくみ）、詭計《きけい》（人を騙す計略）をめぐらす人が多いとされます。対人関係では、誠意に欠け、総じて口で言うことと腹で考えていることが違います。ただし先天的な精明《せいめい》（抜け目ない、利口）さがあり、たくさんの財や富を手にする人も多いとされます。

形：大小が入り交じっている。才能がある。人には端正ではないと思われがち。

相：心は邪で、詭計が多い。ただしお金を稼ぎ、財をつくるのが上手。

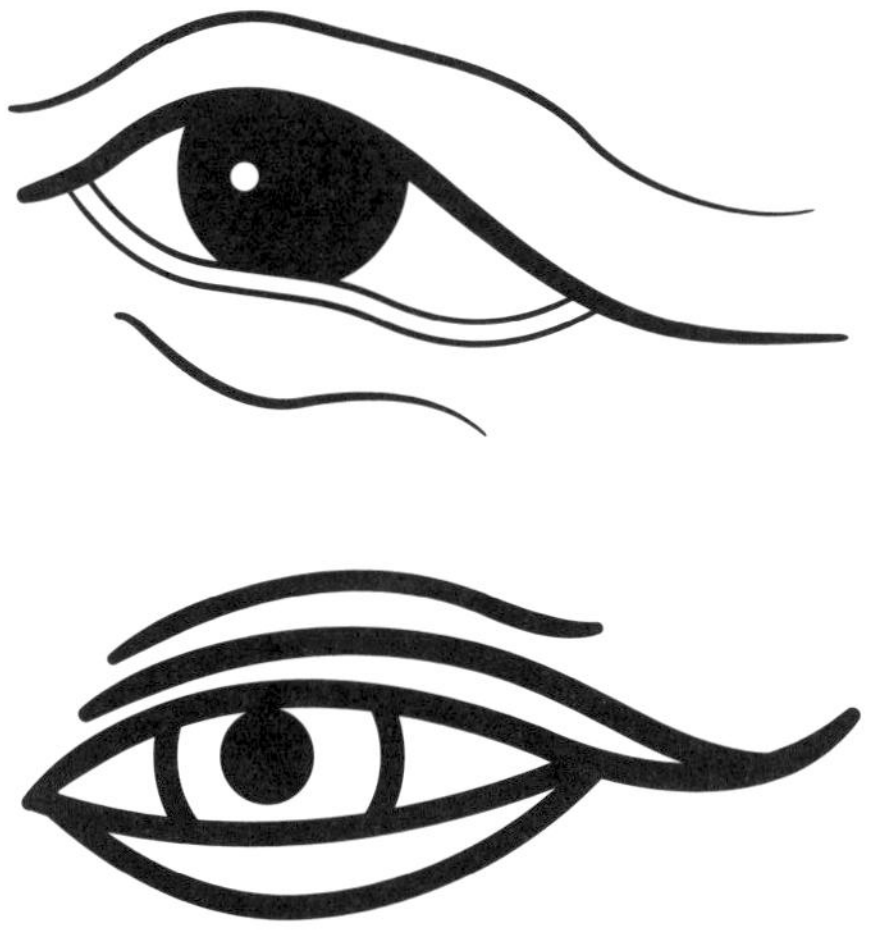

＊陰陽眼……陰陽の相違から派生する概念としての陰陽眼であり、片方の目の視線が対象となる物を見る方向とは別の方向に向いている状態。「斜視」というのは陰陽眼の一種ではないかと著者は考えている。

17. 鸛形眼《かんけいがん》

上層波（上瞼の皺）が秀でて長くは奸門に到る。黒白分明にして瞳は清秀（端正であること）。正視して偏することがない人は愛すべきかな。高明（高明学堂）が広ければ大貴にして栄える。

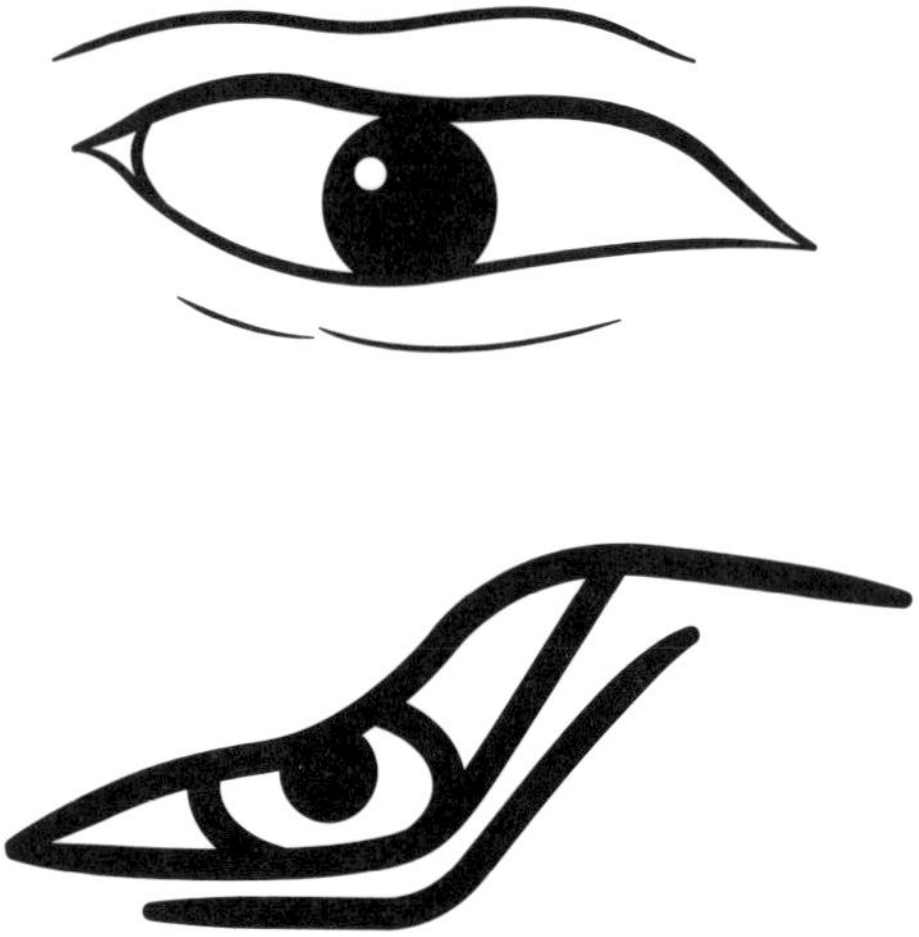

鸛形眼の「鸛《かん》」は、コウノトリのことを指します。コウノトリを遠くから見るとツルとも似ているため、度々ツルと混同されることがあります。鸛形眼は目の黒目と白目が明確に区別できます。神采は、上瞼がとても長く、奸門（十三部位の一つ）の部位に達し、その波紋のうちに、清秀の気はことごとく顕れています。頭の高明学堂（八学堂の一つ）が広ければ、大貴とされます。どんな人に対しても尊敬の念をもって接し、斜めから人を見るようなことはしない、とても愛すべき人です。

この種の眼相の人は、中年の時は事業をし、財運は盛大です。先祖の名を挙げます。晩年、地位は顕達（立身出世）します。

形：上瞼は真っ直ぐ奸門の部位に至る。波紋は一筋に続き、清秀である。

相：中年は財運が旺盛。百般に通じる。晩年に高峰の地位。

18. 鵝《が》眼《がん》

数条の波紋は秀でて天倉を射る。物を視ること分明し、神はさらに長い。
白（目）が少なく黒（目）多きは、心も善し。綿綿たる福寿は老いて安祥（縁起が良い）かな。

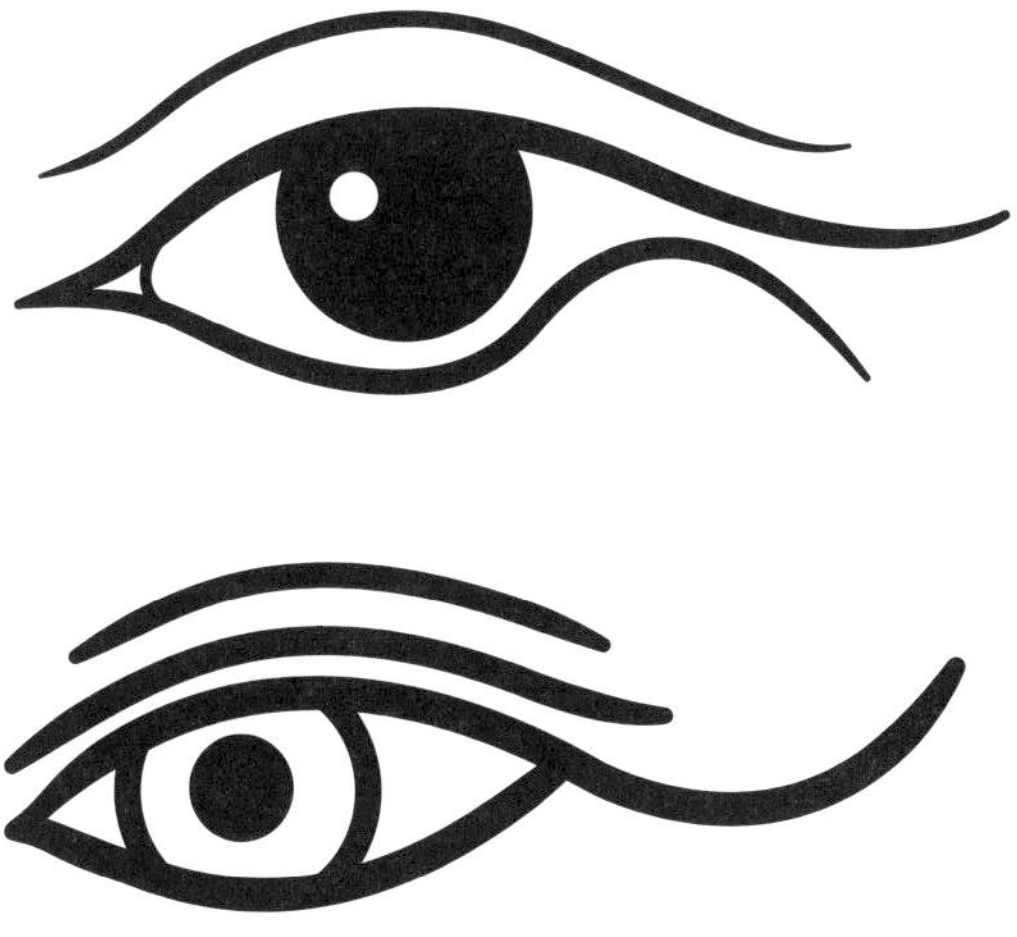

鵝眼は目が鵝《が》（ガチョウ）の目に似ています。鵝眼は上下瞼の眼《がん》紋《もん》（皺襞《しゅうへき》、ひだ状のもの）が幾層にもあることを指します。清秀で天倉（十三部位の一つ）まで伸びていれば、眼力があり、非常に強い洞察力を備えています。黒目が多く、白目が少なければ、善良です。

この種の眼相の人は、心根が優しい人です。事にあたっては穏健です。福寿双全で、安泰な一生を過ごします。

形：黒目が大きく、白目が少ない。上下瞼に重畳の眼紋があり、天倉を過ぎる。

相：心根が優しい。穏健。一生平安。福寿がある。

19. 桃花眼《とうかがん》

男女、桃花眼は宜しからず。人に逢いては微笑し水光《すいこう》（水面に反射する光）は媚《うつく》しい。
眼皮は涙に湿って、兼ねて斜視する。自ら歓娯《かんご》（喜び楽しむこと）に足り、楽しみ且つ嬉《あそ》ぶ。

桃花眼とは、目が微笑を帯びている状態を指します。艶やかで人を動かします。目の中には、人にちょっかいを出す軽率な神色《しんしょく》が漂っています。人を白昼夢にふけさせます。桃花への感情が高まると、このような目になるたとえともされます。桃花眼の人の眼光には情が含まれています。水がいっぱいたまるように感情は満ち、目に潤いがあります。人を見る時に流し目を使い、誘惑し夢中にさせます。

男女を問わず、この種の眼相は、*桃花の機運があり、生活は放蕩で節操がありません。わざとそうしているわけではなく、自然とそうなってしまいます。

形：なまめかしく艶やか。情を含む。軽はずみである。人に思いを馳せさせる。

相：桃花眼が最も多くみられるのは桃花運の時。気ままにふるまい、大器とは成り難いとされる。

＊桃花の機運……四柱推命で、年支、もしくは日支から導き出される神殺の一種に「桃花《とうか》殺《さつ》」（恋愛や色恋沙汰）というものがある。もって生まれた命の中に桃花殺がなくとも運の巡りで桃花殺の時期が来たとき、つまり桃花の機運のときに、桃花眼になりやすいとされる。

20. 酔眼《すいがん》

紅黄と混雑して却《かえ》って光を流す。酔うが如く痴の如く心は昧《くら》く昂《たかぶ》る。女は貪淫《たんいん》（ひどく色を好むこと）を犯す。男は必ず夭《よう》する。僧人、道士にあるも亦《ま》た淫荒《いんすさ》ぶ。

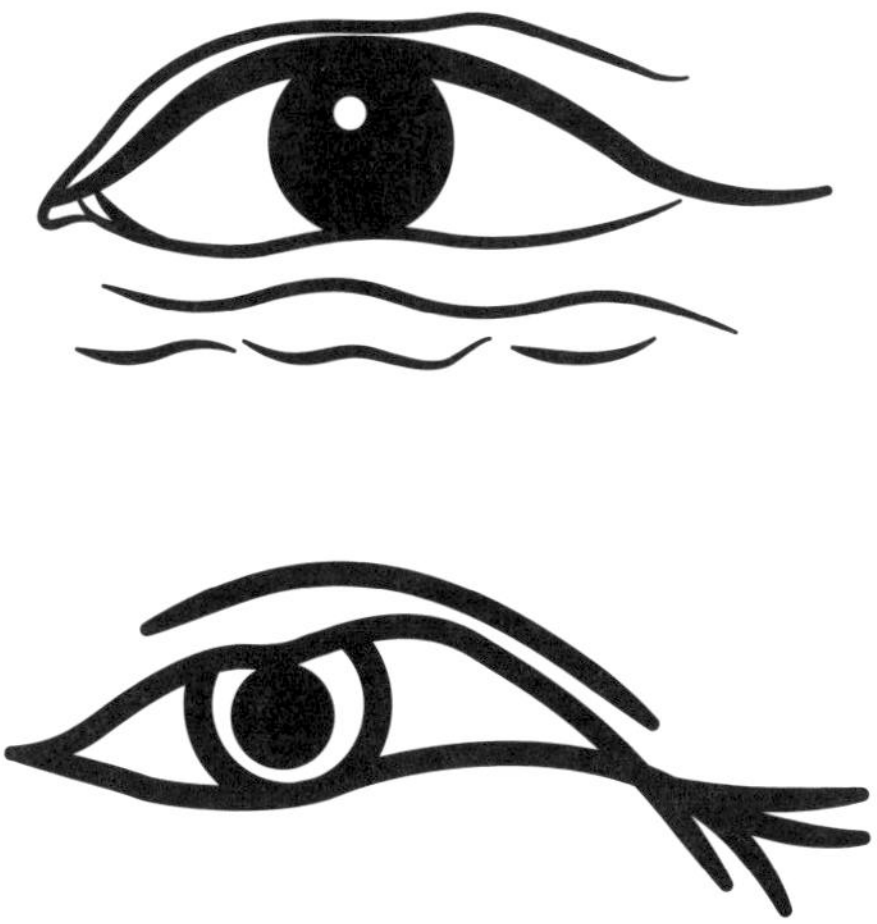

酔眼は酔っ払いのような目です。瞳が小さく、紅や黄色の筋が混じっています。上三白眼で、冷淡な目つきです。白目には紅い筋や黄色の濁りがあります。神昏《しんこん》（昏憒《こんかい》）とし、神識《しんしき》喪失の状態（意識が混乱して定まらないさま）、朦朧とした酔った状態とされます。酒を欲するまま飲むようでは、事業は成功し難い。

この種の目の人は、色情に溺れ、昏々《こんこん》（意識が混濁した様子）と過ごします。たとえ、僧侶などの宗教家であっても、このような目をしていれば、雑念を払い欲情をなくすことはできないとされます。そして酒色に溺れます。節度がありません。

形：目の中に紅色、黄色が混雑している。眼光は滞り、酔ったようである。

相：情欲をほしいままにする。

21. 鶴眼《かくがん》

眼は秀で精神あり黒白清し。蔵神は露《あら》われず功名は顕《あらわ》れる。
昂昂《こうこう》（勇ましく意気盛んである）たる志気《しき》（こころざし）は牛が闘《たたか》うがために沖（衝突）をする。富貴にして
須《すべから》く＊上卿《しょうけい》（公卿《こうけい》の上位の者）に達する。

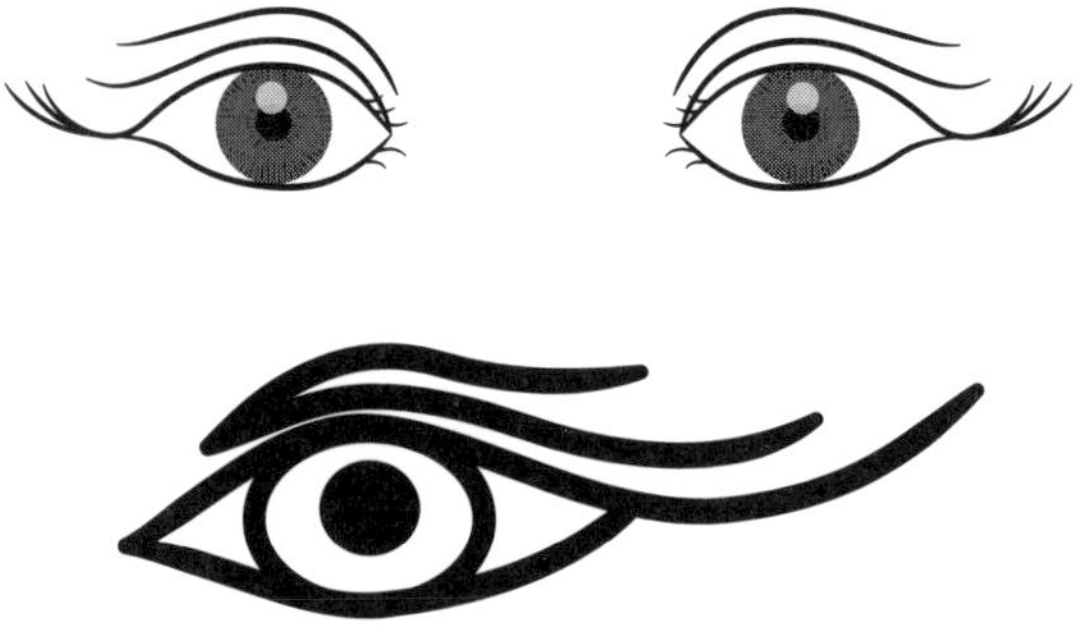

鶴眼は、鶴（ツル）の目です。鶴眼は上瞼が二重で、下瞼は一重、前の目頭にかけ落ちくぼんでいます。鶴眼は目の白黒が明確に区別でき、秀気に「神」があります。

この種の眼相の人は、高遠な志気がありながら、比較的控え目です。この人は事にあたるに際しては闘牛のようであり、激情家です。闘志があり、昂揚します。大富大貴となることができます。官は上卿に至ります。

形：目は秀麗で黒白が明確に分かれている。風格がある。

相：含蓄があり、奥が深い。富貴となる。順調に出世する。

＊上卿……卿のうち上位のもの。卿は天子や諸侯の臣下の身分として最高位。

22. 羊眼《ようがん》

黒く淡い、微《かす》かに黄にして、神は清からざる。瞳人（瞳）は紗《しゃ》（薄絹《うすぎぬ》）の様に卻《かえ》りて（かえって）昏《くら》い晴（瞳）がある。

祖の財は縦《たと》い有りといえども享《う》ける縁無し。晩歳、中年もまた貧である。

羊眼は、羊（ヒツジ）の目です。羊眼は黒目が淡い微かな黄色となっていることを指します。他の呼び方としては「四白眼」ともいい、黒目が白目に四方を囲まれていることをいいます。瞳は薄絹で覆ったようですが、混濁しているように見えます。

この種の眼相の人は、家業がとても大きく、その後を継ぐことができても、その心が凶悪なため、良い人間関係も作れず、経営もうまくいかないとされます。最後は家業も失敗し、ことごとく全て尽きます。晩年は荒れ果てて見る影もありません。貧困で嗟嘆《さたん》（なげくこと）して余生を過ごすとされます。

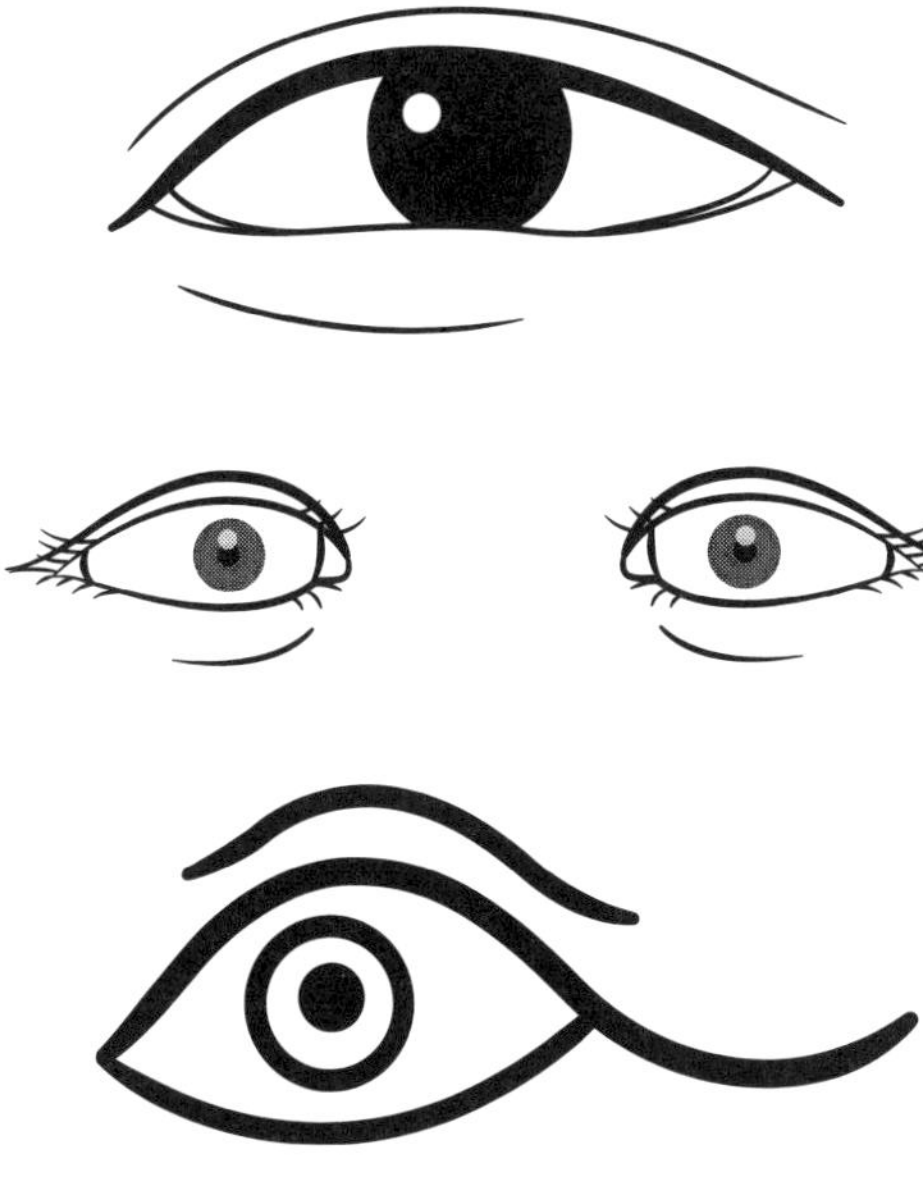

形：黒目が淡く微かな黄色を帯びている。混沌が顕れている。

相：家業を継いでも失敗する。智慧がなく才覚に恵まれていない。

23. 魚眼《ぎょがん》

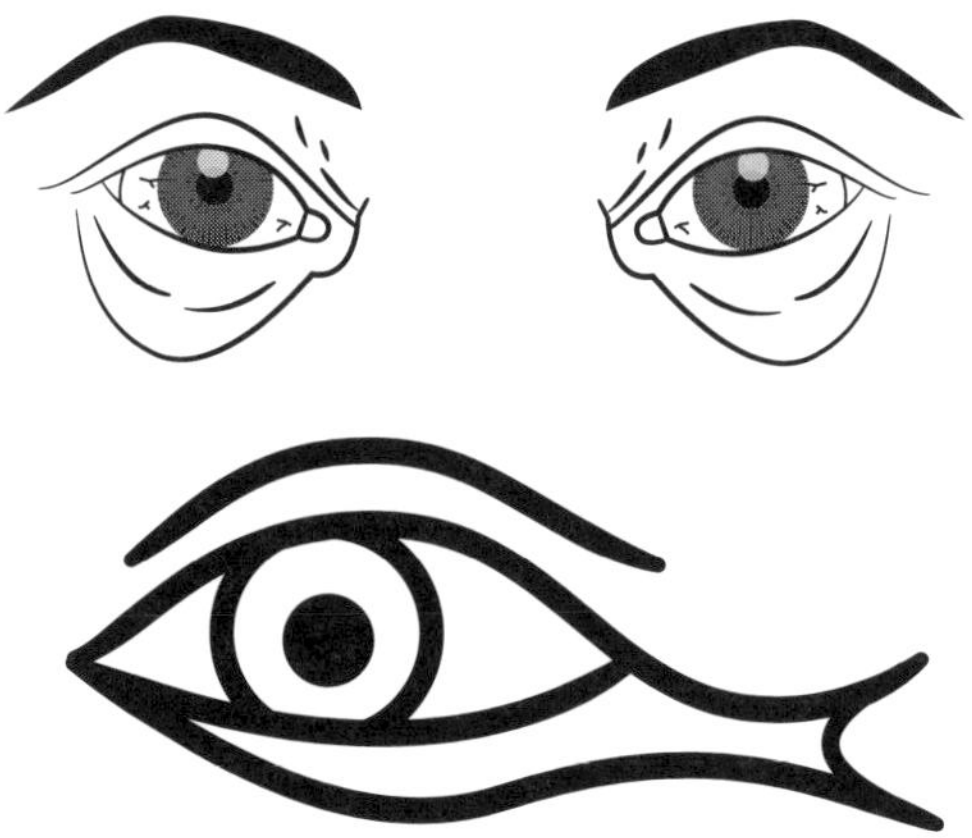

晴露《あら》われ神は昏《くら》く、水光《すいこう》（水面に反射する光）の若《ごと》し。晴を定めて遠近視ることは汪洋《おうよう》（広々と大きいさま）。この眼に逢うが如くは皆な亡早。百日にして須《すべから》く夭殤《ようしょう》（二十歳前に死ぬこと）を嘆くこと教える。

魚眼の特徴は、魚の目に似て、目が丸く小さいことです。目尻に皺となる線がありません。黒目は焦点が定まらず、まるで死んだ魚の目です。「神」がありません。目の縁は涙で湿ったようになっています。この目の人は生まれつき愚鈍で、多くは病によって夭折します。

形：目が湿っている。意識が混沌とした目である。
相：短命、愚鈍、鬱々として終わるとされる。

24．馬《ば》眼《がん》

皮は寛《ひろ》く三角あり睛睜《せいせい》（目つき）は露われる。終日愁無きに涙し堂を湿らす。面は痩せ皮を繃《たば》ねるは真に嘆くべき。妻を刑し子を剋して、また奔忙《ほんぼう》（忙しく駆けずり回る）する。

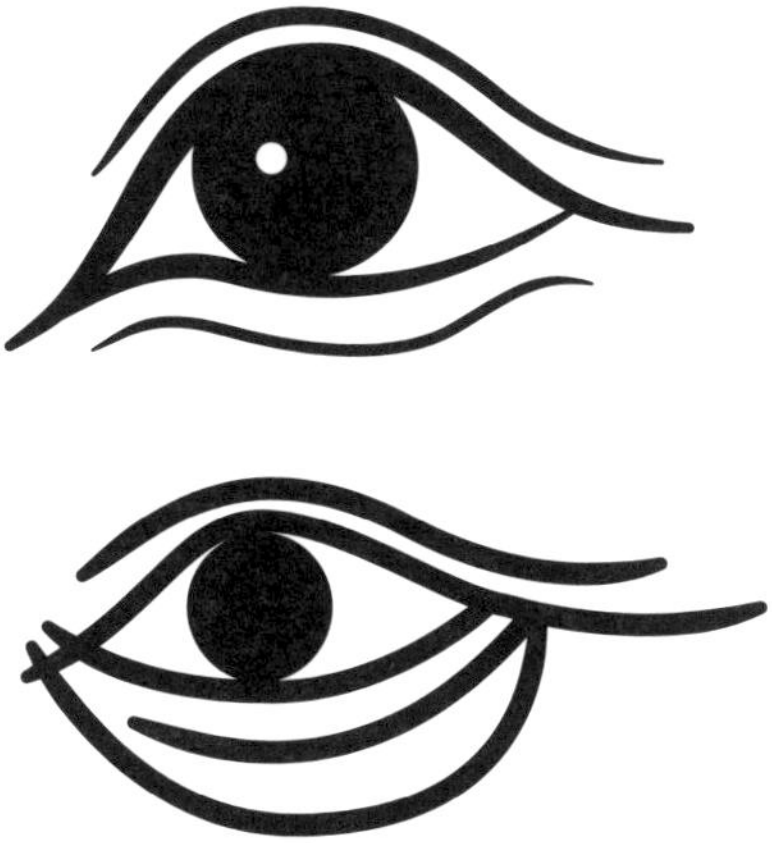

馬眼は、馬（ウマ）の目です。上瞼は大きくて腫れぼったく三角形となっており、目は小さいです。いつも目の周りに涙があり湿っています。痩せ細って眼球がぴんと張りだしているようにも見えます。

目には終日喜びの色がなく、人を悲しい気分にさせます。刑妻剋《けいさいこく》子《し》（妻や子に手厳しくあたります）。一生涯、生計を立てるために奔走する苦労人となります（労碌《ろうろく》の命）。

形：大きな腫れぼったい広い三角形の上瞼。眼球が飛び出ている。
眼光は憂鬱。

相：妻を刑し子を剋す。また、終生、生計を立てるのに苦労する。

25. 猪眼《ちよがん》

白は昏《くら》い、睛は露《あら》わで、黒は尤《もつと》も朦《おぼろ》げである。波は厚く皮の寛《ゆる》やかなのは性が暴凶。富貴なるもまた刑に遭い憲《のり》（法）に罹《かか》る。縦《ほしいまま》に十悪に帰するのを法は容《ゆる》し難し。

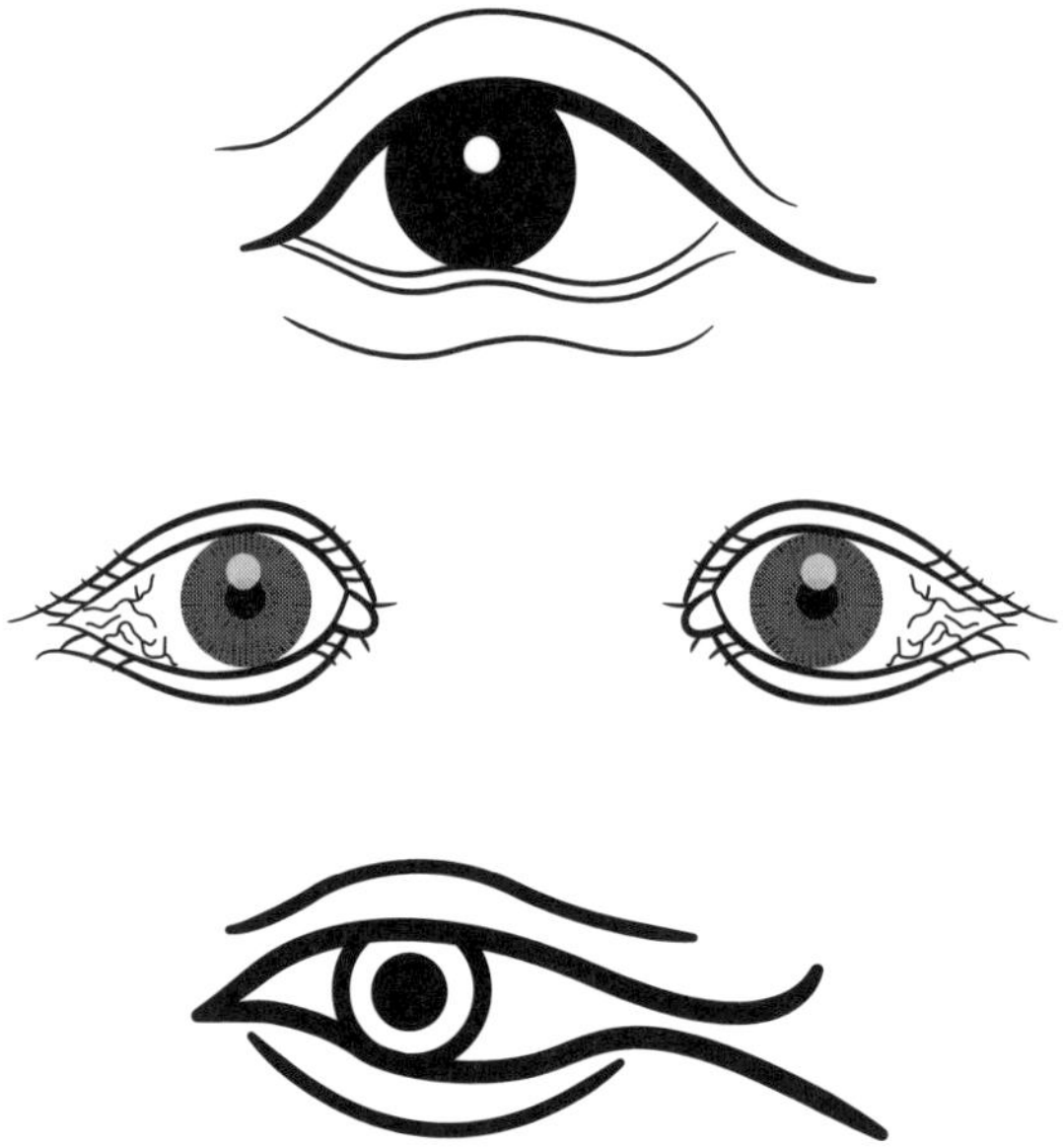

猪眼（猪眼）は、豚（ブタ）の目です。黒目が黄ばんでおり、黒目と白目が朦朧としてはっきりと区別しにくい。眼波が特に分厚く、白目には充血した赤い線があります。その性質は愚かで凶暴、残酷です。悪の限りを尽くしては、法の裁きを受けるとされます。心が不正で、事業は成功し難いです。

形：黒目と白目が朦朧としている。瞼は厚く、また波紋が多い。眼光に「神」がない。

相：性情は残虐。いざこざを引き起こす。法の網から逃れ難いとされる。

26. 蛇眼《じやがん》

嘆ずるに堪《こら》へたし、人心の毒蛇に似たる。睛は紅、円は露わにして紅紗を帯びる。
大奸大詐なること狼虎《ろうこ》（狼と虎、残忍なこと）の如し、此の眼の人は子として爺《ちち》を打つ。

蛇眼は、黒目が丸く小さく、目の色は黄ばんでいるのを特徴とします。黒目は紅い紗（薄絹）が覆っており、白目は青色を帯び、紅い糸の充血した筋があります。動かすと瞳は下に近いです。

この人は、狼毒であり、刑・剋（＊官訴《かんそ》の災い）、悪事の限りを働き、善に目覚めることなく終わります。対人においては、奸詐《かんさ》で陰険です。親兄弟にも認められず、何かあれば目上の人をも糾弾、殴打する残酷さがあり、相手に冷酷だと思われ、忌み嫌われる人です。

形‥黒目が小さい。膨らみがあり、太鼓のように外に向かって出っ張っている。眼中には紅い線がある。

相‥性質は腹黒い。親戚家族から認められない。

＊官訴の災い……法律に基づいて罰せられること。また人間関係からくる言い争いや災いも含む。

27. 鴿眼《こうがん》

鴿眼の睛（瞳）は黄にして小垤《しょうてつ》（少し高く出っ張っている）円なり。頭を揺らし膝を擺《ひら》き坐して還《また》偏る。男女に拘らず多くは淫乱。実は少なく虚が多く心は湛然《たんぜん》たり（水が十分にたたえられ淀んでいるさま）。

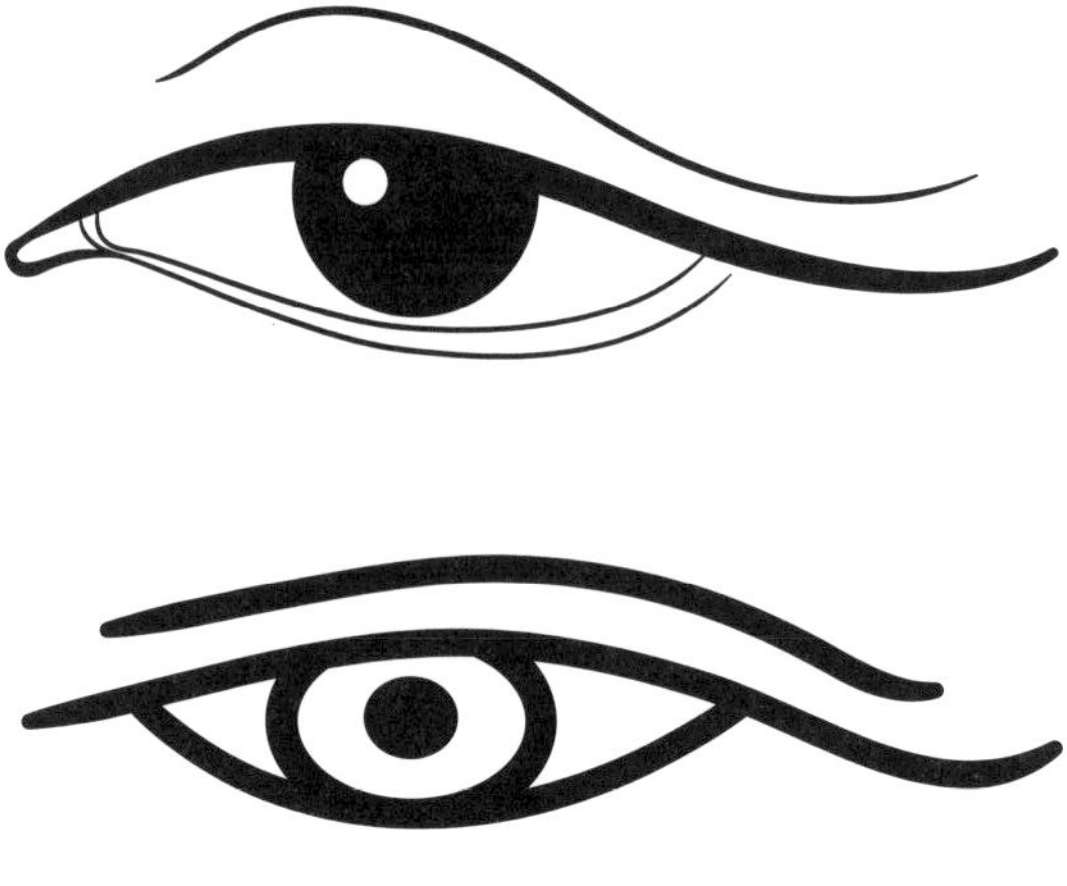

「鴿」は鳩（ハト）のことです。鴿眼は目が鳩に似て、大変小さな丸で、目玉は黄色であることを特徴とします。起きている時には、頭を揺らしてお尻を振りながら歩いては、周囲の機嫌をとってまわり（揺頭擺尾《ようとうとうび》）、座っている時でもそわそわとしています。

この種の眼相の人は、淫蕩で軽浮《けいふ》（浮ついていて落ち着きのないこと）です。人に虚偽を働くため、この人に何か依頼するのは控えたほうが賢明です。ずる賢く、小さなことであれば達成できますが、大きな仕事はできないとされます。

形：丸くて小さい。目玉は黄色。

相：淫蕩、虚偽。何をするにも難しい。

28. 鸞眼《らんがん》

準頭（鼻頭《びとう》）大きく眼は微に長い。歩は急に言辞《げんじ》（ことばづかい）には媚《こ》びて且つ良い。身は貴《たっと》い。君に近づき終《つい》には大用《たいよう》（大きな働きをする）。何《なん》ぞ*雪衣娘《せついじょう》に似ざるを愁《うれ》えん。

*鸞眼とは、目が比較的長く、鼻頭が丸く大きい特徴を指します。歩くのが早い人です。話をするのが温和で、礼儀があり、とても魅力があります。

この種の眼相の人は、大貴の相とされます。権力者からその才能は大変重宝されるでしょう。権勢や富貴を憂う必要はありません。

形：目の形は長い。眼光は柔婉《じゅうえん》（優しく、素直なこと）である。

相：高官に昇りつめ要職を得る。富貴を憂う必要はない。

*雪衣娘……白い鸚鵡《おうむ》の別名。これは唐の玄宗皇帝の開元年中、嶺南から白鸚鵡を献じたものがあり、これを宮中に養っていたが、この鸚鵡は極めて聡《そう》慧《けい》で、よく人の言葉を聞き分けたので、帝も楊貴妃も非常にこれを愛して雪衣娘と呼んだ。古画に帝と妃とこれを眺めている図がある（『東洋画題綜覧』金井紫雲）。

＊鸞……日本の江戸時代の百科事典『和漢三才図会』には、実在の鳥として記載されている。それによれば、中国の類書『三才図会』からの引用で、鸞は神霊の精が鳥と化したものとされている。「鸞」は雄の名であり、雌は「和」と呼ぶのが正しいとされる。鳳凰が歳を経ると鸞になるとも、君主が折り目正しいときに現れるともいい、その血液は粘りがあるために膠として弓や琴の弦の接着に最適とある（『和漢三才図会』 寺島良安著 島田勇雄・竹島淳夫・樋口元巳訳注 平凡社）。

29. 狼目《ろうもく》

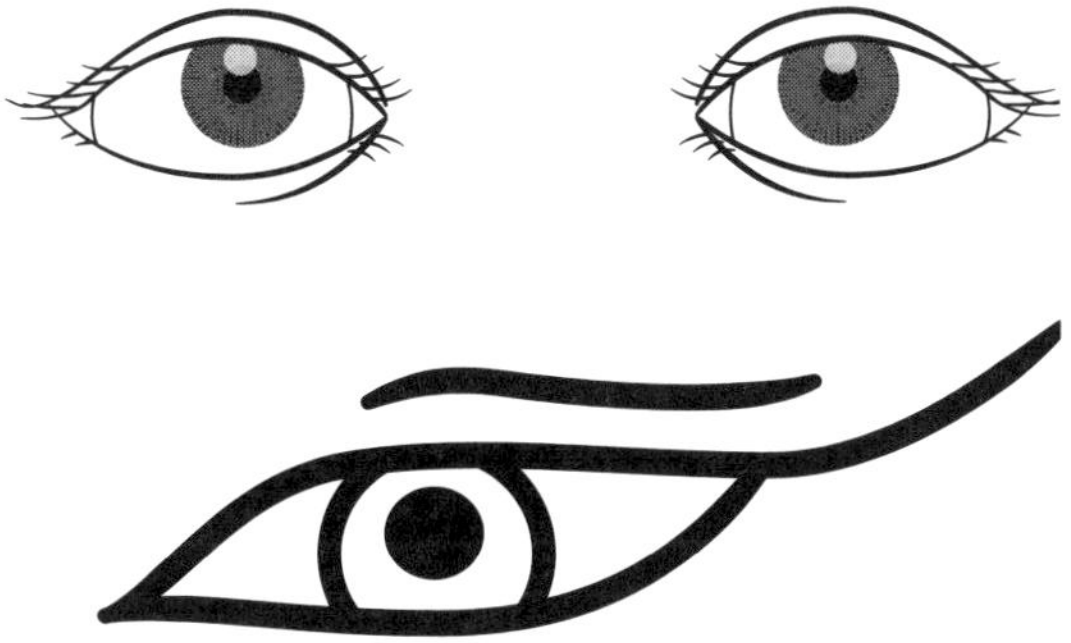

狼目の睛（瞳）は、黄にして視るに顚《くつがえ》るが若《ごと》し。人となり*貪鄙《たんぴ》（*貪婪《どんらん》*卑鄙《せんぴ》）し自ら茫然《ぼうぜん》（ぼうっとしていて何をしたらよいかわからない）とする。

愴惶《そうこう》（慌てふためくこと）として、多く錯《あやま》り精神は乱れる。空慢《くうまん》（空虚で怠慢）で、*狂圖《けいと》（朝廷に反する謀をする）として百年を度《わた》る。

狼目は、狼（オオカミ）の目です。狼目は、白目が多く黒目が少ないです。下三白眼に多く、黒目には黄色がかかっており、頭を低くして恭しいそぶりでも、謀反を企てます。

ものを見るときやたらと顚狂《てんきょう》（軽薄で軽はずみ）です。この種の眼相の人は、性格が貪欲で、下劣で恥知らずです。残虐な一面があります。精神は空虚で、目標がありません。総じて、せかせかして目的もなく忙しくしています。精神が錯乱しています。

形：目玉が黄色。下三白眼。

相：貪欲で下劣。一生虚ろ。錯乱した人が多いとされる。

*貪鄙……貪婪と卑鄙。

*貪婪……ひどく欲が深いこと。

＊卑鄙……下劣である。

「故以貪鄙背叛爭權，而不危辱滅亡者，自古及今未嘗有之也。」（ゆえに貪鄙（たんぴ）・背叛・争権を以て危辱・滅亡せざる者は、古（いにしえ）自（よ）り今に及ぶまで、未だ嘗て之有らざるなり）『荀子』（解蔽篇第二十一）

＊狂……「狂」の訛字。《釋文》康熙字典の釈文では「其廷反」（それ朝廷に反する）の意である。

30. 伏犀眼《ふくさいがん》

頭は円く、眼は大に両眉が濃い。耳内の毫（産毛）は長く体は厚く豊かなり。
この目は、信あり聡く台鼎《たいてい》（主要な三大臣）の位。定めて富貴にして寿は松の如くと教える。

伏犀眼は、犀（サイ）が伏せている目です。目は大きな楕円形で、黒目もまた大きく漆のように黒く輝いているのを特徴とします。奥二重も多い。「神」を力強く蔵しています。背も高く体つきも大きいです。

その人の個性は仁慈があり、智は深く広い。群衆にあってリーダーシップを発揮し、必ず大貴となります。福禄寿三全とされます。

形：目が大きい楕円形。頭が丸い。耳毛が濃い。
相：大福の相。富貴となる。天寿を全うする。

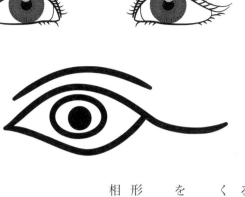

31．鷺鷥眼《ろじがん》

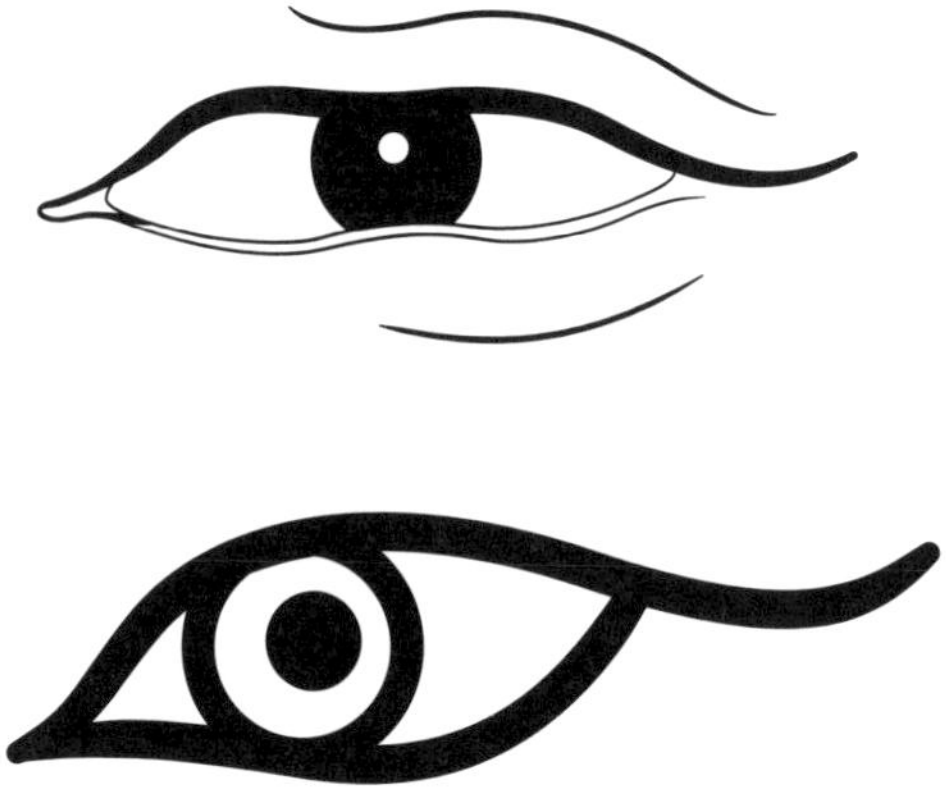

眼は黄みで潔《きよ》く、塵を占《し》めず。行くに揺動《ようどう》（揺れ動く）縮む本《もと》は天真《てんしん》（自然、無邪気であること）。眉は縮み、身は長く、脚は痩せて細い。縦然《たとい》巨富だとしても、貧《ひん》を教わる。

鷺鷥《ろじ》は、水鳥の仲間であるサギのことです。鷺鷥眼は目玉が黄色く、眉毛が短くて毛足も伸びていません。

相手に一種の「意気地がない人」という印象を与えます。自分らしさを表現することをためらいます。この種の眼相の人はとても綺麗好きです。歩くときは左右に揺れ動き、人に安定して落ち着いているという印象を与えません。身体は背が高く、脚が痩せ細っていいます。人生でひどい目に遭うことがあっても、最終的には裕福になることができるとされます。ただし、その富を維持することができず、また貧困になるとされます。

形：目玉は黄色。眉毛は短い。人に不器用な印象を与える。

相：たとえ裕福になっても、また貧困に戻る運命。

32. 猿目《えんもく》

猿目は微黄あり、上開を欠く。仰ぎ看る心に巧あり。また疑猜《ぎさい》。
名は虚しけれども多子倶《とも》に霊性。終には伶人《れいじん》となるも、また才ならず。

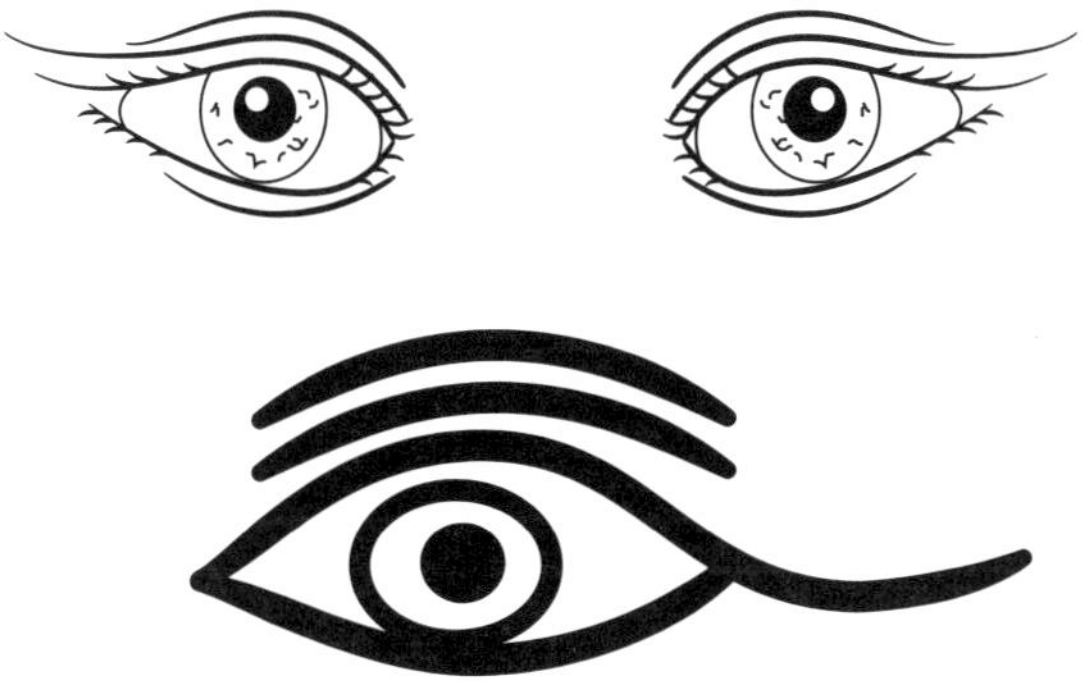

猿目は目が淡い黄色を帯び、すでに目を大きく見開いているため、それ以上大きく見開くことができない様子のことです。人を見るときに仰ぎ見るのが癖になっています。

この種の眼相の人は、機敏で元気です。ただし猜疑心が強く、大事業はできません。いたずらに虚名があるだけです。個性を活かした芸人などになることが多いとされます。

形：目は淡い黄色。多くの人は目を見開き、仰視する癖がある。
相：活発、疑い深い。*霊性を具えた子どもに恵まれる。

*霊性を具えた子ども……『麻衣相法大全』では、猿目の人は子どもの数が多く、各々優れた霊性を具えると説明されている。

33．鹿目《ろうもく》

鹿目は青黒く高波は長い。行歩飛ぶが如く性且つ剛とす。
義は山林深く映《うつ》すところに隠れる。自然に福禄、尋常に異なり。

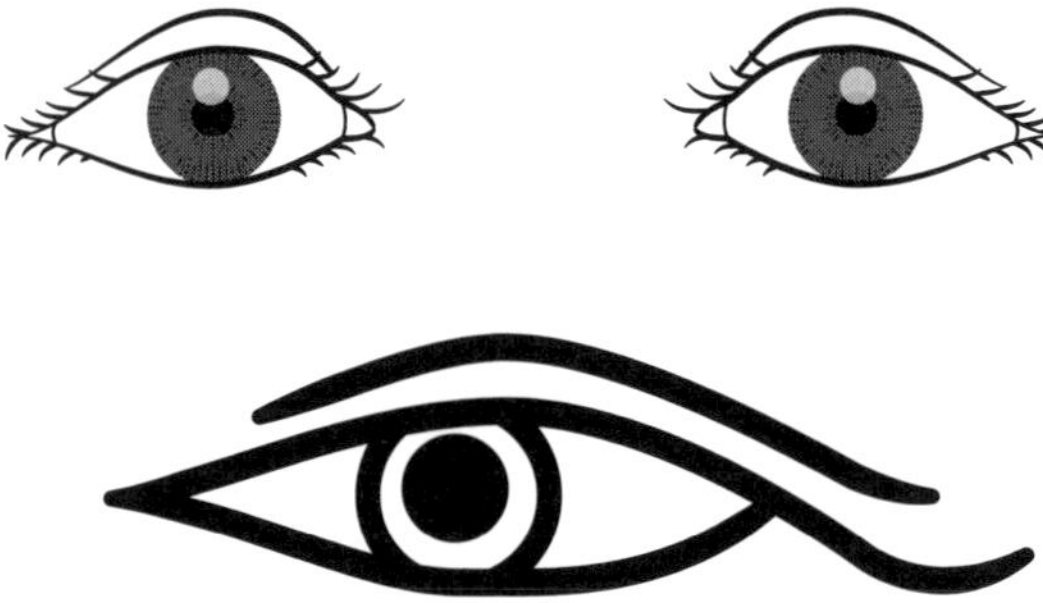

鹿目は、鹿（シカ）の目です。鹿目は、黒目が輝いて底まで透き通っており、瞼は二重で眼紋（皺襞《しゅうへき》、ひだ状のもの）が長いのを特徴とします。眼光は強く、目は出っ張っていません。この人はせっかちで歩くのがとても早く、性格は剛強、情義を重んじ、事業は成功します。権力や富貴、功名に興味がなく、大自然の中での清浄な生活を希求して山林へ隠居し、脱俗する人も多いとされます。一生を通じて福禄に恵まれています。

形：黒目が輝いている。眼紋は長い。

相：世俗を離れる。遊仙。自然を楽しみ、自然を愛す。高雅。

34．熊目《ゆうもく》

熊目の晴（瞳）は円にして、また豬に非《あら》ず。徒然《つれづれ》なるままの力や勇ましさは凶愚を逞《たくま》しくするだけである。坐（座ること）伸（体を伸ばすこと）は、久しからず喘息は急なり。若敖氏《じゃくごう》（春秋時代の楚国芈《び》姓《せい》の出自）還《かえ》りて能《よ》く滅びるや、また無し。

熊目は、熊（クマ）の目です。熊目は長くて丸い特徴を指します。上瞼が二重で豬眼《ちょがん》（144ページ参照）と似ています。ただ、豬眼の人は勇敢で愚鈍ですが、熊目の人は、性情は偏執、負けん気が強く、強がります。貪欲で急進的です。熊目の人は、静かに座っているか運動している時間が長く、息を切らした声です。せわしなく呼吸しています。

この種の眼相の人は、生まれつき愚鈍で、その性質は凶暴、残酷、横暴で筋を通しません。勇ましさはありますが、無謀です。強さをひけらかし、最後は人に支配されるのが逃れ難いとされます。

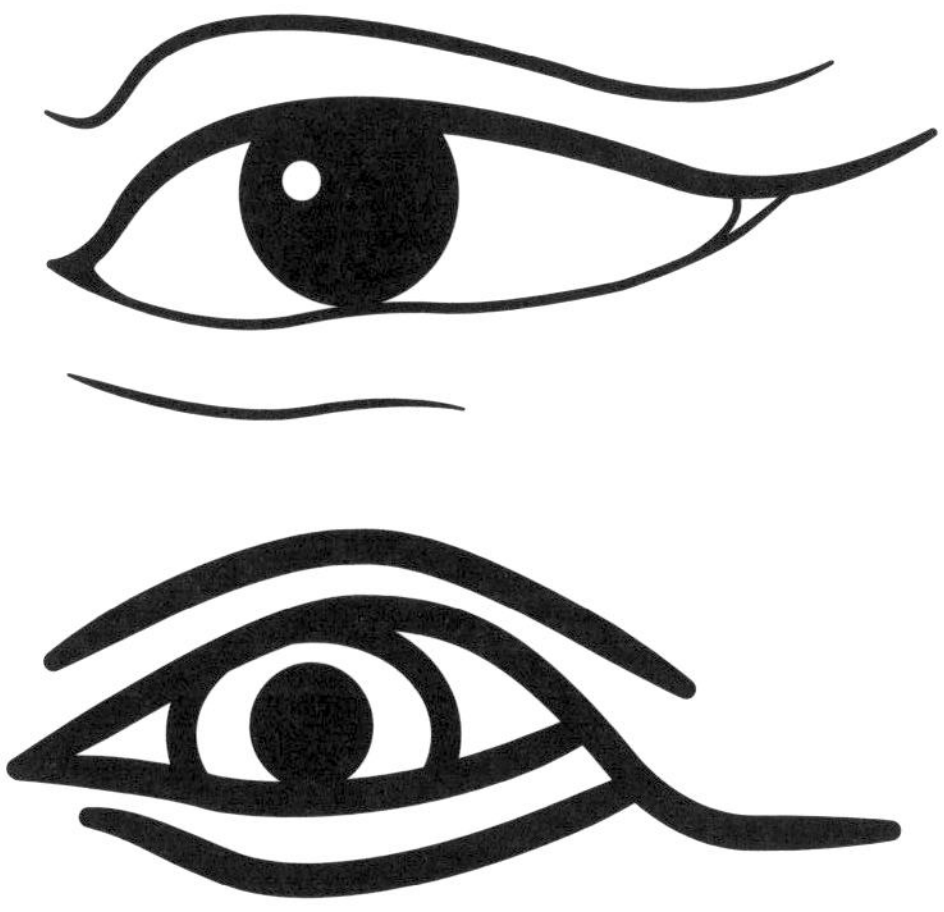

形：豬眼と似ている。ただしさらに大きい円形をしている。

相：天性の愚直、威勢を張る。

35. 蝦目《かもく》

蝦目なるは操心《そうしん》（心配する）すれども貌《かお》は卓然《たくぜん》（高く抜きん出ているさま）たり。英風《えいふう》（高尚な品徳）があり挺挺《ていてい》（真っ直ぐに伸びた）として自ら前に当たる。迍邅《ちゅんてん》（行きつ戻りつして悩むこと。悩み苦しむこと）するは火の歳、水に志を得る。晩末には栄ありと雖《いえど》も寿は延《の》びず。

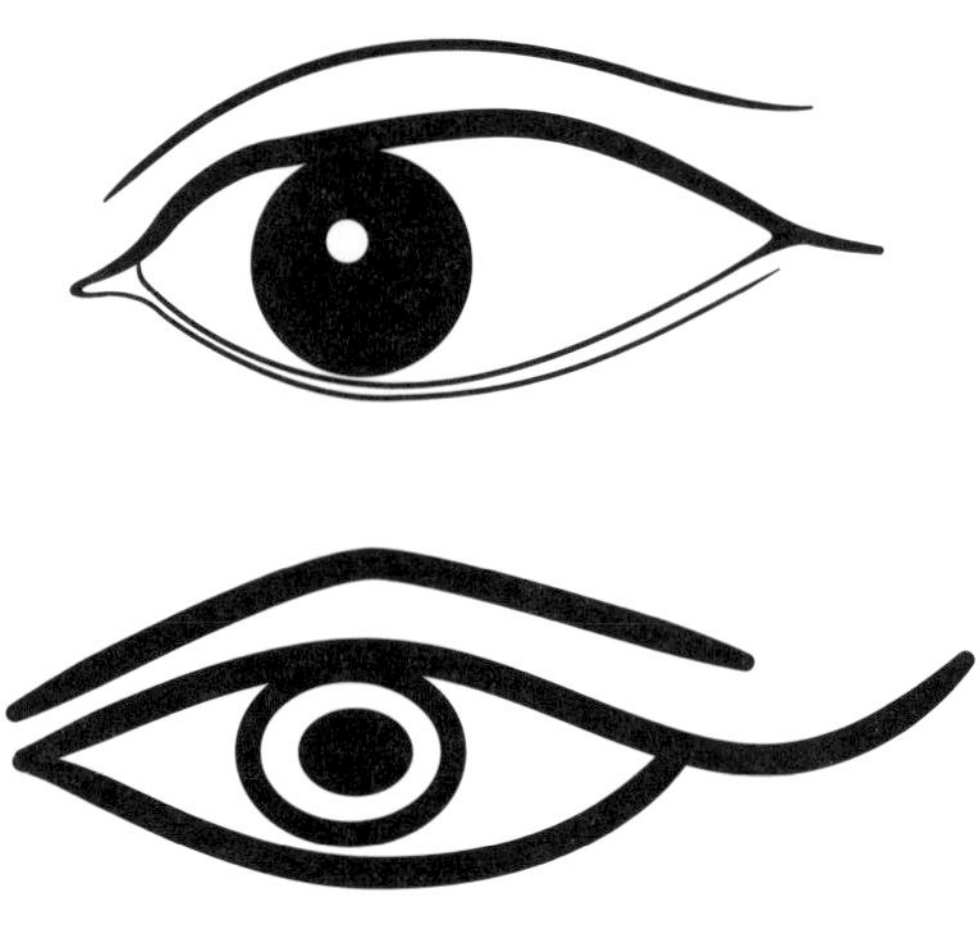

蝦は海老《えび》であり、海老に似た目というのが原義です。黒目が小さく、黒目の四辺に白目が現れる四白眼に似た特徴をもっています。この人の個性は、勤勉に働き、せっかちであることです。容貌は堂々としていて風流、あか抜けています。きりっとした姿で颯爽としています。智謀に長け、富むとされます。

この種の眼相の人は、火の年のときに災いがあり、水の年のときにチャンスがあります。晩年に栄華富貴を享受しても、残念なことに長生きはできないとされます。

形：海老の目に似ている。四白眼に似た特徴。風流、おしゃれ。
相：火の年に災い、水の年にチャンス。晩年富貴であっても長生きはできない。

36．蠏目《かいもく》

蠏《かい》（蟹）目の睛は露わにしてまた頑愚《がんぐ》（頑固で愚かなこと）。生平《せいへい》（常日頃）の賦性《ふせい》（生まれつきの性質）は江湖《こうこ》（香具師《やし》）を喜ぶ。

児有り、親供《ともども》養うを得ず。問うことを休めよ、*斑衣《はんい》（子どもが着るような派手な模様の服のこと）有りと無しとを。

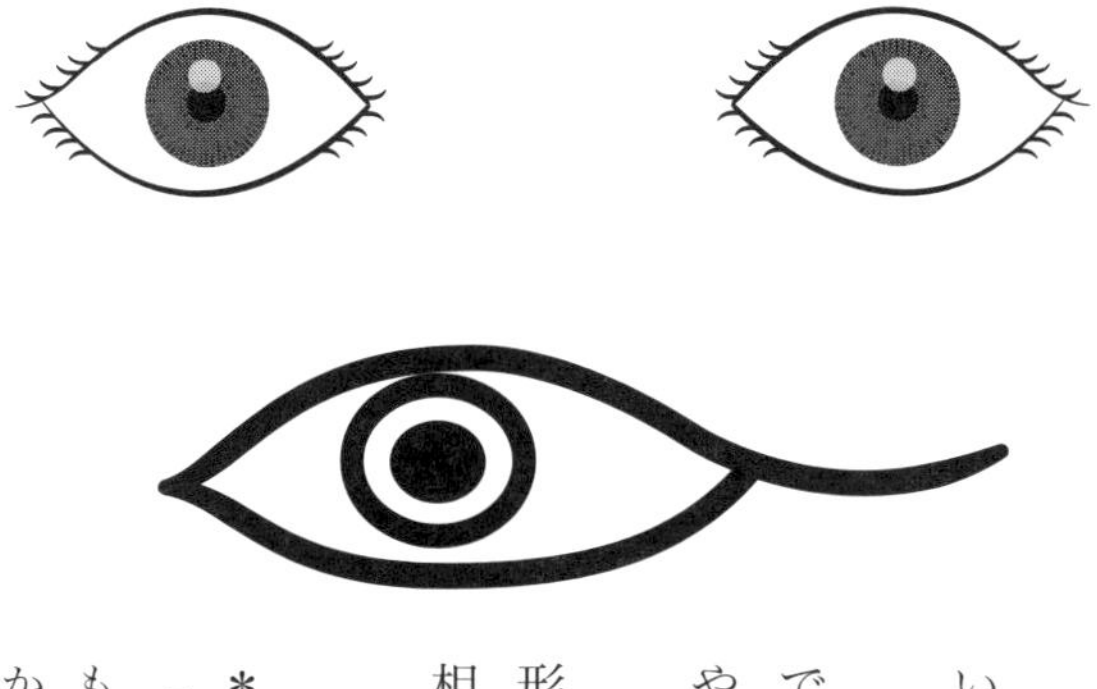

蠏目の「蠏《かい》」は、蟹（カニ）です。上瞼が下に落ちており、目は円く出っ張っているのが特徴で、別名「金魚眼《きんぎょがん》」と言われます。乱視、斜視の人に多いです。この種の眼相の人は、愚頑（愚かで頑固）、何事も成就し難いとされます。愚昧で不器用です。また親孝行ではありません。大道商人などをして世を渡り歩くことや的屋になることを好みます。

形：目は外に出っ張っている。

相：生まれつきの性質は拙劣《せつれつ》（下手、能力が劣っている）。頑迷で何事も思うようにならない。

＊斑衣《はんい》（之戯《のたわむれ》）……親孝行することのたとえ。または、孝養を尽くすことのたとえ。
「斑衣」は子どもが着るような派手な模様の服のこと。楚の老莱子《ろうらいし》は70歳になっても、子ども用の服を着て子どものように戯れ、親を喜ばせて年老いたことを忘れさせようとした故事から。

37. 燕目《えんもく》

口は小さく、唇は紅、更に頭を擺《ふ》る。眼深く黒白朗《たか》らにし明らかに収まる。語多くは準《なぞら》えて促し信《まこと》有り。机巧《きこう》（巧みである）あり、徒《いたずら》に労して衣食は週《めぐ》る。

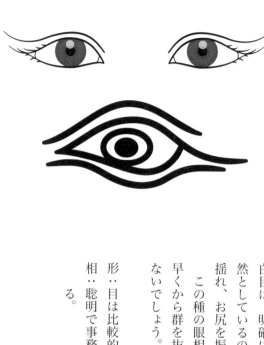

燕目は、燕（ツバメ）の目です。燕目の眼波は奥二重で、黒目と白目は、明確に区別でき、黒目は紅い紗が覆っており、目つきは昂然としているのが特徴です。口は小さく紅色です。歩くときは頭が揺れ、お尻を振ります。聡明で仕事の処理や対応が巧みな人です。

この種の眼相の人は、機敏で、信用を守り、名誉を重んじます。早くから群を抜いて才を現し、一生を通じて生活に困窮することはないでしょう。

形：目は比較的ひっこんでいる。眼光は冷ややかである。

相：聡明で事務処理能力が巧み。信を守り、生活において富が足りる。

38．鷓鴣《しゃこ》眼《がん》

眼は赤く黄みあり、面は紅を帯びる。頭を揺らし征歩《せいほ》（歩いて征く）すれども貌《かたち》は隆に非ず。小身にして小耳、常に地を看る。一生終に*弥《めずら》しい（貴重な）*蕒《かぶ》（根が大きくて甘味がある野菜）に足らず。

鷓鴣《しゃこ》はキジ科シャコ属の鳥の総称です。「鷓鴣《しゃこ》眼《がん》」とも書きます。鷓鴣眼は目が紅色で、黄色がかっています。身体は痩せていて小さく、顔色は赤みを帯びています。小耳で目は小さく、歩くときは頭を揺らしてお尻を振ります。いつも人にへりくだり、頭を下げて地面を見ています。

この種の眼相の人は、貧賤の運命です。一生を通じて努力してもなかなか日の目を見ないとされます。

形：目が紅色で、黄色がかっている。目鼻立ちが小さくまとまっている人が多い。

相：貧賤の運命である。いくら努力しても成功は難しい。

＊弥……珍に同じ。
＊蕒……葑《かぶら》に同じ。

39. 猫目《びょうもく》

猫目は、睛黄にして面容《めんよう》（顔の様子）円なり。温純《おんじゅん》（おだやかで、素直なこと）なる稟性《ひんせい》（生まれつきの性質）、好んで鮮に飽く。

財有り、力有り、任使《じんびん》（都合のいいようにする）に堪える。常に高人に得る一世の怜《あわ》れみ。

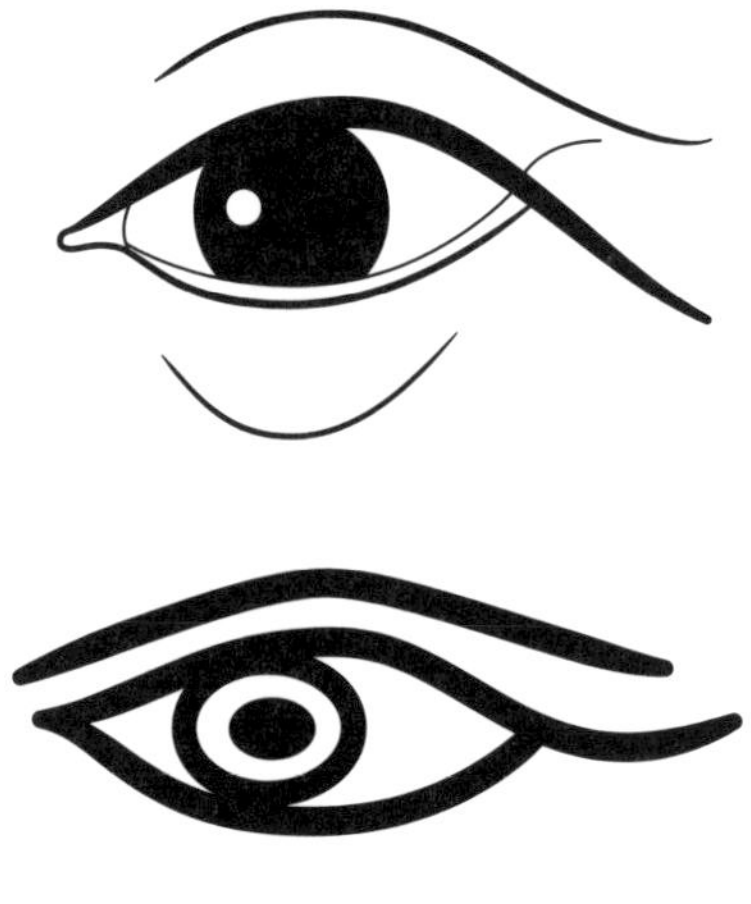

猫目、あるいは「猫目」とも書きます。猫（ネコ）の目です。猫の目は大変丸く、瞼も丸い。目の色は黄色です。外向きにはおだやかで従順ですが、内心はせっかちで怒りっぽいです。相手を誘惑するような甘い言葉を使う人が多いとされます。

この種の眼相の人は、人から愛され、財や権勢があっても、貴人の愛玩として世話をされます。一生を通じて富貴は余りあるでしょう。

形：目は丸く潤っている。目の色は黄色。猫の目のように、パッチリと大きく目尻がつり上がっている。

相：富貴双全。財産や権勢がある。貴人の助けを得られる。

8. 鼻の相を判断する

■鼻と周辺の部位

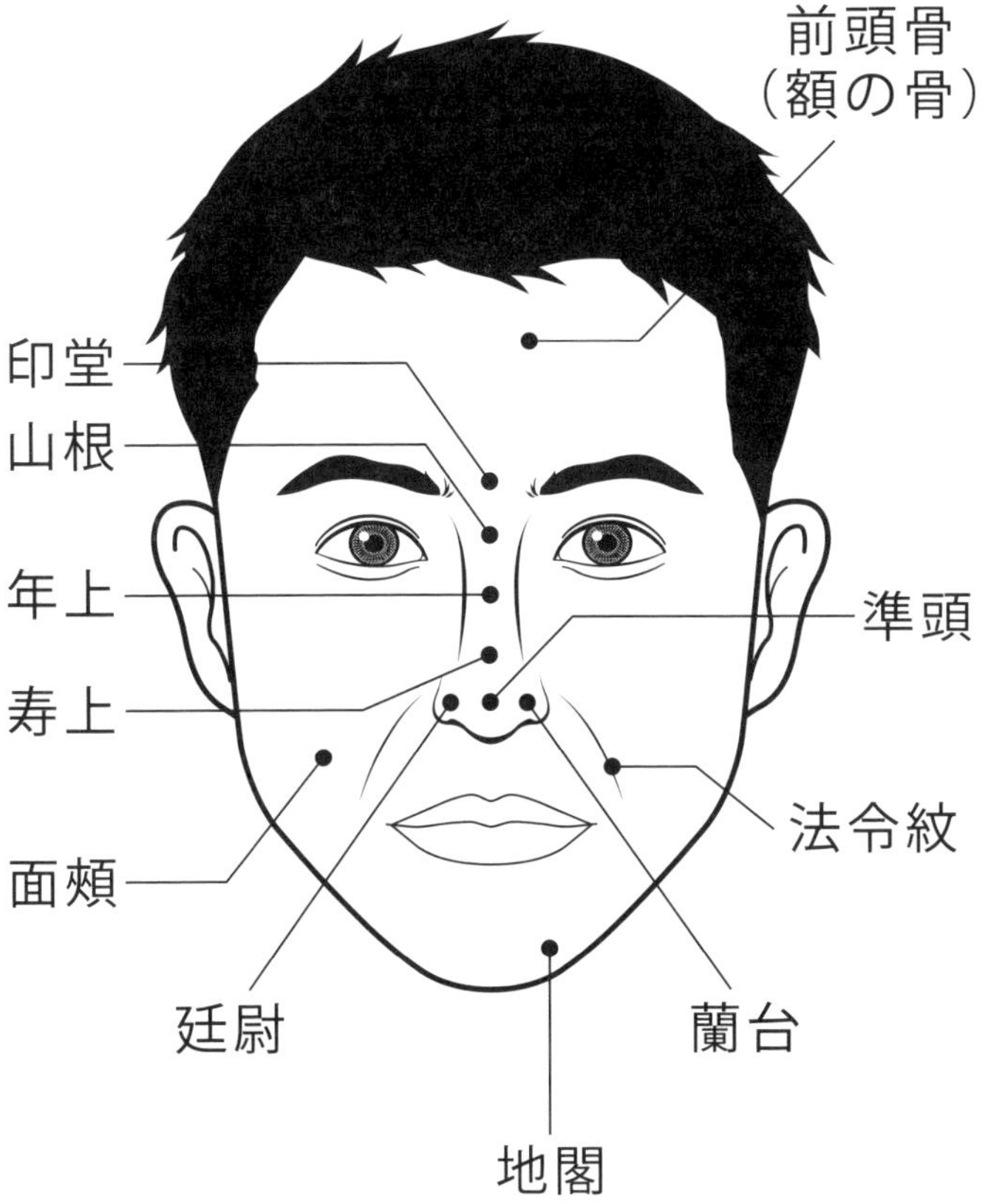

鼻は「五岳四瀆《ごがくしどく》」（45ページ参照）でいう嵩山《すうざん》（中岳《ちゅうがく》）にあたり、その形は土に属すると考えます。鼻の表層に露われる象意は、肺の健康に関係しています。肺の証が虚《きょ》に傾けば鼻が通じます。肺が実《じつ》に傾けば鼻が塞がります。そのため、鼻の通塞《つうそく》（通じることと塞がること）をもって、肺の＊虚実《きょじつ》を見ます。準頭《じゅんとう》が丸く、鼻の穴は上に向いて露《あら》われる（はっきりと見える）ことなく、また、小鼻の部分である、蘭台《らんだい》、廷尉《ていい》の二つの部位が互いに端正に整ってい

れば、富貴の人です。

年上《ねんじょう》、寿上《じゅじょう》の二つの部位はどちらも鼻にあります。したがって、寿命の長短を象徴します。光沢や艶があり、豊満に隆起すれば、貴くなくとも、幸福で寿命も長いとされます。鼻の色が黒く、肉付きが少なく痩せていれば、賤しくなくとも、貧しくて寿命も短いとされます。

高く隆起した鼻梁《びりょう》（眉間から鼻の先までの部分）で、真っ直ぐぴんとしていれば、長寿を象徴します。丸い懸《けん》胆《たん》鼻《び》（垂れた胆の形の鼻、後述）、そして真っ直ぐな截筒鼻《せっとうび》（真っ直ぐな筒のような鼻、後述）のようであれば、富貴であるとされます。鼻骨が縦に真っ直ぐ起これば、長寿の相です。準頭《じゅんとう》が豊満で大きければ、慈善心があり人に害を与えません。準頭が細く尖っていれば、奸計をめぐらす人です。

鼻の上に黒子《ほくろ》や痣《あざ》がたくさんあれば、屯蹇《ちゅんけん》（物事が行き詰まる）とされます。横紋《おうもん》（横の皺や傷跡）があれば、車馬が傷つくこと（前には進まない、順調ではない人生）を象徴します。縦紋《じゅうもん》（縦の皺や傷跡）があれば、他人の子を養う象徴です。鼻梁が丸みを帯びて、印堂《いんどう》の部位にまで達していれば、この人は美貌の妻を娶るとされます。

截筒鼻は、衣食が豊かに栄えます。鼻の穴が露わに見えるのは貧しく夭折します。鷹嘴鼻《ようしび》（鷹の嘴のような鼻、後述）ならば、人を洗脳する奸悪《かんあく》（心のねじけた悪人）です。鼻に三つの曲がりがあれば、孤独にして破産します。鼻に三つのへこみがあれば、骨と肉が分離するかのような貧困とされます。準頭が丸く真っ直ぐならば、家を出て働きます。準頭が豊満に隆起していれば、富貴は無比とされます。準頭に赤みを帯びれば、必ず東西に奔走します。鼻の厄《わざわ》いとして、骨が露《あら》わ（鼻が痩せこけている状態）ならば、一生涯、埋もれ、日の目を見ることはないとされます。

準頭の贅肉が垂れていれば、際限なく色を好みます。準頭が丸く肥えているのは、衣食が豊かです。準頭が尖って肉付きが薄いのは、孤独で貧しく、生活力が弱いとされます。

鼻が高く聳え天庭《てんてい》（十三部位の一つ）に至れば、有名になり、その名は広く世に知れわたります。鼻梁の骨がなければ、必ず夭折するとされます。

鼻梁が露骨に顕れていれば、他郷に客死とされます。準頭が尖り斜めになるのは心配事が多く心が曲がっています。準頭は常に潤って、てかてかしているのが好ましいです。山根《さんこん》は折れたりするのは好ましくなく、長く真っ直ぐなのがよいとされます。

鼻梁は押し上げるように真っ直ぐならば、大富貴となります。鼻梁が高すぎれば、兄弟が少ないでしょう。鼻梁が真っ直ぐでないのならば、人を欺くことを止めません。鼻の穴が外に出て露わならば、人を訕謗《せんぼう》（悪口をいうこと）する凶悪な害をもたらす人です。

鼻の上に黒子や痣があれば、内臓疾患があるかもしれません。

鼻の上に横紋があれば、心は憂鬱で危機となる災いがあります。

鼻が明らかに大きく高く聳えれば、富貴となります。

鼻柱《びちゅう》（鼻を盛り上がらせている軟骨）が端正でなければ、他人に全てを委ねる性格です。

鼻柱の片方が低ければ、吉や利がありません。

鼻が小さな袋のように縮小していれば、年老いて幸福があります。

鼻が獅鼻《しび》（獅形の鼻、後述）ならば、聡明で優れた人士です。

鼻が高く聳えれば、官職について役人になり、栄えます。

鼻に光沢があれば、富貴は宅に満ちます。

鼻の先が短小ならば、士気が少ないでしょう。

鼻柱が広く長ければ、必ず技能が多いでしょう。

鼻が真っ直ぐで肉付きがよければ、諸侯《しょこう》を象徴します。

鼻に欠陥があれば、孤独と飢餓を象徴します。


いにしえの詩には、次のように書かれています。


鼻が懸胆鼻ならば、必ず貴が顕れる。土曜（鼻）は中央にあって土地を象徴し、土地を得るとされる。

もし山根が額に連なって隆起していれば、必ず*三台《さんたい》に至るとされる。

鼻の先が尖っていれば、たいした人物ではなく、貧しく地位も低いだろう。

鼻の穴が上を向いていれば、貧しくて家に宵越しの銭もない。

また曲がって鷹の嘴のような鼻を恐れる。一生、奸計（悪だくみ）をしている。

準頭が尖っていて肉付きも薄ければ、最も労碌《ろうろく》（苦労して働くこと）になる。鼻上に横紋があれば、病気や災難が多いとされる。

鼻の穴を露わにするのは貧乏で、鼻が短ければ短命である。

鼻が長ければ長寿で百才にも及ぶ。

鼻が左に偏っていれば先に父が亡くなる。鼻が右に偏っていれば、先に母が亡くなる。

鼻の両穴がはっきりと大きく見えていれば、財は集まらない。

準頭が丸く肉付きがよければ、富んで長寿となる。

山根が緑色で小皺があり、法令紋《ほうれいもん》が長ければ残忍なことを好む。

鼻準の部位が鉤《かぎ》のようであれば、財があり長寿である。

鼻が垂れた胆（懸胆）のようであれば、年を追うごとに富む。

準頭や準頭の上下左右に小さな窪んだへこみがあるのは、総じて好ましくないとされる。

鼻梁に小さな窪んだへこみがあり目立たないならば、敢えて道（鼻筋）に神功（人生に神妙な変化が起こること）があるとされる。

法令紋の中にえくぼがあるのは不吉。えくぼの位置が左側にあれば父が死に、右側にあれば母が死ぬ。必ずそうなる。

五岳が窪んで低く鼻だけ独り高ければ、散財して貧寒の前世からの因縁を招く。

歯を露わにすれば喉仏が見えるのと同じく、鼻の穴が露わになっていれば、餓死する相とされる。

＊**虚実《きょじつ》**……中医学では、身体に必要な基本物質や機能が不足した状態を「虚」といい、身体に必要はなく、害を与える発病因子を「実」という。
＊**三台**……三公（中国における最高位の三つの官職）の別名。「三台」という名称は、古代中国の天文学で、紫微星《しびせい》の周りの三台星（上台、中台、下台の三つの星）に由来する。

1. 龍鼻

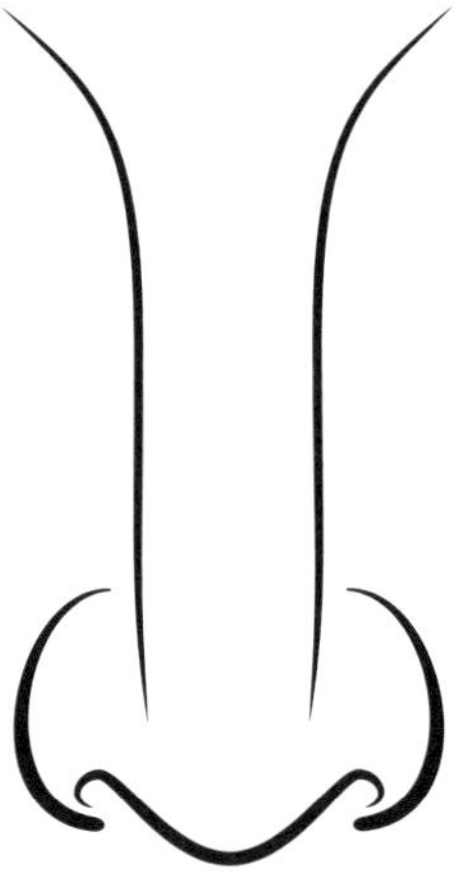

2. 虎鼻

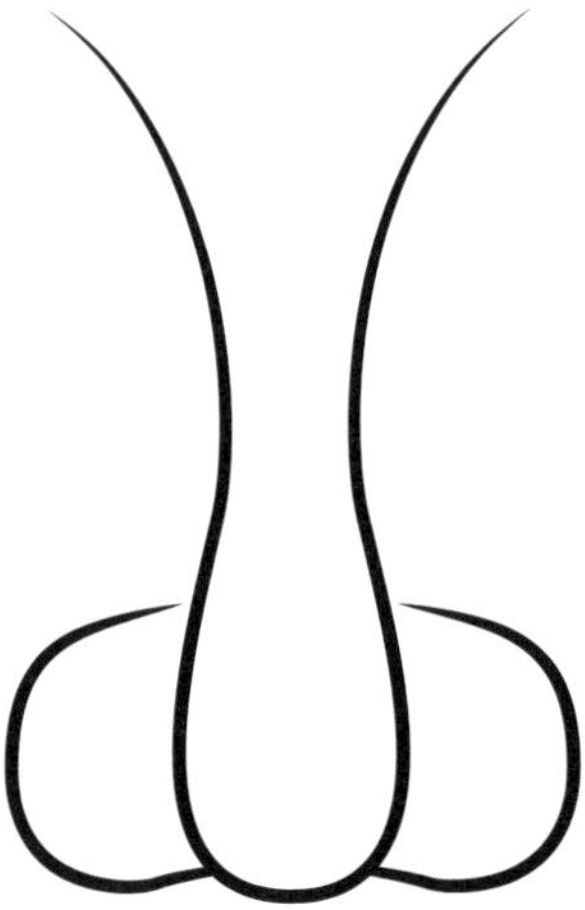

大貴　1. 龍鼻《りゅうび》

形：龍鼻は長く豊かに聳えている。準頭は丸く潤っている。山根から真っ直ぐ聳えるのは伏犀鼻《ふくさいび》（168ページ参照）に似ている。

相：鼻梁が歪んでいなく偏ったり曲がったりしていなければ、地位は尊くなる。

大富　2. 虎鼻《こび》

形：虎鼻の鼻は丸くて大きく鼻の穴を露わさない。蘭台と廷尉は真っ直ぐで傾斜がない。偏らず曲らず山根は大きく真っ直ぐである。

相：富貴と名誉を得る。世に稀な傑出した人物である。

3. 胡羊鼻

4. 獅鼻

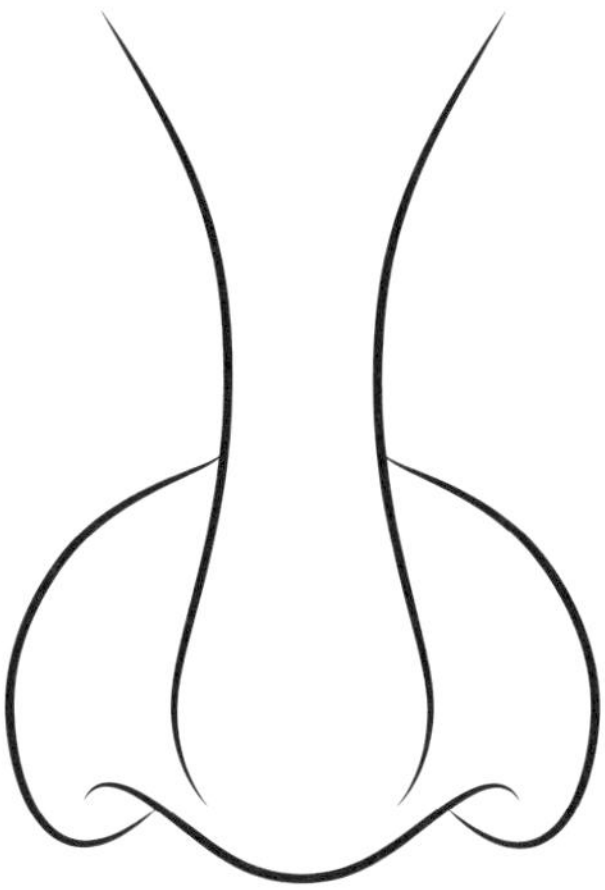

富貴

3. 胡羊鼻《こようび》

形：胡羊鼻は準頭が豊かで大変大きい。蘭台と廷尉は左右均一である。山根、年上、寿上の鼻筋が露骨（痩せこけていること）ではなく、バランスが取れている。

相：大富貴となり、その富は西晋の大富豪である*石崇《せきすう》にたとえられる。

*石崇……石崇（２４９—３００年）は中国の西晋の官吏。字は季倫《きりん》。大富豪でもあった。

富貴

4. 獅鼻《しび》

形：山根、年上と寿上は、やや低く平ら。準頭は大きく豊かで蘭台と廷尉にかなう。

相：もし鼻が獅形の鼻の相をしていれば、真に富貴だとされる。そうでなければ財帛《ざいはく》（鼻は十二宮の一つで財帛宮）は浮き沈みがあるとされる。

5. 懸胆鼻

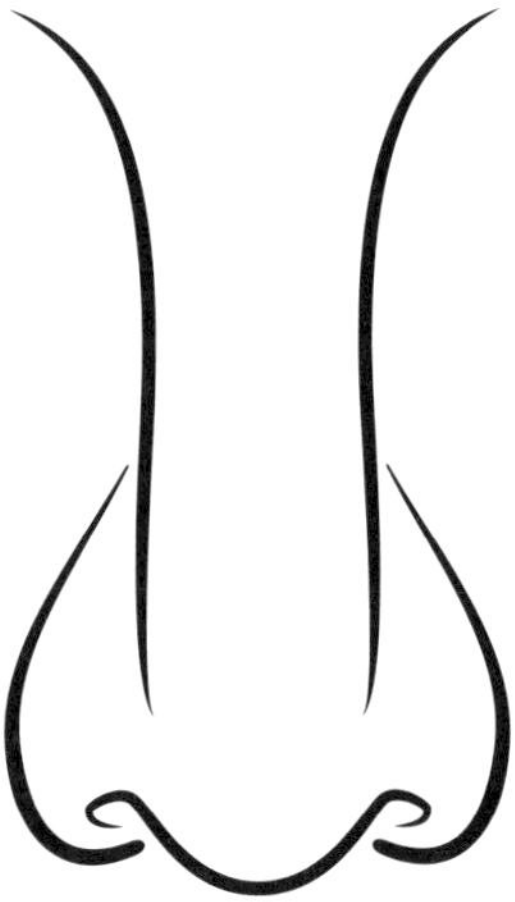

6. 伏犀鼻

富貴

5. 懸胆鼻《けんたんび》

形：懸胆鼻は、準頭まで真っ直ぐ伸びている。山根から平らに緩やかに伸びて、曲がったりしていない。蘭台と廷尉は比較的小さく、はっきりと区別できない。

相：壮年以降、富貴と栄華がある。

貴

6. 伏犀鼻《ふくさいび》

形：伏犀鼻の鼻は長く天庭にまで達している。印堂は豊満に隆起している。肉は多すぎず、骨が露われない（骨が浮き彫りになっていない）相である。

相：「神《しん》」（精神活動）が清く、位は*三公に至るとされる大貴。

*三公……中国における最高位の三つの官職のこと。名称や機能は時代ごとに異なる。「三槐《さんかい》」「三台《さんたい》」とも呼ばれる。

7. 牛鼻

8. 截筒鼻

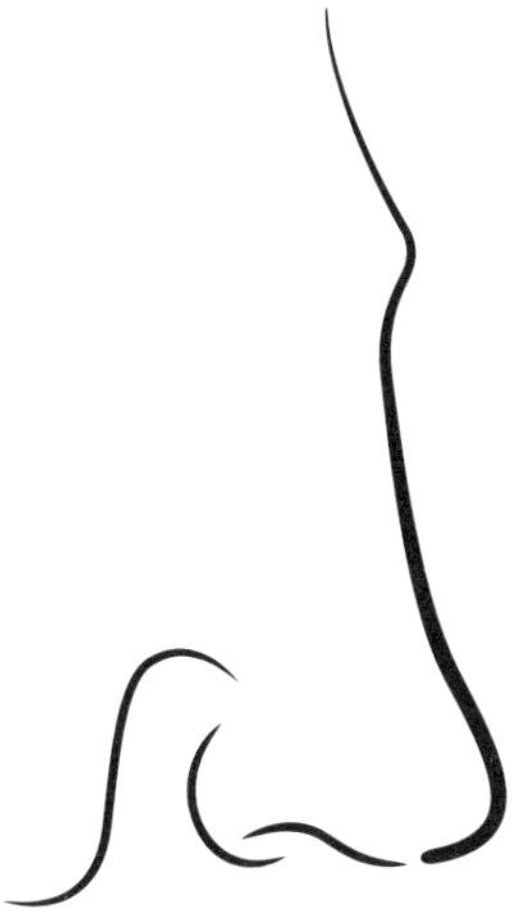

大富

7. 牛鼻《ぎゆうび》

形：牛鼻は肉付きがよく端正に整い大きく、また丸くなっている。
蘭台と廷尉ははっきりと分かれている。

相：年上と寿上は高くはなく軟らかくもない。富んで金財を積み、
家庭は豊かである。

富貴

8. 截筒鼻《せつとうび》

形：鼻が曲がらずに準頭まで真っ直ぐ伸びている。山根からやや
遠い準頭は丸く潤っている。年上と寿上は豊満である。

相：中年以降に発達して大いに富と財を成す。

9. 蒜鼻

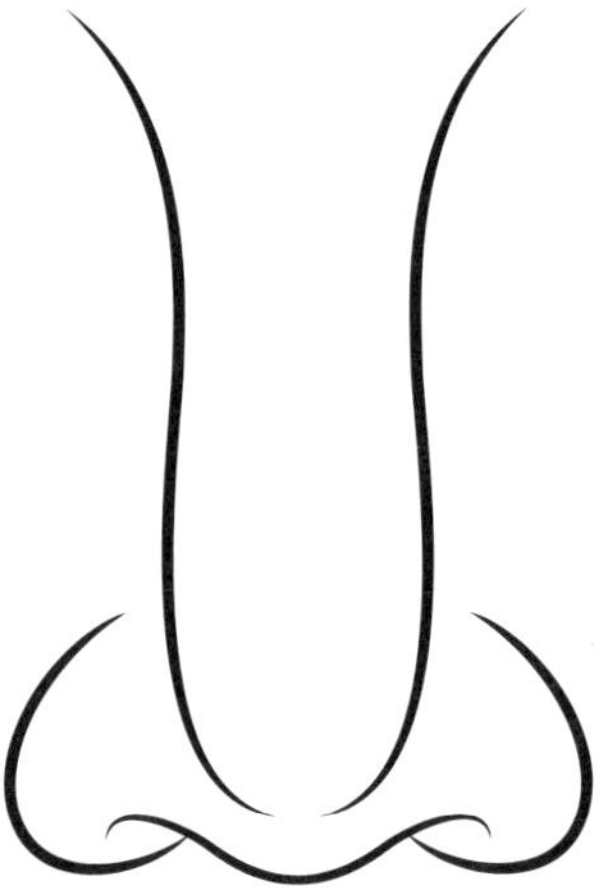

10. 盛嚢鼻

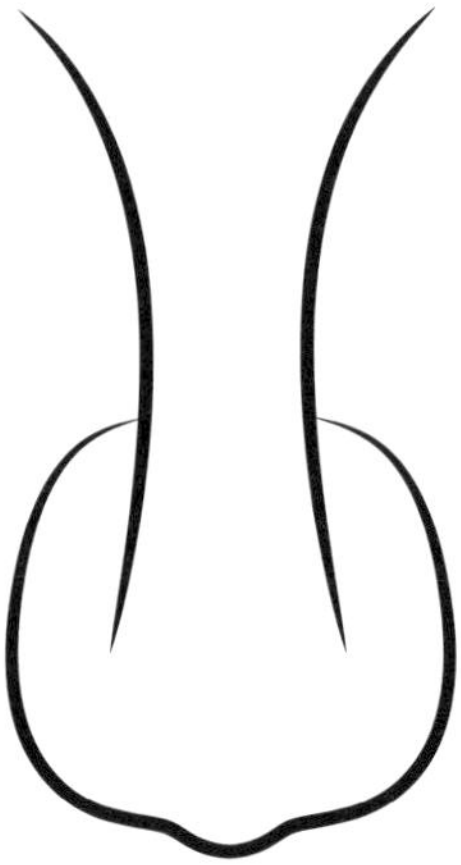

福

9. 蒜鼻《さんび》

形：山根、年上、寿上、全て平らで、とても小さい。蘭台、廷尉、準頭は肉付きよく豊満である。

相：家庭は仲睦まじい。兄弟の情は乏しいが、心に毒はない。中年以降に貴が現れる。晩年は富貴で、安泰である。

富貴

10. 盛嚢鼻《せいのうび》

形：鼻は盛り上がった袋のようで、蘭台と廷尉は小さく、丸く整っている。

相：収入は増大し、資産も順調に増えていく。功名を馳せ定めて＊紫衣《しえ》を掛ける（高位に就く）とされる。

＊紫衣……紫色の袈裟《けさ》や法衣《ほうえ》のこと。勅許などによって着用が許された。中国の唐代に則天武后《そくてんぶこう》が法朗《ほうろう》ら九人に下賜したのが始まり。

11. 猴鼻

12. 鷹嘴鼻

貧乏

11. 猴鼻《こうび》

形：山根、年上、寿上が肥えて尖っていて大きい。蘭台と廷尉は、はっきりと分かれている。準頭は豊満で紅色、鼻の穴を露わさない。

相：猜疑心が強い。貧賤の命。富貴となっても裏切りを恐れる。

険悪

12. 鷹嘴鼻《ようしび》

形：鼻梁は高く聳えている。準頭は尖って鉤鼻になっている。形は鷹《たか》の嘴《くちばし》のようである。蘭台、廷尉、ともに短く収縮している。

相：人の骨までしゃぶる陰険な性格で奸悪とされる。

13. 狗鼻

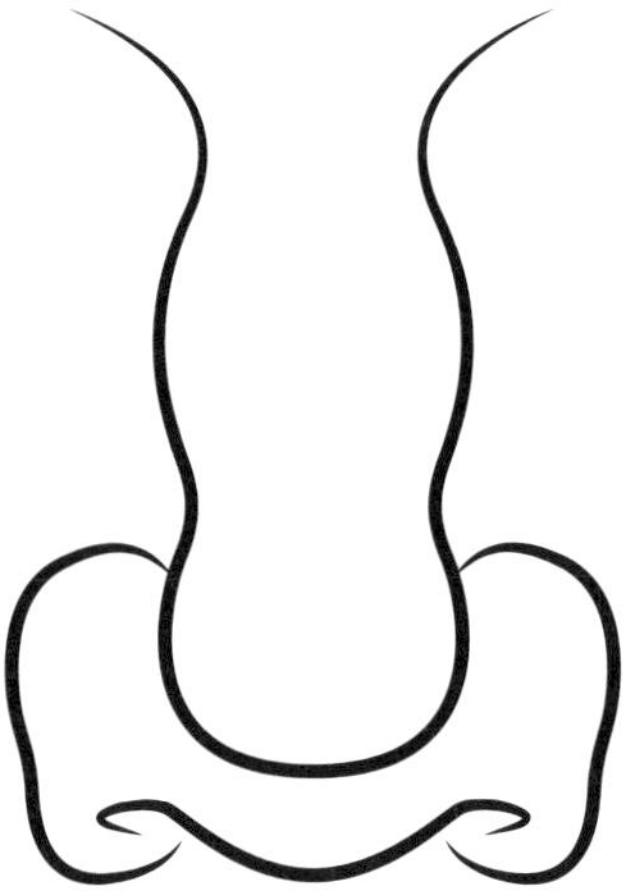

14. 鯽魚鼻

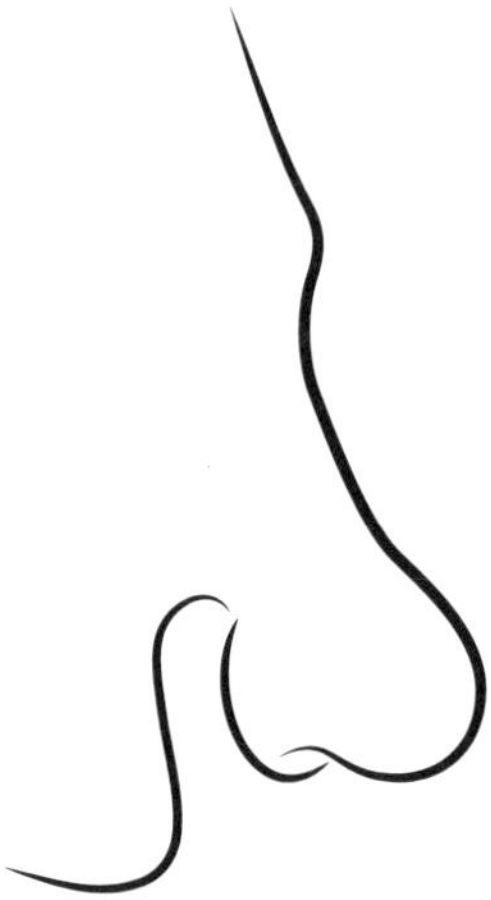

卑賤

13. 狗鼻《くび》

形：狗鼻は年上と寿上の部位が高い峰のように起き上がっている。準頭、蘭台、廷尉は低く陥没している。

相：狗鼻の人は義を重んじる人。盗み取ったりすることを嫌うが、貧窮する。

貧賤

14. 鯽魚鼻《せきぎょび》

形：寿上と年上が高く起きて魚の背のようになっており、山根は細く小さく、準頭は垂れている。

相：肉親との縁が薄い人が多く、生活は貧賤とされる。孤独を象徴する。

15. 三彎三曲鼻

孤独

15. 三彎三曲鼻《さんわんさんきょくび》

形：鼻に三つの彎《わん》があるのは反吟《はんぎん》と呼ばれ、鼻に三つの曲がりがあるのは伏吟《ふくぎん》と呼ばれる。

相：反吟と伏吟は併せて湾曲を指す。涙が滴り落ちるほどの悲しいことがあったり（反吟）、絶滅する（伏吟）とされる。大変不吉。

16. 剣峰鼻

孤独

16. 剣峰鼻《けんぽうび》

形：鼻梁は肉付きがなく鼻の軟骨（脊）がそのまま露われていて、刀の峰のようである。準頭に肉がなく、痩せ細って削られているように小さい。

相：兄弟の縁がなく、子どもを剋《こく》し尽くすとされる。労労碌碌《ろうろうろくろく》（疲れ切って、何事もなし得ないさま）で、孤独を象徴する。

17. 偏凹鼻

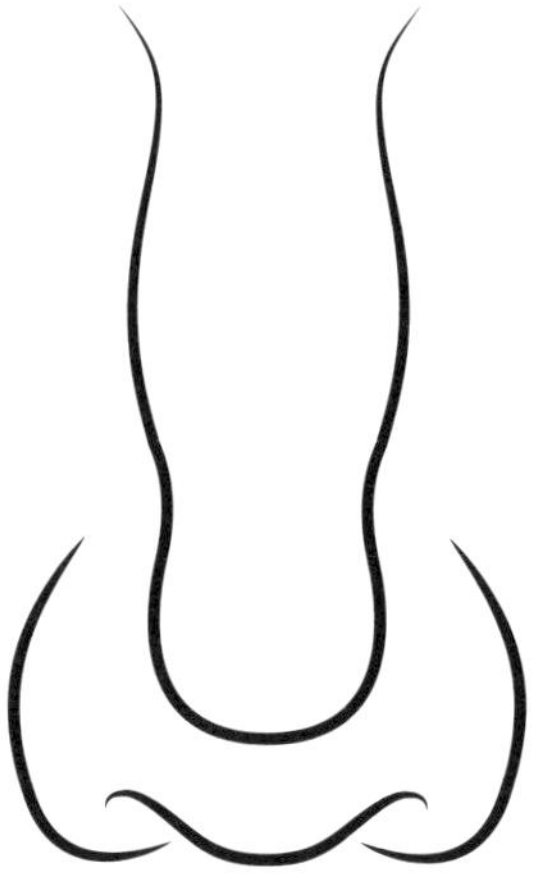

貧夭

17. 偏凹鼻《へんおうび》

形：年上、寿上は低く圧《お》され、山根は小さい。準頭、蘭台、廷尉も小さい。鼻は真っ直ぐではなく、わずかに歪んで斜めになっている。

相：この鼻相は凶。一生貧賤。夭折、あるいは病にかかる。災禍があるとされる。

18. 孤峰鼻

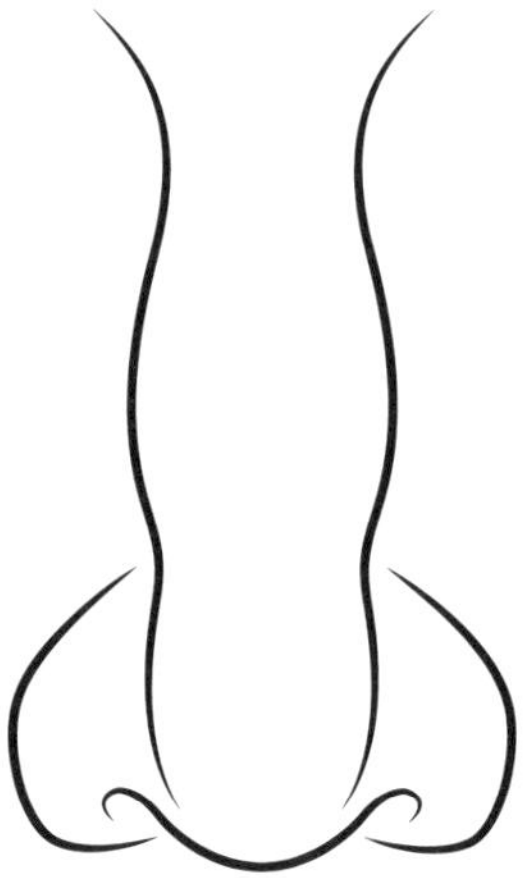

孤独

18. 孤《こ》峰《ほう》鼻《び》

形：鼻は大変大きいが、準頭には肉がない。顔全体のバランスとしては、頬骨が低く小さく、鼻は高く聳えている。

相：この鼻は大きいが、財が増えることはない。悲哀を免れないため、出家して僧侶になるのがよいとされる。

19. 露脊鼻

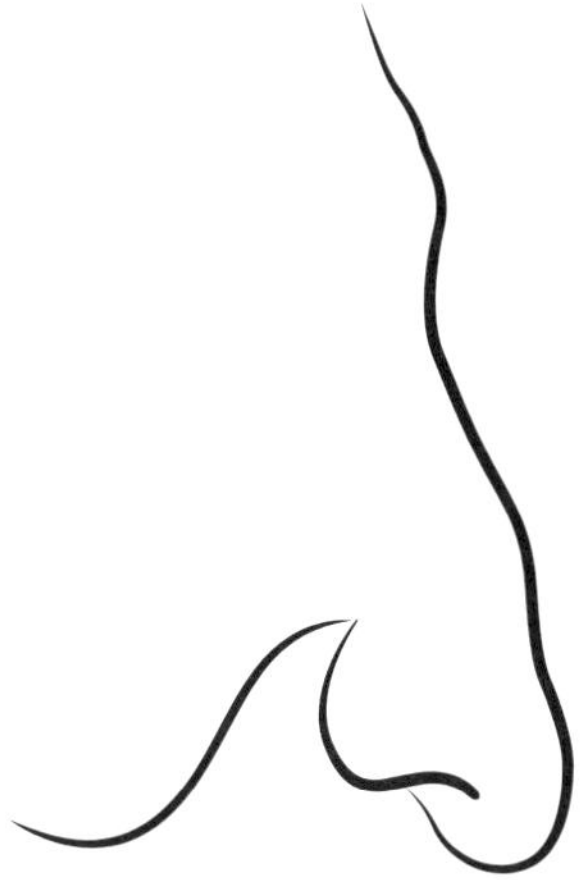

20. 露灶鼻

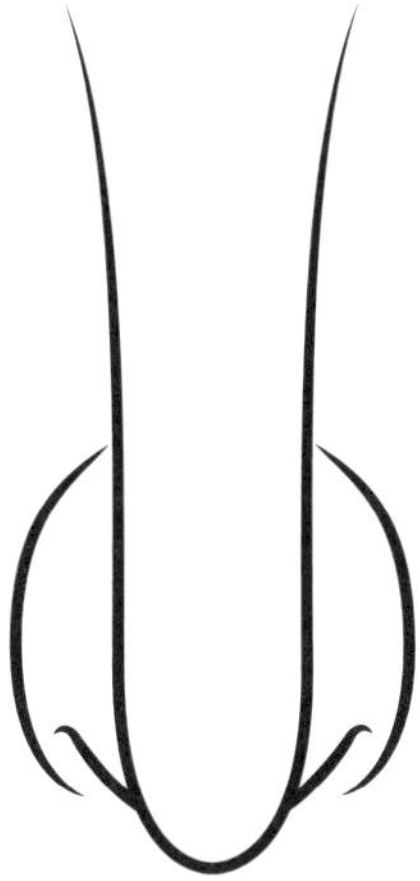

貧賤

19. 露《ろ》脊鼻《せきび》

形：鼻が痩せて鼻の軟骨（脊）が露われている。山根は小さい。

相：低俗である骨に形容され、「神《しん》」は暗い（光沢がない）。土（鼻）がなければ万物は皆、零落し、骨が露わで、肉（土）がない。たとえ平穏であったとしても貧困になるとされる。

貧乏

20. 露《ろ》灶鼻《そうび》

形：鼻は高くて長い。鼻の穴は大きい。

相：家が貧しく、衣食も足りない。艱難辛苦にして労碌する。故郷を離れて、客死するとされる。

21. 獐鼻

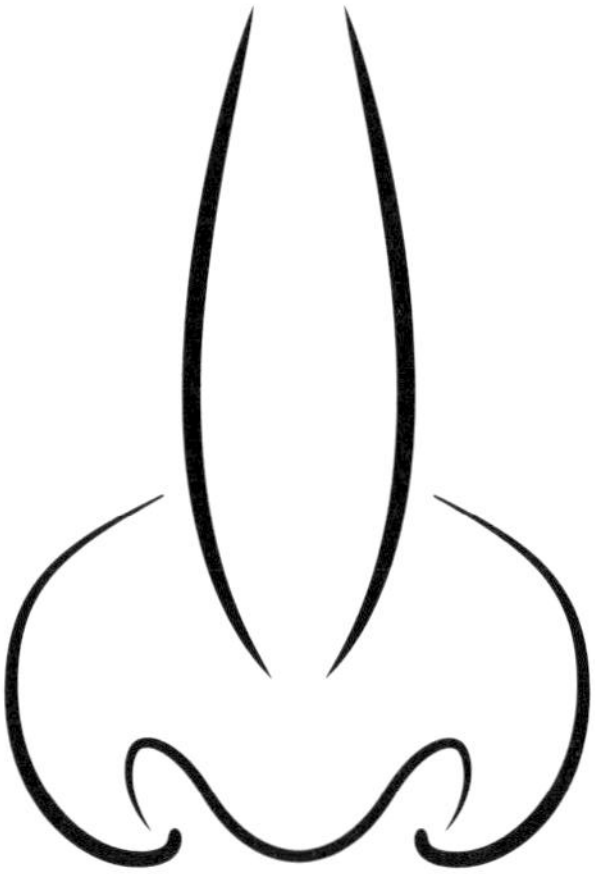

22. 猩鼻

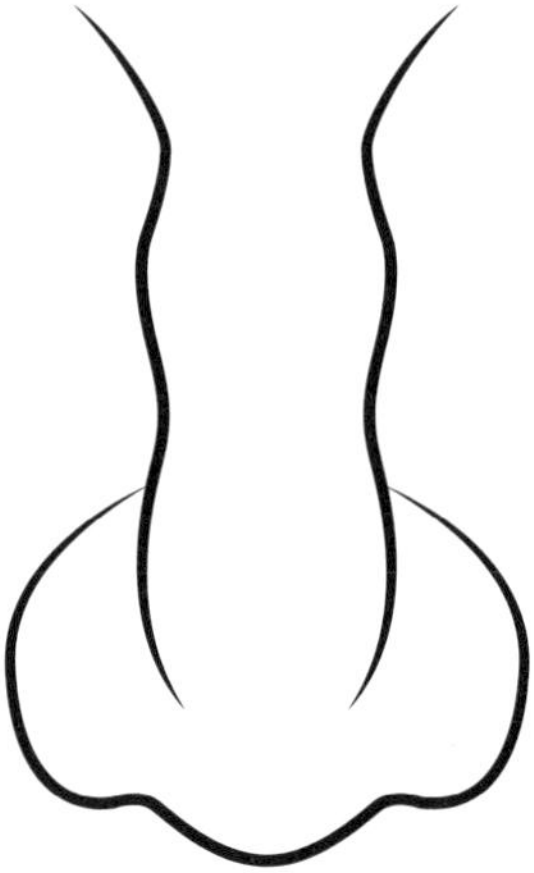

薄い義

21. 獐鼻《しょうび》

形：獐鼻の「獐《しょう》」は、牙獐《がしょう》（シカ科の哺乳動物）のことである。鼻は大変小さい。準頭は尖っていて、蘭台と廷尉は外に向かって突出している。鼻の穴は露わで、外に向いている。

相：薄情な人が多い。利益を貪る。家業を破産に導く。

仁義

22. 猩鼻《しょうび》

形：猩猩《しょうじょう》は、中国の想像上の動物で、猿に似ているとされる。この鼻は鼻梁が高い。眉と山根の相は、緊密に寄り添い、毛髪は粗い。鼻の面は潤い、唇はめくれて広く厚い。

相：徳が高く、度量が広い人。英雄豪傑の気概がある。

23. 鹿鼻

24. 猿鼻

仁慈

23. 鹿鼻《ろくび》

形：鹿鼻は豊満に隆起し、準頭は丸く潤っている。
相：心はゆったりしていて、歩くのは速い。慈仁の人。福禄双全。

危険

24. 猿鼻《えんび》

形：鼻の穴が小さい嘴のように尖っている。
相：性格は狂騒して尋常ではない。短気で怒りっぽく、思い煩うことが多いとされる。

9. 人中《じんちゅう》の相を判断する

人中と呼ばれる部位は、溝洫《こうきょく》（田畑の間にある溝）を象徴しています。溝洫が疏通するならば水は流れて壅《さえぎ》られません。浅く狭ければ、水が壅られ流れません。ゆえに人中の長短は、寿命の長短を定めます。

人中の範囲の広い狭いが、子女の多いか少ないかを決めます。ゆえに人中は寿命、そして子女の宮となります。

人中は、長いのが好ましく、短いのは好ましくありません。人中は深く、外に広く、真っ直ぐで斜めにならず、広く下に垂れるのが皆、吉相です。

人中が狭くて短小で、線のようであれば、貧しく寿命も短命で吉相ではありません。

満ちて（人中の溝がなく）、平らならば、災難が多いとされます。

上が狭く下が広ければ、子孫が多いとされます。

上が広く下が狭ければ、息子が少ないとされます。性格が冷たく僻《かたよ》り、晦渋《かいじゅう》（わかりにくいさま）とされます。

上下ともに狭く、中心が広がっていれば、子どもが病にかかり、苦労が多いとされ、成功し難いとされます。

上下、真っ直ぐで溝が深ければ、子息が満堂《まんどう》（堂いっぱいに満ちていること）です。

上下、平らで浅ければ、子息が生まれません。深くて長ければ長寿です。浅くて短ければ夭折します。

人中が屈曲しているならば、無信（信仰心がない）な人が多いとされます。

人中が端直《たんちょく》（真っ直ぐ）ならば、忠義の士です。人中が中正（偏らない）で垂れているのは、富と健康に恵まれます。塞《ま》がりて縮む（短い）のは、夭折にして賤しいとされます。人中がはっきりしていて、竹を割ったようであれば（破《は》竹《ちく》の如く、後述）、二《に》千石《せんせき》の禄があるとされます。細くて懸針《けんしん》（人中の下端が針のようにとがっている）であれば、跡継ぎが途絶え、貧しいとされます。上に黒子があれば、生まれる子に男の子が多くなります。下に黒子があるのは生まれる子に女の子が多くなります。

人中の中に黒子や痣《あざ》があるならば、妻を娶るのは難しくないのですが、子を養うことが難しいとされます。人中の左右両方に黒子や痣があれば、生まれてくる子は双子です。

横に理《り》（はっきりとした紋）があれば、老年まで子どもがいません。縦に理があれば、他人の子を養うことになるとされます。

人中に縦の理があるのは、子どもが生まれても病にかかっていることを象徴しています。もし、人中が一面平らにしてないようであれば、これを傾陥《けいかん》と呼び、老年まで跡継ぎ（子息）に恵まれず、貧苦の相とされます。

人中が斜め左ならば父を損ない、斜め右ならば母を損ないます。

いにしえの詩には、次のように書かれています。

人中に横紋《おうもん》があれば、女性に縁がない。
左に偏れば男の子を生み、右に偏れば女の子を生む。上下ともに平らならば子は成功しないだろう。
準頭の下に人中があり、人中という溝は水路のようなものであり、皆、ここから通じる。
もし一方に偏って狭ければ、子孫は職もなく孤独で困窮する。
人中が平らで浅く短ければ、辛い人生となる。信《しん》（友情、まこと、約束を守ること）なく、子どももなく、人はこれを嫌う。
もし、真っ直ぐ深く、長く一寸あれば、必ず、男の子が生まれてこず、女の子がまた生まれてくるとされる。

吉相

人中が広く明るく艶がある

形：人中が広く明るく艶がある。
相：出世して高い給料がもらえる。

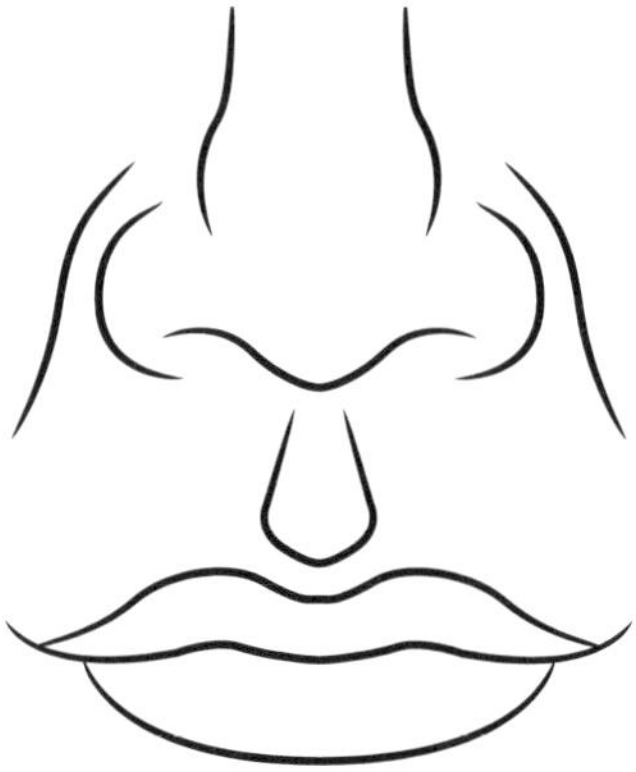

吉相

人中の上が狭く下が広い

形：人中の上が狭く下が広い。
相：若い時は停滞し、年老いて福がくることを予兆している。

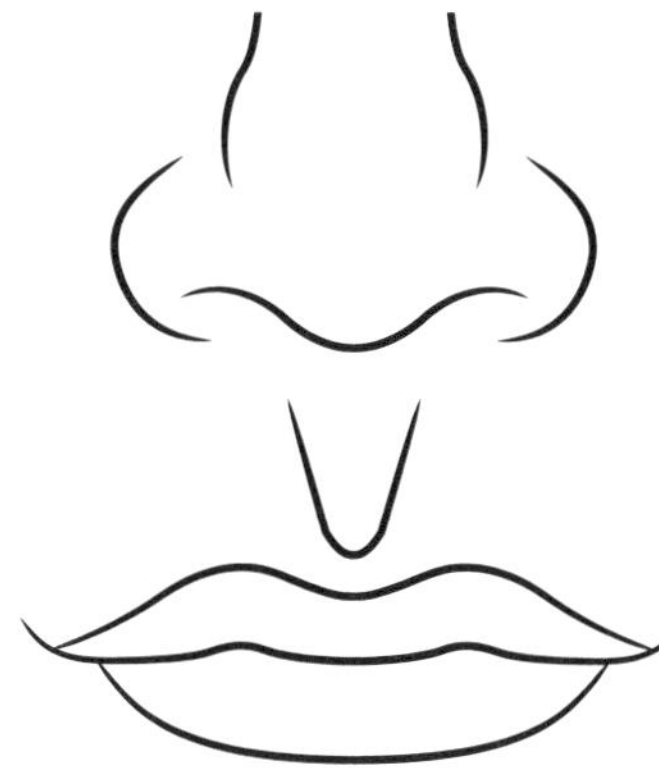

吉相

人中の上が広く下が狭い

形：人中の上が広く下が狭い。
相：若いうちから運はいいが、年老いては孤独になる。

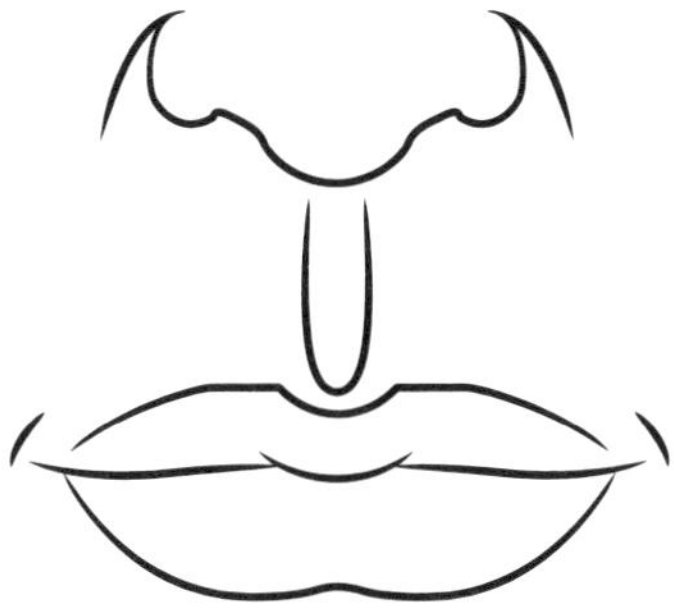

吉相

人中が深くて長い

形：人中が深くて長い。
相：寿命が長いだけではなく、万事が順調である。

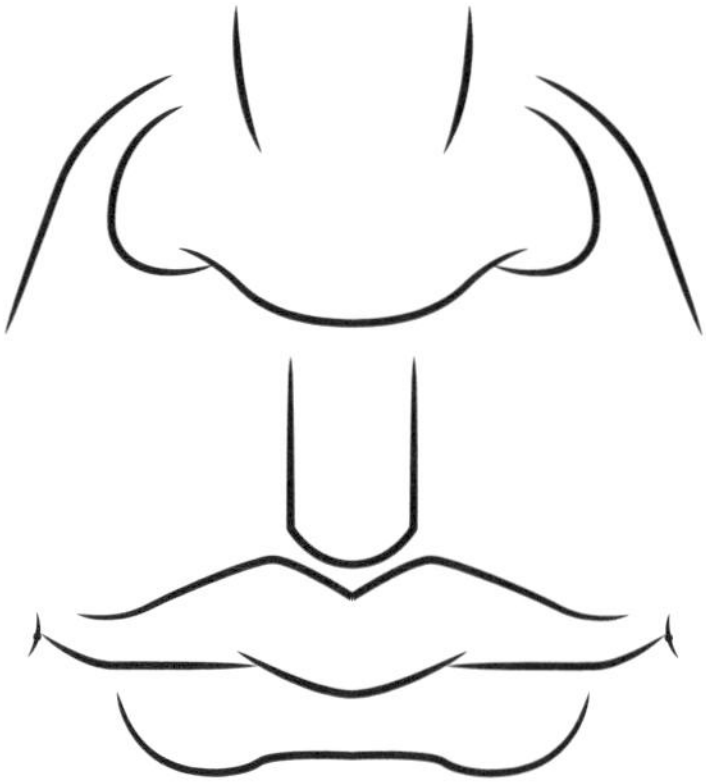

吉相

人中が真っ直ぐ下に垂れる

形：人中が真っ直ぐ下に垂れる。
相：富と財産に恵まれ、長寿である。

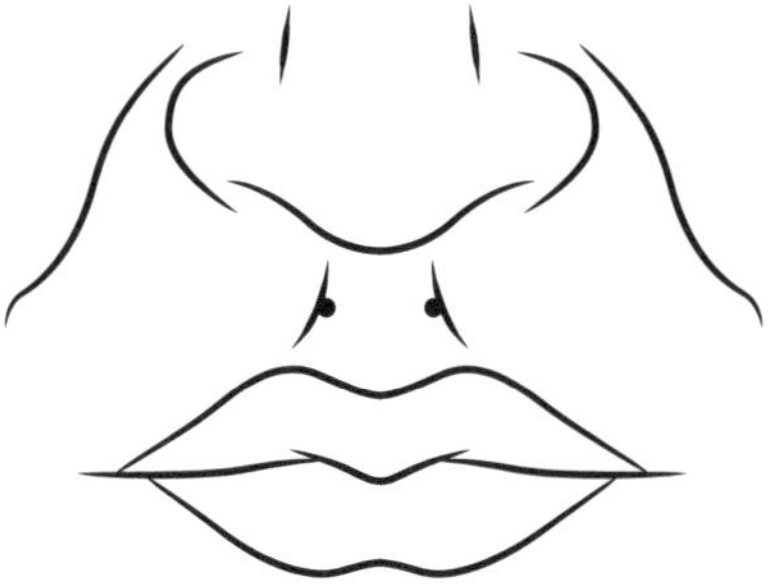

吉相

人中に両痣が生じる

形：人中に両痣が生じている。
相：双子を生むかもしれない。

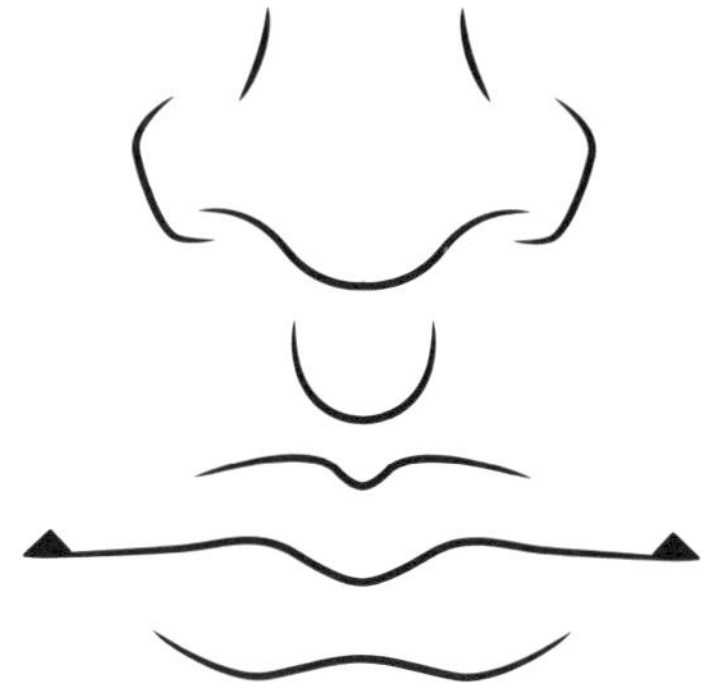

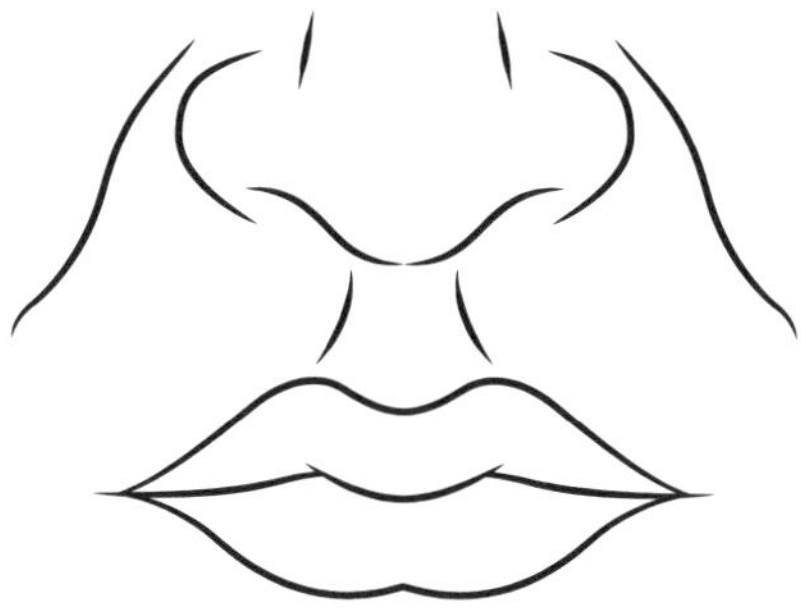

吉相

人中が破竹の如く

形：人中が破竹のように仰ぐ形をしている。
相：社会的な地位は上がり、遅れて福は来る。

吉相

人中がはっきりと分かれ明晰である

形：人中がはっきりと分かれて明晰である。
相：正直であり、私欲が少ない人である。一生の運勢は強い。

吉相

人中が広い

形：人中が広い。
相：若くして功名を立てる。

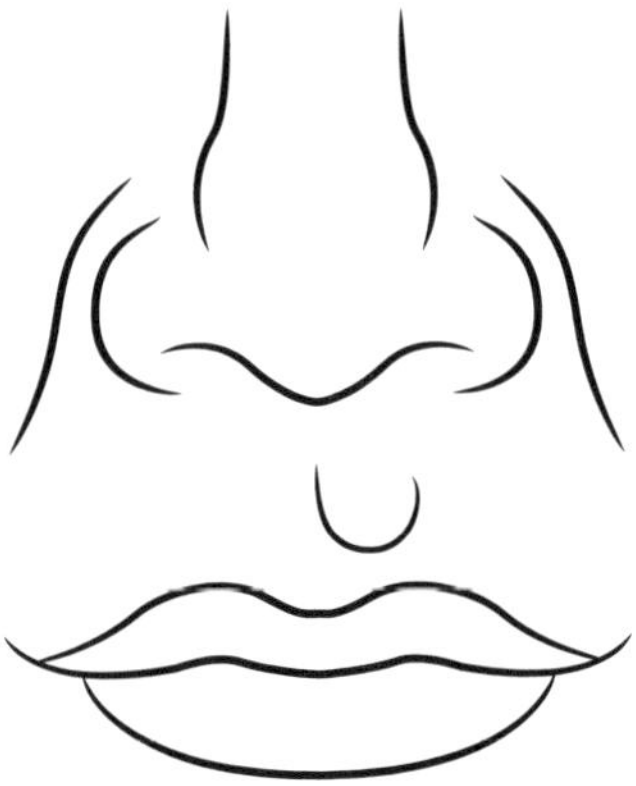

凶相

人中が偏いて斜めを向く

形：人中が偏いている。
相：左を向けば父親が不利。右を向けば母親が不利。

凶相

人中が高く厚い

形：人中が高く突起していて肉厚である。

相：寿命が短い。

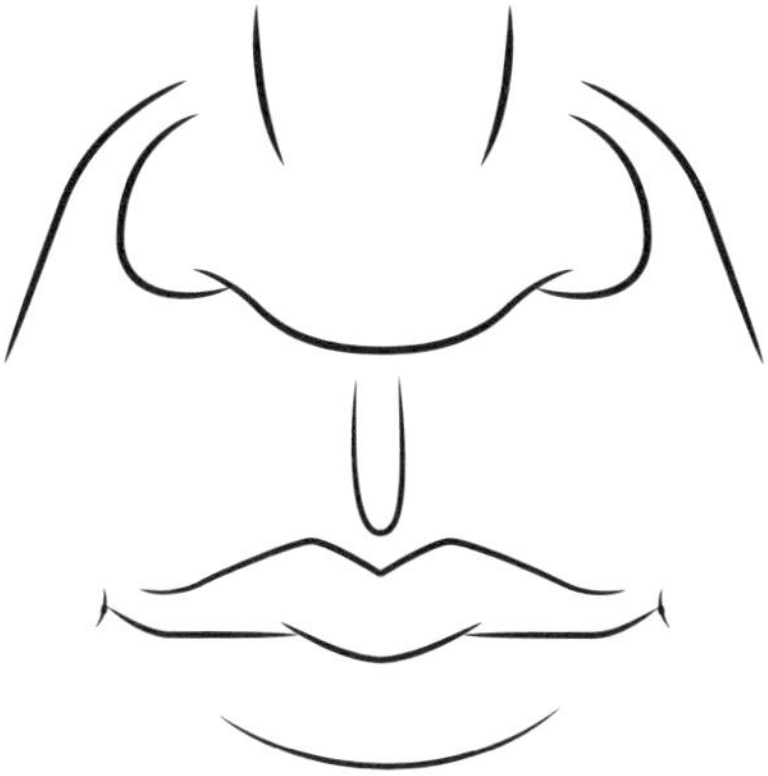

凶相

人中が狭く細い

形：人中が狭く細く、一筋の線のようである。

相：貧乏。

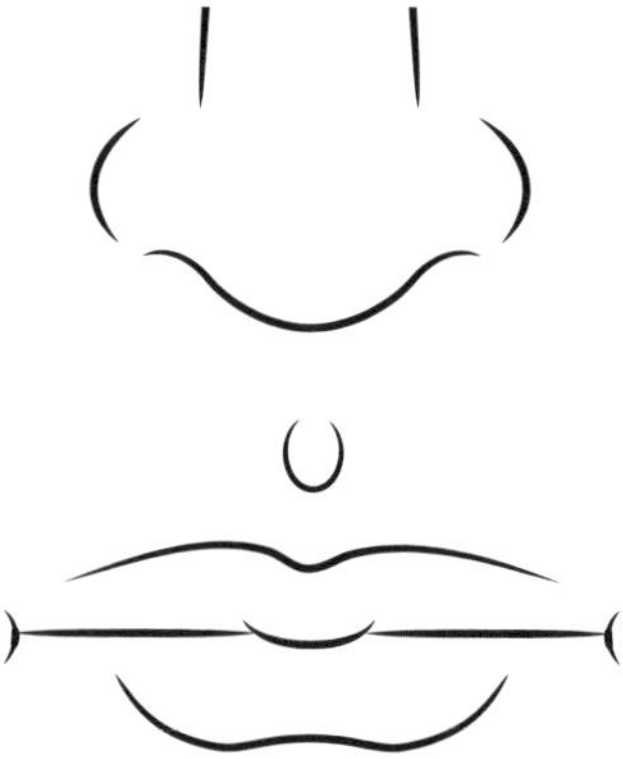

凶相

人中が小さく深い

形：人中が小さく深い。
相：せっかちで、人間関係は良好ではない。

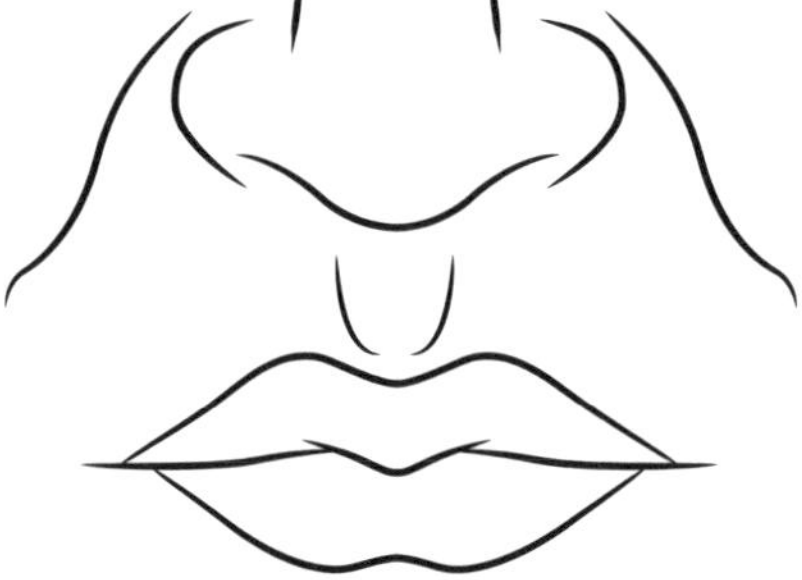

凶相

人中が浅く顕れる

形：人中が浅く顕れている。
相：その人が破産するのを象徴し、困窮する。

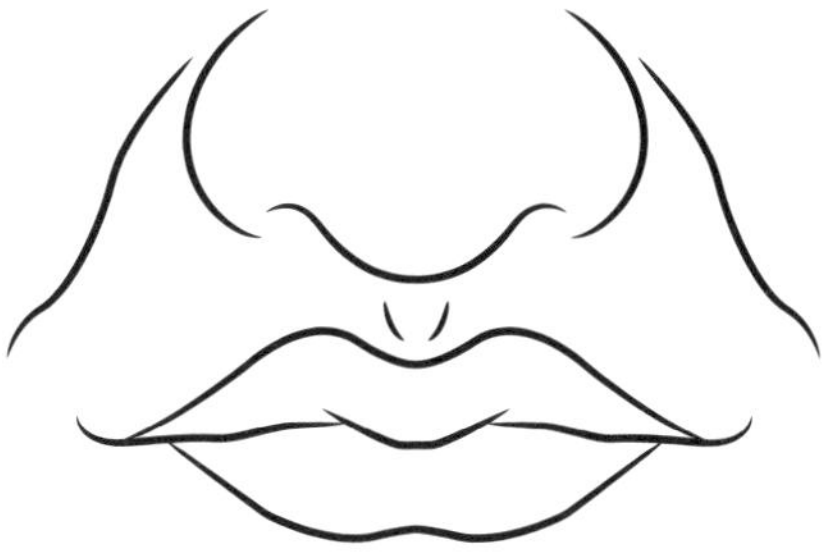

凶相 人中が短く小さい

形：人中が短く小さい。
相：貧賤で夭折するとされる。

凶相 人中が短く深い

形：人中が短く深い。
相：晩年に子宝に恵まれるか、あるいは寿命が短い。

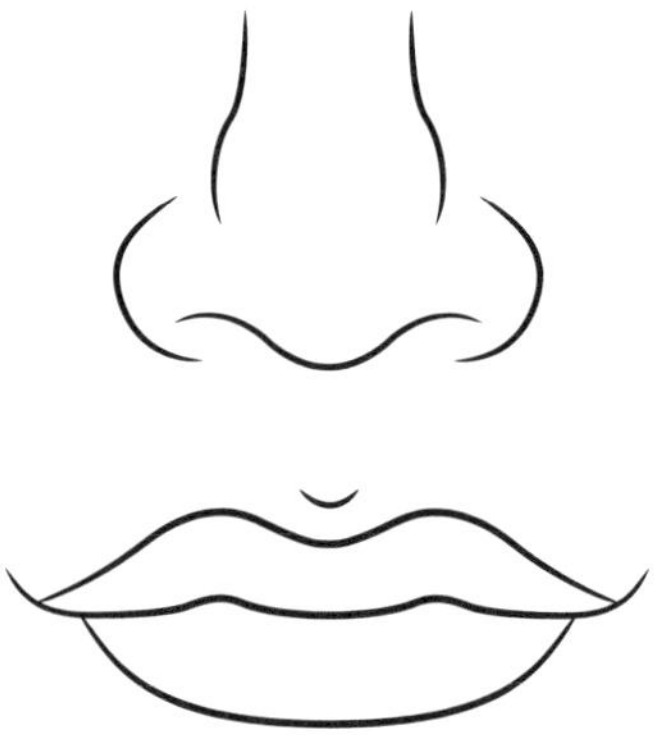

凶相

人中の形がない

形：人中の形がなく消失している。
相：その人は主人に損害を与える召使である。現代で言うと、上司に損害をもたらす部下。

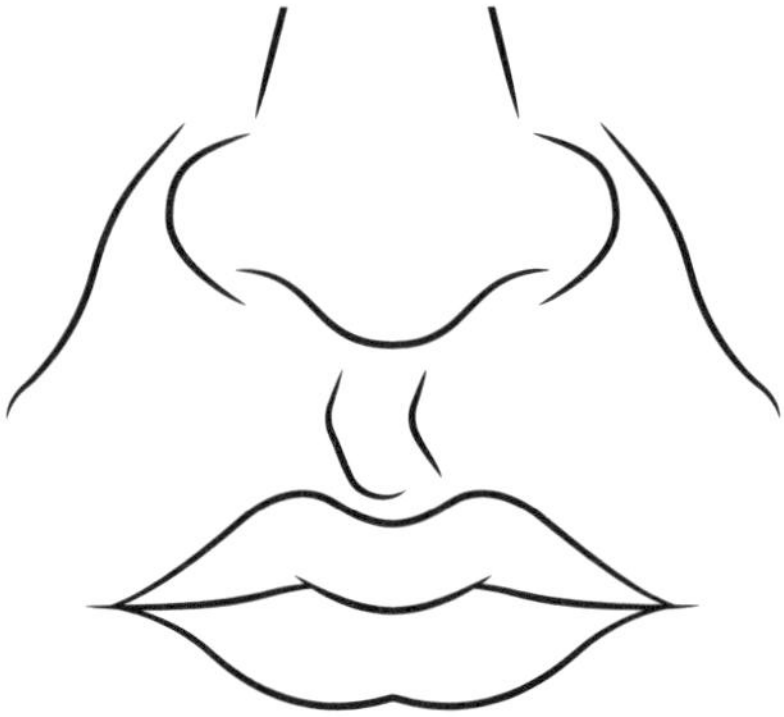

凶相

人中が湾曲している

形：人中が湾曲している。
相：その人の性格は狡猾であり、愛欲が強く放蕩である。

10. 口の相を判断する

口は言語の門であり、飲食の道具で、万物造化の関所のような重要な場所です。また、心の外戸で、賞罰の出る所となり、是非（口論）の会する所です。端厚《たんこう》（礼儀正しくおだやかなこと）にして妄誕《もうたん》（でたらめ）せず、これを「口業口徳《くごうくとく》（言葉によって積む徳）」といい、誹謗にして多言することを「口賊《くぞく》（口が賤しい）」といいます。

口は長方形（方口《ほうこう》、後述）で、広く稜（口角に交わってなす線）がある口は貴と長寿を象徴します。角弓のような形の口は官禄があるとされます。広く大きくて唇の厚い口は福と富がある相です。正しく、偏らず、唇が厚く、薄くなければ、衣食に恵まれます。四字の如き口（四字口《しじこう》、後述）は富に恵まれます。

尖って反り返り、偏って薄いものは貧しく賤しい相です。

喋っていないのに口が動き馬の口のようなものは食べ物に飢えます。

鼠の口は誹謗して、嫉妬します。

火を吹くような口（吹火口《すいかこう》、後述）は孤独です。

狗口《くこう》は貧しく地位が低いでしょう。

縦紋《じゅうもん》が口に入るのは食べ物に飢えます。

唇（口のふち）がどす黒いのは、多くの物事に対して滞り進みません。

口を開いて歯が露わになるのはチャンスが少ないでしょう。

黒子は酒食を象徴します。

丹（練った丸薬）を含むような形の口（弓口《きゅうこう》）は、飢えと寒さを受けません。

口、唇の上に、まだらな模様となる斑紋《はんもん》が多いのは、貧しく幸が薄いのを象徴します。口に拳を入れることができるならば、将相（官名）に出入りします。口が広ければ、豊かな食禄は万鍾《ばんしょう》（多くの穀物・俸禄のこと。鍾は周代の容量の単位）です。人がいないのに独り言をする者は、鼠のように賤しいです。唇とは口舌を囲む城郭です。舌は口の鋒刃《ほうじん》（ほこ、やいば）となり、城郭は厚く、鋒刃は鋭いのが好ましいでしょう。唇が厚ければ強固な城郭のようで陥落せず、舌は鋭いほうが刃のように切れ味がよく、吉相です。舌が大きく、口が小さければ、貧しく幸が薄く夭折します。

口が小さく短いならば、貧しいでしょう。

口色は紅色がよく、口音は清く、口徳は端《ただ》しく、唇は肉付きがいいのが吉相とされます。

いにしえの訣には、次のように書かれています。

口が鮮紅色（朱砂《しゅしゃ》）を発するが如きは、食禄をきわめる。

口が丹を塗ったような仰月口《ぎょうげつこう》（後述）は、飢えと寒さを受けない。

口が紅砂（紅く潤うのたとえ）だと、衣食の両方に好ましい。

口が牛唇（牛口《ぎゅうこう》、後述）のような豊満な唇は、必ず賢人である。特に口徳のみではなく、また性純である。

口元である口角が弓（弓口）のようだと、位は三公に至る。口角が両端に垂れる鮎魚口《せんぎょこう》（後述）、覆船口《ふくせんこう》（後述）のような口は、衣食に恵まれず物寂しい。

口のふちがはっきりせず唇が見えないのは、兵権があることを象徴する。

口角の高低が斜めに歪んだりして一致しないのは、奸詐《かんさ》（悪いことを企む）に都合がよい。

口が唇の如く尖れば（羊口《ようこう》、吹火口《すいかこう》、豬口《ちょこう》、後述）、隣に物乞いする。

口の唇が見えないならば、*三軍を鎮める威がある。

口が袋の口を閉めたように縮めたようなものは糧なく餓死してしまい、たとえ子があるとしても、必ず妾を象徴する。

龍の唇に鳳の口の者は、友にするべきではない。好んで嘘をつき、常に荒々しく醜い心を懐《いだ》く。

口が赤く丹のような場合は、家譜に入らない。もし女子ならば、また夫の憐みを得る。

口が寛《ひろ》く、舌が薄いものは必ずよく歌を楽しみ、このような人は永く凶悪がない。

口辺が紫色ならば、財を貪って妨害する。

口まだ語っていないのに、唇がまさに動こうとするのは、好淫が心にあって、常に不足を懐《いだ》く。

口中に黒子のある人は、美食家である。


また、別のいにしえの詩には、こう書かれています。


貴人の唇の色は紅色の砂発色に似ている。さらに四字（四字口）の如きは栄華に恵まれる。貧賤は鼠のようで、常に青黒い。田園を破り尽くして、住む家がない。

水星（口）地を得て、方口《ほうこう》（後述）ならば、栄貴は家を肥やして子息を盛んにする。

上下各々偏って稜角が薄ければ、話に毀謗《きぼう》（誹謗）が多く防ぎ難い。

方口、四字口を信じるのが真によい。両角が低く垂れていれば悪声（悪い評判）となる。唇の上に紋が多ければ念入りに相《そう》をみないといけない。青く（緑色）薄い川のような紋は餓死と名づけられている。

口が火を吹くようなものは、児孫《じそん》（子どもと孫）が少ない。左に傾けば妻を妨げ、婦は死に連なる。右の畔（右側の口）に縦の紋である竪紋があれば、田畑をなくす。黒子が唇に当っていれば、頻繁に薬を飲まねばならないほど病弱だろう。

口が火を吹くが如きは家に子がない。面上に三紋あれば養子がいる。舌上が常に青い（緑色）のは、大難がある。同胞や兄弟とも生き別れになる。

口が紫色で方（長方形）ならば、田畑は広く得ることができる。

口が火を吹くが如きは、年老いて孤独に坐っている。口の上に紋が生じれば、約束しても成功しない。口唇が軽薄ならば、他人のことを説明するのに慣れている。

＊三軍……古代中国の周の兵制で、一軍は1万2500人からなる。三軍は、計3万7500人の軍隊。「三軍」で大軍の意味でも使われる。

1．四字口（しじこう）

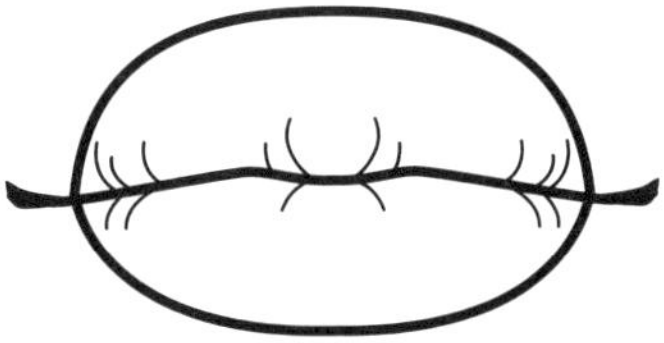

2．方口（ほうこう）

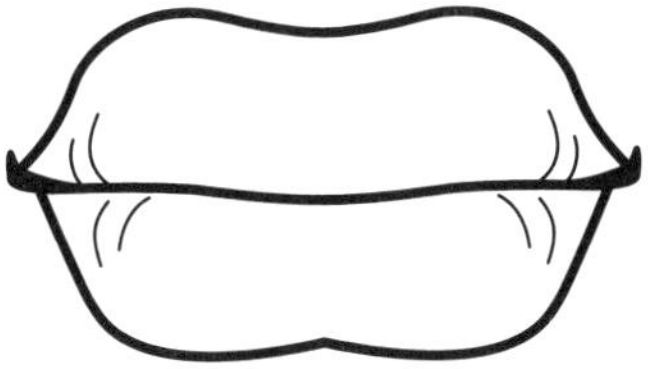

富貴

1．四字口《しじこう》——出類抜萃《しゅつるいばつすい》（優れた部分が抜きん出ている）

形：口角（口元）は光明で、上唇と下唇は整っている。両方、やや仰いで垂れており低くはない。

相：聡明にしてさらに多く才学がある。富貴にして高官が身につけるような高貴な色の紫衣を着ることができるほど位が上がるだろう。

貴い

2．方口《ほうこう》——禄はその中に在る

形：方口（四角い口）は、整った唇で、歯を露わにしない。唇は紅く光り潤い、朱砂に似ている。笑っても歯は露われず、歯はまた白い。

相：富貴にして栄華を享けることを知ることだろう。

3. 仰月口（ぎょうげつこう）

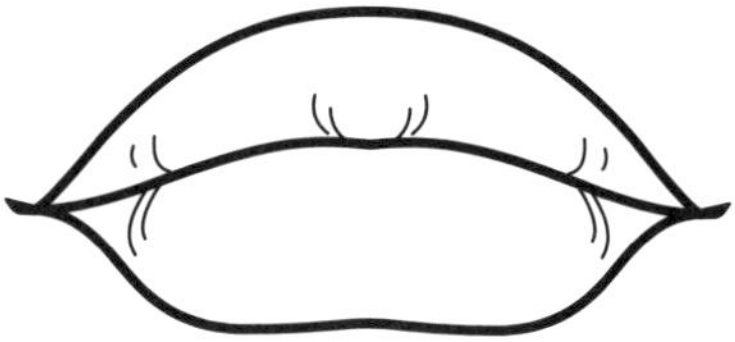

4. 彎弓口（わんきゅうこう）

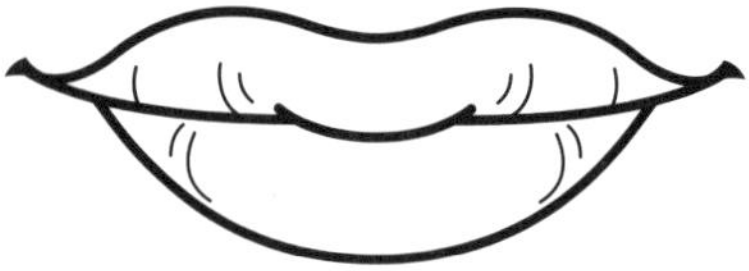

富貴

3. 仰月口《ぎょうげつこう》―禄は上弦の月の形をした口の中にある

形：口仰月の如く上朝して彎《わん》す（上へ反受する）。歯が白く唇は丹を塗ったような紅色である。

相：満身の徳が現れ世間からの評価が上がり名高くなる。富貴にして朝班に列《つら》なること（天子への謁見が許されるほどの地位を得ること）ができるだろう。

富貴

4. 彎弓口《わんきゅうこう》―食禄《しょくろく》（俸禄）が千の禄（千石の禄）

形：口は彎弓（弓なりに湾曲）の上弦を張るに似て、両唇は豊かで厚く、丹（赤色）が鮮やか。「神《しん》」が清く、気は爽やかにして終《つい》に目的を成し遂げる。

相：富貴は中年に、福は自然と発す。

5. 牛口（ぎゅうこう）

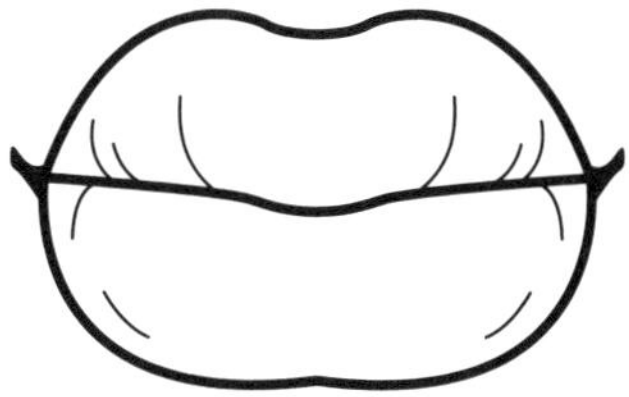

6. 龍口（りゅうこう）

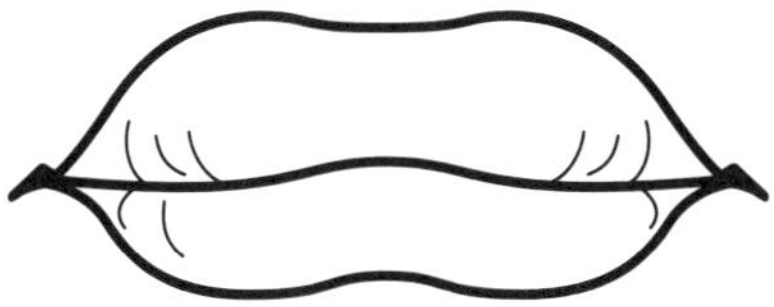

富貴

5. 牛口《ぎゅうこう》──福寿を長く収める

形：牛口は双唇（上唇と下唇）が厚く、また豊かである。普段の衣禄はさらに興隆する。濁中に清を帯びて心霊はよい具合である。

相：富貴と安寧、寿は松のようである。

貴い

6. 龍口《りゅうこう》──珠履《しゅり》（珠玉で装飾した履物）、簪纓《しんえい》（古代の達官《だつかん》・貴人の冠飾）

形：龍口は両唇が豊かで、また整っている。光明なる口角はさらに清く奇（珍しい）。呼び集め、喝散《かっさん》（叱り散らす）し、臨機応変である。

相：その腰を飾る玉帯《ぎょくたい》（宝石をちりばめた束帯）の宝玉が世にも珍しいほどの富貴。

7. 虎口（ここう）

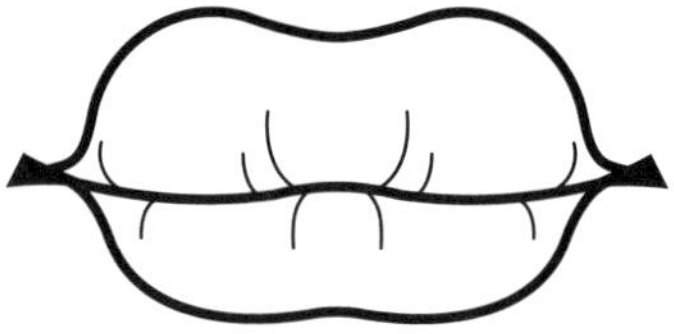

8. 羊口（ようこう）

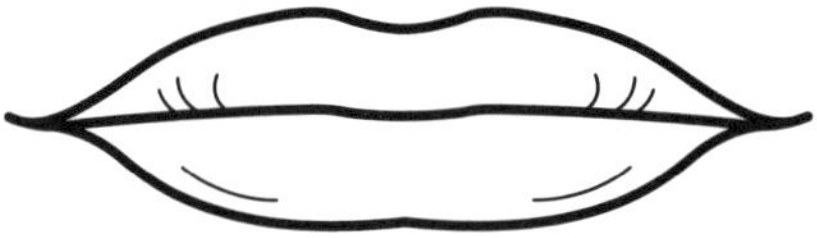

富む

7. 虎口《ここう》—威徳《いとく》（威厳と人徳）を併せ持つ

形：虎口は闊大《かつだい》（広く大きなさま）にして収拾する。この口必ず拳を容《い》れることができる。

相：たとえ貴ではなくとも、大富である。堆金積玉《たいきんせきぎょく》（巨万の富を集めること）を自然に楽しむ。

凶貧

8. 羊口《ようこう》—歳月を無駄に過ごす

形：羊口は鬚《ひげ》がなく長く、かつ尖る。両唇は薄くして人の嫌うことを得る。口は尖って物を食すること、狗《いぬ》のようである。

相：賤しく、かつ貧しく、凶にして不遇に苦しむ。

9. 猪口（ちょこう）

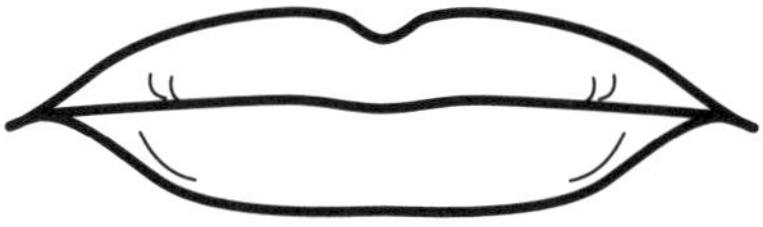

10. 吹火口（すいかこう）

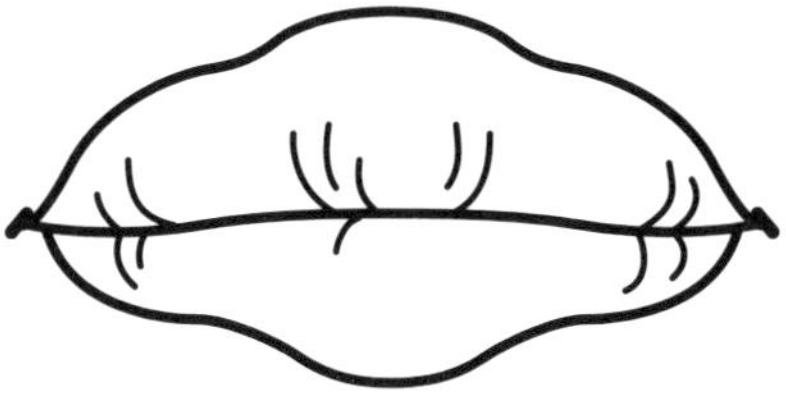

凶貧

9. 猪口《ちょこう》—ついに不慮の死

形：猪口は上唇が長く太く広い。下唇は尖り、小さく、角に涎《よだれ》が流れる。

相：人を誘い訕謗《せんぼう》（悪口をいうこと）し、心は陰険で腹黒い。物事の途中で留まって道半ばで休んでしまう。

貧夭

10. 吹火《すいか》口《こう》—虚花は実がない

形：口は火を吹くように開いて閉じることができない。嘴《くちばし》は尖り、衣食に苦難する。

相：この口の人の多くは貧しく夭折する。日の当たらないじめじめした場所で、成功せず休むことになる。

11. 皺紋口（すうもんこう）

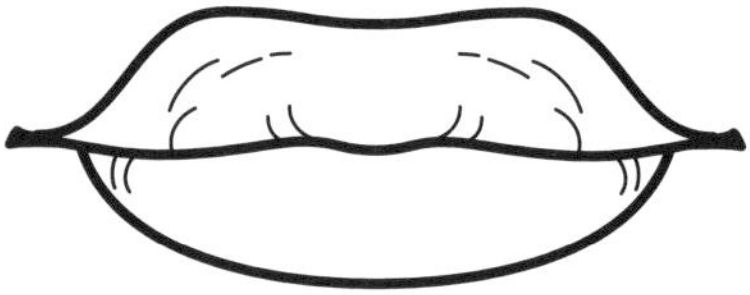

12. 桜桃口（おうとうこう）

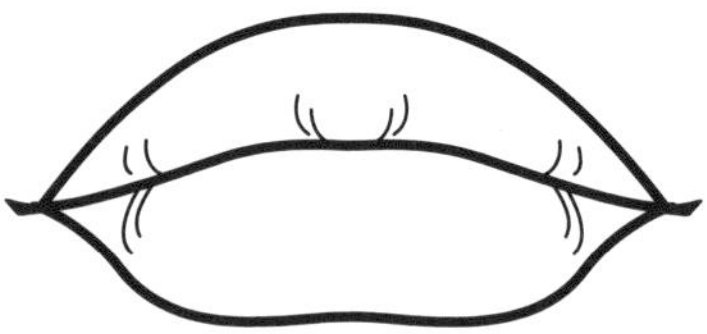

孤独

11. 皺紋口《すうもんこう》――浮生《ふせい》（儚《はかな》い人生）は碌碌《ろくろく》である（平凡である）

形：唇上の皺紋は泣き顔に似ている。たとえ寿があるとはいえ孤独を象徴している。

相：早年、安楽にして、晩年に敗れる。もし、一子がいたとしても幽関《ゆうかん》（深遠な関所であるあの世）に属し、夭折する。

富貴

12. 桜桃口《おうとうこう》――聡明で学が秀でる

形：桜桃口は大きな唇で紅く、歯は榴《ざくろ》に似て、歯は密（隙間がない）。豊かに笑うのは、蓮を含むようで情和《じょうわ》（心の悦び）は暢《とお》る。

相：聡明で抜きん出て、紫衣を着る。

13. 猴口（こうこう）

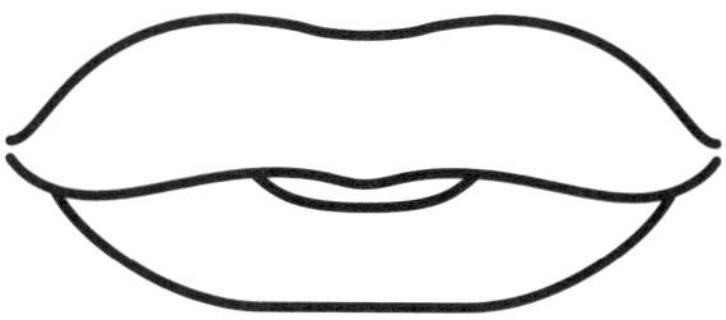

14. 鮎魚口（せんぎょこう）

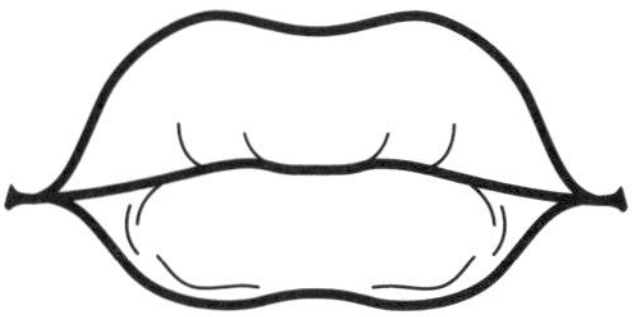

福寿

13. 猴口《こうこう》―驕《おご》っていて、しみったれている

形：猴口は両唇が長きことを喜ぶ。人中が破竹のように仰ぐ形（183ページ参照）ならばさらに良し。

相：平生の衣禄は皆、栄えるのに十分である。鶴は千年、亀は万年、福寿は安らか。

貧賤

14. 鮎魚口《せんぎょこう》―無駄に浮世にいる

形：鮎魚は口が広く角は低く尖る。無情で冷酷である。二つの唇は円を欠く。

相：このような人は、貧賤であることを象徴している。わずかな時間で一命は黄泉に逝く。

15. 鯽魚口（せきぎょこう）

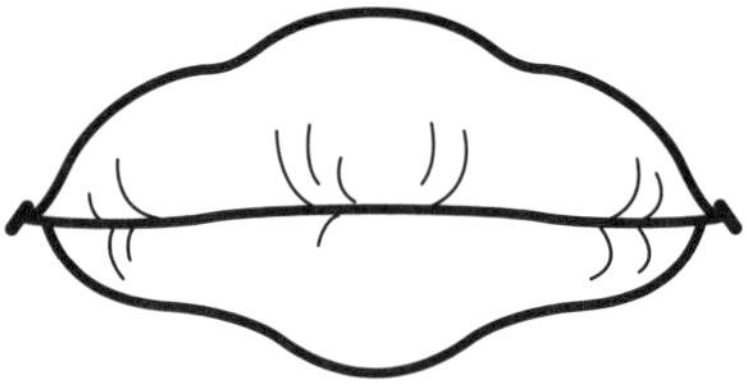

16. 覆船口（ふくせんこう）

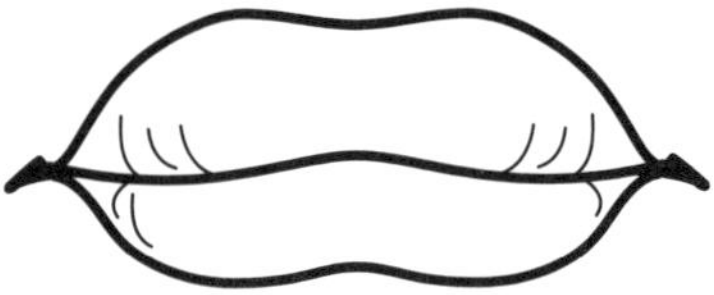

貧夭

15. 鯽魚口《せきぎょこう》――徒然（虚しく）世にいる

形：鯽魚（金魚）の口は小さく貧窮を象徴する。一生、衣食は恵まれず栄えない。

相：気が濁りさらに「神《しん》」が枯れ滞れば、戦いに負け流れ漂うようにして運は通じない。

貧苦

16. 覆船口《ふくせんこう》――顚沛流離《てんぱいりゅうり》（躓《つまず》いて倒れたりふらふらしながら、あてもなく歩くこと）

形：口角は渾《にご》って（口元がはっきりしない）転覆し破れた船のようである。両唇は牛肉の燻製のような色である。

相：この口の人は多くは乞食となる。一生、貧苦であり、言うのも憚《はばか》られる。

11. 唇の相を判断する

唇は口の城廓であり、舌の門戸です。開闔《かいこう》（口が開くこと閉じること）、栄辱《えいじょく》（栄誉と恥辱）をつなげるところは唇です。

そのため唇は厚いのがよく、薄いのは好ましくありません。稜（唇の縁の部分）あるのがよく、縮んでいる（稜が分明でない）のは好ましくないです。

唇の色は紅色で丹砂《たんしゃ》（辰砂《しんしゃ》とも呼ばれる透明感のある深紅色の菱面体結晶）のような色は、貴く福があります。

青くて藍靛《らんてん》（濃い藍色）の如きは、災いがあり、夭折します。

色が昏黒《こんこく》（真っ暗である）であれば、疾《しつ》（病気）に苦しめられて悪死《あくし》（不運な死に方）します。

色が紫光《しこう》（明るい紫色）ならば、衣食は快楽《かいらく》（心地よく楽しいこと）です。

色が白くて艶《つや》があれば、貴い妻を招きます。

色が黄色っぽい紅色ならば、貴い子を招きます。

蹇縮《けんしゅく》といわれるように片方に縮んでいれば、夭折します。

薄弱ならば貧賤です。

上の唇が長ければ、父を妨げます（邪魔になる）。

下の唇が長ければ、母を妨げます。

上の唇が薄ければ、言語が狡詐《こうさ》です（ずる賢く嘘つきであること）。

下の唇が薄ければ、貧賤にして蹇滞《けんたい》といわれるように順調ではありません。

上下ともに厚ければ、忠信の人。

上下ともに薄ければ、妄語（嘘をつくこと）の下劣な人。

両唇の上下が互いに覆う（かぶさる）のは、貧寒にして偸盗《ちゅうとう》（人のものを盗むこと）します。

上下両方の釣り合いが取れていれば、言語は正直です。

龍口《りゅうこう》の者は富貴です。

羊口《ようこう》の者は貧賤です。

唇が尖がっている者は貧死します。

唇が下に落《お》ちている者は、孤寒《こかん》（ケチ）で、紋理《もんり》（紋や理）があれば子孫が多いでしょう。紋理がなければ性格は孤独です。


いにしえの訣には、次のように書かれています。


唇が鶏の肝（薄茶色）の如きは、老に至るまで貧寒である。

唇が青黒いと、行き倒れる。

唇の色が光沢ある紅色ならば、求めなくても自然と豊かになる。

唇の色が淡い黒色ならば、刺客に毒殺される。

唇が平らにして起伏がなければ、飢餓と変わらず飢えてしまう。

唇が欠けて尖っていれば、下賤にして儲からない。

唇が長く、歯が短ければ、長命にして死なない。

唇が生まれながらにして正しくなければ、言詞《げんし》は定め難い（説明し難い運命）。

12. 舌の相を判断する

舌は道です。内においては丹元（自然体である赤誠《せきせい》の心）を号令に変え、外に対しては重機を鈴鐸《れいたく》（金属製の中空の球で打ち振って鳴らすこと。転じて言葉を発するの意味）となります。

そのため善く霊液を生じます。つまり「神《しん》」の舎体（母体）となり、密に志慮《しりょ》（精神）を伝え、心の舟楫《せんしゅう》（運ぶもの）となります。舌は性命（身体と心）の枢機《すうき》（最も大切なところ）であり、一身の得失を任せるところです。これによって古人は舌が端正であるか醜いかを評し、その妄動を戒めたのです。

ゆえに舌の形は、端正なのが利を得て好ましく、長くして大きいならば、上相《じょうしょう》（宰相）となります。もし狭くて長い舌であれば詐《いつわ》っていて賊（盗人）になります。

凹凸がなく短いならば、迍《ちゅん》（困頓《こんとん》、困り果てる）にして、蹇《なや》みます（悩み苦しむ）。

大きいが薄い舌は妄謬《もうびゅう》（でたらめと誤り）が多く、尖って小さい舌は貪る人となります。

引っ張って鼻に至るほど舌が長ければ、地位は王侯に列せられます。掌のように剛《つよ》いのは、出世し禄が卿相《けいしょう》（天子の政務を補佐する役職）に至ります。

色が紅色で硃《しゅ》（辰砂という朱の鉱石）のような舌は貴いです。

色が黒く醬《しょう》（味噌）のような舌は賤しいです。

色が赤く血のような舌は禄があります。

色が白く灰のような舌は貧しいでしょう。

舌上に直理があれば、官は卿監《けいかん》（宋代の長官職）に至ります。

舌上に縦紋《じゅうもん》があれば、職は館殿《かんでん》（昭文館《しょうぶんかん》、集賢院《しゅうけんいん》、史館《しかん》と集賢殿《しゅうけんでん》、右文殿《うぶんでん》の総称）に仕えます。

舌に紋理（紋や理）があり、繞《めぐ》る（巻くこと）のは貴くなります。

舌に艶が吐《つ》いて口に満ちたものは、富みます。

舌上に錦紋《きんもん》（錦のような紋様）があれば、朝省（朝廷）に出入りします。

舌上に黒子があれば、言葉に虚偽があります。

舌が出て蛇のようであれば、毒害です。

舌が短く下顎《かがく》を掘るような状態は、蹇滞《けんたい》（順調ではない）です。

まだ語っていないのに舌がまず出るならば、好んで妄談《ぼうだん》（でたらめな話）します。

まだ言葉を発していないのに舌で唇を舐めるならば、多くは淫逸《いんいつ》（男女関係が淫らなこと）です。


いにしえの訣には、次のように書かれています。


舌が大きくて、口が小さければ、語《かた》らうのは役に立たない。

舌が小さく、口が大きければ、言語は軽快である。

舌が小さくて短ければ、貧しい人である。

舌が小さく長ければ、官職に就き吉祥である。

舌の府（中央）が紋と交われば、貴気は凌雲《りょううん》（雲をしのぐほど高いこと）である。

舌に紋理がなければ、尋常（普通）の人である。


大抵、舌は紅がよく、白は好ましくないです。舌は赤がよく、黒は好ましくありません。舌の形は四角がよく、勢いがあり深いのが好ましいです。

13. 歯の相を判断する

百骨の本質であり、口の鋒刃《ほうじん》（ほことやいば）となって、万物を砕いて六府を頤《やし》なうのが歯です。多くは白ければ佳《よ》しとします。

そのため大にして密（隙間がない）に、長くして真っ直ぐであるのが好ましいでしょう。

堅牢にして隙間がなく密であり、固ければ長寿です。繚乱《りょうらん》（入り乱れること）として畳《かさ》なり合っていればずる賢く嘘つきで横暴です。

歯が露われ出るならば荒々しさによって亡《ほろ》び、疎漏《そろう》（おおざっぱ）ならば貧窮し財が薄いです。

歯が短く欠けているのは愚かです。

歯が枯れたようならば夭折します。

語っているときに歯を見せないのは富貴です。

壮（成年に達していること）にして歯が落ちれば寿命が迫ります。

三十八歯は王侯。

三十六歯は卿相。

三十四歯は朝郎（官吏）の巨福。

三十二歯は中人（人並み）の福禄。

三十歯は平常の人。

二十八歯は下貧の輩。

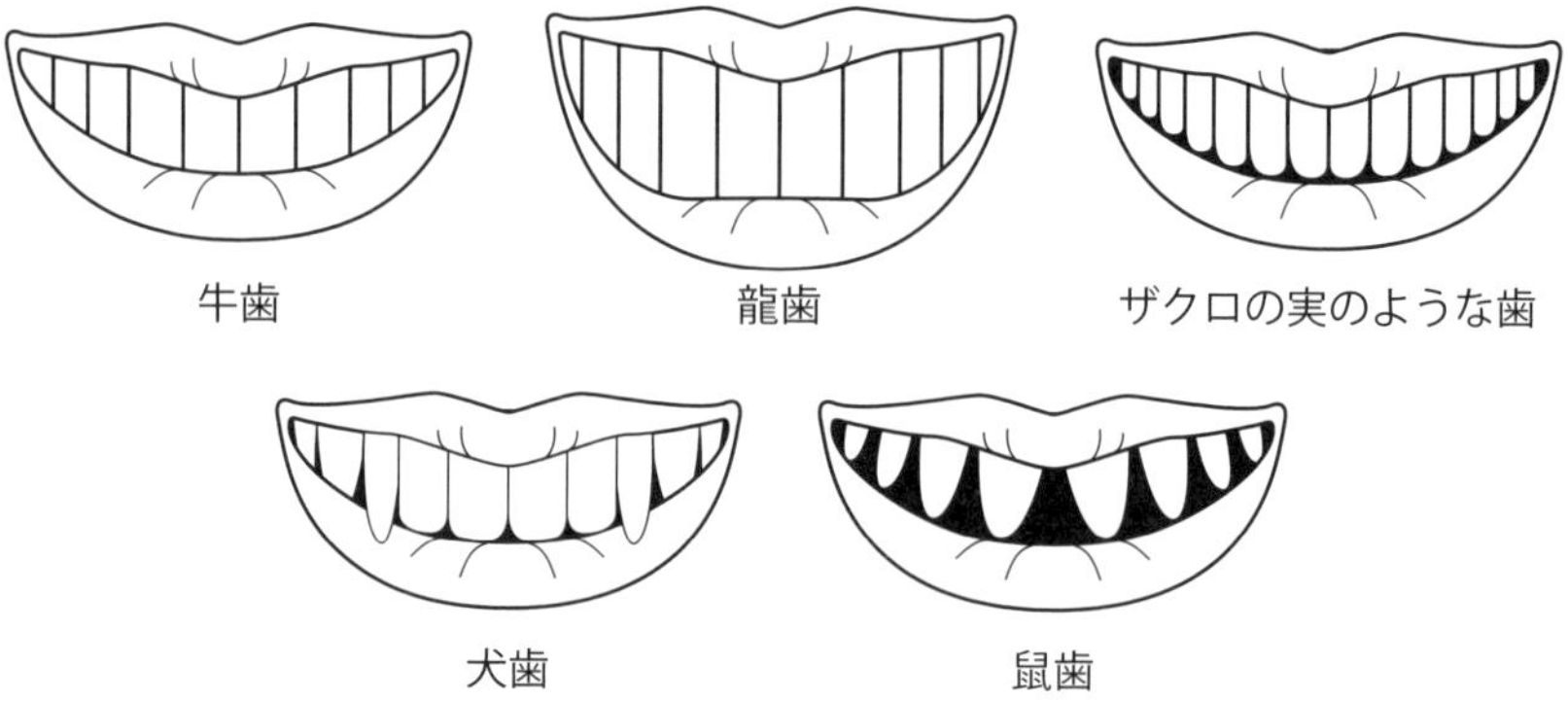

歯が美しく艶を帯びた白であれば、百回謀《はか》って、百回評価を得ることができます。

黄色ならば、目的に向かって千回求めて行動しても千回うまくいかず滞ります。

白玉のような歯は高貴です。

白銀のような歯は清職（崇高な職位）です。

ザクロの実のような歯は福禄です。

剣鋒《けんぽう》（剣の切っ先）のような歯は貴寿です。

粳米《うるちまい》のような歯は高寿です。

生の桑の実（真っ黒）のような歯は命が短いです。

上が闊《ひろ》く、下が尖り、のこぎりを列《つら》ねているような歯は、性格が荒っぽく肉を食します。

上が尖り、下が闊《ひろ》く、角を並べるような歯は、性格は下品で野菜を食します。

龍歯《りゅうし》ならば、子息が栄達《えいたつ》（出世すること）します。

牛歯《ぎゅうし》ならば、自身が栄えます。

鼠歯《そし》ならば、貧しく夭折します。

犬歯《けんし》の者は憤り恨み、怒って憎みます。

歯が玉を含むような場合は、天の福禄を受けます。

歯が白銀のような場合は、富貴で貧しくありません。

歯が白くて密なる（隙間がない）は、役人になり災いがありません。

歯が黒くて隙間があり、まばらであれば、一生災いが重なります。

真っ直ぐに長く一寸あれば、極めて貴くなるでしょう。

参差《しんし》たる（長短が等しくないさま）は、心に詐欺を行います。


いにしえの詩には、次のように書かれています。


歯が密（隙間がない）で、四角であれば君子の儒（読書人）である。明らかに身分の卑しい人は歯がまばらで隙間がある。

歯の色が白玉の如く、釣り合いが取れていれば、年少にして名声は帝都に達す。

唇が紅く歯が白ければ文章の士となる。目が秀でて眉が高ければ貴人である。

歯が細かくて小さく、まばらであれば貧しく、そして夭折する。苦学して力を費やしても無駄に「神《しん》」を労するだけである。

14. 耳の相を判断する

■耳の形

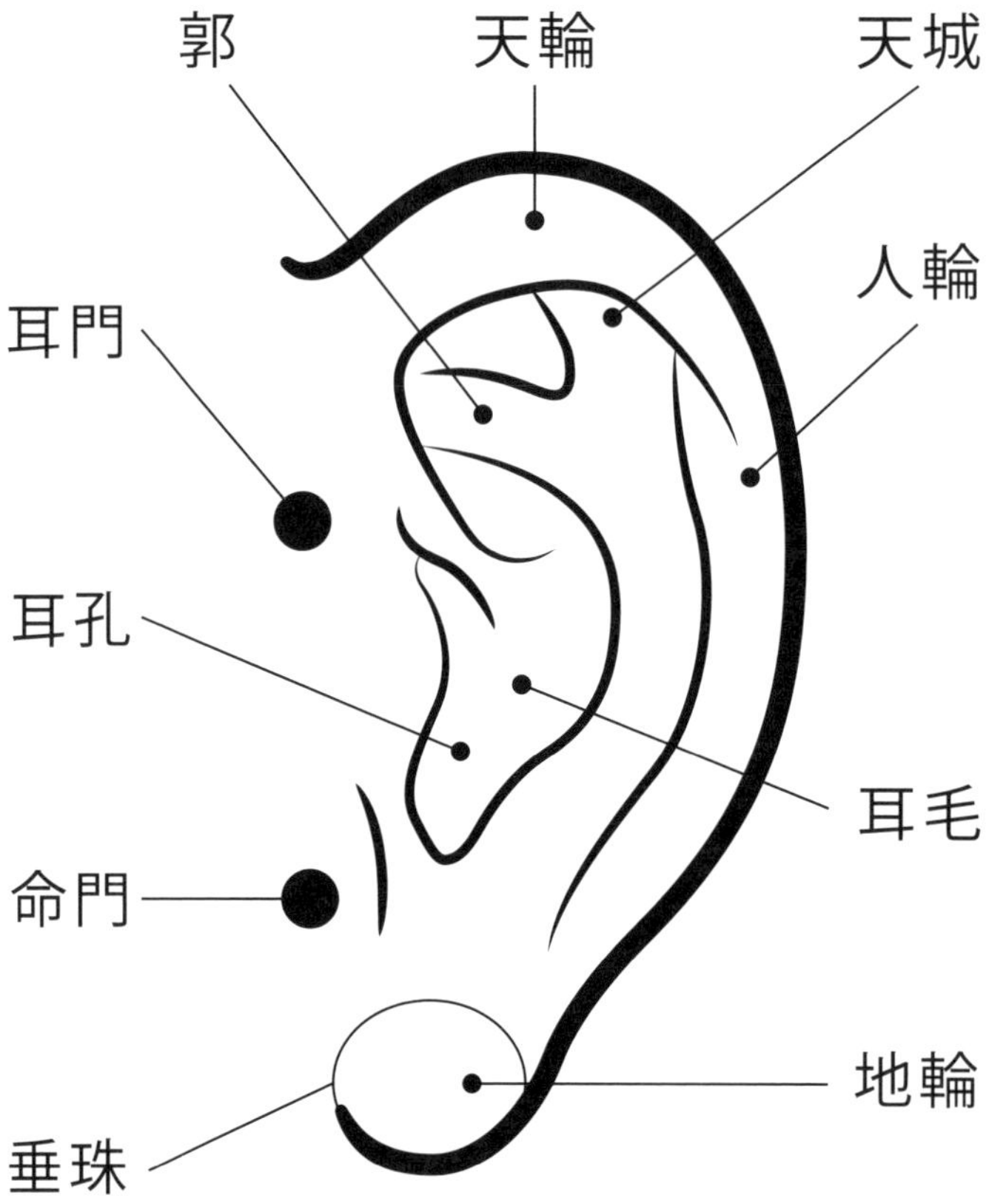

耳は聴力を象徴し、心胸に通じます。心を司り、腎の症候でもあります。そのため、*腎気が旺《さか》ん(実)であれば、清くて聡明であり、腎気が虚すれば、暗愚であり、穢れます。そのため、耳には声誉《せいよ》(名声、名誉)と性《せい》行《こう》(性質と行い)が表れるとされます。耳が厚くて堅く、聳えるように長いのは皆、寿相となります。輪と郭がはっきりと分かれていれば、聡悟《そうご》(聡く賢いこと)で、垂《すい》

珠《しゅ》（耳たぶ）が、口に朝《ちょう》する（達する）は財寿を象徴します。耳の肉付きがよければ富に恵まれます。耳の中に毛が生じるのは寿相で、耳に黒子があるのは貴い子を生み、聡明を象徴します。耳門《じもん》が広ければ、智が遠大であることを象徴します。

耳が紅く広ければ官を、白は名望を象徴します。赤黒いのは、貧賤です。

耳が薄く前に向かうのは、田園を売り尽くします。耳が反って、片方に傾いていれば住む家屋がないでしょう。左右の耳の大小が異なれば、迍否《ちゅんひ》（困窮し不利）し妨害となります。光明があり潤い光沢があれば、名声は遠くまで広まります。尖っていて太く焦げたように黒ければ、貧しく幸薄く愚鈍です。堅く氷のような耳は、年老いるまで泣くことはないでしょう。長く聳えれば、禄位（給与と地位）があります。厚く、丸ければ、衣食があります。

大抵の場合は、貴人は貴眼で貴が耳になく、賤人は貴が耳にあって貴が目にないようです。よく相を見るには、まずその色を見て、後にその形を見るべきです。

いにしえの訣には、次のように書かれています。

耳が提起するが如きは、名が人の耳に広まるようになる。
両耳が肩に垂れるようにある場合は、貴きことはいうまでもない。
白くして面のような耳は、名は天下に広まるだろう。
棋子《きし》（後述）の耳は家を成し、発展させるだろう。
耳、黒く飛花《ひか》（風に吹かれて飛び散る花）あるのは、先祖の地を離れて家を破るようになる。
耳が薄く紙のような人は、夭折するのは疑いない。

輪と郭《かく》が桃色は、性は最も玲瓏《れいろう》（玉のように美しく輝くさま）である。

両耳が兎の如きは、貧窮しても不平がない。

形、鼠耳《そじ》（天輪が尖っている耳、後述）の如きは貧賤にして早く死ぬ。

耳が反り、輪が無ければ、祖業《そぎょう》（祖先が興した家業）は塵になってしまう。

耳に垂珠あるは衣食足りて余りある。

耳が薄く根なきは、必ず天から受けた寿命を夭《わか》くしてしまう。

耳門が広ければ、聡明で豁達《かったつ》（度量の大きいさま）である。

耳に骨と成るのがあれば（骨ばっている）、寿命は不足する。

耳の下、骨が丸ければ、晩年に余銭がある。

耳が目に対して高ければ、師禄《しろく》（教師の給与）を受けることができる。

耳、眉より高いこと二寸は、永く貧困とはならない。

耳、城廓《じょうかく》（郭）が高ければ、安楽を象徴する。

耳に刀環《とうかん》（刀の柄に付けた環）があれば、五品（宮中で五番目の位階）の高官。

耳門が垂れ厚いものは、富貴は長く続く。

耳門が筋のようでは、家が貧しく離れられない。

耳に毫毛があれば、富貴長寿にして、兼ねて災難がない。

耳、鼠耳の如きは、自ら安らぎ自ら止まる（住居がない）。

耳門が寛大であれば、聡明にして才能は足りる。耳門が薄く小さいものは命が短く食が少ない。

また、別のいにしえの詩には、次のように書かれています。

輪と郭がはっきりと分かれて墜珠《ついしゅ》(垂珠)あるのは、一生仁義にして最も耳の相が好ましい。

木星(右耳)は、地を得て文学を招き、自然と名声が上がっていき、帝都に達す。

耳が反って輪がないのは、最も良くない。また、矢羽根の如きは資糧が少ない。

命門《めいもん》が狭くて小さければ寿がない。青黒く粗い皮(きめ細かでない皮)は故郷を離れ異郷に走る。

耳の軟骨に肉がついて輪と郭となり、輪は生じている。紅い光は富に属して栄える。

露わに反って薄く乾いていれば、貧苦の相であり、毛が長く耳より出れば、寿は千の春をむかえるように長生きである。耳白く、面を過ぎれば高名となる。

耳が前から見ても看えないのは、貴にして栄える。前から耳が見えるのは必ず貧苦である。耳の下に垂珠があり、肉の色が光り、さらに耳が口に達すれば富みて盛んに栄える。

上に尖るのは狼の耳で、心に殺が多い。下に尖るのは風采が上がらない。

輪と郭が成す相は、有利で有名。耳の内の毫毛は、寿命が高くなる。

耳が聳え、口に達すれば、富貴は年々高くなる。耳に黒子があれば、禍を惹きつけ、いざこざを招く。

＊腎気が旺ん(実)であれば～、腎気が虚すれば～
中医学における虚実のこと。(165ページの「虚実」を参照)

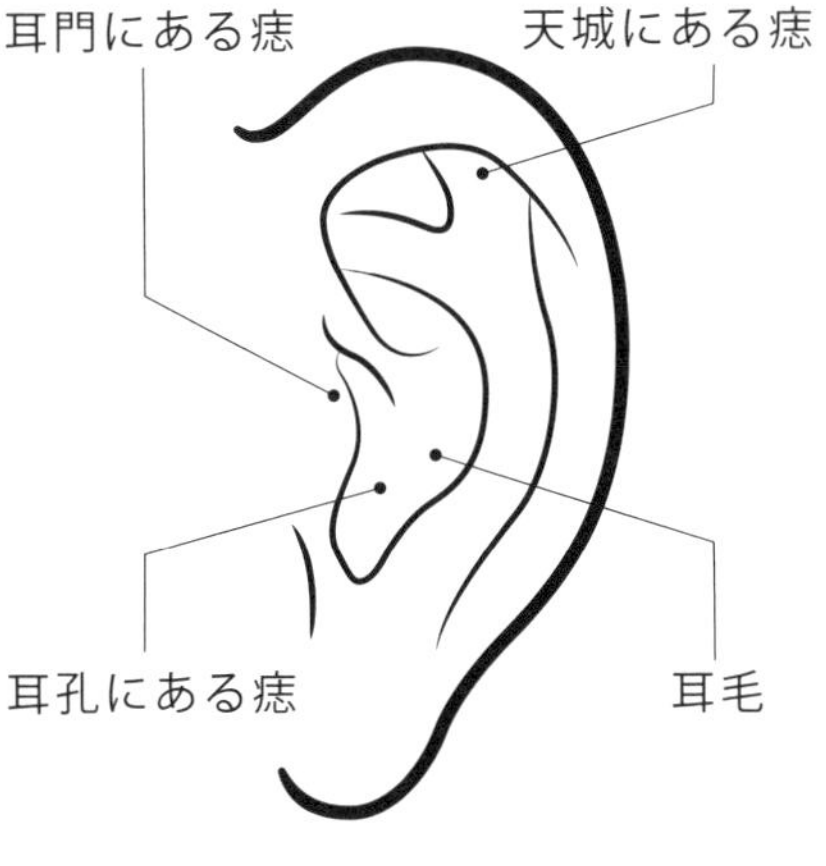

1. 金耳

2. 木耳

富貴　1．金耳《きんじ》─老いて妻子を刑す

形：眉より一寸高く天輪《てんりん》が小さい。耳が白く面《おもて》に過ぎて（眉毛よりわずかに耳が高い）並びに垂珠がある。

相：富貴にして名は、朝野《ちょうや》（政府と民間）に聞こえる。ただ子を損じて晩年は孤独になること嫌う。

貧相　2．木耳《もくじ》─宵《よい》越しするのに必要な物もなく貧しい

形：天輪、人輪、地輪までの耳の輪が波打ち反っているのは、六親との縁が薄い。

相：財物が家に足りないのを最も恐れる。もし、その耳を除く面部（五官）が良ければ、碌碌《ろくろく》（忙しいさま）として過ごす。そうでなければ、必ずや、貧しさに苦しみ、虚花《きょか》（虚像）が見えるとされる。

3．水耳

4．火耳

富貴

3．水耳《すいじ》—海内《かいだい》（国内）に名を馳《は》せる

形：水耳は耳が厚く丸く、天輪は高く、眉を過ぎる。堅く、紅くつやつやしていて、卓立《たくりつ》（ひと際高く真っ直ぐに立つ）し、貼脳《てんのう》（頭の側面に張り付いて、正面からは見えにくい耳）を兼ねて垂珠もある。

相：富貴であり当朝《とうちょう》（この時代）において危なげなくしっかりしている。

孤寿

4．火耳《かじ》—老いて安逸《あんいつ》ではない

形：眉より高く輪が尖って（突き出て）、耳の郭が反っている。たとえ垂珠があるといえども誇るには不足している。

相：山根に臥蚕《がさん》（眠りについている蚕のようにふっくら）し、相応すれば、末年に子がなくさらに齢を重ねる。

5. 土耳

6. 棋子耳

富貴　5. 土《ど》耳《じ》―朝廷に参内《さんだい》し天子に拝謁

形：土耳は堅く厚く、大きい。また肥えて潤い紅色で美しい容貌をしている。

相：絶えることなく富貴は長く続き、六親は豊かになる。鶴髪童《かくはつどう》顔《がん》（老人がかくしゃくとしているさま）で、天子を輔佐する。

富貴　6. 棋《き》子《し》耳《じ》―創建し遠方まで伝わる

形：耳は丸く輪と郭は相扶《たす》けることを喜ぶ。徒手（裸一貫）で家を興すような貴きことに努力するべき。

相：先祖が起こした事業を受け継ぐのではなく、自ら創立する。中年に至って、富貴にして*陶朱公《とうしゅこう》のようである。

*陶朱公……中国の春秋時代の趙の功臣である范蠡《はんれい》（生没年不詳）の別称。非常に商売が巧みで官を退いて後、巨富を築いた。陶朱公の名は、陶《とう》（山東省）に移り住んだときに名乗ったことから。陶朱公から商売を教わった猗頓《いとん》も同じく巨富を築き、「陶朱猗頓《とうしゅいとん》の富《とみ》」の故事として、大商人のたとえとなった。

7. 虎耳

8. 箭羽耳

奸相

7. 虎耳《こじ》――威厳を犯すこと莫《なか》れ

形：耳が小さく、輪と郭が欠けているが破れていない。正面から耳が見えない最も稀な形。

相：この耳を持つ多くの人は危険を好む。また貴となることができ、威儀がある。

破貧

8. 箭羽耳《せんうじ》――先ず盈《み》ちて後に窘《くる》しむ

形：上節（天輪）が眉より一寸高い。下に生じる形が箭羽《せんう》（矢《や》羽《ばね》）のようで、垂珠《すいしゅ》がない。

相：父から先祖の財が万頃《ばんけい》（広々としているさま）であるといえども、後に最も破敗して東西に奔走する。

9. 猪耳

10. 低反耳

孤貧

9. 猪耳《ちょじ》―貪り敗れ凶にして亡びる

形：耳の郭がなく輪がはっきりとしない。耳が肉厚で長い。垂珠がある。

相：たとえ富貴に成り、何かをなさんとしても、晩年は凶が多く災難に遭う。

夭折

10. 低反耳《ていはんじ》―耗《へ》り散じて山に冥《めい》する

形：耳が低く郭は反っていて、また輪が開いている。

相：年端も行かぬうちは孤刑《こけい》にして、また財を損じ、家財があっても消耗する。将来はおそらく、死没して人に埋められてしまうとされる。

11. 垂肩耳

12. 貼脳耳

大貴

11. 垂肩耳《すいけんじ》—天下一人となる

形：耳が厚く郭は豊かで垂珠は袋のようである。眉を過ぎ潤沢にして色は明らかに鮮やか。耳の頭（天輪）は丸く、額は闊《ひろ》くして形容（顔かたち）は異なる。

相：九五之《きゅうごの》尊《そん》（天子の位、九は陽の数、九五は易の卦にて天子の位）は尚賢《しょうけん》（執政者は賢者を尊び、有能なものを任用すること）を勝ち取る。

福寿

12. 貼脳耳《ちょうのうじ》—福禄は並び臻《いた》る

形：両耳が脳に貼り付いて輪と郭は堅い。眉圧眼《びあつがん》（眉毛が太く濃く、また眉と目の距離が近い）は、高尚で賢良（賢くて善良なこと）である。

相：六親は昆玉《こんぎょく》（高潔、才が傑出している人）で、豪貴となる。百世のよき名声を後世に伝え残し自然を楽しむ。

13. 開花耳

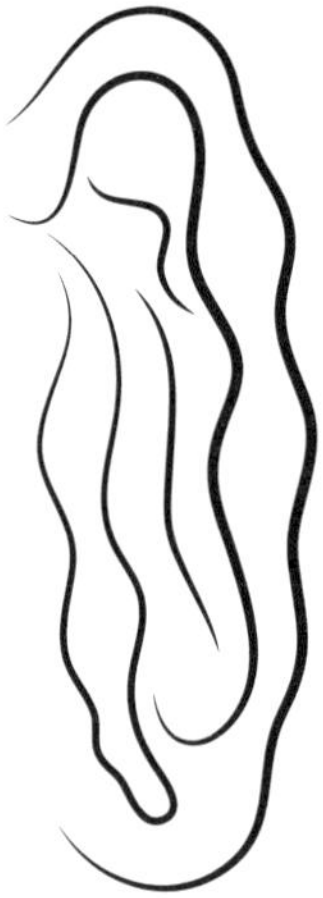

14. 扇風耳

貧賤

13. 開花耳《かいかじ》―田園を売り尽くす

形：耳の輪は花が開き（紋理が多い）、また薄い。たとえ骨が硬くても、徒然《つれづれ》である（虚しい）。

相：巨万の財物を最も破り尽くして、晩年の貧苦は前（少年）に及ばない。

破祖

14. 扇風耳《せんぷうじ》―敗れ尽くして客死する

形：両耳が正面に向かって広がり、風を受ける。財物を破り尽して先祖に及ぼす。

相：少年福を享けて中年に敗れる。人生の暮れに貧苦して孤立し危険に遭う。

15. 鼠耳

16. 驢耳

奸賊

15. 鼠耳《そじ》―貧寒、凶にして敗れる

形：鼠耳は高く飛ぶ（天輪が高い）、根（地輪）は反り尖る。仮に目より高くとも相嫌う。鼠窃狗盗《そせつくとう》（鼠窃は鼠のように他人に見つからないように盗みを働き、狗盗は犬の鳴き声の真似をして、家に入り込む、泥棒を指す）を常に改めない。

相：晩年、破敗して牢獄で毒づく。

寿命

16. 驢耳《ろじ》―疾走して暮らす

形：輪があり、郭があり、耳が厚いといえども、軟弱を嫌う。また垂珠がある。

相：この耳の人、必ず貧苦である。晩年は凶にして敗れ、事に際して躊躇する。

第四章

手相

中国手相学とは?

西洋手相学の特徴としては、その人の仕事についての適性や内容、功績や利益、幸福を享受できるかなどを重点的に見ていく傾向性が強いように思われますが、中国手相学はその人の貴賤を比較的強調して見ていくことに主軸を置き、幸福や利益に重点を置くわけではないところに顕著な違いがあります。

現実の社会生活を営むにあたっては、西洋手相学の観点は具体性があると思います。ただし、もし宿命論の観点に従えば、中国手相学は人の運命における貧賤、富貴を論じることに符合するのです。唐代の天文学、数学者でもあった李淳風《りじゅんぷう》(602―670年)は、「八卦と明堂(中国手相学における手掌《しゅしょう》の区分参照)、手紋は貴賤を分かつ」と述べ、また五代の高僧であった達摩《だるま》が述べたこととして、「人の相を看るのを十分(100%)で表すと、頭相と面相で七割を占め、身体の特徴で三割、両手は身体のうちで三割を占める」と、言い伝えられています。全体の判断では一割に満たない計算になりますが、それでも、一割も手だけから人の情報を読み取れるというのは興味深いことなのではないでしょうか。

また、中国相学においては、面相と頭相が非常に重視され手相と併せて見ることが肝要であり、西洋相学において面相学がどのように手相学と結びついているのかが著者には不明ですが、台湾の相術世界では次のように言われています。

「中国相学の立論は、人生の休咎《きゅうきゅう》(吉凶、禍福)を主とし、心性《しんせい》(こころのあり方)を輔《ほ》(助け)とする。西洋の相術は大きくその趣が異なり、西洋には面相学がないため、手相を重視し面相と頭相を軽視している。その西洋の手相学の立論は心性を主とし、体咎を輔とする」

中国手相学はあくまでも相学、もしくは相術の中のトータル判断における一割であり、そして中国手相学の判断においては人間の心理面による解釈に走るのではなく、人生で直面する物事、事象に白黒を明確につけようとしていいます。つまり、吉凶、優劣、禍福を心理的な描写で表すのではなく、はっきりと良い、悪いと述べている明確な判断が加わっている点において西洋手相学との顕著な違いがあります。

また、古代中国の人体五行学の研究から端を発し、古典の系譜からの積み上げを重視し、各相学の学派ごとに古典の研究から実務までの手相のデータは閉鎖的であまり表に出てこないことから、中国手相学はあまり普及するには至りませんでした。

著名な相学の古典として、南唐の人、宋齊邱《そうさいきゅう》による『玉管照神局《ぎょくかんしょうしんきょく》』（885—958年）や、金代の人、張《ちょう》行簡《ぎょうかん》による『人倫大統賦《じんりんだいとうふ》』などの相学の古典は、いずれも手相のみに言及することはなく、あくまでも手相は相学の一部として取り上げられています。

そして中国手相学は、古代中国の人体五行学の研究の一部として成り立っているように、その手掌（手のひら）、手の形、指の形、紋線（掌線）、指紋、爪などを包括的に捉えて、総合分析をすることの目的は、人間の遺伝や、体質、性格を表す要素を読み取ろうとした相学の一部分の試みであり、手相と呼ばれる占いという観念のもとだけに成り立つものではなく、掌紋医学《しょうもんいがく》とともに、人体医学として手相は研究されてきたのです。次ページ図は「手掌と人体臓腑対応図」です。

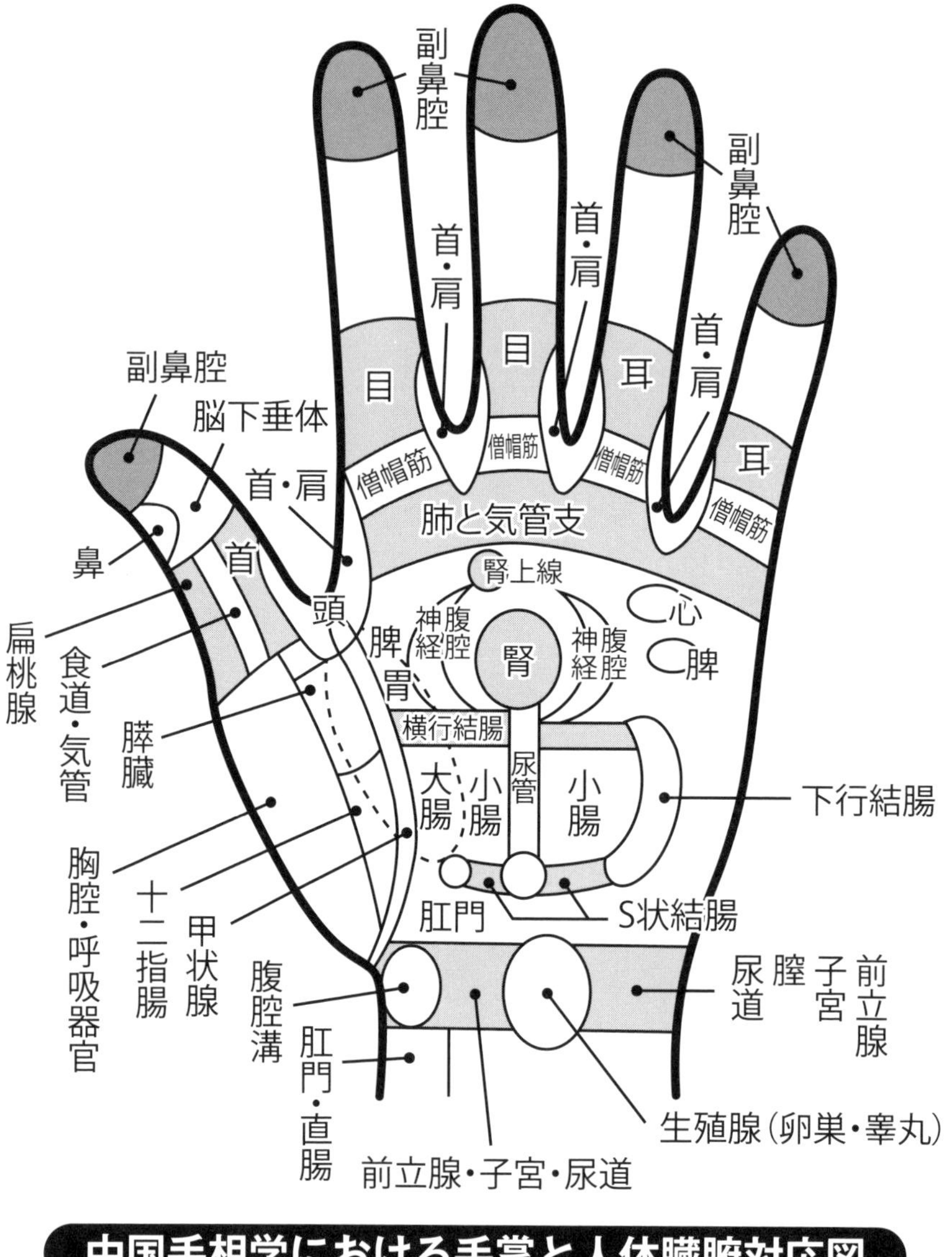

中国手相学における手掌と人体臓腑対応図

手形の看法

――五形

中国手相学では、手形は五行の分別に基づいて区分され五類型となり、性格の特徴を表すものとして判断されます。

1．木形掌《もくけいしょう》（西洋手相学：哲学型）

五形の木に属し、露骨型とも呼ばれます。指の関節が張っていたり骨ばっていたりするため、指を合わせると隙間ができます。木形の手の人は、男女問わず冷静で理知的です。推理力に富み、どんな仕事においても原因を追及します。計画を立てた上で行動する人が多く、失敗が少ないとされます。生活においては、実際的な社会活動が嫌いであり、分析し、

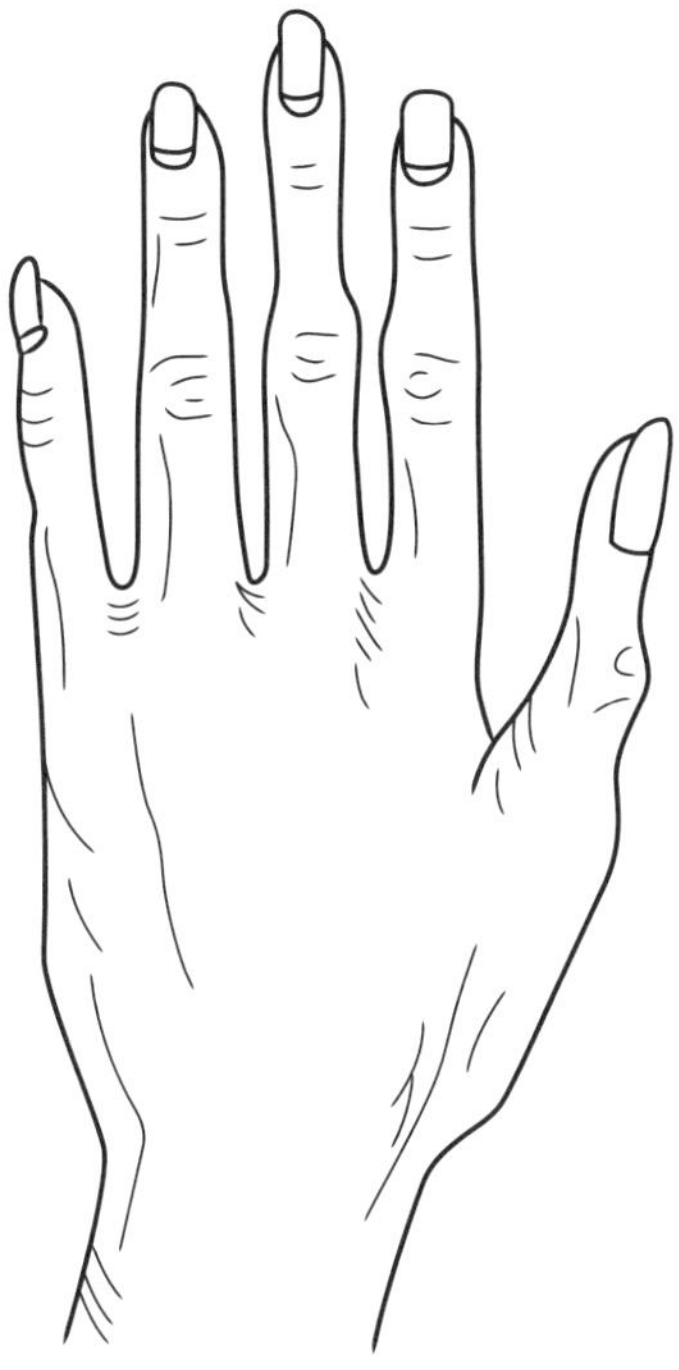

木形掌

理解して、判断をする帰納法的思考の持ち主です。学者や科学者、テクノロジーや専門分野となる技術職に多いとされます。物質的な欲望は少なく、真理の探求に興味があり、宗教や玄学に熱狂しやすいとされます。

【龍長虎短《りゅうちょうこたん》】

中指の指先から第三関節までを「龍」と呼び、指の付け根の第三関節の下から手根線の手首までの長さを「虎」と呼びます。龍と虎の長さを比較して、龍が長く虎が短ければ、吉相とされます。逆に「虎呑龍《ことんりゅう》」（虎が龍を呑む）の相は大変不吉な手掌とされます。

【健康】胃腸、消化器系と呼吸器系統の保養が大事です。

2. 火形掌《かけいしょう》（西洋手相学：空想型）

五形の火に属します。手のひらや指が、皆尖っており肉が薄く、指は根本が太く、第二関節から先にいくにつれて細まっています。

表向きの温厚な性格とは裏腹に、内心はせっかちで感情は衝動的です。常に後先考えずに行動し、思想は幻想的で、実務において不足しがちです。人のことを顧みずに依頼心が強いです。性に対して

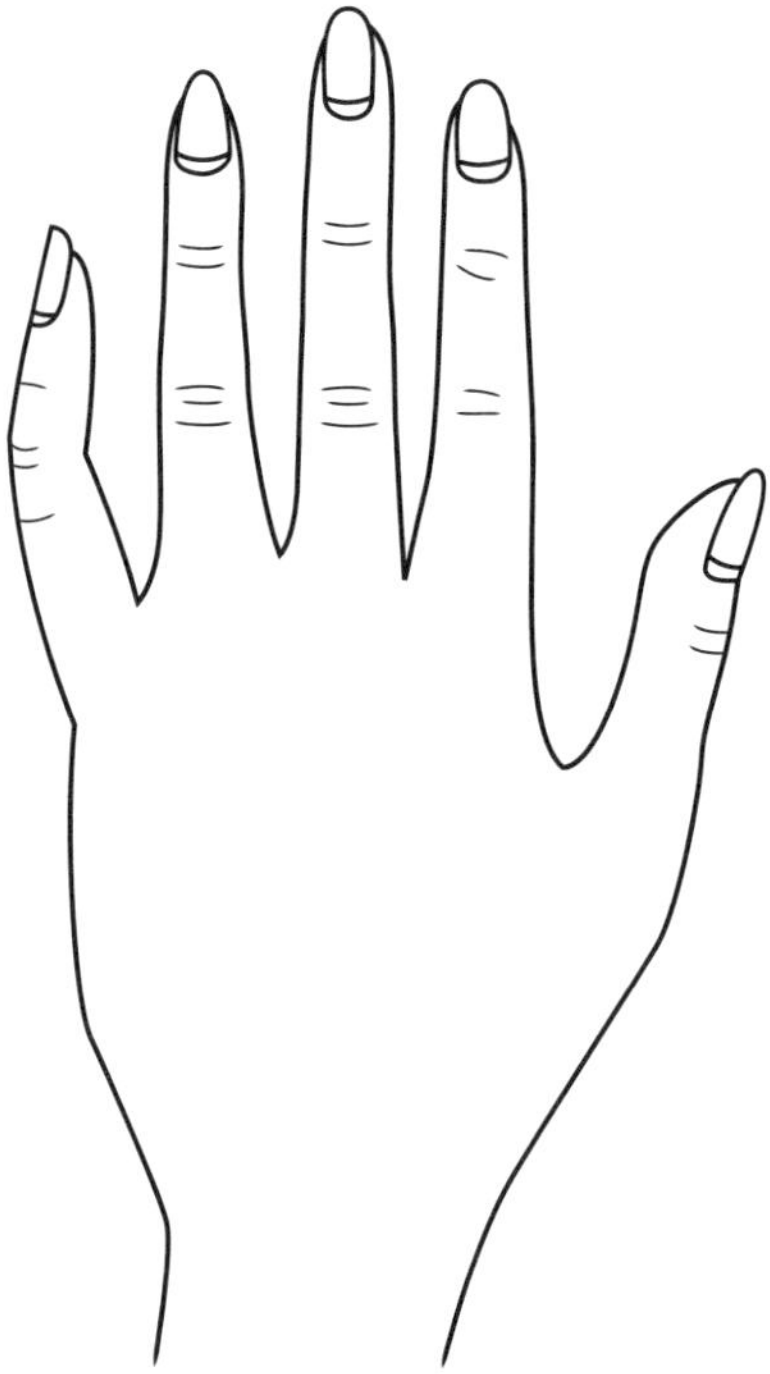

火形掌

奔放であるとされがちです。神秘や秘め事に興味があり、神経は敏感で多感であり、精神生活に重きを置きます。芸術鑑賞が好きで、潔癖で、冷静でいて夢幻を愛します。規律を守る観念はあり、信頼できる人に対しては従順で、外的な影響に左右されやすいことから、軍人に向いているともされます。また、スピリチュアルな感性に富んでいるため、神秘学に熱中しやすいでしょう。

【健康】胃腸、消化器系、心臓病、低血圧に注意。腎臓の保養が大事です。

3．土形掌《どけいしょう》（西洋手相学：活動型）

五形の土に属します。手のひらが分厚く、指が太く短く丸いです。大きく富んでも、小さくしか貴くならないとされます。人柄は誠実ですが、物事に固執しがちな性格です。工業や商業、金物屋や修理工など特殊な技術職、クリエイターなどに向いているとされます。福（幸福）・禄（給料）・寿（寿命）を全うしやすいとされます。

精力が充実しており、思想は積極性に富み、クリエイティブです。計画的に実行力もあり、成功しやすいとされます。ただ性質は穏健とはいえません。衝動的で軽はずみなところがあります。物事を曖昧にすることが嫌いで、白黒をつけたがります。茨の道や難関を突破する意志

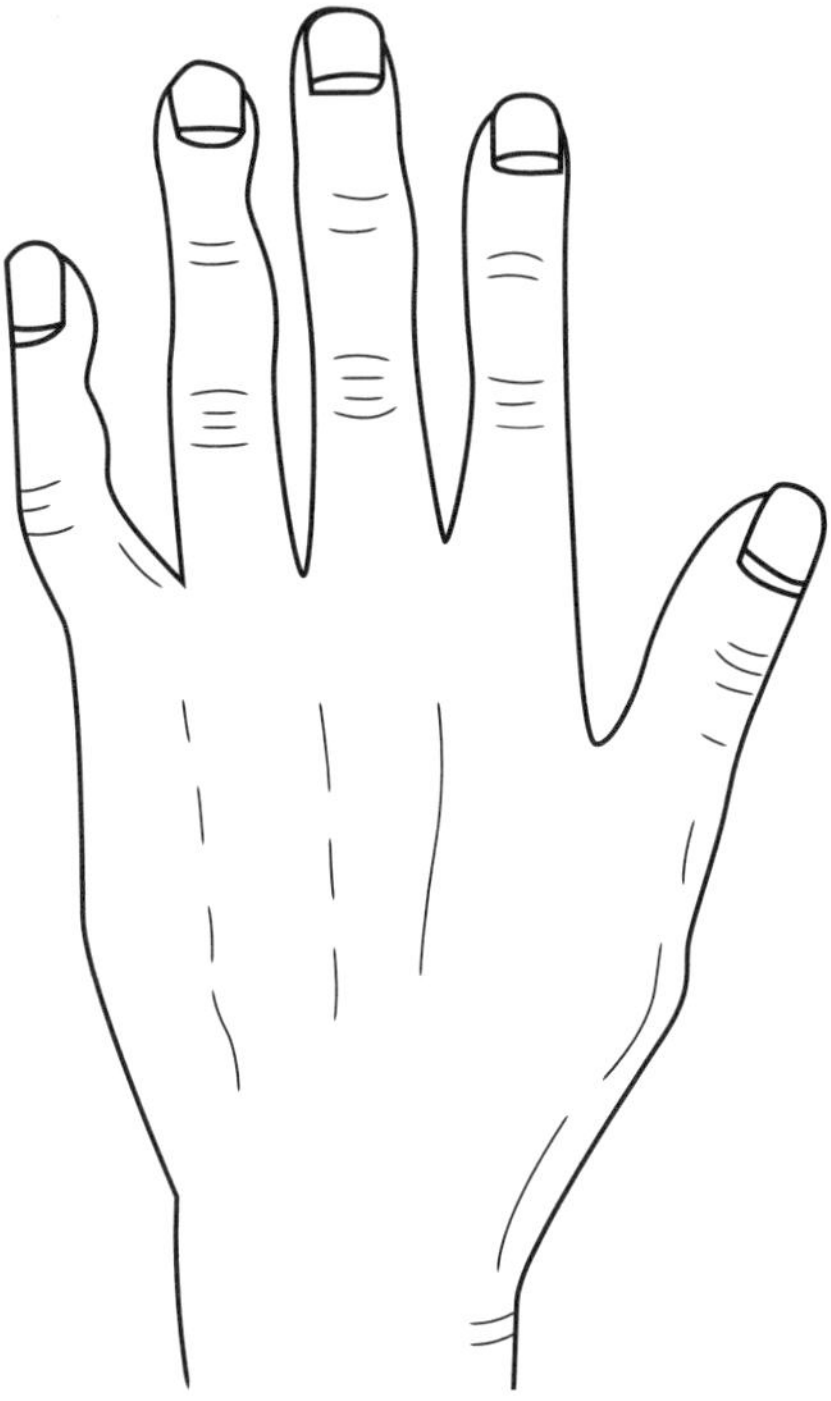

土形掌

力と精神力があり、勇猛果敢に前に進もうとします。物事の処理能力に長け、苦労を厭わず耐え忍ぶことができ、徹夜仕事などは大得意で疲労を知らない人ともされます。束縛を最も嫌い自由奔放で、冒険をこよなく愛します。このタイプの人は、人に雇用されている状態では長所を発揮しにくいです。そのため独立して事業を始める人が多いです。

【健康】肝臓と腎臓及び四肢の保養が大事です。

4. 金形掌《きんけいしょう》（西洋手相学：実際型）

手が方形で角張り、指先から根本にかけて同じような太さをしています。形にしまりがあり、秀麗ならば大富貴になることができるとされます。

性質は剛直で、忍耐力もあり、意志は堅固とされます。地に足がつく堅実さを持ち、規則をよく守り、与えられた仕事を決して投げ出したり放棄したりすることはせず、こなします。多少、融通に欠ける部分はありますが、強烈な意志力と不屈の魂で、失敗を恐れず責任感が強い人です。公正な性格で、忠義に厚く、同情心もありますが、人に対する要求もまた厳格です。専門職の事務員や公務員に

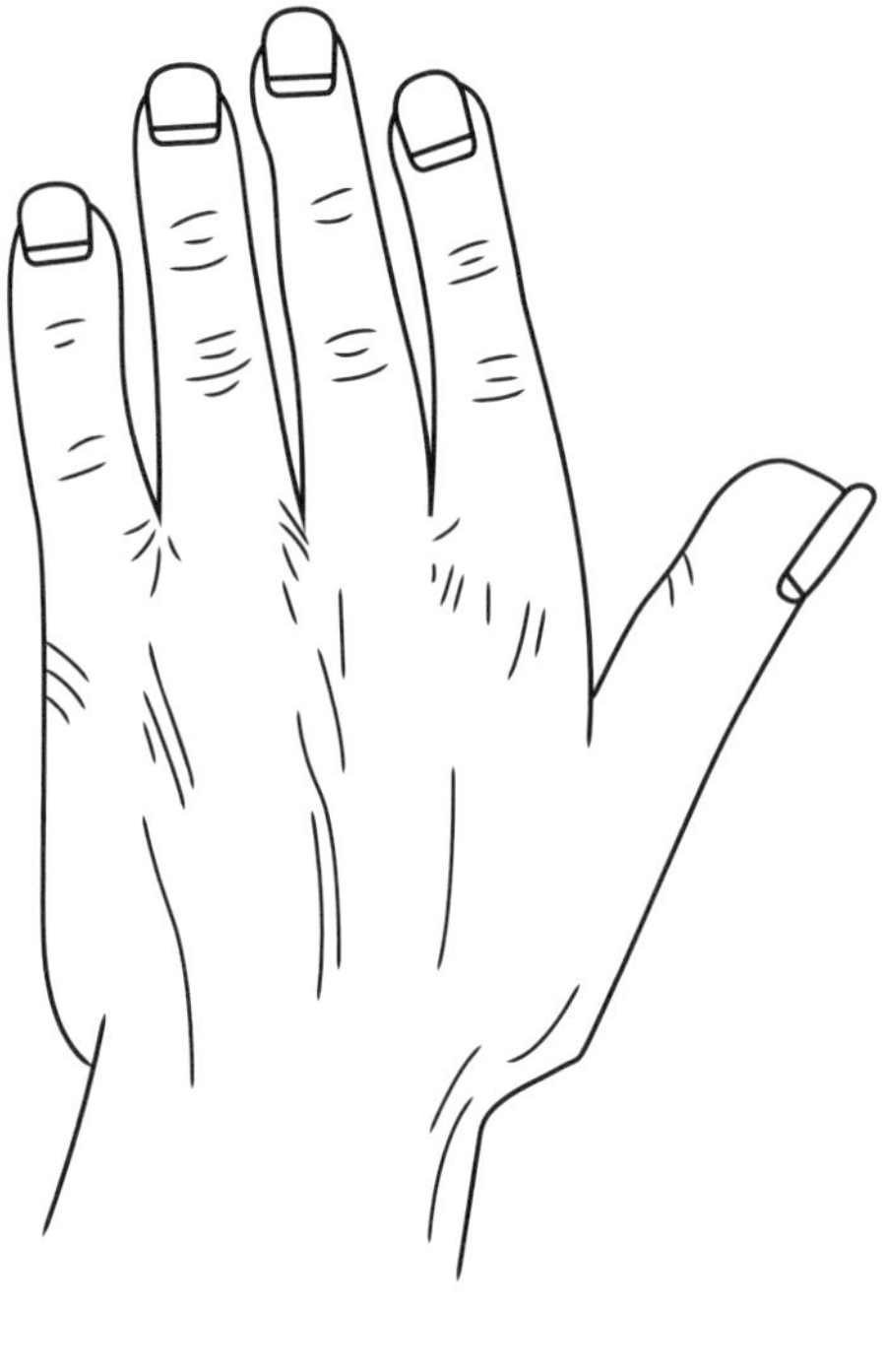

金形掌

比較的多いとされ、自由業にも向いています。愛情面は執着が強い傾向にあります。宗教に対しては不信がり、科学を重視し、非科学的なものは信じようとしません。

【健康】胃腸及び消化器系、呼吸器系など正常ではないことが多く、保養が大事です。

5．水形掌《すいけいしょう》（西洋手相学：芸術型）

五形の水に属します。指は短めで、指先は丸くなっており、手のひらは肉厚で、ふっくらとしています。指先が太く肉付きがいいです。多くは先祖からの遺産があり、聡明で多智とされます。この手の形をした人は、政財界に多く、ビジネスの世界でも活躍します。感覚は鋭敏で芸術を愛好し、人間関係も極めて良好です。感情は熱しやすく冷めやすく変化が激しいので、心変わりしやすく心が常に定まらないとされます。怠惰ならば当然成功し難いでしょう。商業が向いているとされます。

【健康】腎臓、泌尿器系に注意が必要です。また、心臓や血液の循環器系の保養が大事です。

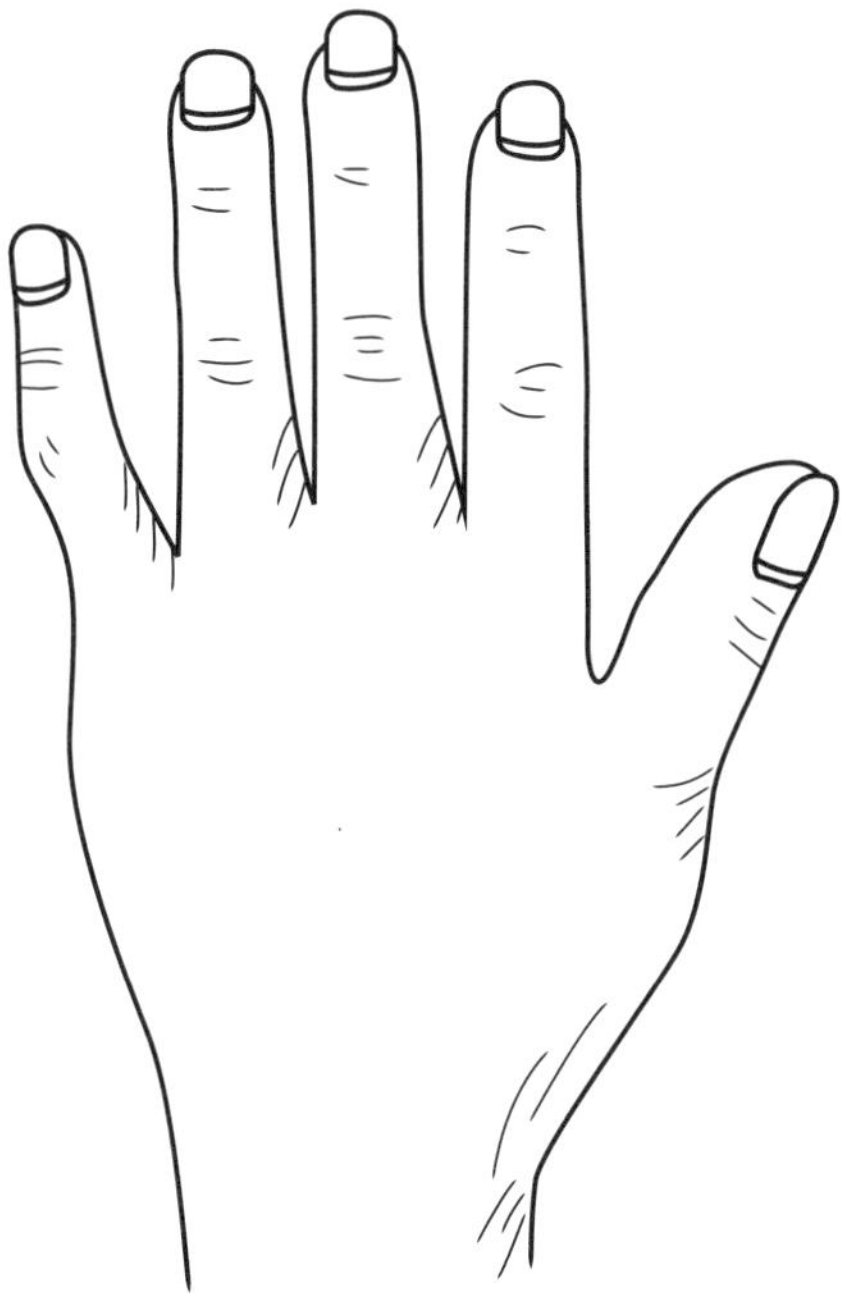

水形掌

掌形について

掌形については、この五類型を基本として、手掌の色、指の形、手掌の肉付き、五行の形の混ざり具合から、五行相生・相剋により、細かくさらなる象意が説かれます。

手相の注意

人によって様々な相を持つ人がいます。ある人は、面部が美しく、手相が醜い。またある人は、面部は醜いが手相は美しい。一つの部位の相をもって妄《みだ》りに判断してはなりません。麻衣道者は、「面貌は根本なり。手足は枝幹なり」と説き、人を相するに際して、手相だけを論じるのではなく、必ず面部と合わせて、手相を観るべきだとしています。十分（全体）を判断するのであって、その内の一つだけで全てを決定することなどできません。

八卦と明堂の看法

『神相全編』「八卦十二宮の図」では、手相を八卦の順に八つに区分し、掌心の「中宮明堂」部分を入れ、九宮に分け説明しています。

八卦十二宮図

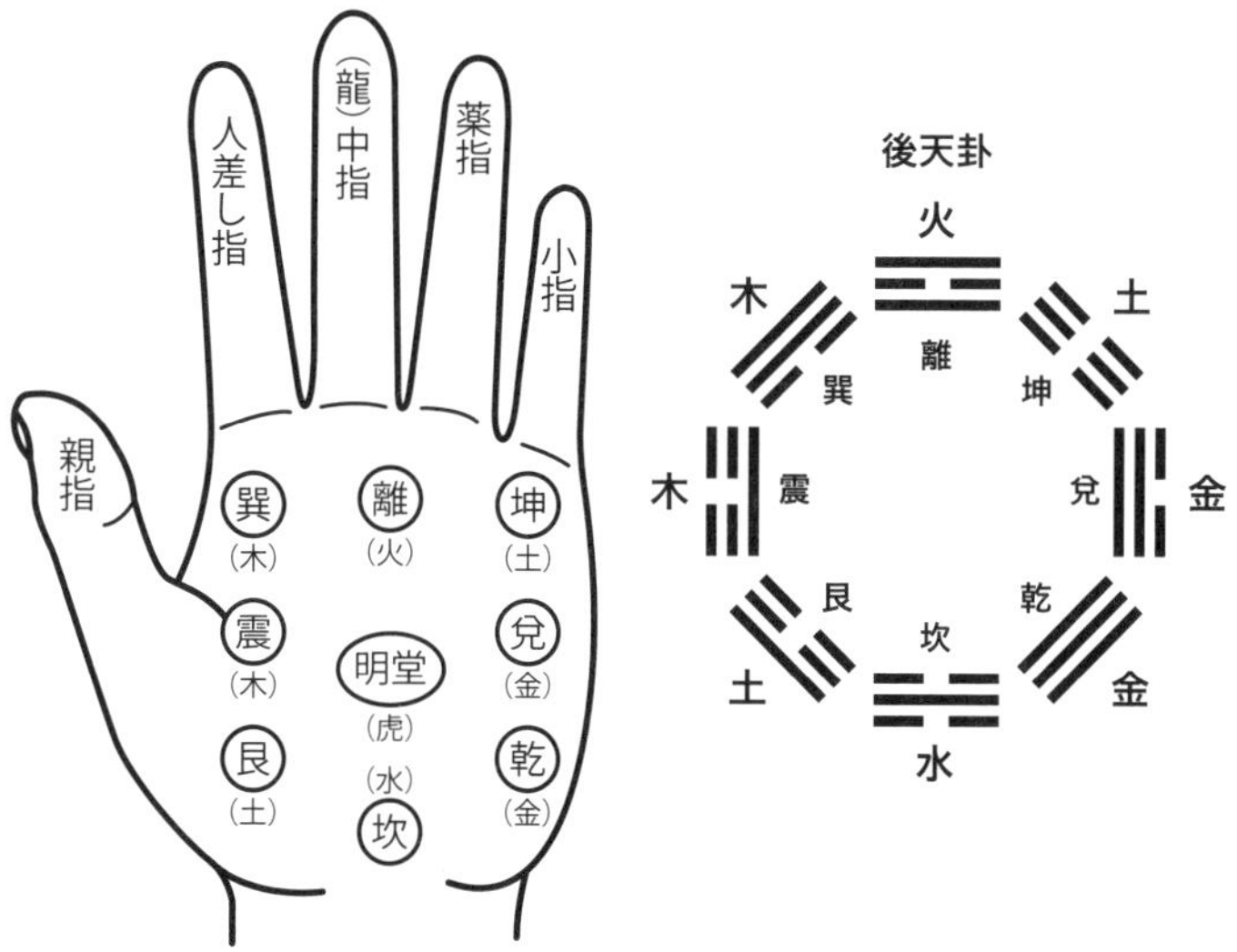

① 震宮《しんきゅう》：親指の付け根
春を表し、木に属する。緑色が好ましい。

② 巽宮《そんきゅう》：人差し指の下
春から夏の切り替わり、木の五行に属する。

③ 離宮《りきゅう》：中指の下
夏を表し、火の五行に属する。赤色が好ましい。

④ 坤宮《こんきゅう》：小指の下

夏から秋の切り替わり、土に属する。

⑤ 兌宮《だきゅう》：小指の下の中央

秋を表し、金に属する。白色が好ましい。

⑥ 乾宮《けんきゅう》：手首の上

秋から冬の切り替わり、金に属する。

⑦ 坎宮《かんきゅう》：手首の中央の上

冬を表し、水に属する。黒色が好ましい。

⑧ 艮宮《ごんきゅう》：親指の下

冬から春の切り替わり、土に属する。

⑨ 中宮《ちゅうぐう》（明堂《めいどう》）：掌の中央

『神相全編』「根基の所属」では、八卦の解説をしています。

乾を天門とし、父とします。**戌亥に居して、金に属します**。

乾は天を象徴し四時《しじ》（四季）を象徴します。万象を包括し玄機《げんき》（奥深い道理）を察知します。もし、子孫のことを知りたければ乾宮で判断します。乾宮が肉厚ならば富貴な子孫を輩出します。


坎を海門《かいもん》（海峡）とし、根基《こんき》（基盤）とします。子位に居て、水に属します。

坎宮が肉厚ならば貴く、紋があり上に突き抜けていれば、貴人の敬意を表しています。

坎宮が低く陥没していたり、紋が沖し散じていたりすれば、風波に遇って水害に侵されます。


艮を田宅《でんたく》（家と土地）とし、墳墓とします。丑寅に居して、土に属します。

艮宮に飛針（針のような紋）があれば、兄弟は少ないかもしれません。たとえ、兄弟がたくさんあっても分離することになる運命です。年齢にかかわらず、兄弟各位はそれぞれ別居し独りで暮らすとされます。


震を妻妾《さいしょう》とし、身位とします。卯位に居して、木に属します。

震の身位は、東にあります。聳《そび》え立って紅色ならば百事に通じるとされます。

低く陥没し震宮を犯せば、妻を剋することがあるとされます。震位（木）は書の籠《かご》を作るとされ、知能や才能を表しています。


巽を財帛《ざいはく》（金銭）とし、禄馬《ろくば》（俸禄）とします。辰巳に居して、木に属します。

巽宮は禄馬を表し、高くて力強いのが好ましいでしょう。もし高峰を起こせば性格は善良です。

低く陥没し、さらに紋理が破れていれば、たとえ富貴だとしても発狂するとされます。


離を龍虎とし、官禄《かんろく》（官位と俸禄）とします。午位に居して、火に属します。

離宮は官禄を表し、南方に定まっています。

破れて陥没していれば、栄華は長続きしません。肉が起これば文官は禄位が加わり、仕える者は官となり、朝廷に入るとされます。


坤を福徳とし、母とします。未申に居して、土に属します。

坤宮は土に属し、四方に位置します。紋が深く剋され陥没して傷ついているのを恐れます。紋が乱れれば、男の子は最終的に破れてしまうとされます。さらに憂鬱なのは、母の位置する坤宮は離散を象徴していることにあります。


兌を奴僕《ぬぼく》（下男）とし、子息とします。酉位に居して、金に属します。

兌宮は下僕や子息を表しています。肉厚で高く隆起していれば、性格は温柔です。

兌宮が低く陥没していて、紋が破れているようならば、子息と下僕の寿命は短いとされます。


掌の中央を明堂《めいどう》、五黄《ごおう》の宮とします。目下の吉凶を象徴します。

中央の深いところを明堂と称します。目下の凶や危機はここに潜んでいます。

紋に角印があれば必ず富貴になります。色が暗黒になれば、災厄があるとされます。

十二宮の看法

掌を十二宮の部位に分けて観察する方法は『神相全編』「八卦十二宮の図」に見出せます。気色の意味と併せて看ていくと、次のような解釈となります。

1. 命宮《めいきゅう》

淡い黄色：命宮は肉が引き締まって凹み、黄色であれば健康です。

ロゼ色：家族や家業が順調で長寿。子孫も反映するとされます。

ピンク色：名誉、地位を得て高名を博するとされます。

白色：肉薄く白色は貧困とされます。

黒色：病気や不幸の相とされます。

2. 財帛宮《ざいはくきゅう》

淡紫色：財帛宮は肉付きがよく豊満で光沢や艶が

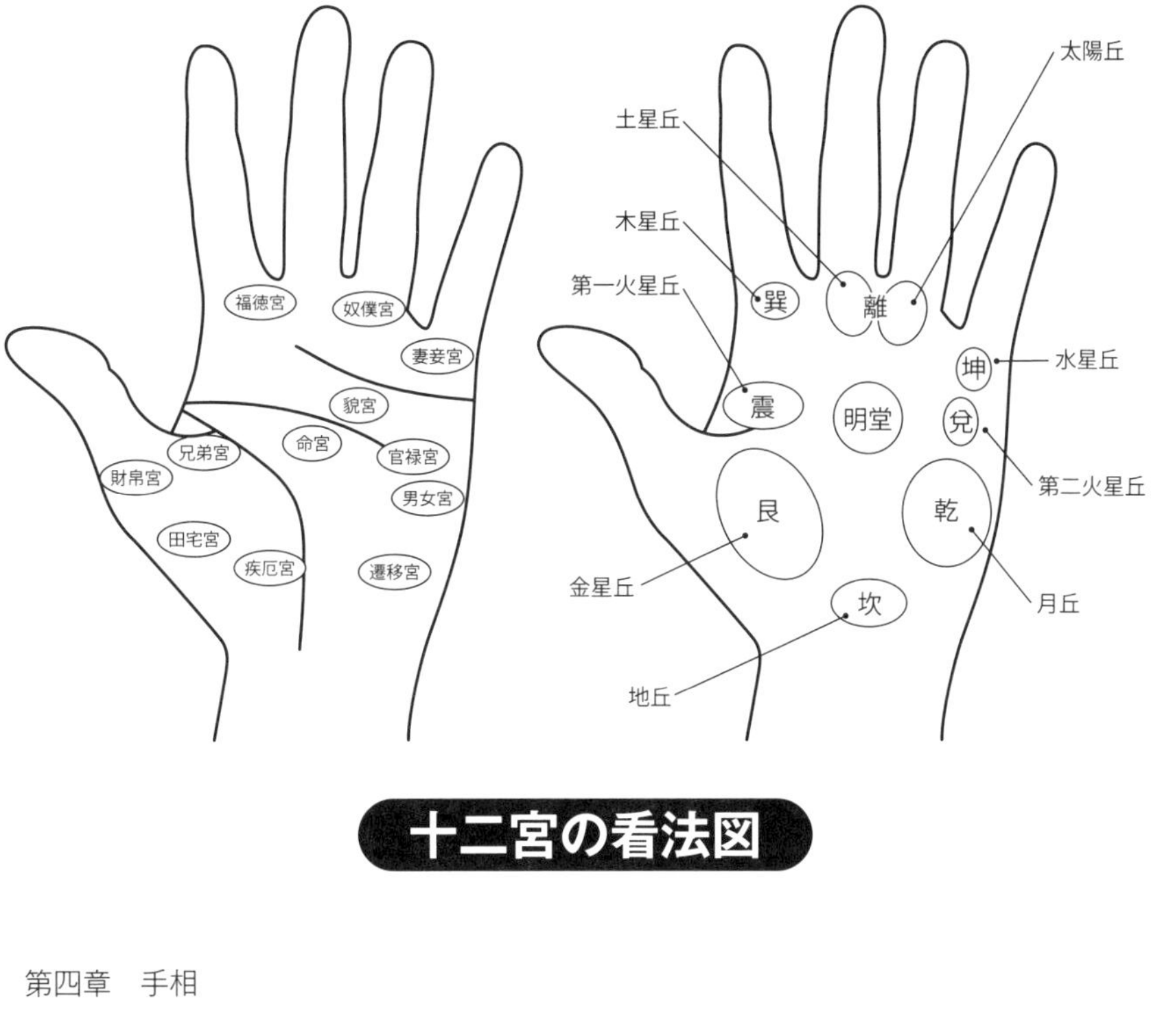

十二宮の看法図

あり、淡紫色であれば富貴とされます。
黄色：正義感が強い。官（職）に就いては名声を得るとされます。
白色：貧困辛苦の相。
黒色：破産の相。

3．兄弟宮《けいていきゅう》

親指の付け根である兄弟宮にある斜めの掌紋の数は兄弟姉妹の数を表しています。例えば、一本あれば一人、二本あれば二人を表しています。
黒色：兄弟姉妹が不和。または兄弟姉妹に病気があります。
赤色：係争を象徴。
黄色：兄弟が仲睦まじいことを表しています。

4．田宅宮《でんたくきゅう》

田宅宮は肉付き豊かで光沢や艶があるのが好ましいです。
青紫色：土地や家、田畑などの不動産があり、財があるとされます。
白色：肉厚でなく白色なのは、貧困を表しています。
赤色：発展。
黒茶色：破産。
暗褐色：斑の暗褐色は財産が変化する相とされます。

5．男女宮《だんじよきゆう》

白色：男女宮の肉付きが豊満で柔らかく白色なのは性格が優しいです。
青色：家庭円満で展望があるとされます。
赤色：肉が硬く赤色なのは家庭が不和。
青黒色：偏った愛情があるとされます。

6．奴僕宮《ぬぼくきゆう》

赤色：奴僕宮が肉付き豊かで整っており赤色であれば家庭円満。
青白色：肉が薄く青白ければ、部下や雇用した人間に恵まれません。
緑色：部下と不倫する相とされます。

7．妻妾宮《さいしようきゆう》

赤色：妻妾宮が肉付きよく豊満で潤沢、赤色であれば家庭円満。
黄色：黄色やロゼ色は円満な夫婦。
白色：夫婦間の愛情は薄く、子女に手を焼くとされます。
黒色：配偶者が病気になる兆しとされます。
緑色：色情に悩む相。

8. 疾厄宮《しつやくきゆう》

疾厄宮の肉が薄く光沢がなく暗いのは身体が弱いとされます。

黒色：病気。

赤と青色：赤と青を全体的に暗くした色は、家族の病気を象徴しています。

赤紫色：肉付きが豊満で赤紫色ならば健康。長寿とされます。

白色の斑点：白色の斑点は艱難辛苦の相とされます。

9. 遷移宮《せんいきゆう》

白黄色：遷移宮の肉付きがよく豊満で白黄色であれば、安定した暮らしを表します。

深紫色：住居は安定し、ますます発展します。

ピンク色：新築改装の相とされます。

赤色：一時的な変化ではなく常に赤色なのは、住居が不安定。

青色：貧苦の相とされます。

10. 官禄宮《かんろくきゆう》

白黄色：官禄宮の肉付きが豊満で光沢や艶があり、白黄色であれば社会的地位が向上し富貴とされます。

ロゼ色：幸福であり聡明です。

白色：優雅な生活。

緑色：転職、転勤。

黒色：一家や稼業の没落の相とされます。

11．福徳宮《ふくとくきゅう》

福徳宮の肉が分厚く隆起し光沢や艶があり、赤色ならば高い地位や役職、富貴とされます。
黄色：交友関係が良好で人間関係に恵まれています。
黒茶色：トラブルに巻き込まれる、災禍があるとされます。
緑色：悩みごと。
白色：貧困の相。

12．貌宮《ぼうきゅう》

白黄色：貌宮が肉付き豊かで張りがあり、白黄色ならば清く貴く名声が広まります。
赤色：聡明。
青白色：軽率な行動。
黒茶色：精神が錯乱した者、病気の相。

——西洋手相学と中国手相学の比較

中国手相学では「後天八卦」「十二宮」などで部位が特定されます。以下、西洋手相学での部位名との対比になります。また、代表的な掌紋の名称なども異なりますので、以下の対比を参照してください。

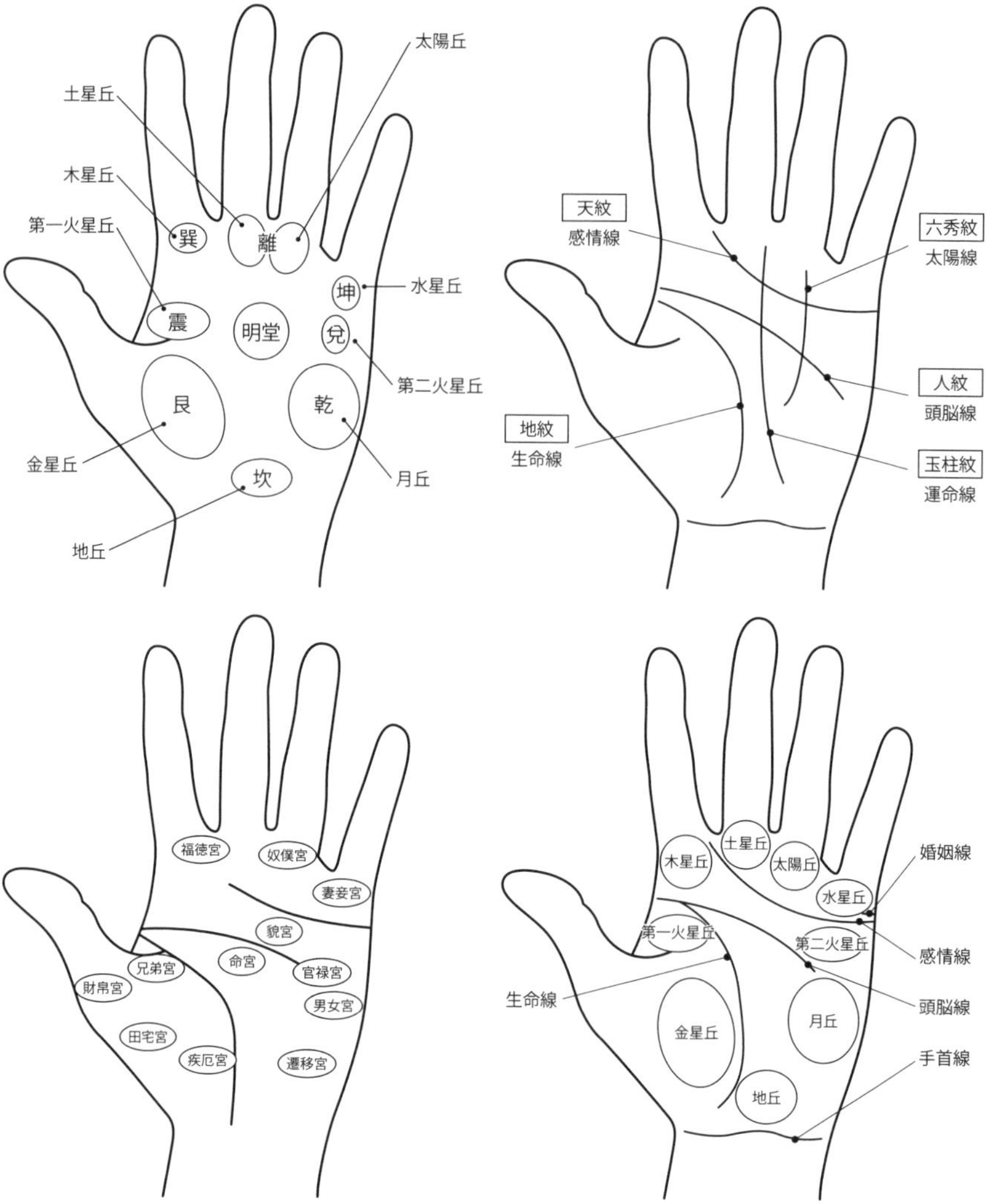

西洋手相学と中国手相学の比較図

左手と右手の手掌（手のひら）について

左手は陽に属し先天であり、右手は陰に属し後天を表しています。男性は左手を基準とし、女性は右手を基準として、手相を見ます。

実際には両手を見ます。その結果、次の3パターンがあります。

①基準となる手相が優れており、もう片手の手相が劣っている場合

男性は左の手のひらの相が優れており、右の手のひらの相が劣っていれば、吉相にはなりません。女性は右の手のひらの相が優れており、左の手のひらの相が劣っていれば、吉相にはなりません。ただし、このような場合は、災難に遭っても、大きな災いにはならないとされ、凶に遭っても吉に化すことができるとされます。

②基準と逆の手相が優れており、基準となる手相が劣っている場合

男性は左の手のひらの相が劣っていて、右の手のひらの相が優れていれば、「陰陽背反《いんようはいはん》」（陰陽が相容れない）といい、普段から凶事が多く、聡明で才智があっても、世に出て成功はし難いとされます。女性は右の手のひらの相が劣っていて、左の手のひらの相が優れていれば、「陰陽背反」となり、才能があっても世に認められず日の目が見られないとされます。

③両手の掌紋が同じ場合

男女ともに、両手の手のひらの掌紋がともに優れていて、同じように等しいならば大吉の貴格とされます。当然、両手のひらの相が相同に悪ければ、その悪い内容どおりに好ましくありません。

掌紋の流年看法

簫湘居士《しょうそうこじ》の『簫相法全集《しょうそうほうぜんしゅう》 二』（1995年発刊）所収の「掌紋流年計算図」によれば、地紋と玉柱紋、それぞれに流年を配しており、掌線の中にある線の乱れや縦、横に入るシワや、掌紋が切れていたりすれば、変化のある年であり、年単位でその人に起こる事象の変化を捉えて見ていきます。

地紋は健康と寿命を表す掌線です。玉柱紋は、仕事やビジネス、事業などがどう成就するか、そしてその規模などを象徴しています。

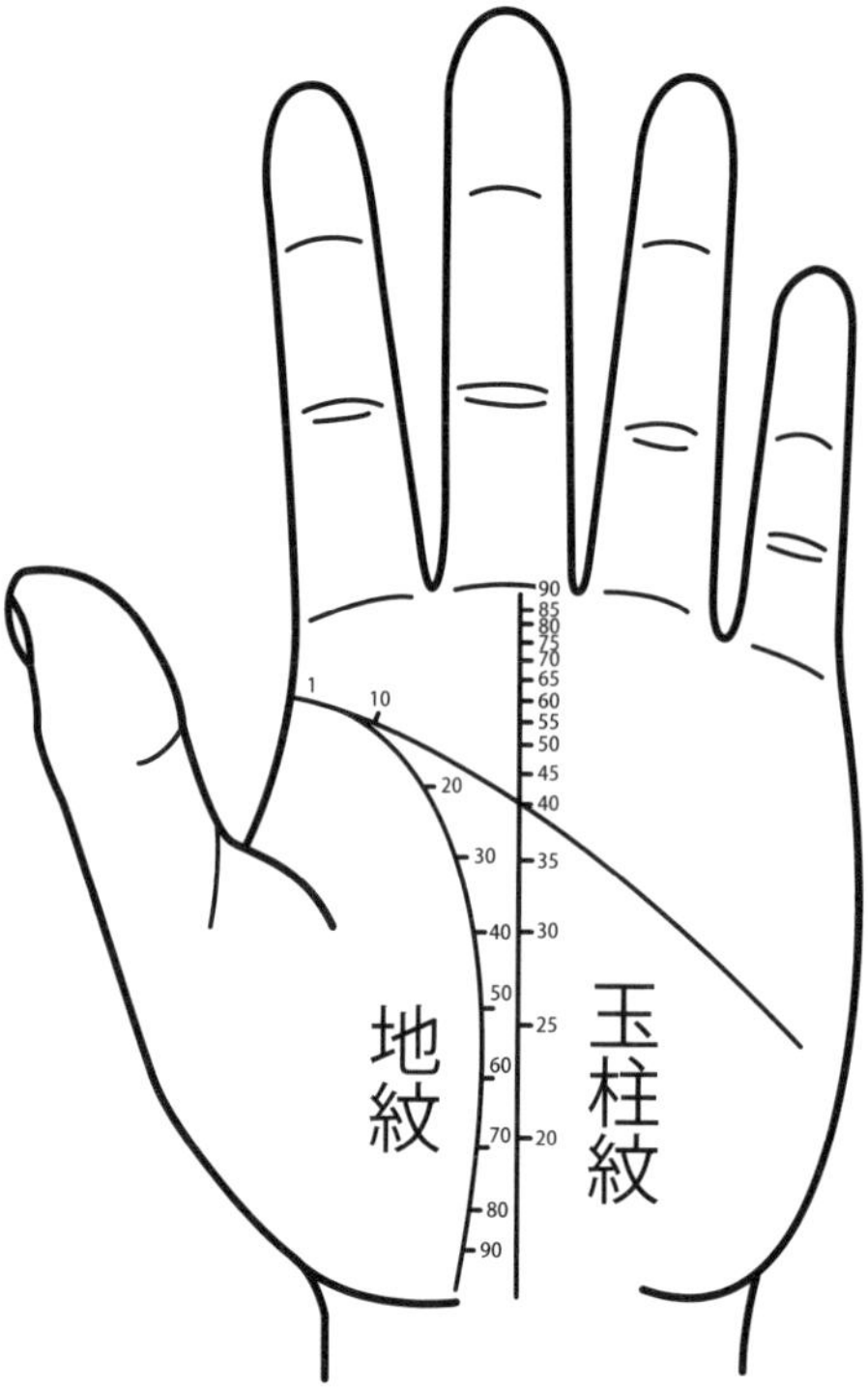

地紋と玉柱紋の性質とその時期の流年と呼ばれる一年単位の運勢を見て、その年齢に起きる地紋と玉柱紋の示唆する内容とともに解釈をしています。掌紋は長く細く秀麗な線が理想とされます。

註
流年図内の年齢は数え年。
数え年：生まれた時点、基点となる最初の年を「1歳」「1年」とし、以降元日を迎えるごとにそれぞれ1歳、1年ずつ加える。

掌紋看法～成功と失敗の分水嶺

掌紋とは何か？

掌紋と呼ばれる手のひらに刻まれている線から、吉凶・禍福を読み解きます。手のひらに数ある線の中でも、天紋・地紋・人紋の三才《さんさい》と呼ばれる掌紋は、母体にいるときに感受した気によって形成されます。その他の掌紋は後天的に形成されるものであり、いにしえの相学の書では奇紋《きもん》とも呼ばれ、各掌紋の説明がされています。

三才の掌紋

天紋（西洋手相学：感情線）の意味するものとは、父の出身と「貴賤」及び、自分自身の幼年期においては「先祖の徳」を表しているとされます。幼年期は両親の庇護下にあり、家庭環境がその人の運命を支配している意味にも「先祖の徳」や「天賦」のものであると解釈できます。また、天紋は自分自身の感情から、異性への愛情の真実、結婚への傾向性を表しています。

地紋（西洋手相学：生命線）とは、母の寿命、及び自身の健康と寿命、仕事やビジネスの成功と失敗を表しているとされます。

掌紋看法図

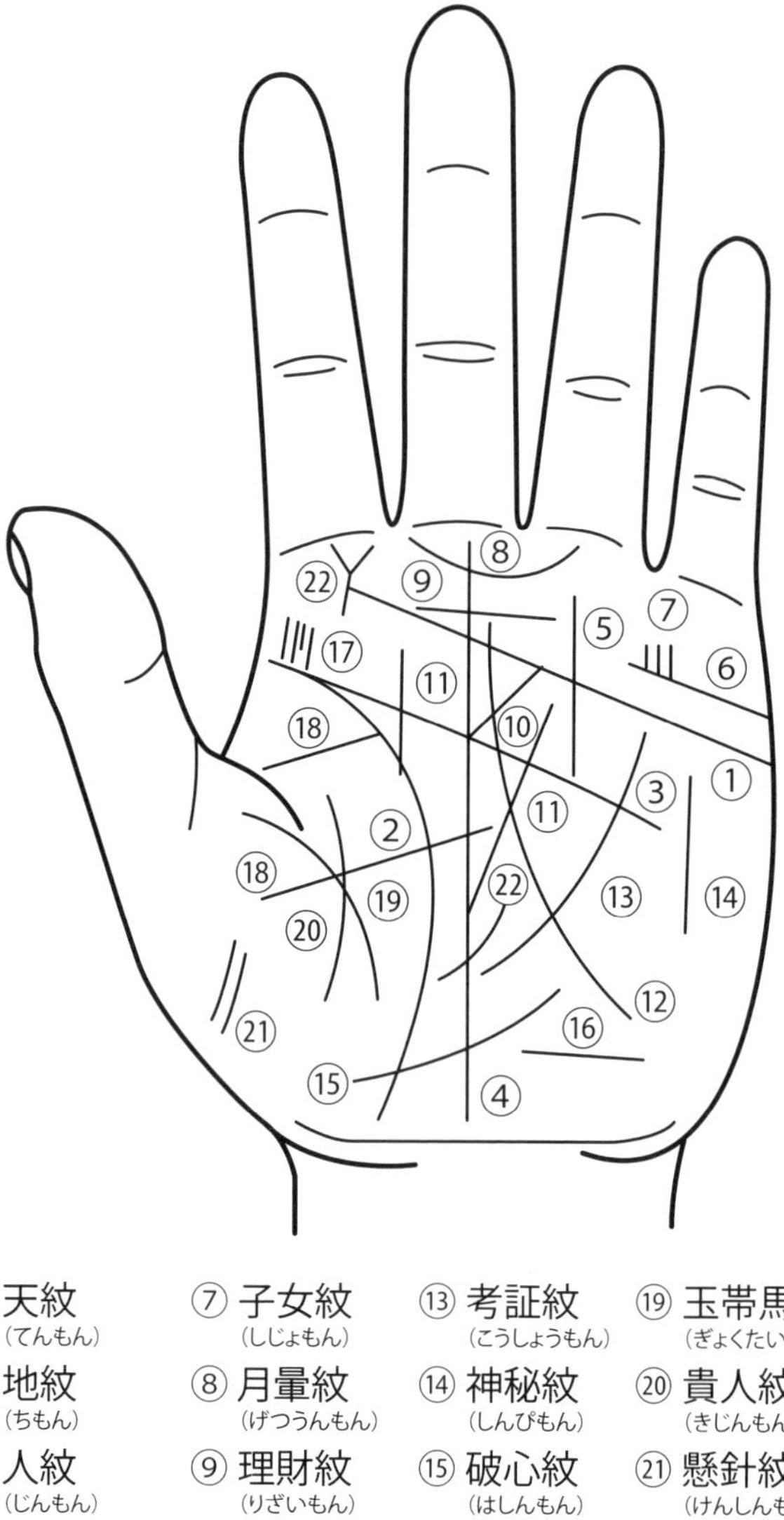

① 天紋（てんもん）
② 地紋（ちもん）
③ 人紋（じんもん）
④ 玉柱紋（ぎょくちゅうもん）
⑤ 六秀紋（りくしゅうもん）
⑥ 家風紋（かふうもん）
⑦ 子女紋（しじょもん）
⑧ 月暈紋（げつうんもん）
⑨ 理財紋（りざいもん）
⑩ 強性紋（きょうせいもん）
⑪ 福筆（ふくひつ）
⑫ 沖天紋（ちゅうてんもん）
⑬ 考証紋（こうしょうもん）
⑭ 神秘紋（しんぴもん）
⑮ 破心紋（はしんもん）
⑯ 旅行紋（りょこうもん）
⑰ 夢遊紋（むゆうもん）
⑱ 横串紋（おうかんもん）
⑲ 玉帯馬（ぎょくたいば）
⑳ 貴人紋（きじんもん）
㉑ 懸針紋（けんしんもん）
㉒ 夜叉紋（やしゃもん）

人紋（西洋手相学：頭脳線）とは、自分自身の智慧及び、結婚の成功と失敗の傾向性を表しているとされます。

これらの三つの紋は三才紋と呼ばれ、「沖破《ちゅうは》」と呼ばれる手のひらに他の掌紋や、皺、傷などによる干渉がないことが理想とされ、沖破がなければ富貴の相とされます。逆にこれらの紋（線）が散り散りになって乱れていたり、指の付け根から出ていたりすれば、破敗《ははい》の相といい、不測の災いがあり不吉とされます。

玉柱紋《ぎょくちゅうもん》（事業線）

玉柱紋は、別称として文筆紋《ぶんぴつもん》、高扶紋《こうふもん》などと呼ばれ、西洋手相学でいうところの「運命線」（職業線）の位置にあたります。玉柱という呼び名は、手首のあたりから中指に向かって伸びていく一本の柱のようであることに由来します。玉柱紋の線は、掌紋医学による人体臓腑の対応の上では、腎上体（副腎）、腎臓、生殖腺といった内分泌器と対

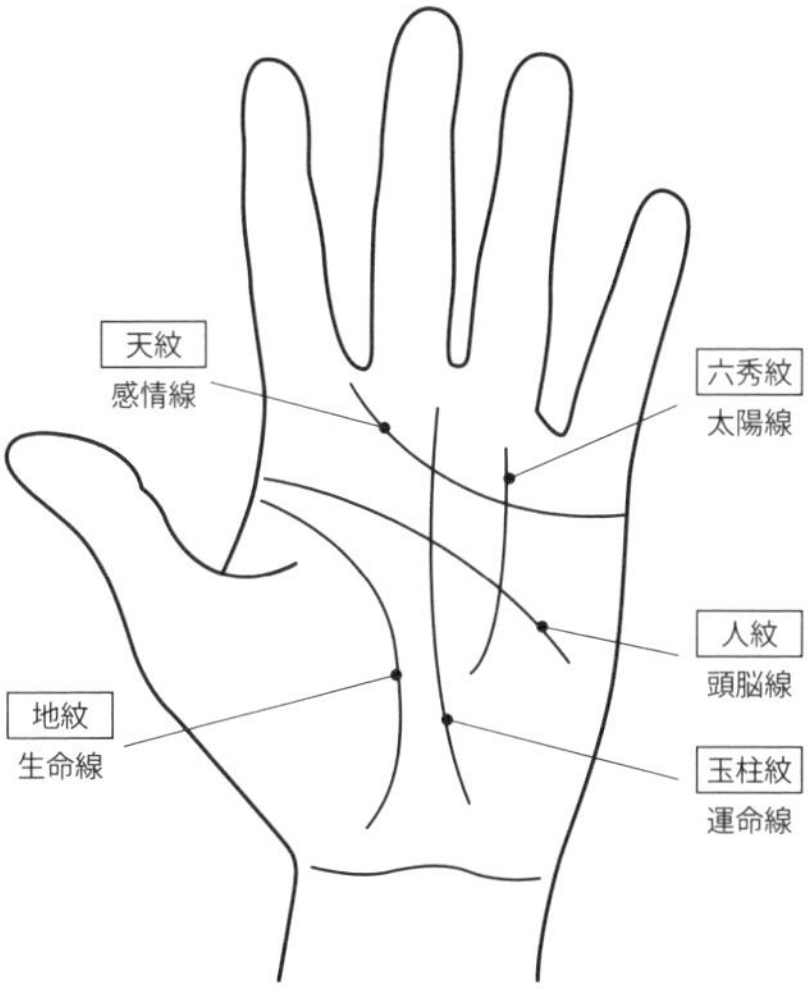

西洋手相学との対比

応しているため、松果体、下垂体などの脳組織の活動と関係しているとされます（参照：手掌と人体臓腑対応図）。また中国手相学では、玉柱紋と前頭葉と頭頂葉の関係が指摘されます。

玉柱紋の優劣とは、人間の一生を通じて仕事やビジネス、事業などがどう成就するか、そしてその規模などを象徴しています。仕事の業績やビジネス・事業の収入の多少、人間関係はどういったものであるかなどを判断することができます。

大多数の人の玉柱紋は、坎宮から中指の付け根あたりにかけての線となっています。極少数の人のみ、中指の付け根より上に線が伸びている場合もあります。

また全ての人で玉柱紋の紋形《もんけい》（線の形状）や線の走っていく方向などは異なっており、これは人それぞれの業績や収入が異なっているのと同じです。玉柱紋は長く細く秀麗な掌紋が理想とされます。

六秀紋《りくしゅうもん》（成功線）

薬指の下に現れる真っ直ぐな掌紋A線、小指の下に現れる真っ直ぐな掌紋B線、これらを六秀紋と呼びます。

肉厚な手である金形掌、土形掌及び水形掌に現れる六秀紋は吉相です。手の厚みが薄い木形掌、火形掌に現れる六秀紋は吉相ですが、幾分か金形掌、土形掌及び水形掌に現れる六秀紋よりは劣るとさ

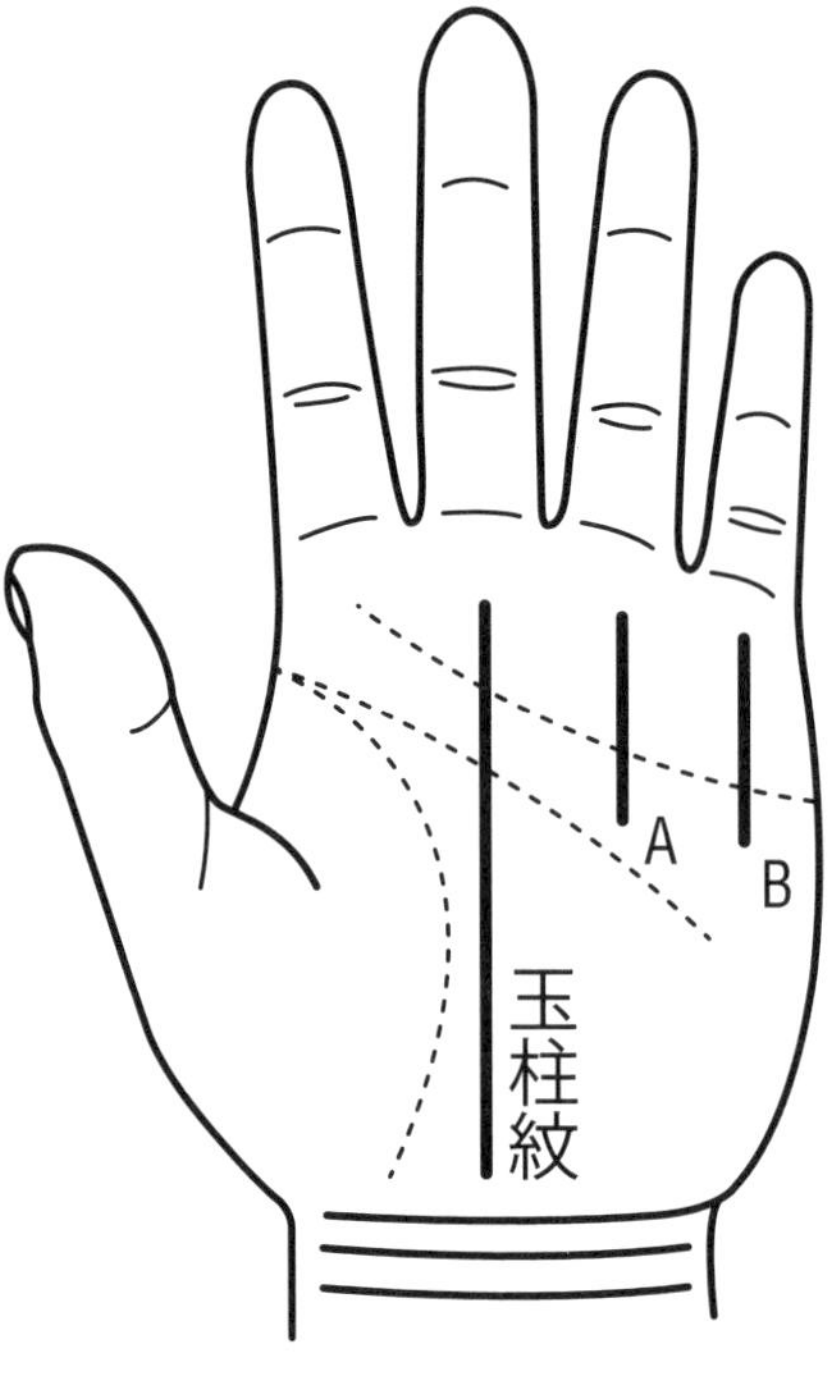

玉柱紋と六秀紋A、B

れます。

中国手相学では、六秀紋と小脳と脳幹の関係が指摘されています。六秀紋は掌紋医学においては腹腔神経叢、肺と気管支、心臓、脾臓と対応しています（参照：手掌と人体臓腑対応図）。腹腔神経叢とは、みぞおちのことであり、中医学の経絡論においては、みぞおちは身体の正中線上を走る任脈の「鳩尾《きゅうび》（みぞおち）」という経穴《けいけつ》（ツボ）となっており、みぞおちの奥の腹腔神経叢には多数の交感神経（神経叢）が走っています。鳩尾と六秀紋の関係を掌紋医学から説明するのに、日本の整体指導者で野口整体の創始者である野口晴哉《のぐちはるちか》（１９１１―１９７６年）の身体図式を参考にすると、鳩尾は特に大切な役割を与えられており、下丹田、背骨とその両側に並行して走る気の流路などとともに、邪気を吐き出して、リラックスしていくための急所であり、そこの力が抜けないと、気が頭に上がりっぱなしになるため、脳出血や脳梗塞を起こしやすくなるといいます。

六秀紋の優劣として、貴人縁、異性縁、知能、第六感などが挙げられ、言わばこれらの事柄の共通項として、コミュニケーション能力も関係していることでしょう。また、六秀紋は身体の健康、財運にも関係しています。特に凶に遭っても吉に化す力が六秀紋にはあると信じられています。通常は年を取れば取るほど、成功のチャンスは減るものですが、この六秀紋があれば晩年の成功などをも可能とする兆しと考えられています。

理財紋《りざいもん》（資産線）

天紋の上にあり、中指から薬指までの間を横に伸びる横紋を理財紋といいます。理財紋は掌紋医学では、肺と気管支に関係しており、中国手相学では、循環器系との関係が示唆されています。理財紋がある人は資産管理の能力に長けているとされます。

ただし理財紋が秀麗であっても、面相における財帛宮が整っていなければ、大きく富むことはできないとされ、面相が手相よりも重視されます。

貴人紋《きじんもん》

地紋の傍より出現している短い紋を貴人紋と呼びます。別称として、祖蔭紋《そいんもん》とも陰騭紋《いんしつもん》とも呼ばれます。この貴人紋があれば、危険な目に遭ったときに凶を吉に化す力があると信じられています。掌紋医学では膵臓、十二指腸、甲状腺などと関係した掌紋となっています。また中国手相学では、先祖の生前行った徳行《とっこう》（徳の高い行い）と関係しており、先祖が陰徳を積んだのならば子孫にこの貴人紋が現れるといいます。

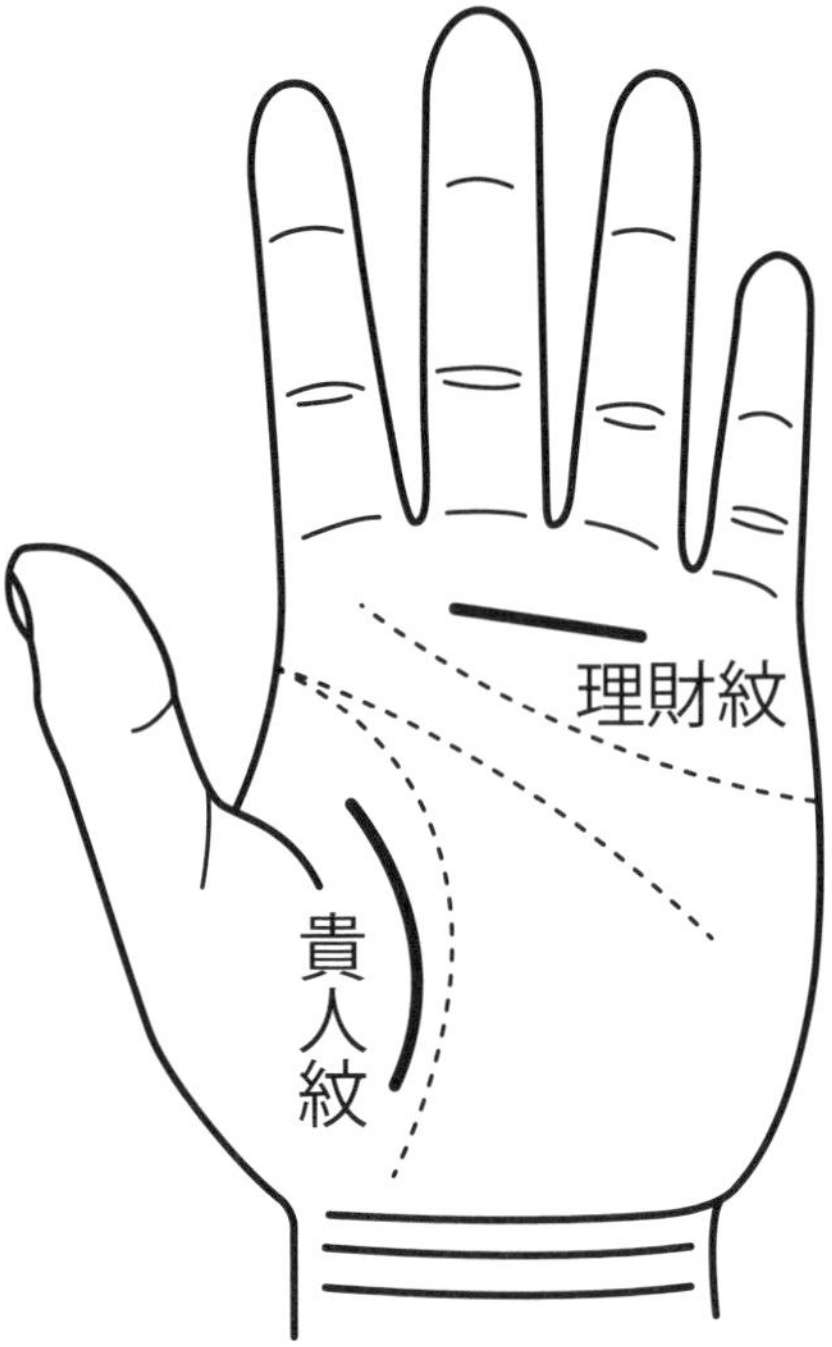

理財紋と貴人紋

麻衣相法の手紋解説

1. 四季紋《しきもん》 四時

五行と後天八卦方位に基づけば、春（太陰太陽暦の二月）は親指の付け根である震位を指し、五行は木に属し、青色（緑色）であるのが好ましいとされます。

春と夏が交わる季節（太陰太陽暦の三、四月）は人差し指の付け根である巽位を指し、五行は木に属します。

夏（太陰太陽暦の五月）は中指の付け根である離位を指し、五行は火に属し赤色なのが好ましいとされます。

夏と秋が交わる季節（太陰太陽暦の六、七月）は小指の付け根である坤位を指し、

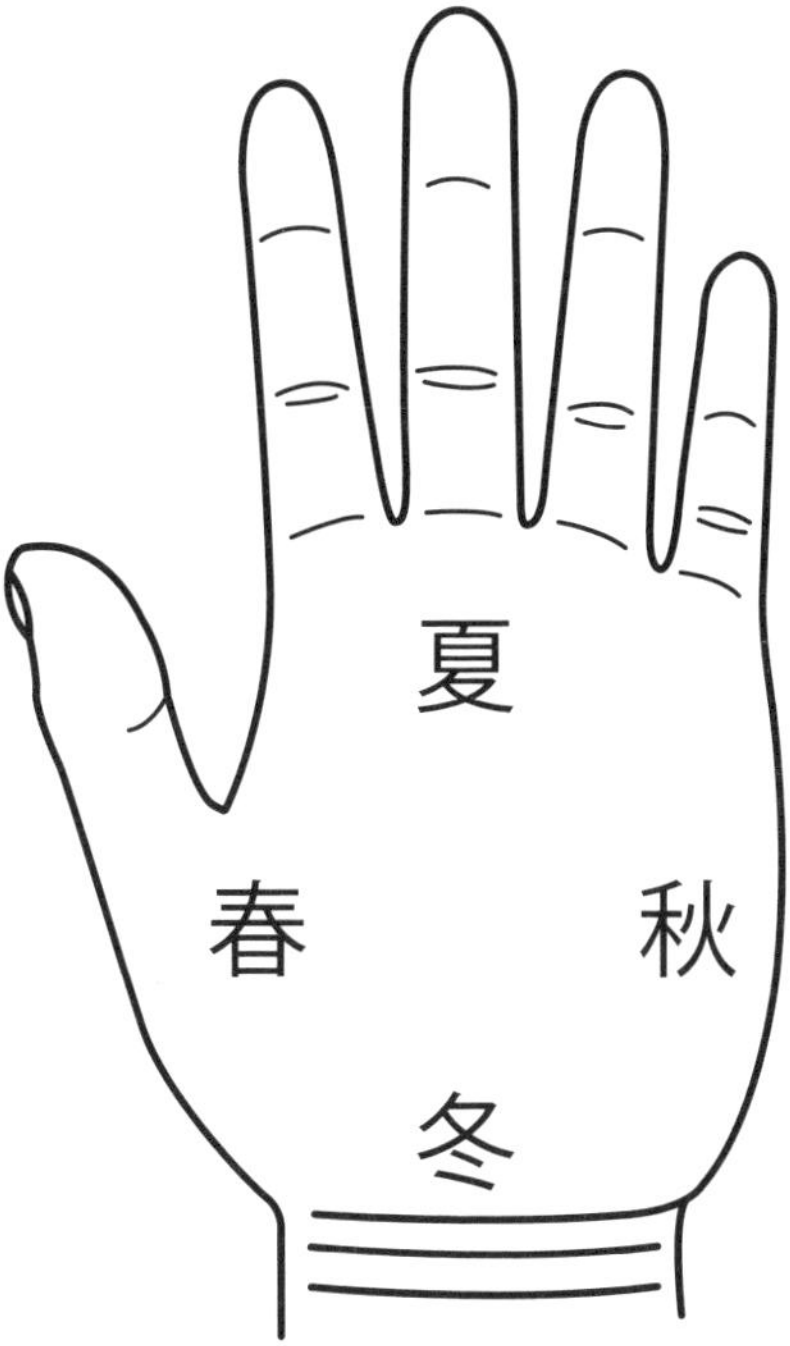

四季紋

五行は土に属します。

秋（太陰太陽暦の八月）は小指の下の中央に位置する兌位を指し、五行は金に属し白色が好ましいとされます。

秋と冬が交わる季節（太陰太陽暦の九、十月）は手首の上に位置する乾位を指し、五行は金に属します。

冬（太陰太陽暦の十一月）は手首の中央の上に位置する坎位を指し、五行は水に属し黒色が好ましいとされます。

冬と春が交わる季節（太陰太陽暦の十二、正月）は親指の下に位置する艮位を指し、五行は土に属します。

中央である掌の中心部位を明堂といい、黄色が好ましいとされます。

春（巽位）は青色（緑色）がよい。夏（離位）は赤色がよい。秋（兌位）は白色がよい。冬（坎位）は黒色がよい。これらが代表的な掌の色であり、吉であるとされます。これに反していること、例えば、夏に黒色が生じていれば凶とみなします。

2. 拝相紋《はいそうもん》 大貴

拝相紋は乾宮から探します。この紋は美女の腰のような琴にとても似ています。

性格は善良で、文章が抜きん出て優れており、常に君王の恩寵を得るとされます。

漢代の名相であった張良《ちょうりょう》（？—紀元前186年）にも、この拝相紋があったと言い伝えられています。

3. 帯印紋《たいいんもん》　大貴

印籠型の楕円形の掌紋を帯印紋といいます。将来に功名を得ることができるとされます。富貴を願わなくても、自ずと清美《せいび》（清らかで美しいこと）で著名となり、上卿《しょうけい》という高い役職を得ることにたとえられています。

4. 兵符紋《へいふもん》　一品貴

兵符紋は掌の中央に現れる兵器の形状をした掌紋です。年若くして登科《とうか》（中国

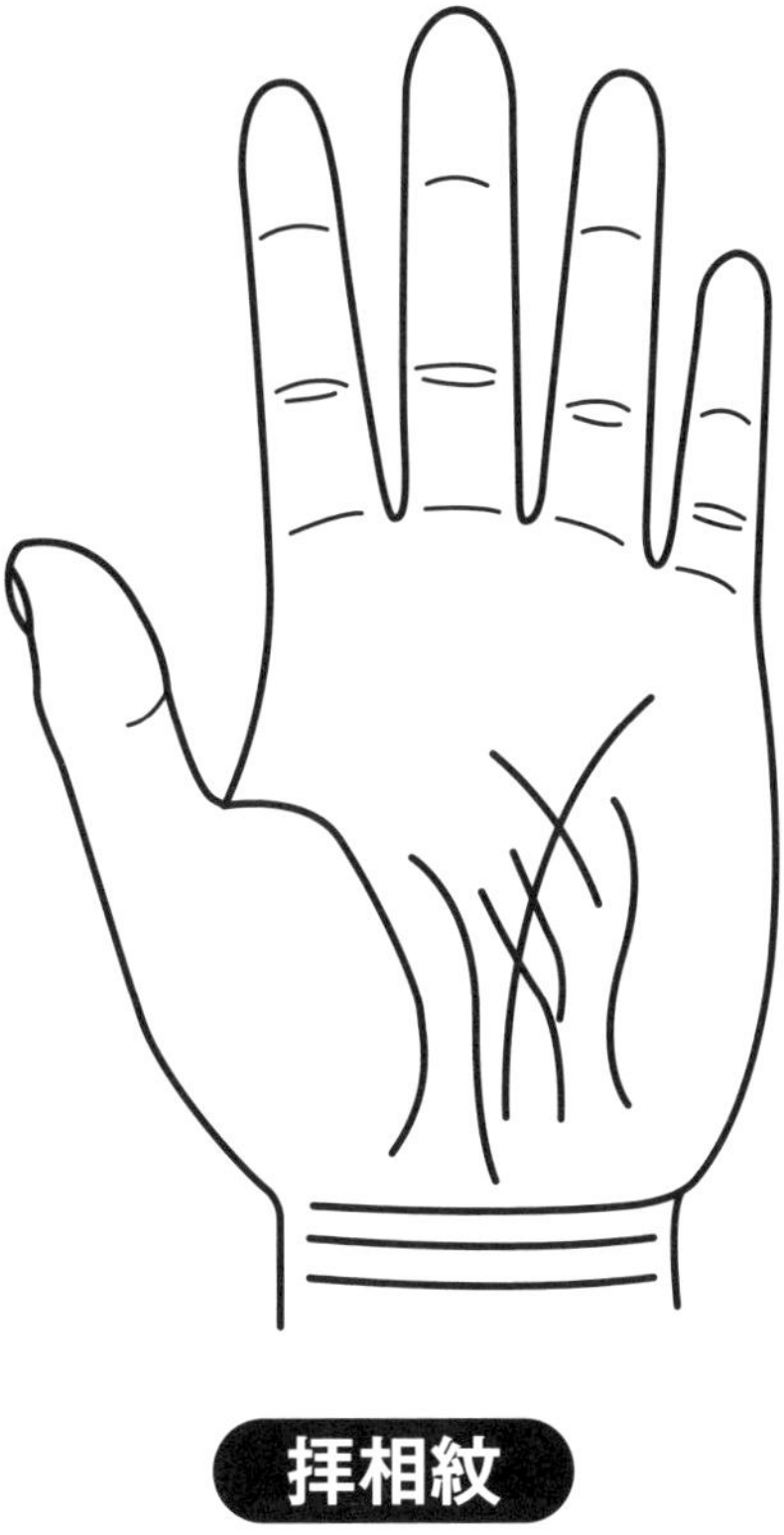

拝相紋

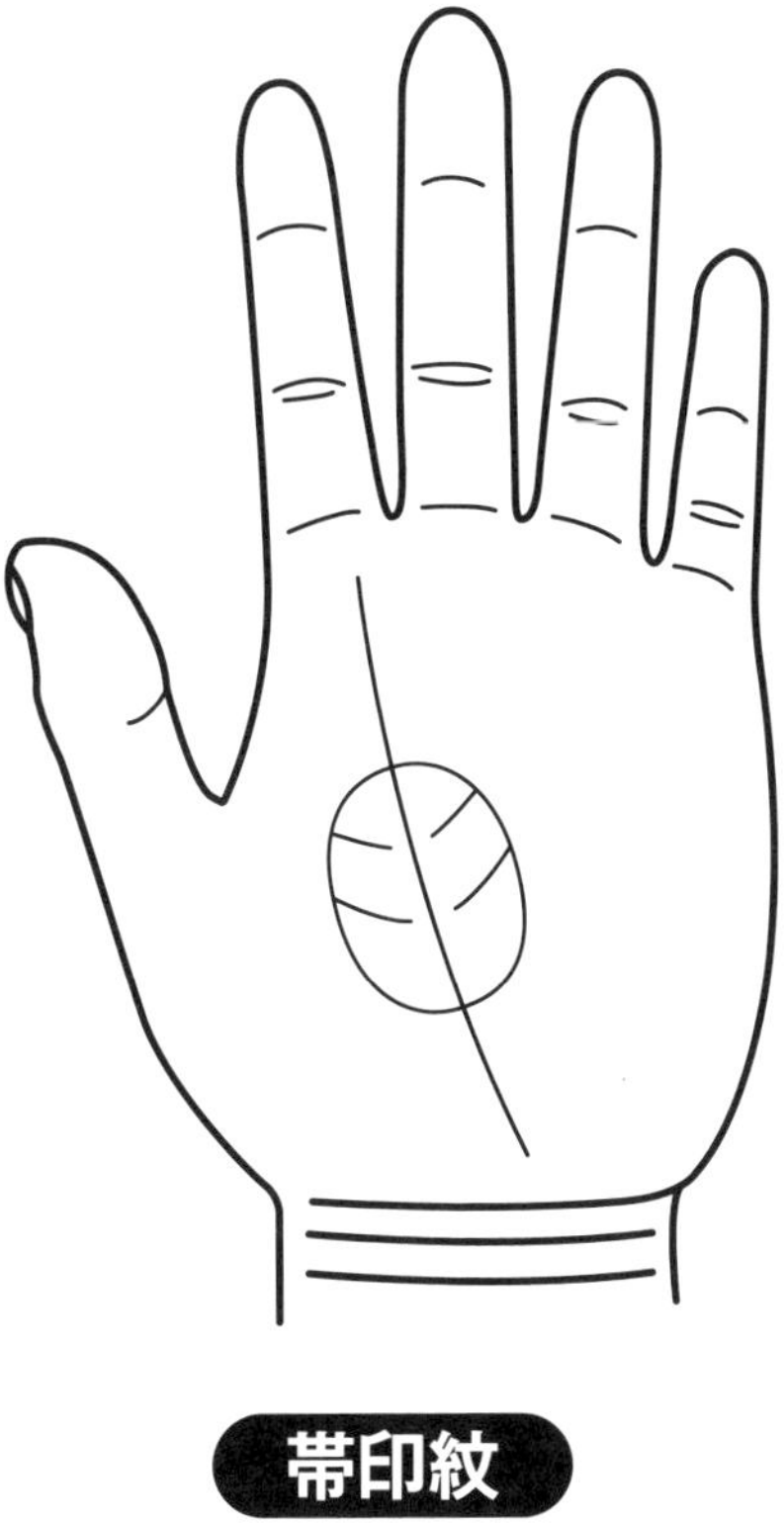

帯印紋

の昔の試験制度において科挙に合格すること）し、仕途《しと》（官職への道）は長いとされます。

多くが武官とされ、辺境を鎮守し、国家のために南征北戦（外征）し、汗馬功労《かんばこうろう》（馬を駆って戦場で活躍した功績のこと）があるとされます。中国秦末から前漢初期にかけての政治家・軍師の陳平《ちんぺい》（？―紀元前178年）の手にはこの掌紋があったと言われています。

衛青《えいせい》（？―紀元前106年）や、衛青の甥である霍去病《かくきょへい》（紀元前140年―紀元前117年）などを彷彿とさせる象意です。

5. 雁陣紋《がんじんもん》　宰相

雁陣紋は*朝衙紋《ちょうがもん》とも呼ばれます。雁が一列に並んで飛ぶさまを文字に見立てて雁字というように、雁の一群が列をな

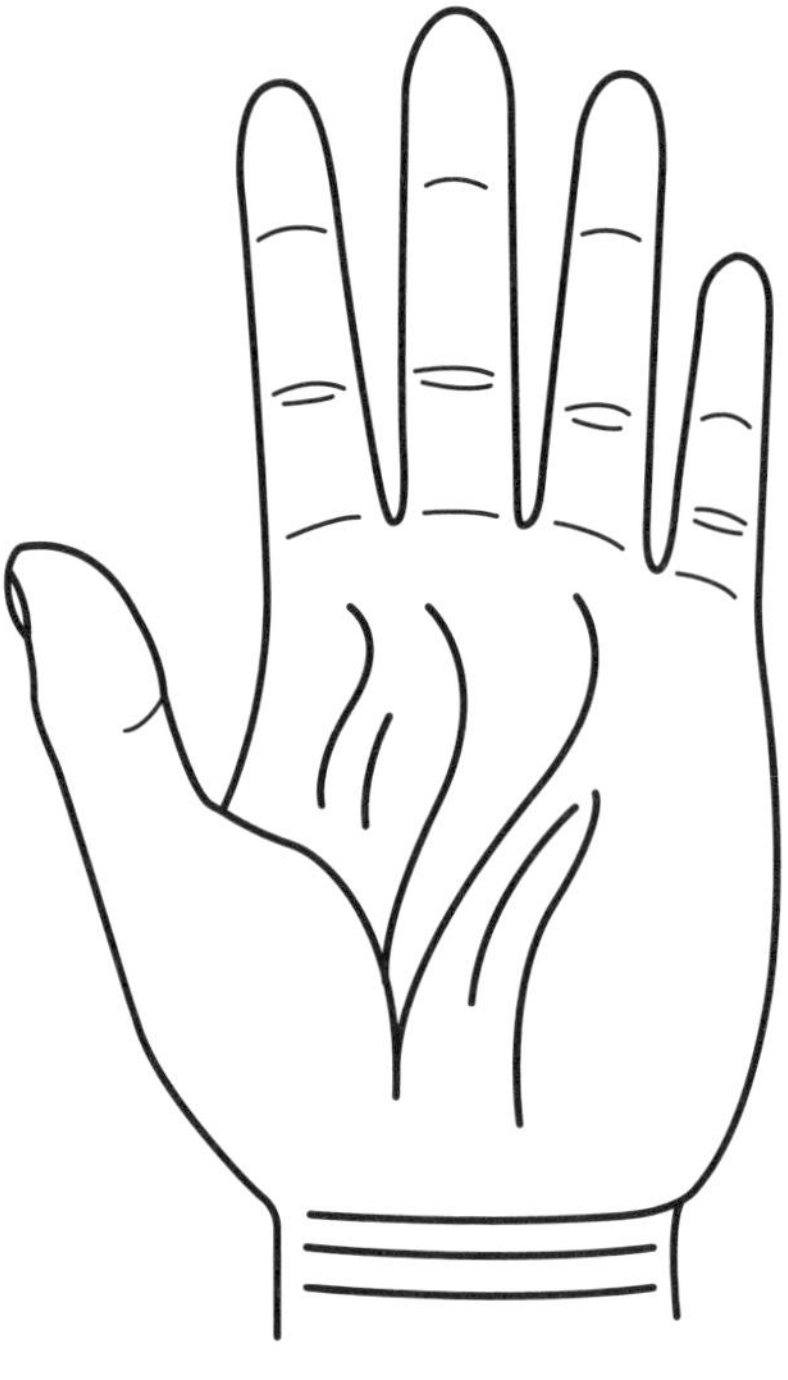

雁陣紋

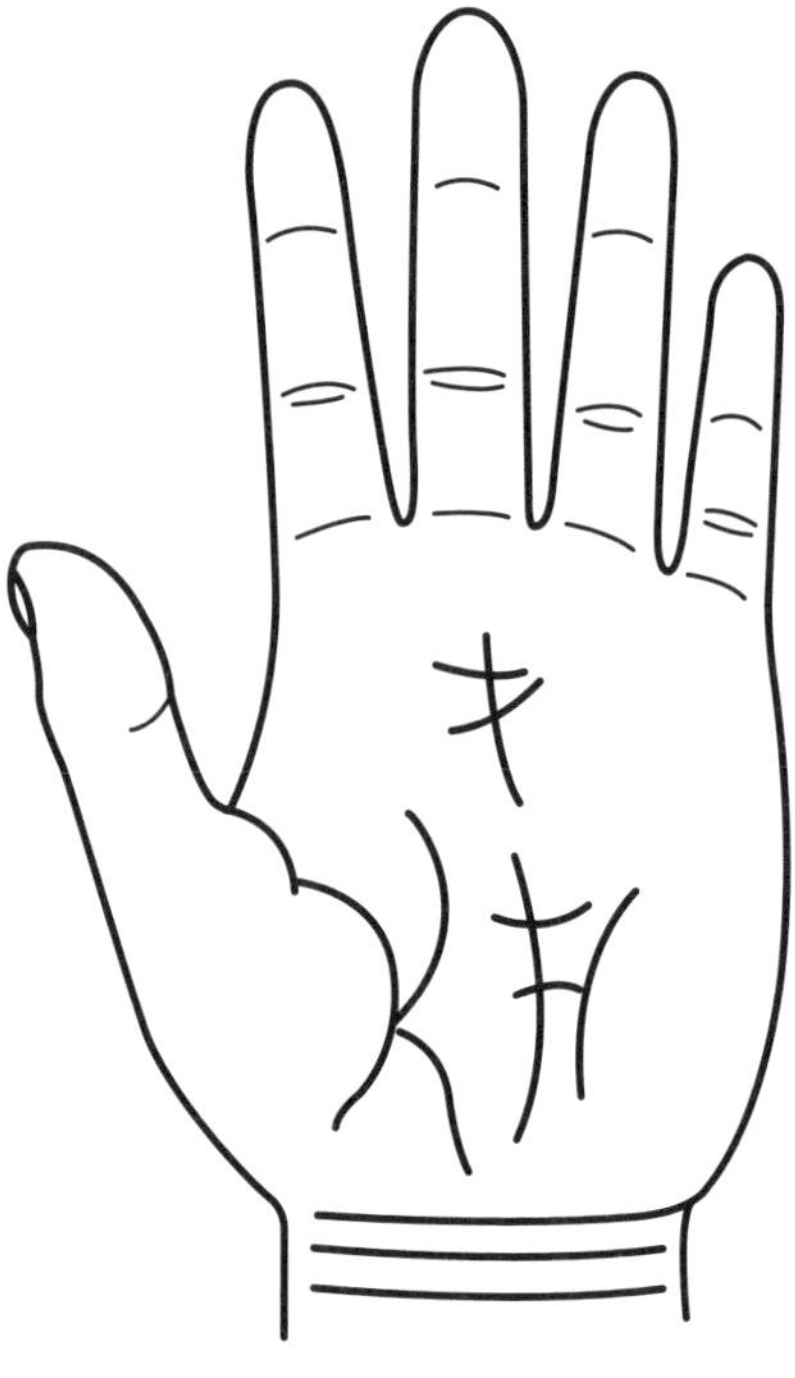

兵符紋

して飛んでいる様子から、雁陣紋と呼ばれます。

一旦は功名し、名声を表します。帰還すれば、その身に御炉《ぎょろ》の香がするとされ、御炉とは皇帝御用達の香炉であり、宮中に出入りして宰相になるとされます。

中国秦末期の楚の武将の項羽（紀元前232—202年）に雁陣紋があったと言い伝えられています。

*朝衙……唐の時代のしきたりで、天子が日常政務を執る宮殿前の大広場に整列して、天子の出御を待ち、天子が出御されると文武百官は、威儀を正して朝衙の挨拶を奉り、行列をつくり、整然と天子の御前を通り退出する一連の儀礼。

6. 双魚紋《そうぎょもん》 三公

学堂と呼ばれる母指宮の艮宮の隆起した部分から魚を池に放流したように、二匹の魚の形が現れたものを双魚紋といいます。突出した文章で一族の誉れとなるとされます。この紋が天庭と呼ばれる天紋より上に現れ、その部位が紅色で、潤いがあれば、三公《さんこう》（古代中国における三種の最高位の官職）の位に昇りつめるとされます。

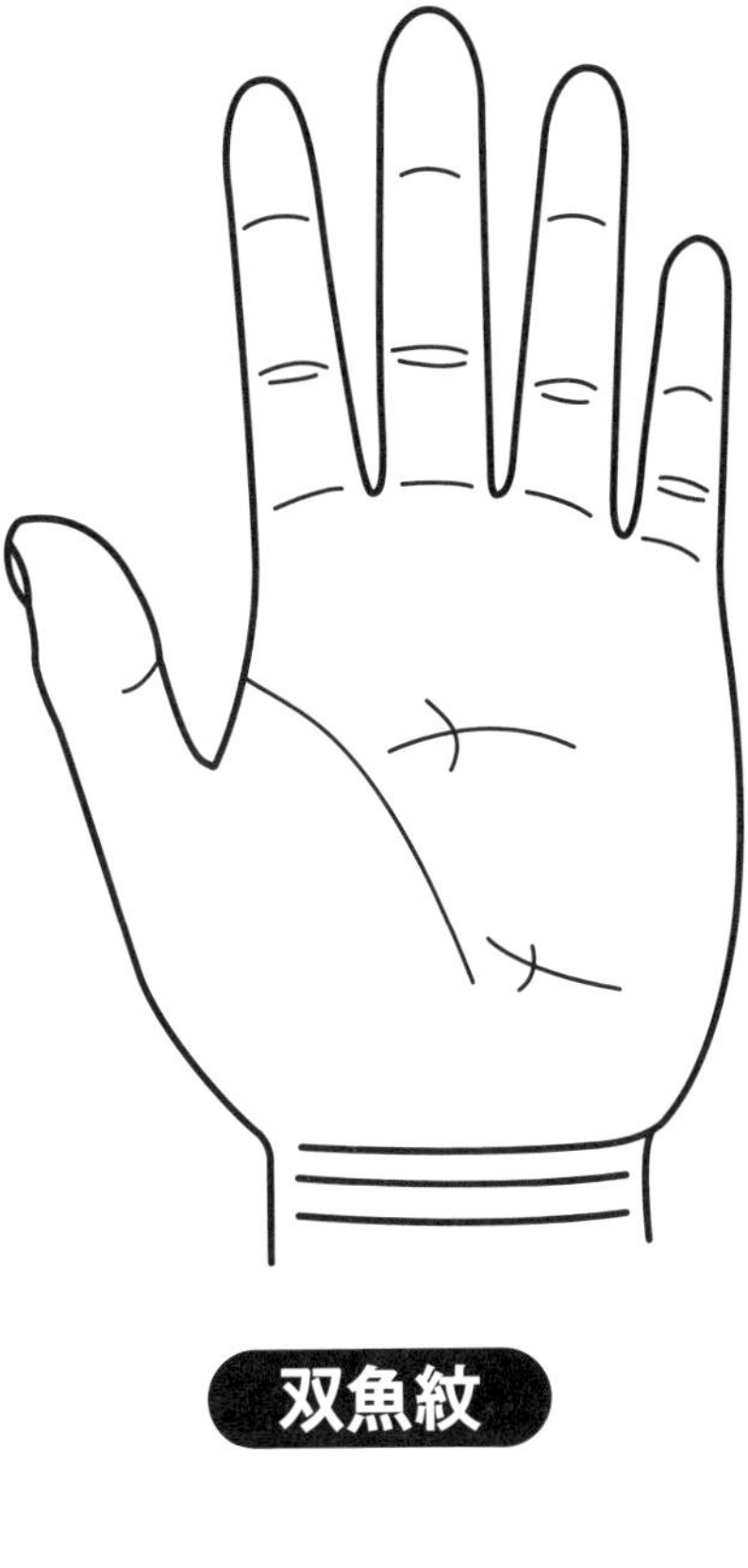

双魚紋

7. 金花紋《きんかもん》

出世

六花紋と非常に似ていますが、紋様の線の数などが多く微妙に異なり、これを金花紋といいます。この紋を帯びれば生まれながらに富貴にして、貧しいことを思い悩むこともなく立身出世できるとされます。

男性ならば、いつの日か諸侯に封じられる相とされます。

女性ならば、ファーストレディのように大統領や首相の夫人になるとされます。

8. 六花紋《ろつかもん》

繁栄

六花紋とは六角形の小さな花の模様にも似た掌紋です。雨露《うろ》（雨と露は万物を潤す恩恵）の恩に沾《うるお》うことから、天紋の下に位置するのが理想とされます。官と

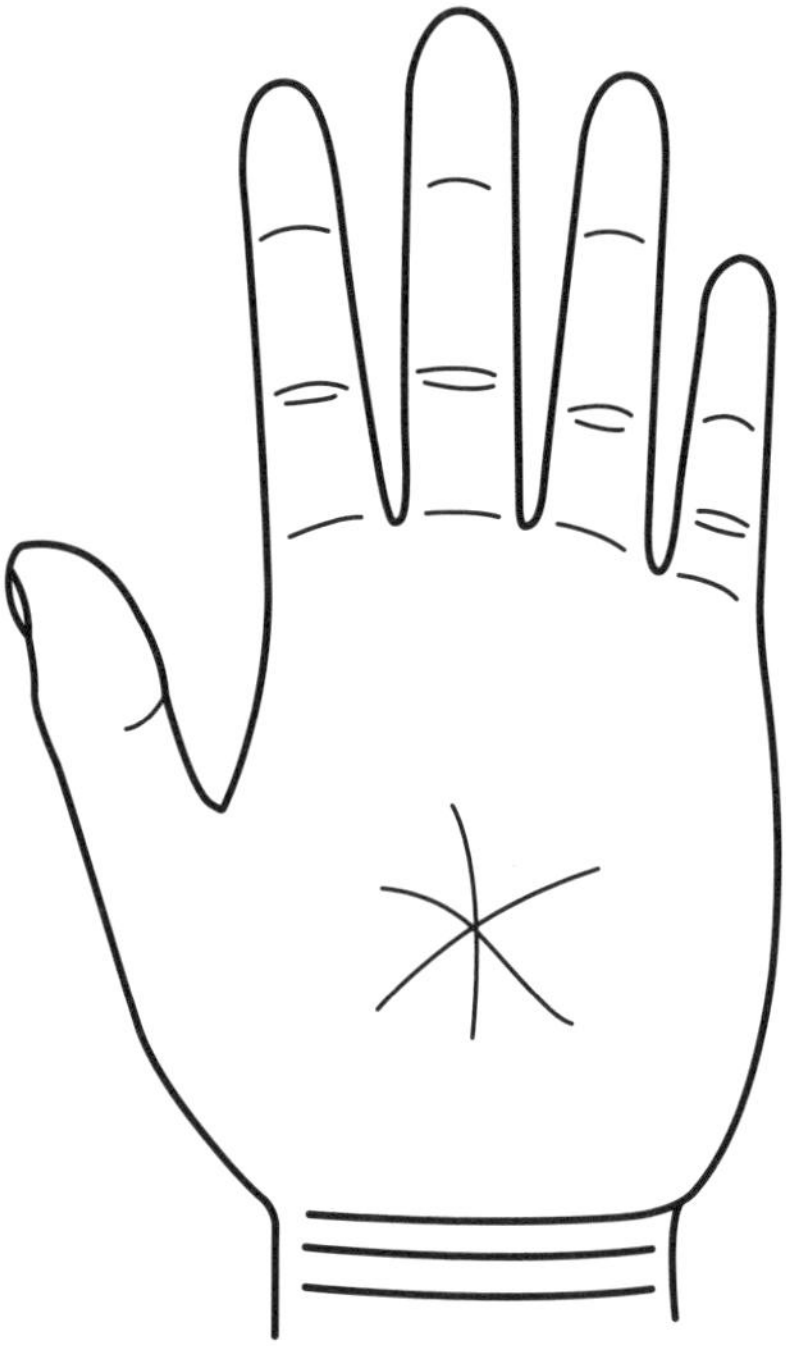

六花紋

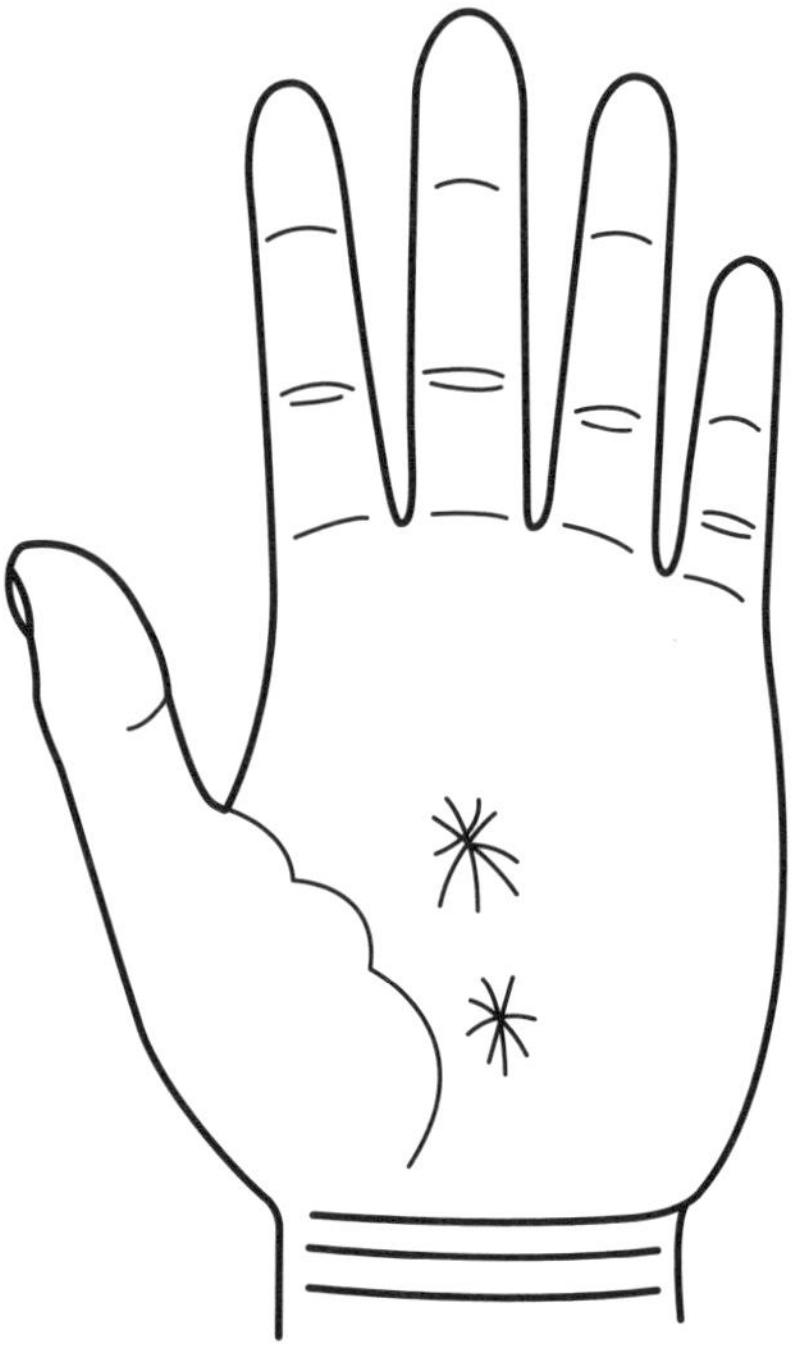

金花紋

なり高貴な人の侍従となれば、晩年は慶《けい》事《じ》（喜び事）があり、富貴の家の象徴である朱門《しゅもん》が輝くとされ、一族が繁栄するとされます。

9. 懸魚紋《けんぎょもん》　出世

艮宮の学堂に近い地紋に懸《か》かって、魚の形をした紋が現れているのを懸魚紋といいます。年少のころから非凡な才覚を現し、科挙試験で第一名になり、その名が世間に知れわたり、人が羨望する地位まで立身出世するとされます。

10. 宝暈紋《ほううんもん》　富貴

暈《うん》とは太陽や月の周りにできる薄い光の輪で、渦巻状の紋であり、珍妙にして宝のように大事な掌紋という意味です。太陽と月の二つの相の形があり、掌の端

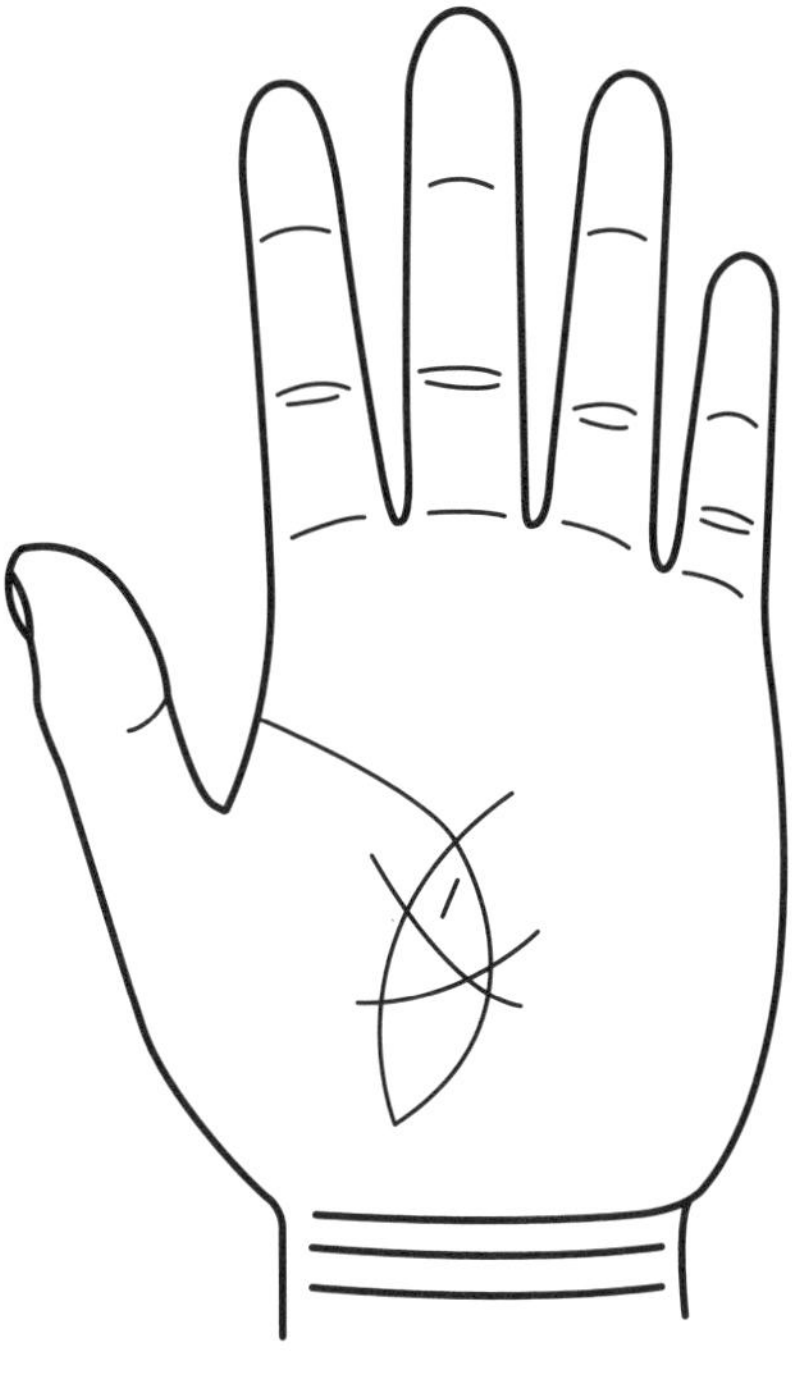

懸魚紋

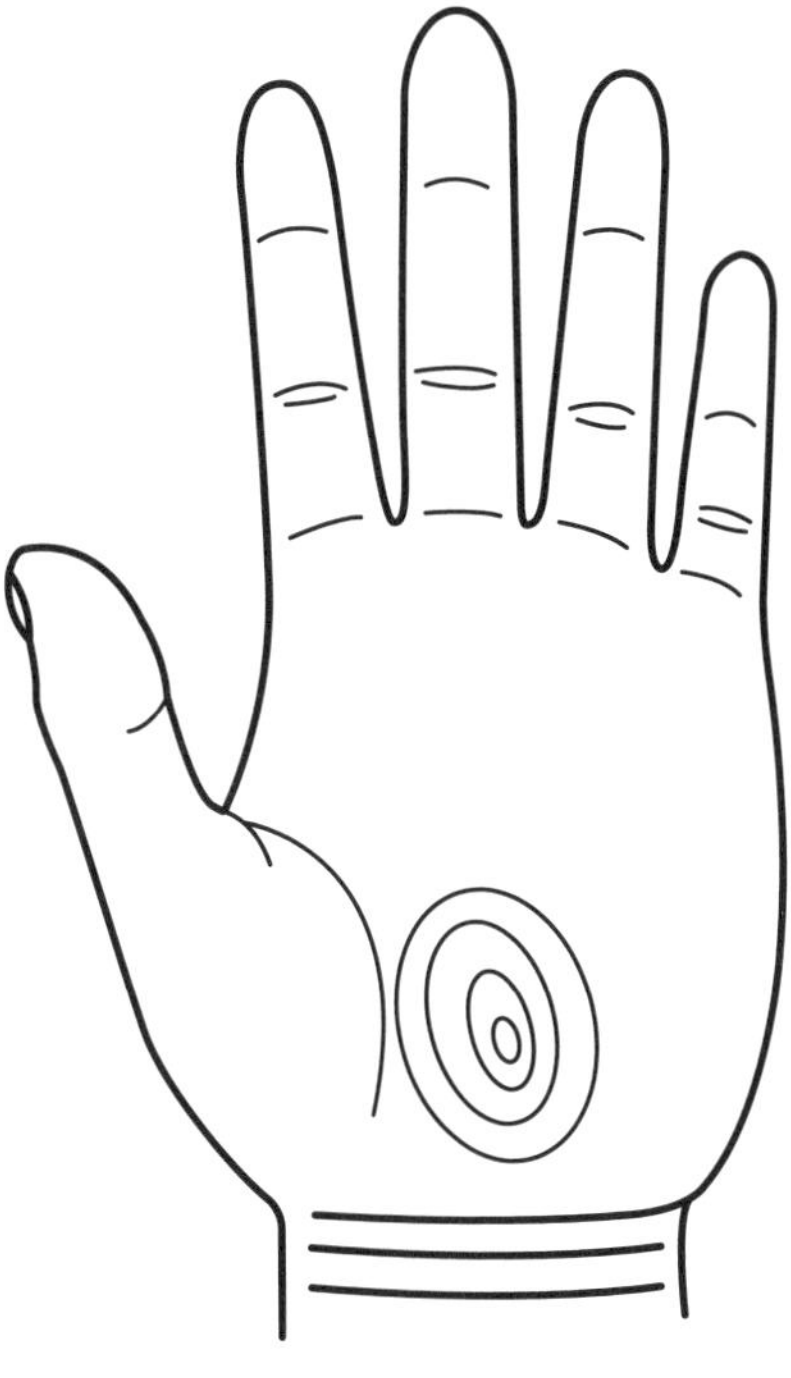

宝暈紋

の親指の付け根の下である母指宮のあたりにできる環を月暈《げつうん》（月の周囲に現れる輪状の淡い光のかさ）と呼び、掌の中心の環を日暈《にちうん》（太陽を光源としてその周囲に生じる光の輪）と呼びます。環の形が綺麗な円形状ならば、諸侯に封じられるとされます。銅銭の形状をしていれば、穀物と金銭は増え続けるとされます。

11. 四直紋《しちょくもん》 富貴

四直紋は、縦に四条の掌紋が明確に現れており、名誉を求めるべきであり、中年には憂う必要がなくなり、功《こう》名《みょう》（名をあげること）を立てるとされます。紅く潤いがある掌であることを理想とし、一度は侯《こう》（領主、諸侯）に封ぜられることもあるとされます。

12. 三日紋《みっかもん》 儒林

三日は月牙《げつが》である陰暦の三日（前後）の細い月である三日月《みかづき》を指します。掌にできる二条の掌紋が二重に並んで三日月の形をしています。少年時代の学業に秀でて儒林《じゅりん》（知識人の世界）の人となり、名声は馳せるといわれています。

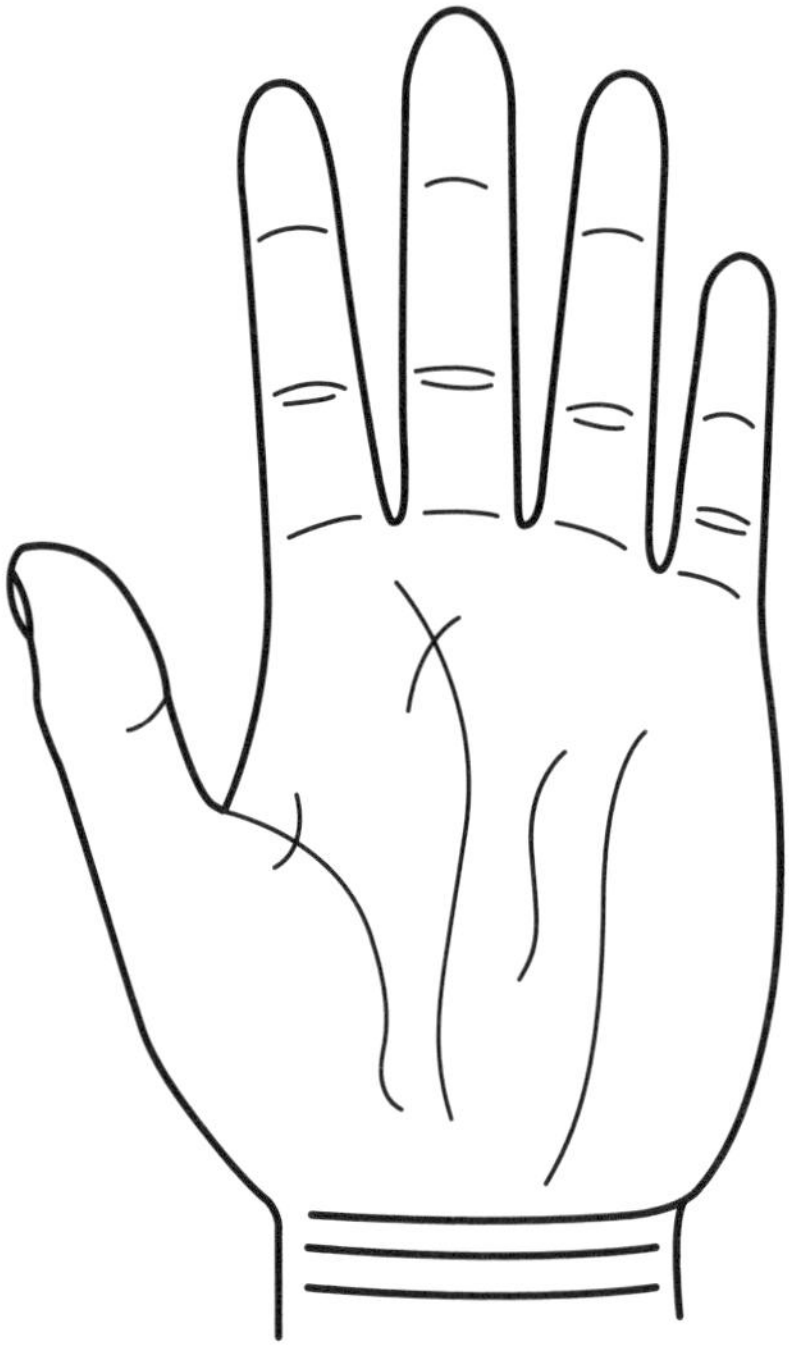

四直紋

13・天印紋《てんいんもん》

栄華

「印」という文字は、「爪（手）」＋「卩」から成り立ち、「爪」字の形をした掌紋が、天を現す乾宮から震宮にかけてあることを天印紋といいます。文才があり、栄華に恵まれるとされます。官職に就けば高官となり、一般人ならば金が積まれ、家に満ち溢れるほどの財を成すとされます。

14・金亀紋《きんきもん》

富貴

兌宮は西岳が隆々と起こる場所でもあり、この部位に亀の甲羅の形をした掌紋を金亀紋と呼びます。

紋は亀に似て、勢いは象に似てゆっくりとして雄大です。寿命は長く百歳を超えるとされます。家に居ながら金銀財宝

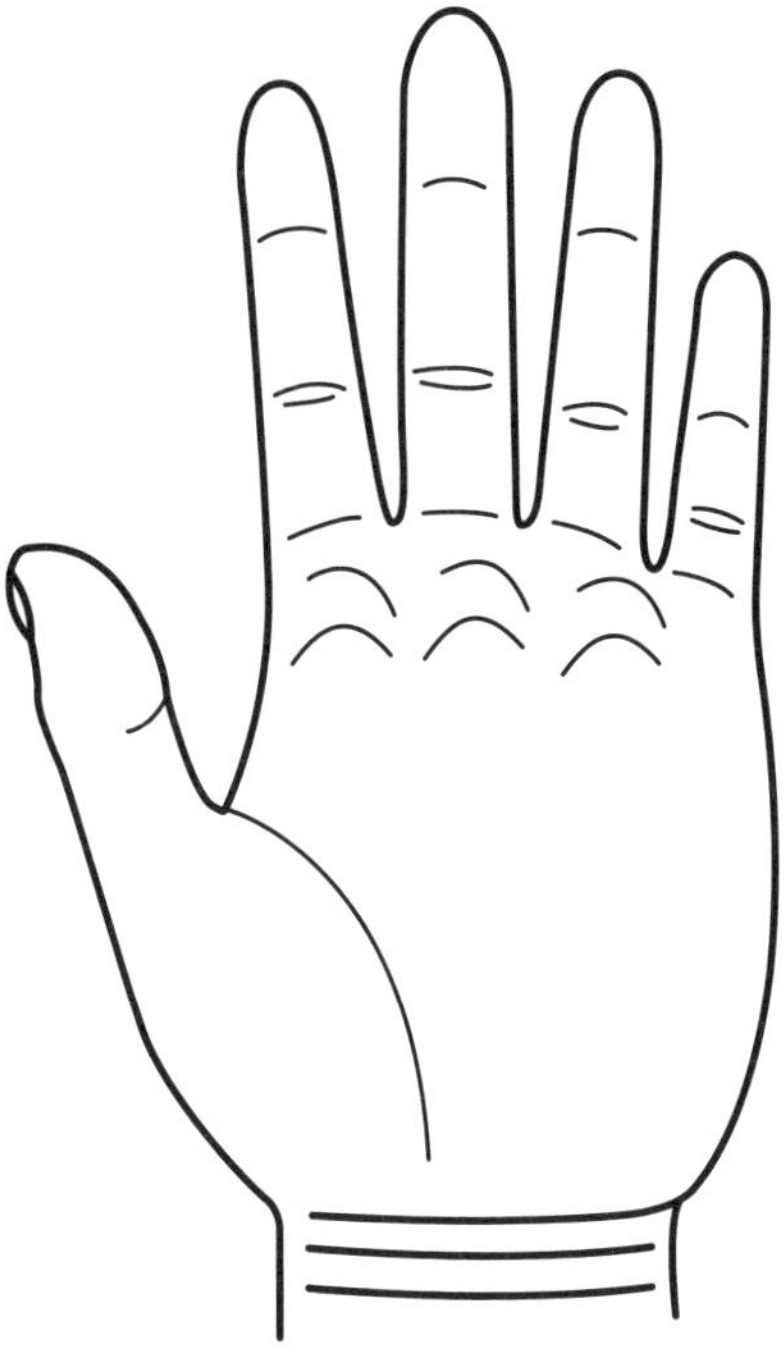

三日紋

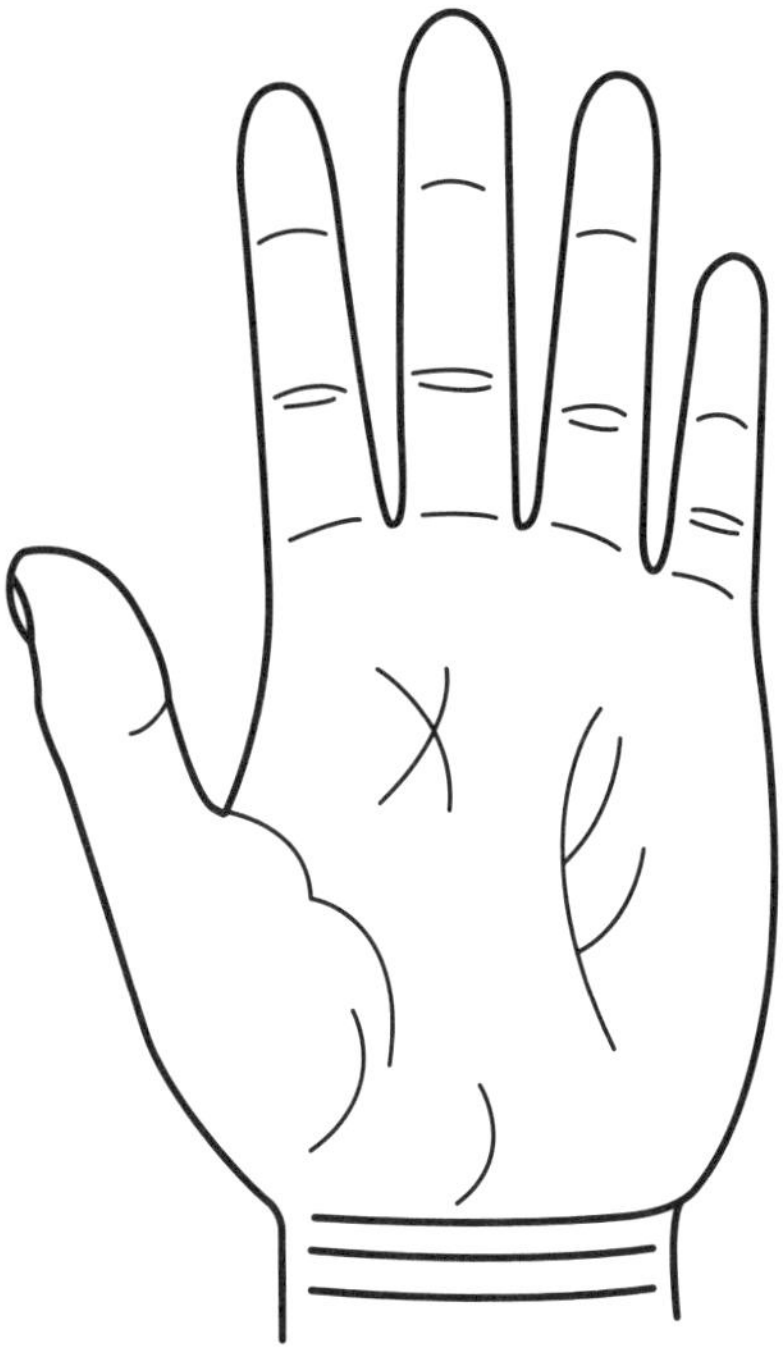

天印紋

が集まってくるとされ、富貴になる手相です。

15・高扶紋《こうふもん》　富貴

高扶紋は、薬指の下の掌から上に向かって波状に伸びていく三条の縦の掌紋です。三才紋を扶《たす》ける掌紋で、三条のうち真ん中の一本は玉柱紋（運命線）、あるいはこれを補助する二重線となり強めます。胆気《たんき》（ものおじしない気力）は強く、他人と比較にならないほど豪胆な者が多いとされます。掌が紅色で潤いがあれば、多くの方面にわたる才能をもっているため、自ずと富貴になるとされます。

16・筆陣紋《ひつじんもん》　登科

筆陣とは、東晋の書家王羲之《おうぎし》の「筆陣図」に見出されるように、筆の運びが行《こう》

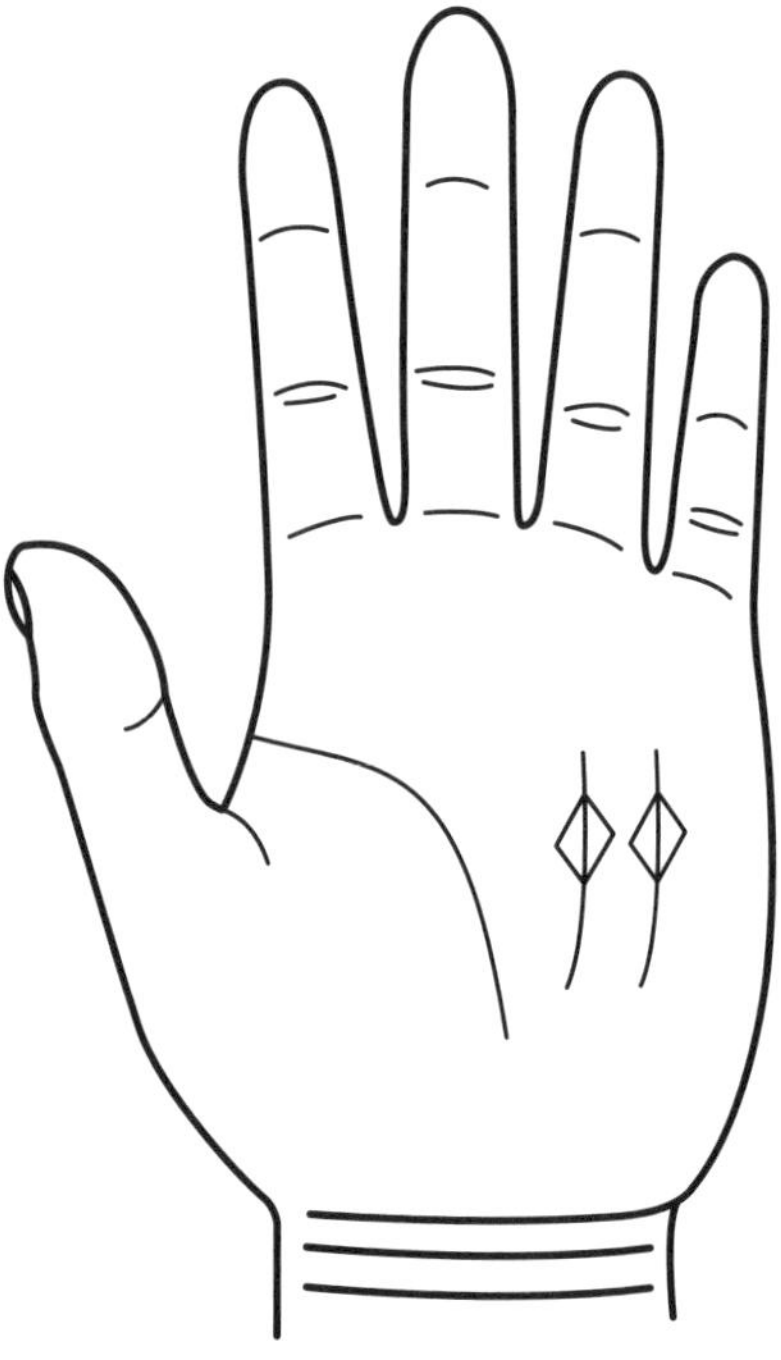

金亀紋

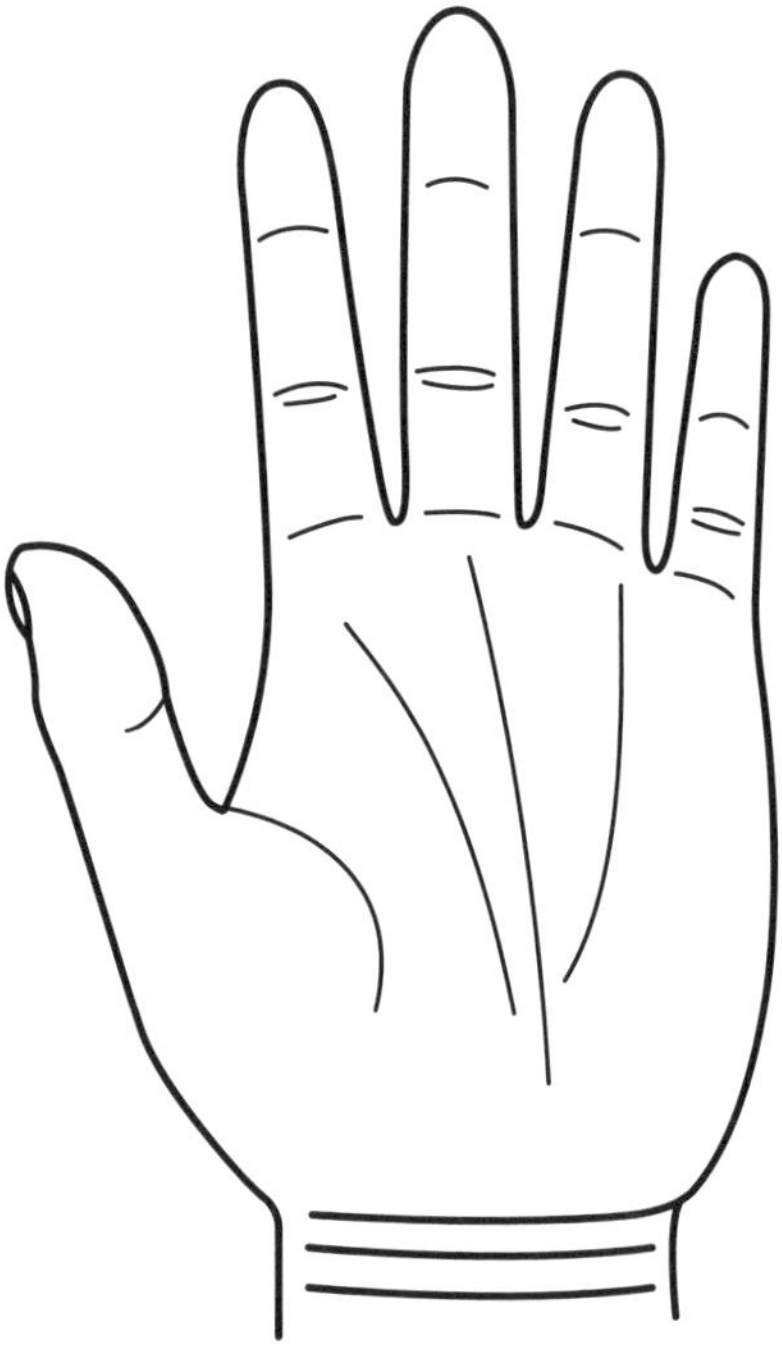

高扶紋

陣《じん》（軍隊の行列）のようであるという書法の比喩です。

親指の付け根の下である母指宮、中指、薬指、小指の下にある行列のような複数の縦の掌紋を筆陣紋といいます。

この掌紋がある人は、文章と徳行《とっこう》（道義にかなった行い）において、戦国時代中国の儒学者孟軻《もうか》（孟子《もうし》）と、その影響を受けながら五行説を唱えた戦国時代の陰陽家鄒衍《すうえん》（二人合わせて鄒軻《すうか》と呼ぶ）にも勝るとされます。中年になって意を決しても、登科《とうか》（科挙の試験に合格し進士になる）して、福寿は限りないとされます。

17. 玉柱紋《ぎょくちゅうもん》 発展

玉柱紋は『神相全編』では玉桂紋《ぎょくけいもん》と呼ばれます。西洋手相学の「運命線」を指し、中国手相学ではこの掌紋を仕事やビ

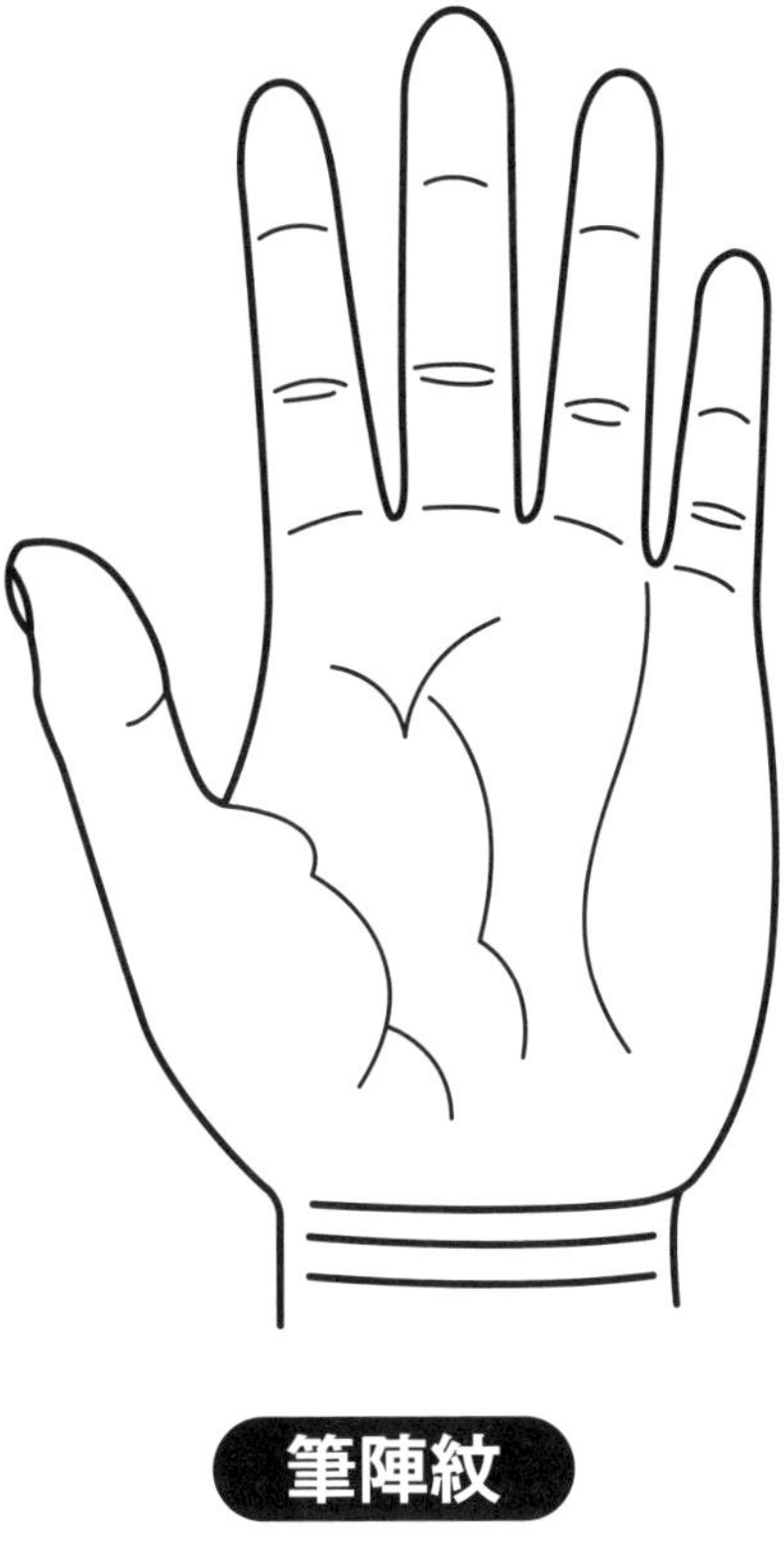

筆陣紋

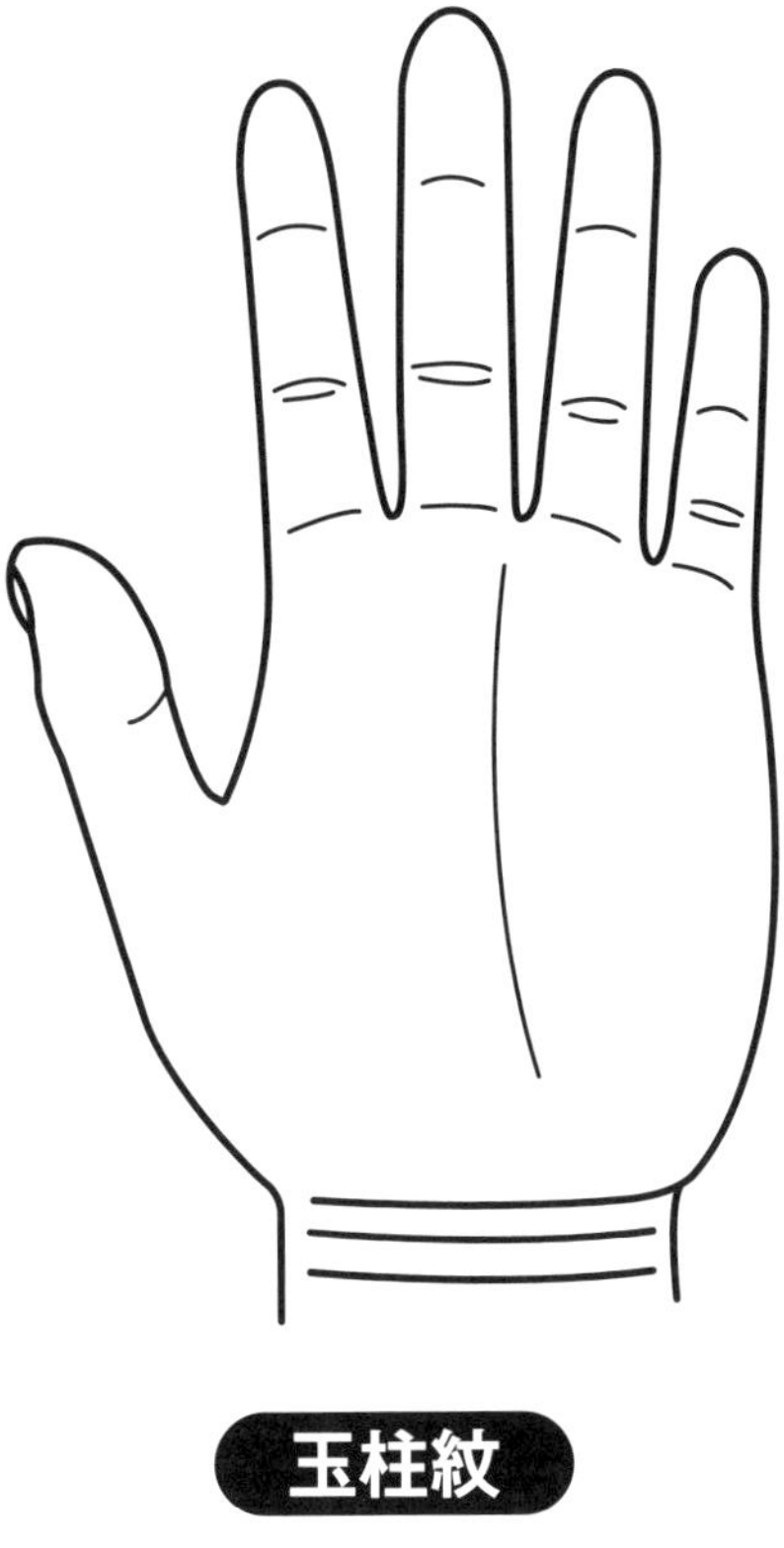

玉柱紋

ジネスに関係した「事業線」と考えます。手首近くの坎宮から起こり、中指に縦に向かう掌線であり、玉柱紋が真っ直ぐならば、胆識《たんしき》（実践的な判断力）と知謀《ちぼう》（すぐれたはかりごと）に長けており、必ず聡明であるとされます。親指の付け根の下である母指宮は「学堂《がくどう》」と呼ばれ、この部位に光の紋（金花紋）が顕れ玉柱紋が真っ直ぐならば、必ず中年には宰相になるとされます。

18・立身紋《りっしんもん》　顕達

人紋に寄り添うように横紋が二本以上あり、坎宮からの玉柱紋によって、天紋線まで貫かれており、「丰《ほう》」（豊）という漢字に見えます。丰とは容姿が美しいという意味であり、威風堂々とした形貌《けいぼう》（すがた）のため、その人の気は虹霓《こうげい》（雄の龍の一種）のようだとたとえられます。将来は顕達《けんたつ》（立身出世すること）し、栄え貴くなり、最終的には宰相になるほどの権勢があるとされます。

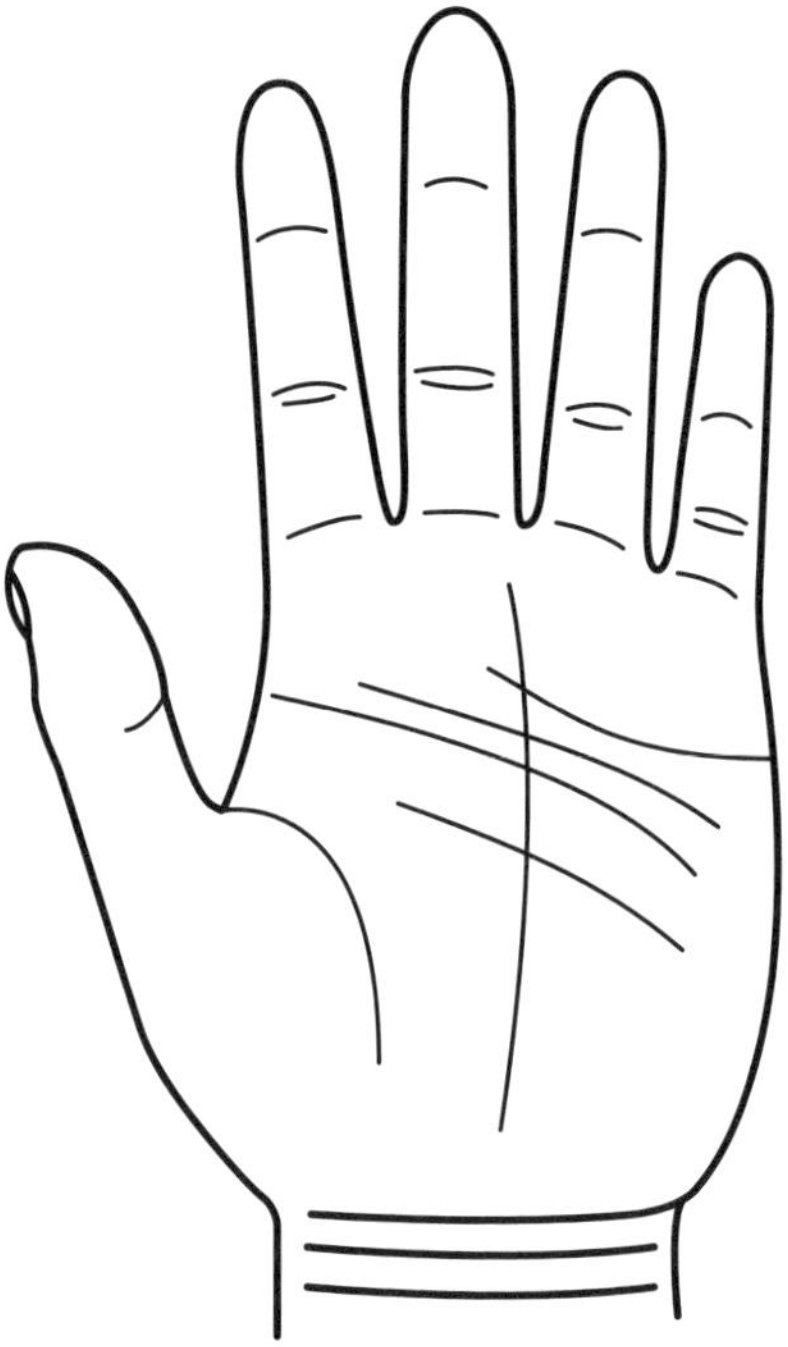

立身紋

19. 三奇紋《さんきもん》 爵位

三奇紋は指に向かって伸びる三本の太い縦の掌紋を指します。一路から分かれて開く三条の紋とされます。高貴な家の出身者に多く、爵位を授かり、金門（富貴な家）宰相の臣となるとされます。

20. 玉井紋《ぎょくせいもん》 補佐

玉井紋は、「井」字の形をした掌紋のことをいいます。「井」字が一つ現れていれば、福徳のある人となります。二つ、三つ現れていれば、玉梯《ぎょくてい》と呼ばれる天帝や仙人の住む場所に名を連ねるとされます。

玉井紋がある人は、官職に就けば、清廉な役人となり、朝廷に出入りし、天子の明徳を補佐するとされます。

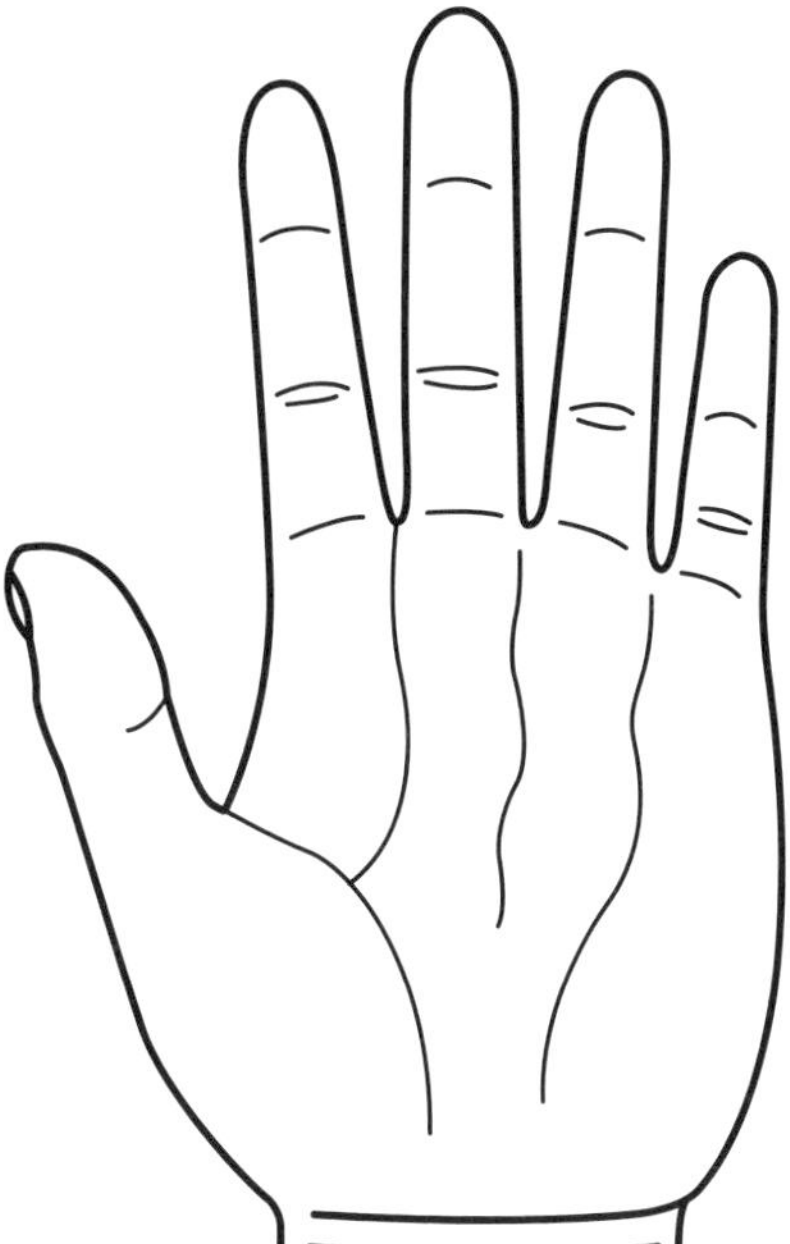

三奇紋

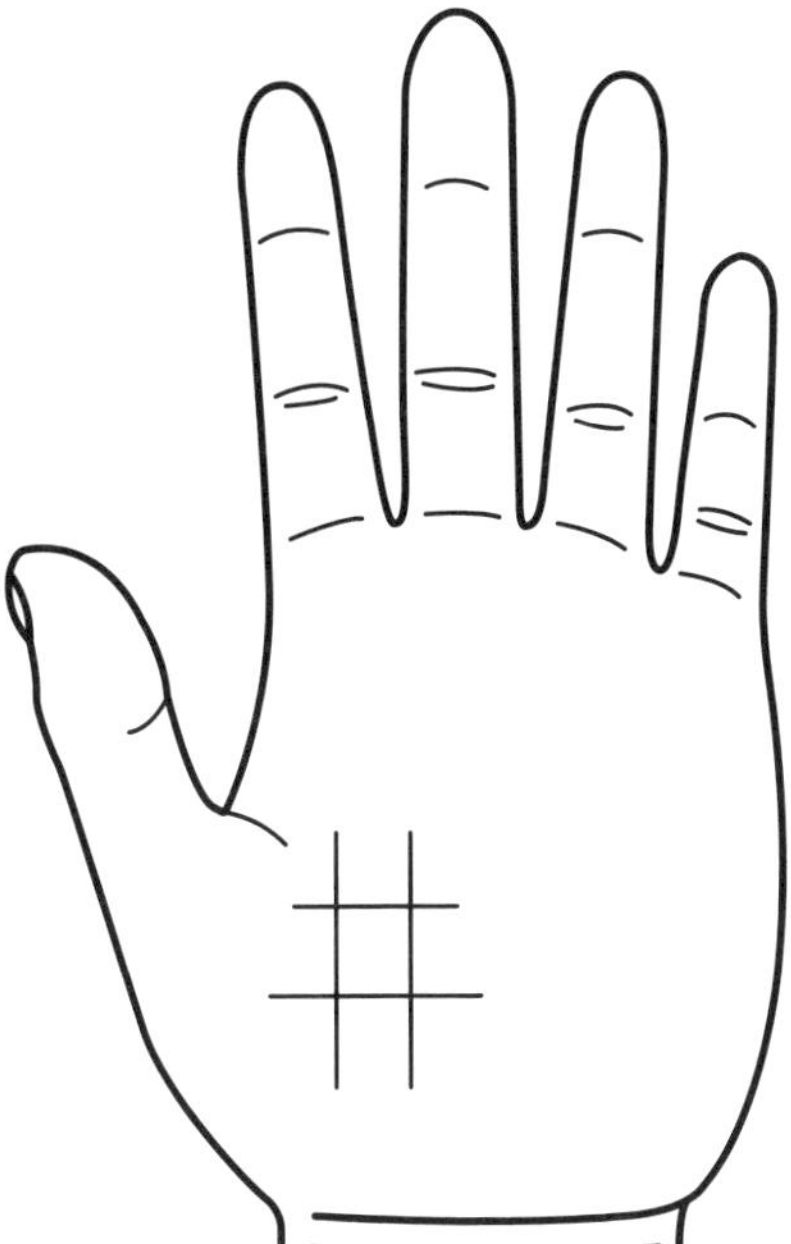

玉井紋

21. 三峰紋《さんほうもん》 富貴

巽宮、離宮、坤宮に、三つの峰となる棗《なつめ》のような丸い出っ張った肉球が堆《うずたか》くでき上がる状態を三峰紋といいます。光沢があり、紅く艶があれば、家中に金玉《きんぎょく》(財宝)や良田《りょうでん》(地味の肥えた田地)に恵まれるとされます。

22. 学堂紋《がくどうもん》(1) 名誉

親指の第二関節に現れる眼の形の紋を学堂紋といいます。学問に関係し、文章を象徴しています。科甲《かこう》(官吏選考試験)に合格し、世に知れわたる人物となり、清く高尚な人とされ、名誉を勝ち得るとされます。

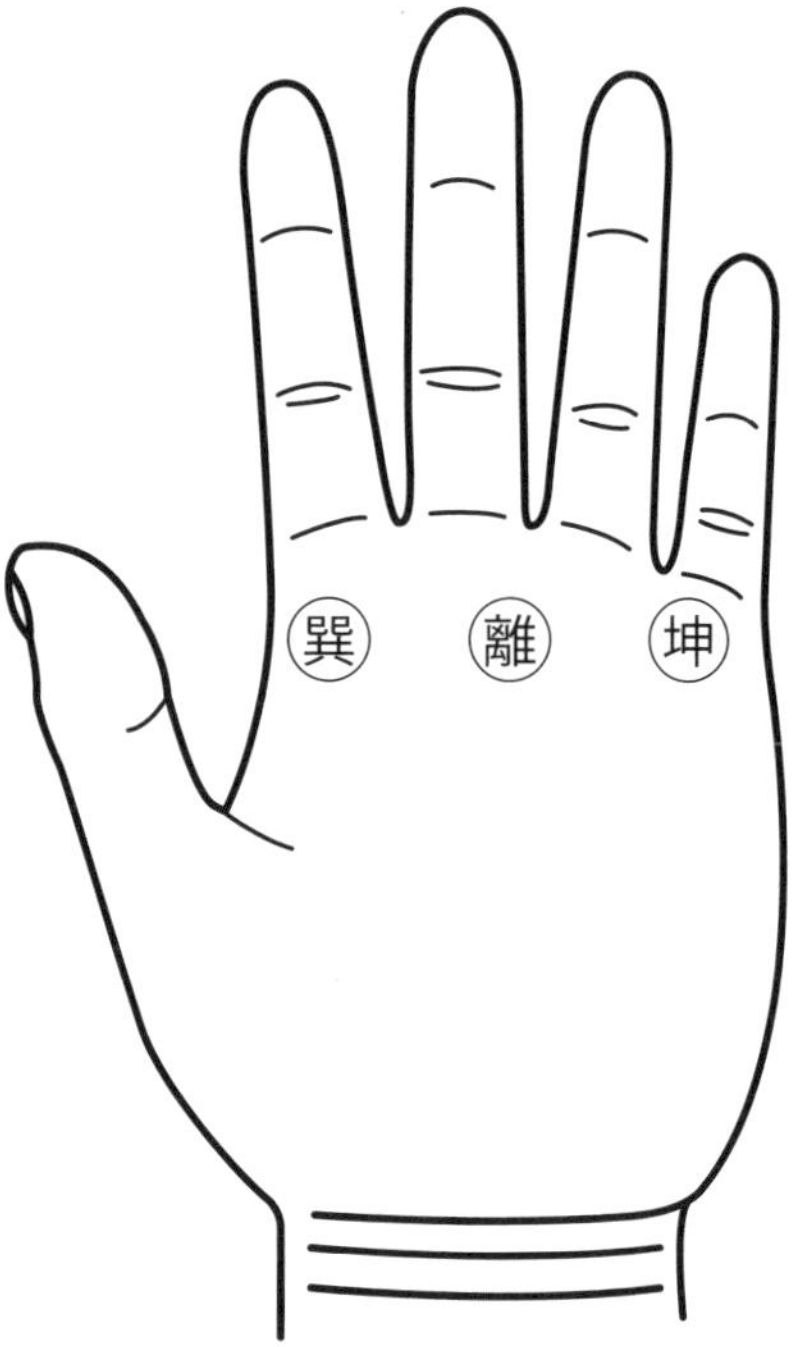

三峰紋

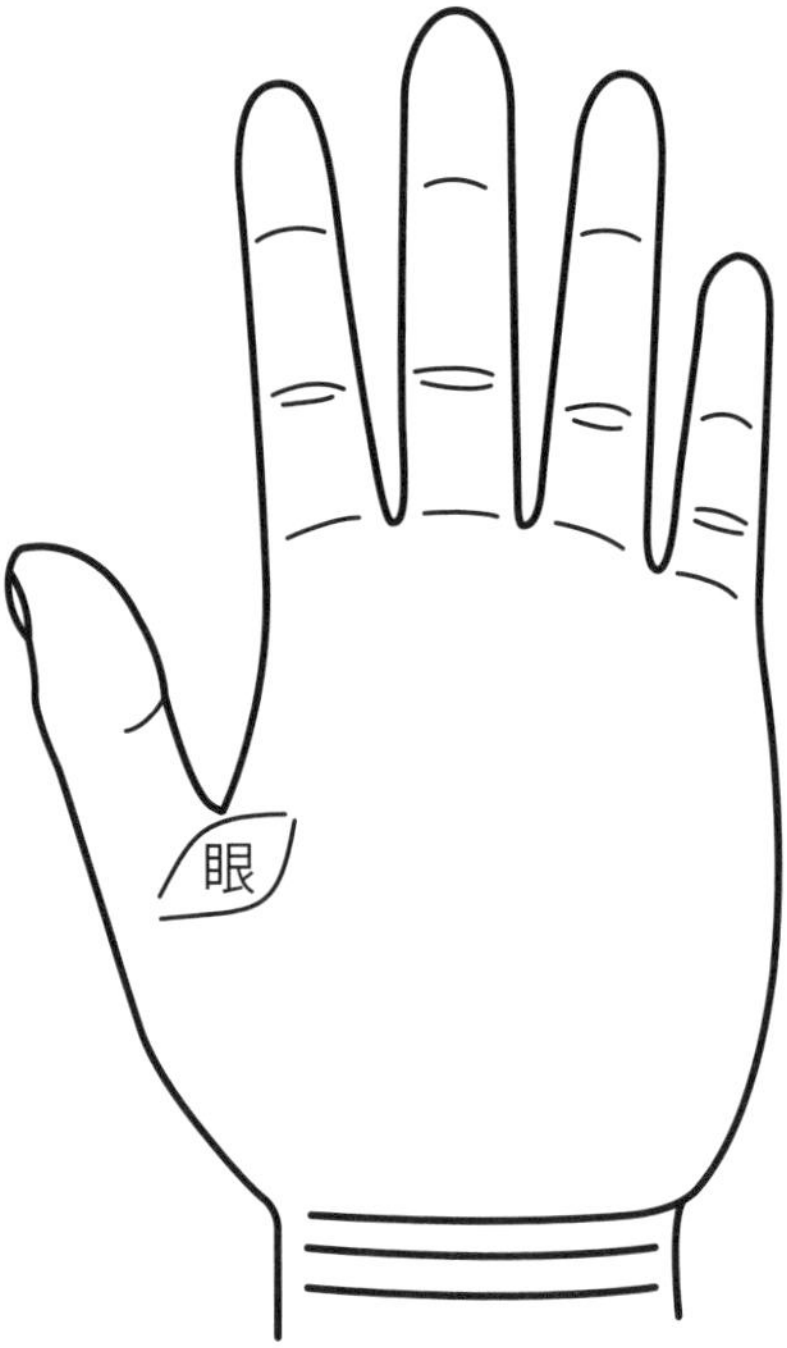

学堂紋(1)

23・美禄紋《びろくもん》 厚禄

美禄とは厚禄《こうろく》（手厚い俸禄）の意味です。地紋より枝分かれした掌紋が、坤宮や兌宮に向かって伸び、横に生じた三角形をつくる掌紋のことを指します。

この紋を帯びれば、自然に衣食住に恵まれ豊かになり、事にあたっては倍の成果を出し、出世も早く有名になる人とされます。

24・車輪紋《しゃりんもん》 大貴

馬車の車輪の六本の輻《ふく》（スポーク）のような形を車輪紋といいます。この紋がある人は、朝廷に仕え臣下となり、さらに坎宮に杖鼓《じょうこ》（打楽器）のような紋があれば諸侯に封じられ、その名は遠くに響きわたるとされます。

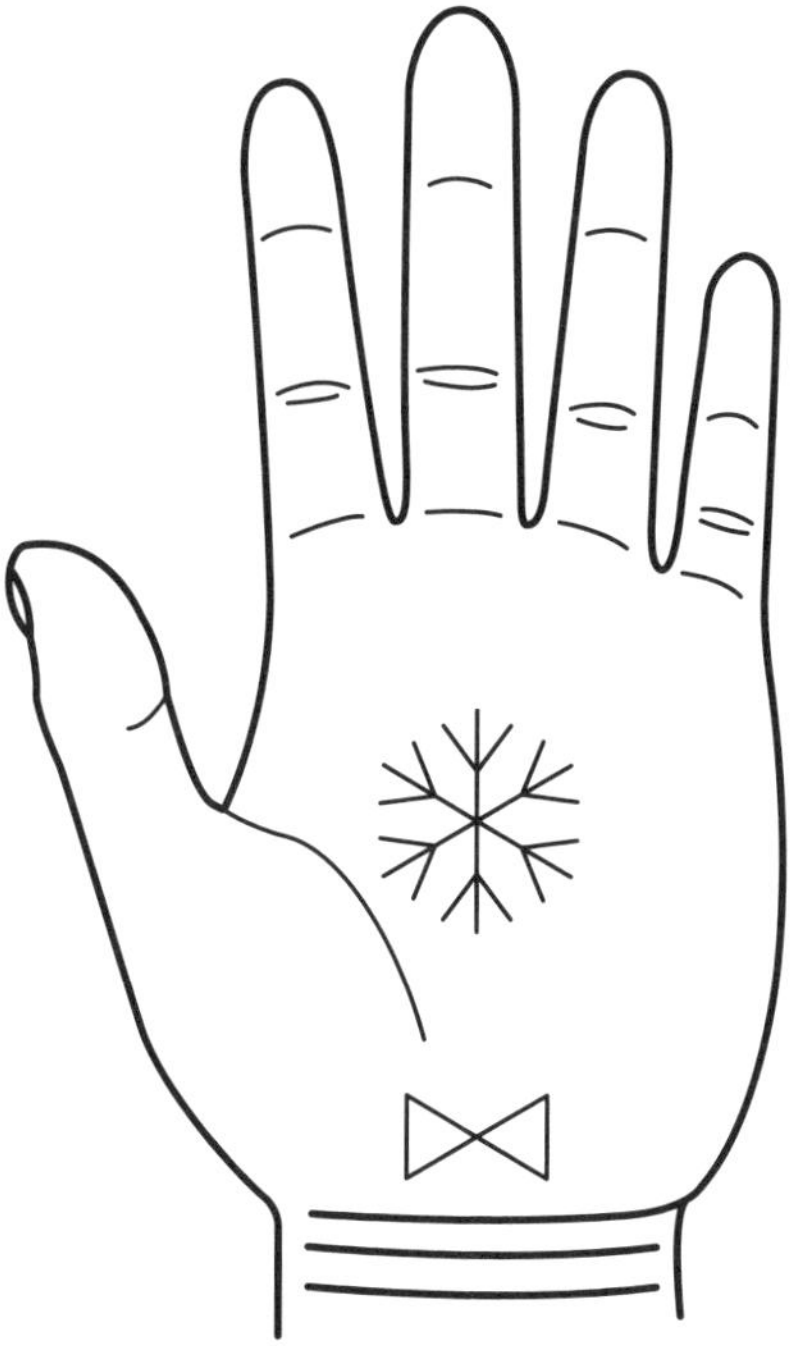

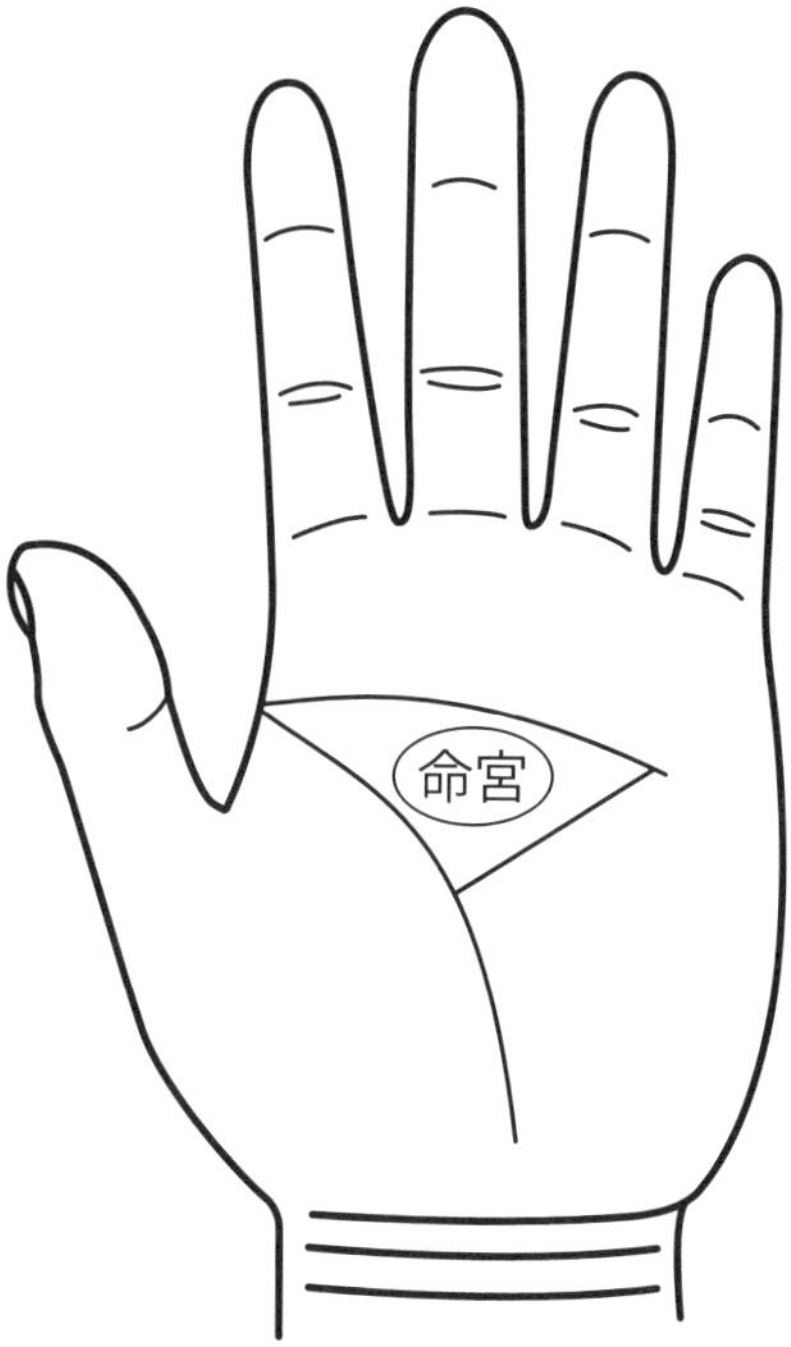

25. 学堂紋(2)　技芸

学堂紋(1)より、さらに小さい眼の形をした相で、艮宮の母指宮に現れます。清廉潔白であり貴く、福があります。自ら新境地を開拓し、技芸があり一世を風靡するとされます。

26. 福厚紋《ふくこうもん》　財禄

坎宮から起きた玉柱紋を含む複数の縦紋があり、真っ直ぐ伸びており、その縦紋の間に十字の掌紋があるのを福厚紋といいます。この紋がある人は一生を通じて大きな病がなく、また災いがないとされます。

貧困を憐れんで施す慈善活動をし、陰徳が多いです。寿命も長く財にも恵まれるとされます。

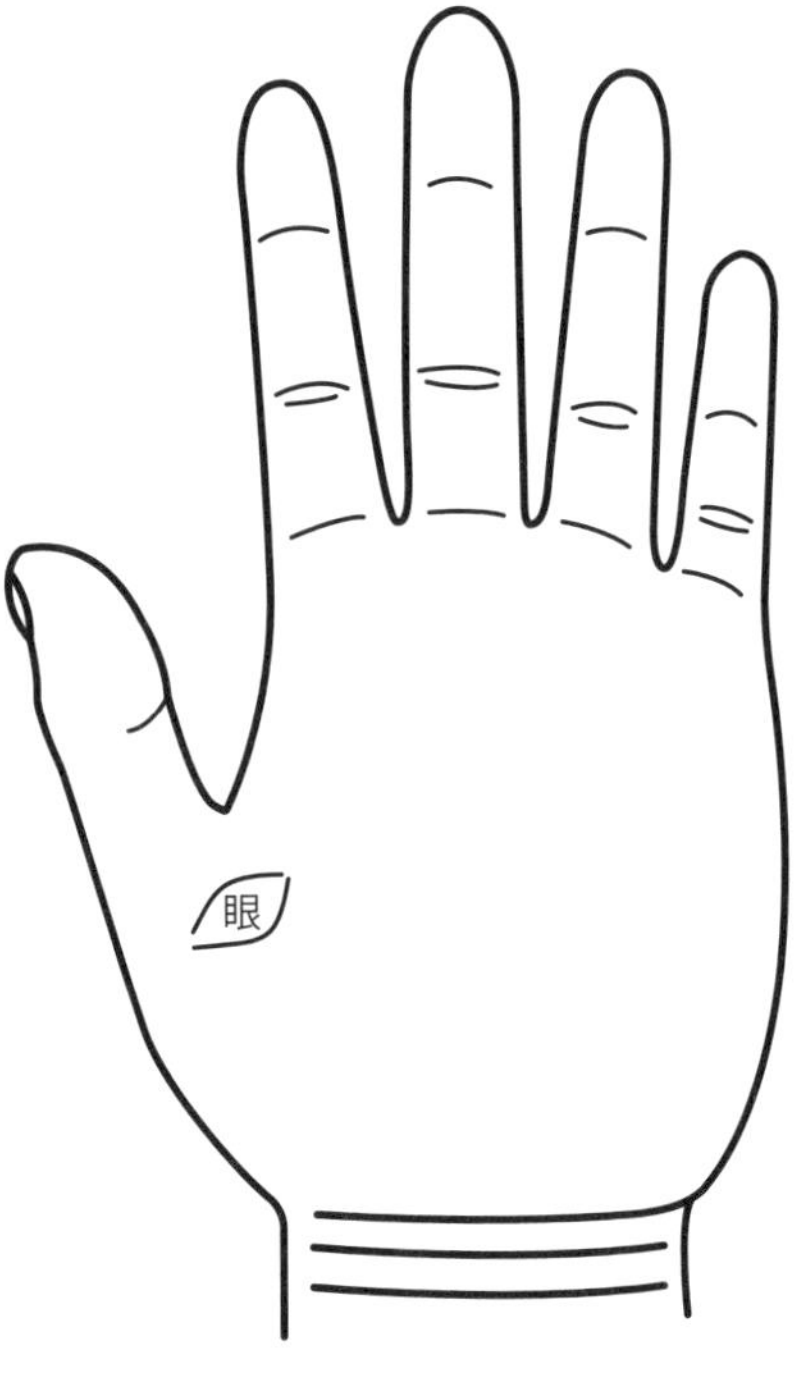

学堂紋(2)

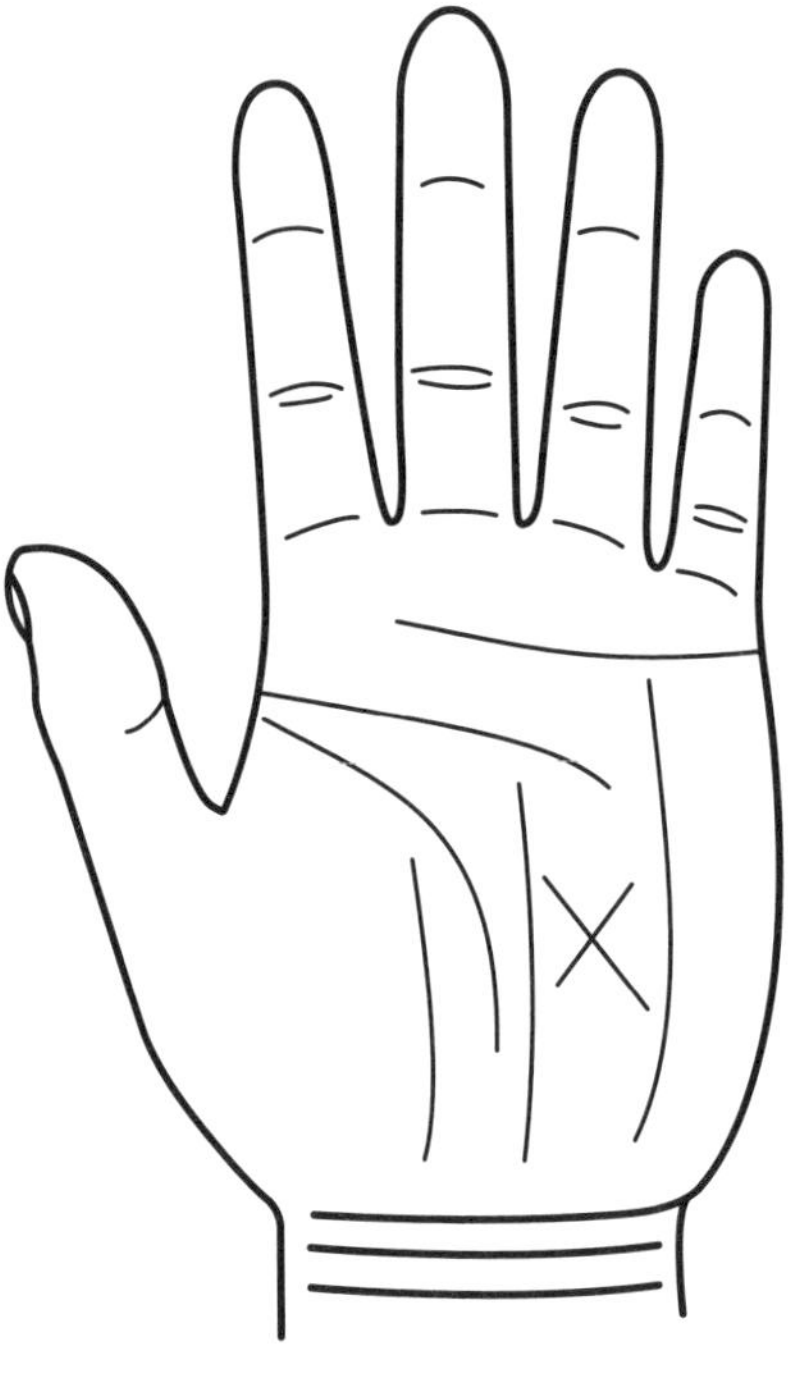

福厚紋

27. 異学紋《いがくもん》　僧道

玉柱紋が人差し指に向かい、薬指の下まで縦に伸びる六秀紋があれば異学紋といいます。異行《いぎょう》（特別に優れた品行）によって、貴人《きじん》に恭敬《きょうけい》されます。

出家して僧侶となれば益々崇拝され、還俗すれば百万の銀があるとされます。

28. 川字紋《せんじもん》　長寿

五指の節に川の字のような、縦紋の皺が入っている手相です。男性は、中国の神話に登場する八百歳の寿命を保った長寿の仙人、南極老人の化身とされている籛鏗《せんこう》（彭祖《ほうそ》）と比較できるほど長生きするとされます。女性は中国で古くから信仰された女仙の王母《おうぼ》仙《せん》（西王母《せいおうぼ》）の寿命にたとえられます。

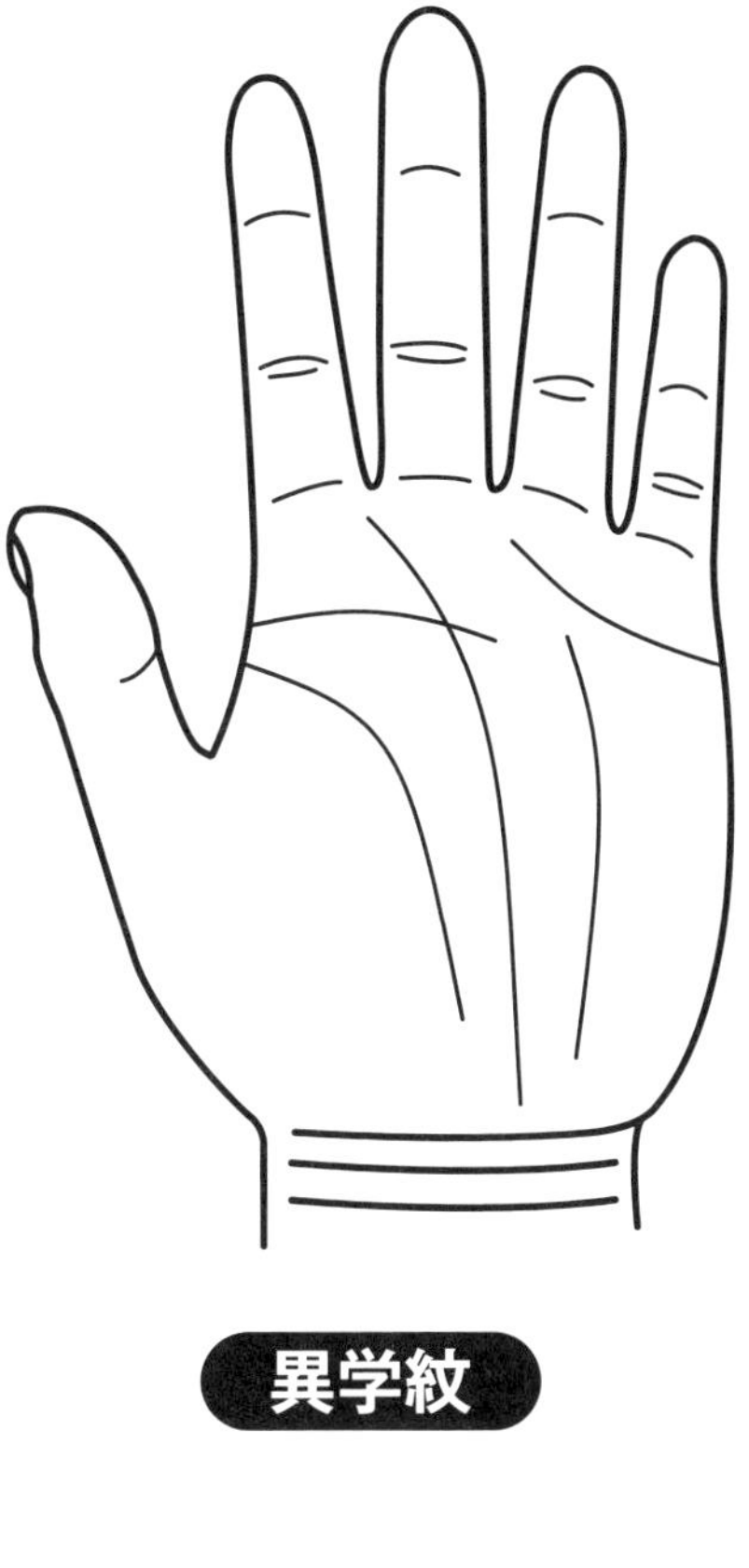

異学紋

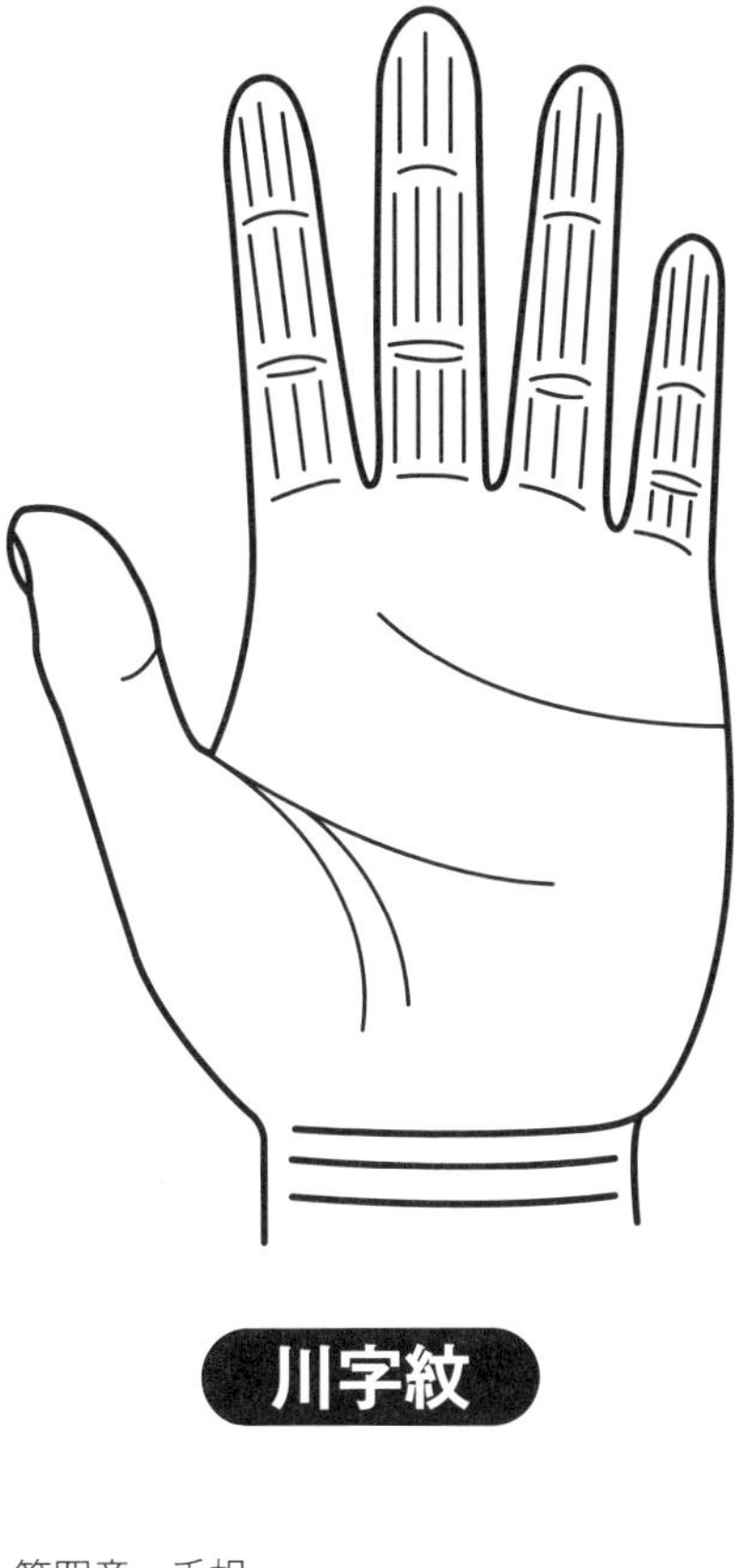

川字紋

29. 小貴紋《しょうきもん》 衣食

人紋と地紋の間にできる「文」字の形をした掌紋を小貴紋といいます。小さく珍しい掌紋ですが、貴い官職に就くとされます。たとえ、官職に就かなくて禄がなくとも、金銭に困ることがなく余裕のある生活ができ、掌が紅色をし、潤いがあり肉が柔軟であれば、さらに好ましいとされます。

僧道に入れば、慕われ尊崇され、しかるべき要職を得ることができるとされます。

30. 折桂紋《せっけいもん》 栄華

手首の近くにある、多数の枝が分かれたような桂枝《けいし》（月桂樹）の葉のような掌紋を折桂紋といいます。この紋がある人は、大才《たいさい》（すぐれた才能・器量）があります。『晋書』郤詵伝《げきしんでん》から、優れた人材を桂の枝にたとえて「桂《かつら》を折る」（桂林《けいりん》の一枝《いっし》）という故事に由来し、唐以降は、進士の試験に首席で合格することを意味しています。桂林（文人の仲間）とされます。

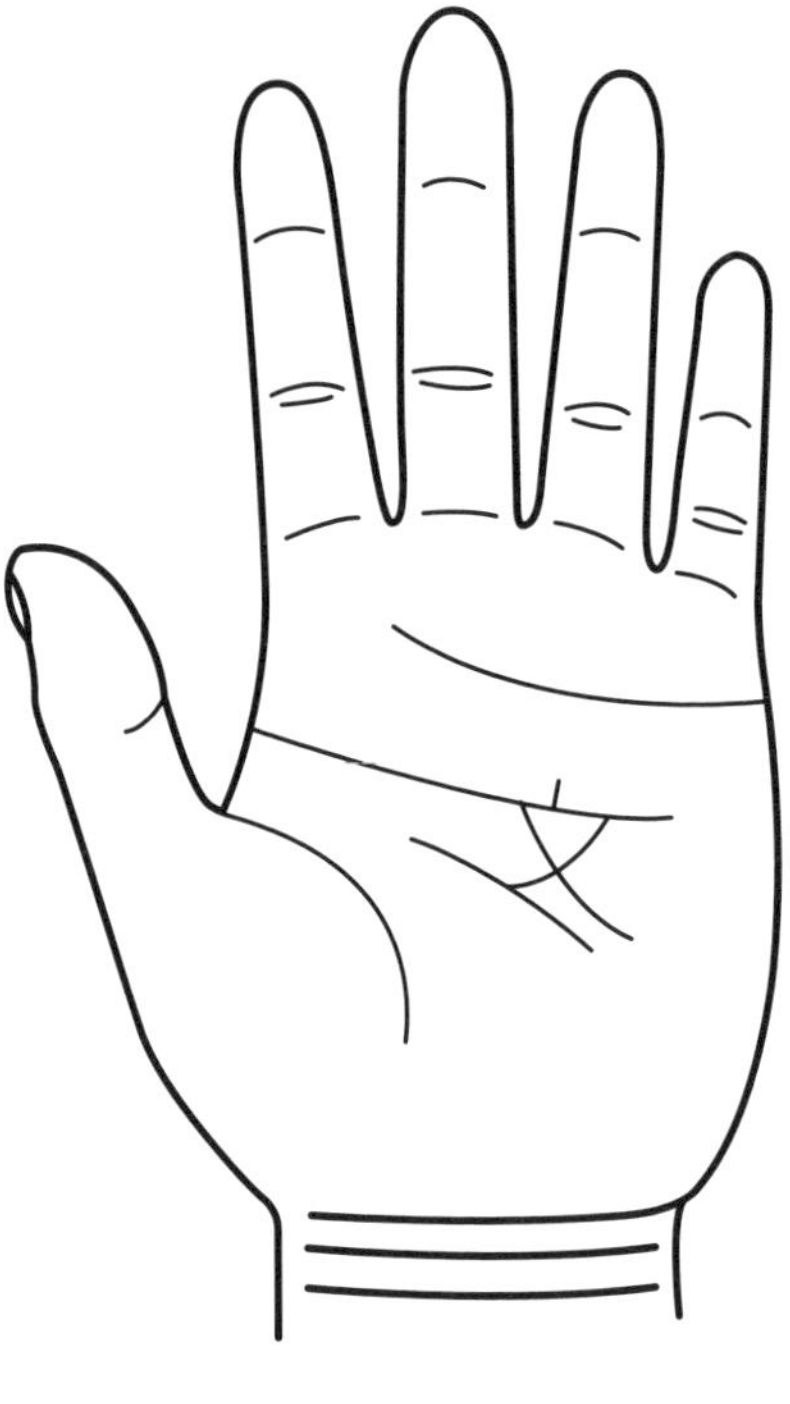

小貴紋

古代中国の月に住む伝説の仙女嫦娥《じょうが》にたとえられる内助の功を受けて、「雲に登って並び比す者がないほど出世する」といわれています。

31. 天喜《てんき》紋《もん》　福利

坎宮から起こる玉柱紋と同じ掌紋ですが、天喜紋は中指の付け根まで掌紋は真っ直ぐに力強く伸びています。立身出世《りっしんしゅっせ》（高い官職や地位につき有名になること）し、一生福利《ふくり》（幸福と利益）があるとされます。

繁栄して、楽しみ平安に暮らし、ことごとく義《ぎ》（利欲にとらわれず、為すべきことをすること）を全《まっと》うするとされます。

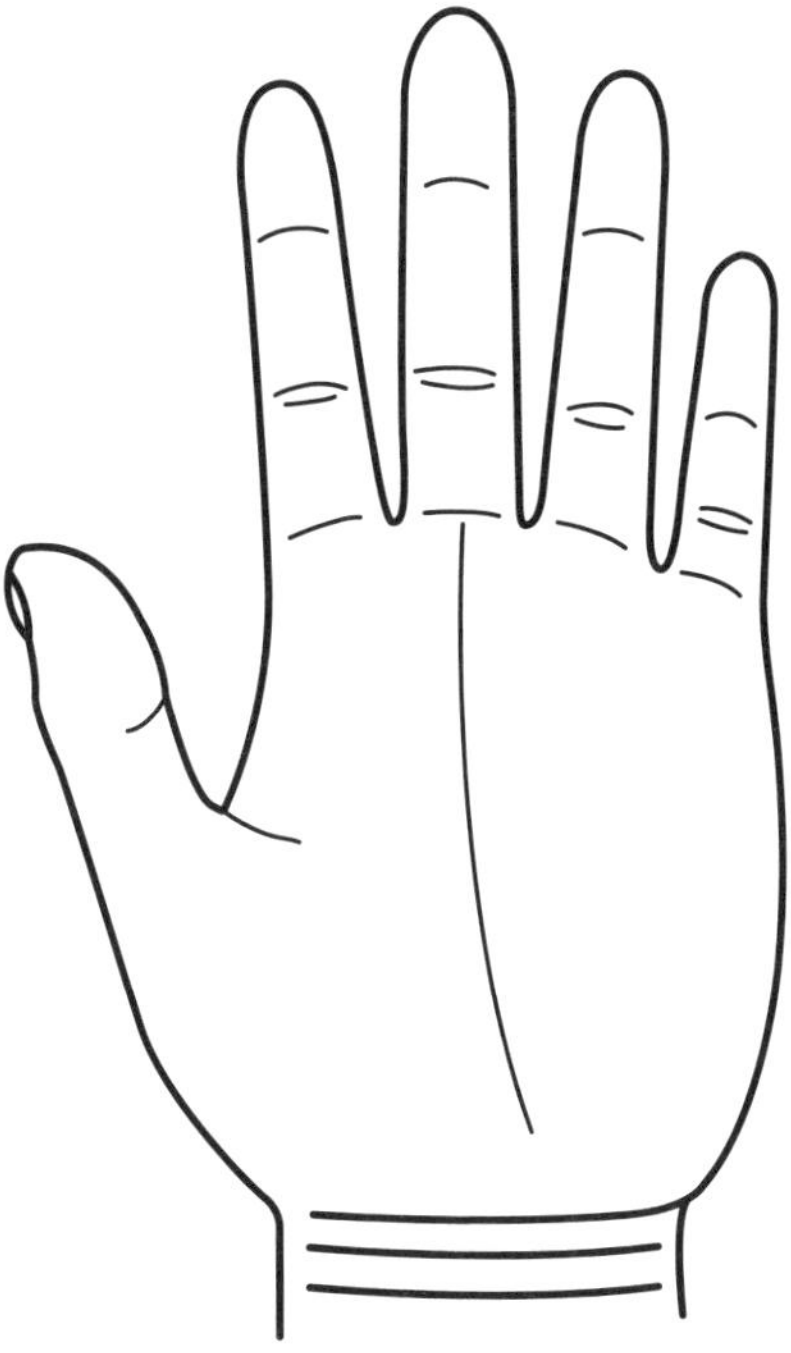

天喜紋

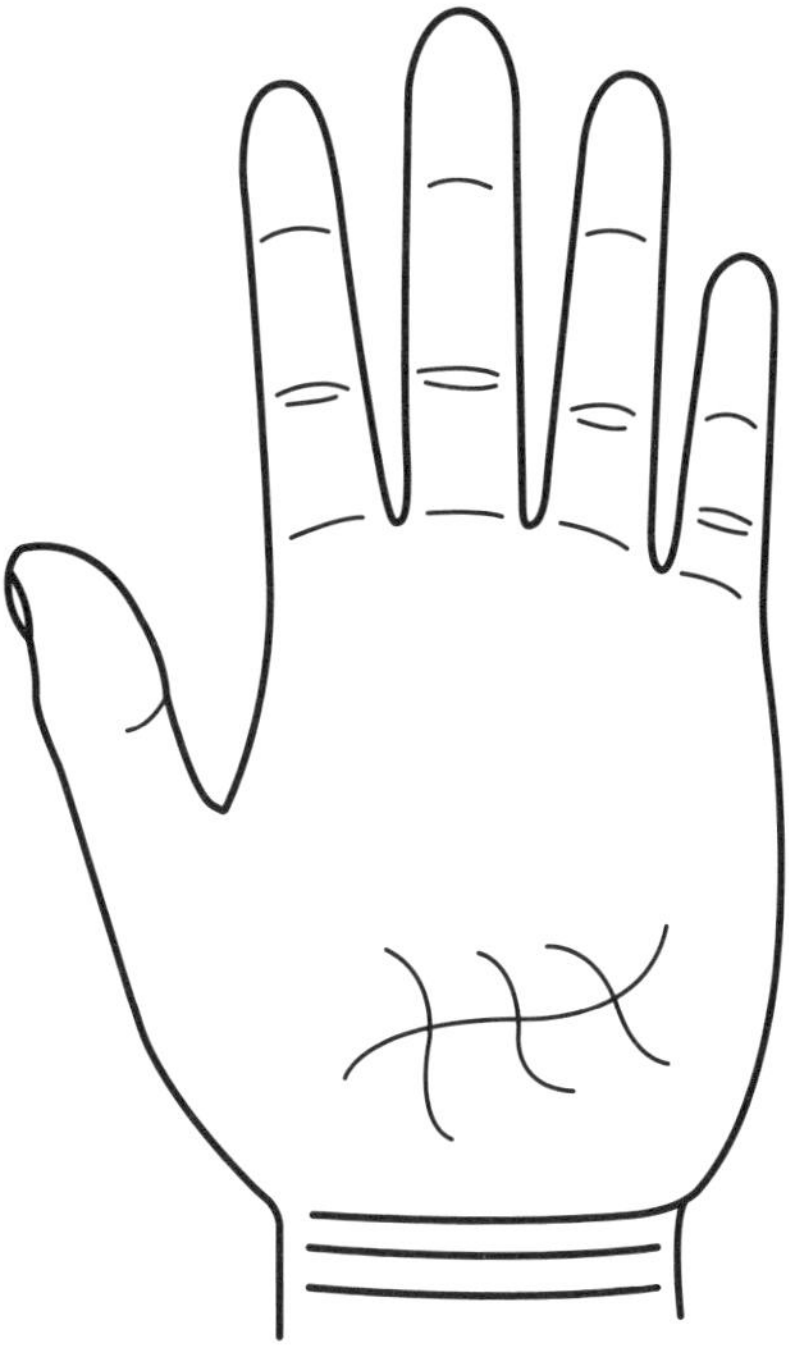

折桂紋

32. 三才紋《さんさいもん》 繁栄

三才紋とは手相の体であり、天紋、人紋、地紋を指します。三才紋が乱雑に入り乱れておらず、はっきりと明確に識別できれば、その時々の世の中の成行きとともに、一生を通じて、順調で平安な人生であるとされます。

才気ある運命といえども、これらの三つの紋のうち一つでも、「沖破《ちゅうは》」すれば災禍があり無情とされます。

33. 千金紋《せんきんもん》 富貴

千金とは非常に価値があるものという意味です。玉柱紋の中でも、直ちに上に加えると説かれ、真っ直ぐに長く伸びた玉柱紋が中指の第三関節を超える掌紋のことを意味しています。少年の人にこの

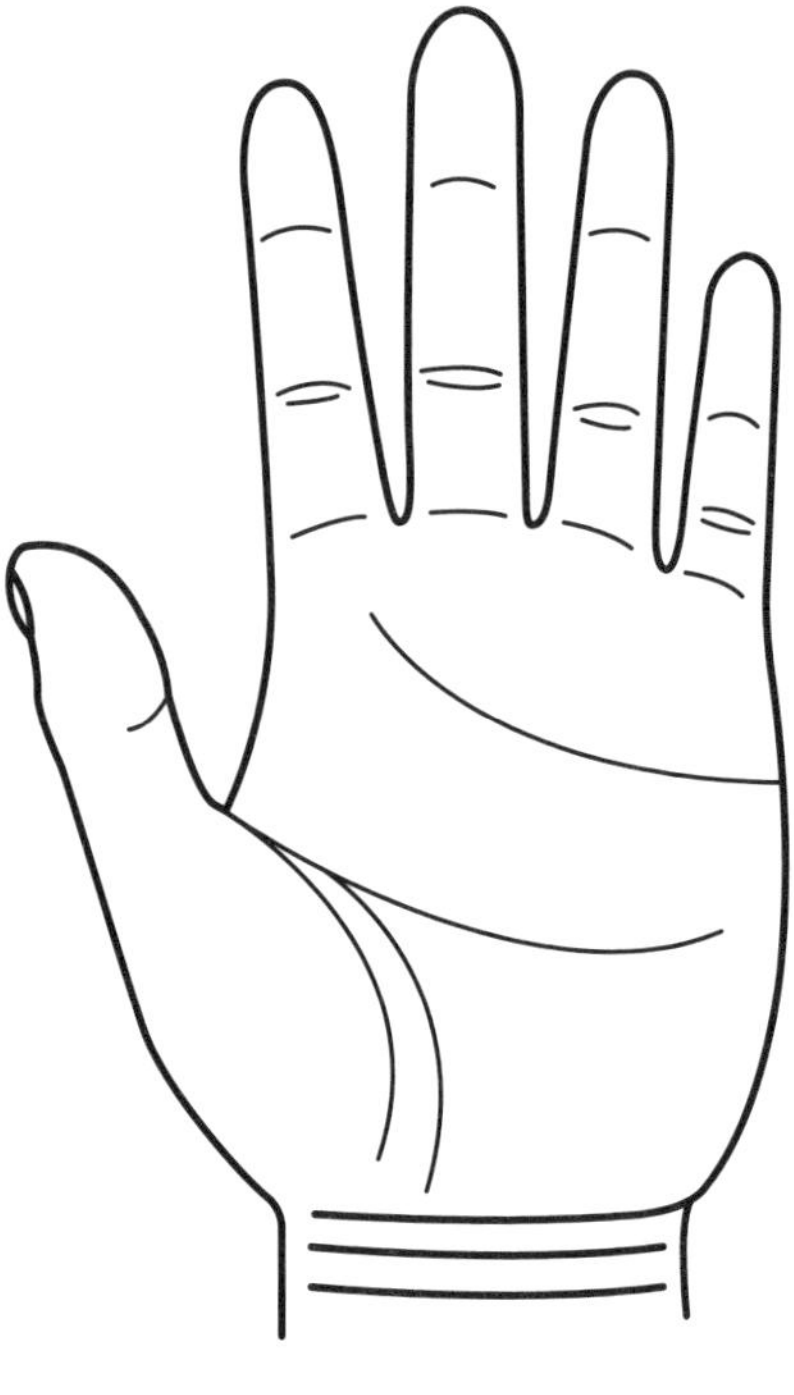

三才紋

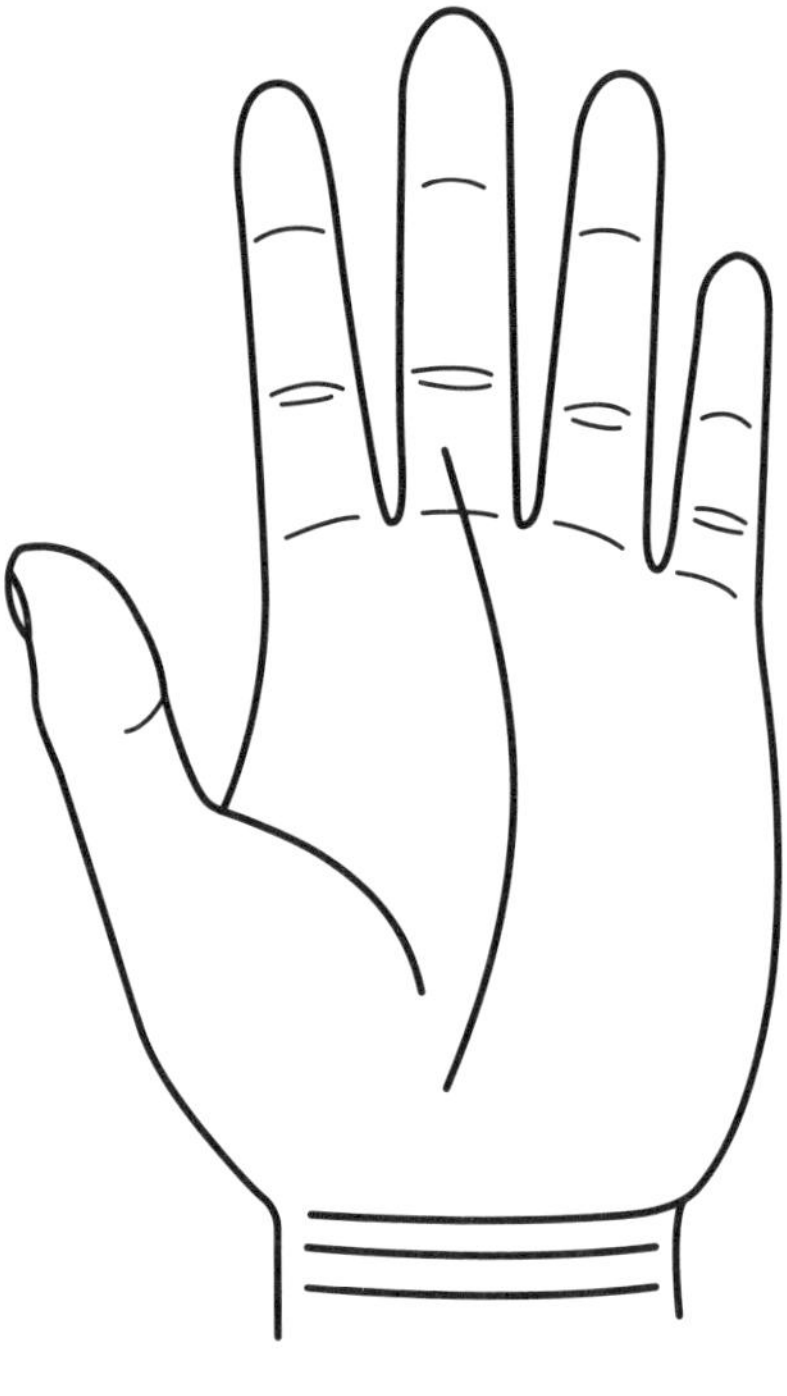

千金紋

掌紋があると将来において富貴に成る兆候とされます。

「少年」という原文から派生して『神相全編』では艮宮から起こる紋としていますが、このような解釈は『麻衣相法』には見られません。

34. 銀河紋《ぎんがもん》 自立

銀河とは天紋より上の指の付け根に近い部位を指します。男性の掌の銀河と呼ばれる部分に天紋から枝分かれし、砕けた掌紋が複数現れれば必ず妻を妨げ、再び妻を娶る象徴とされます。また、女性ならば夫を剋し再婚するとされます。

震宮、坎宮の部位に乱雑な乱紋《らんもん》と呼ばれる掌紋が「剋破《こくは》」(沖破)し、他の掌紋、皺、傷などと衝突し敗れれば、祖業《そぎょう》(祖先から受け継いできた事業)にたずさわるのは好ましくなく、自ら事業を興せば成功する機運があるとされます。

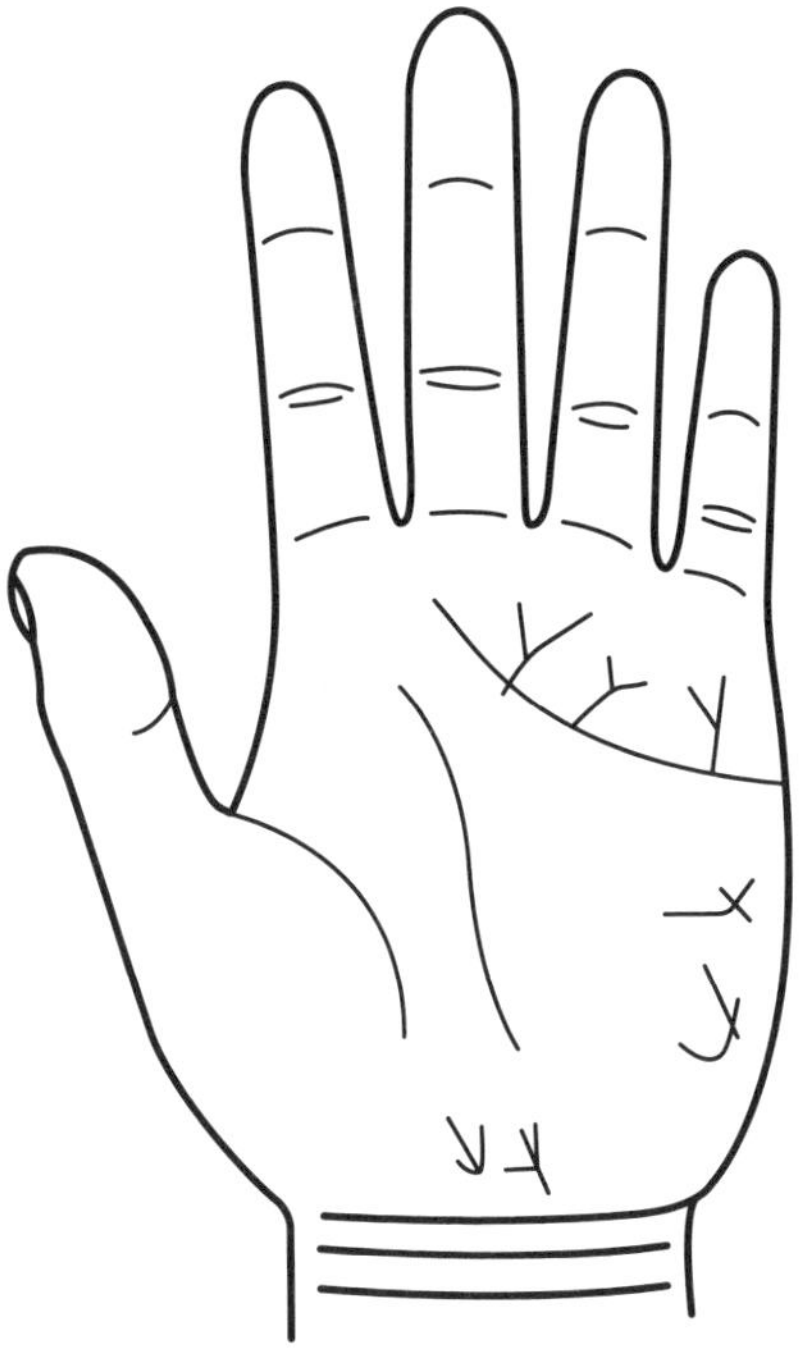

銀河紋

35. 離卦紋《りかもん》

栄誉

離卦紋とは、離宮に集中して、沖破し乱雑な紋がある相のことです。

この掌紋がある人は、労碌《ろうろく》（苦労して働くこと）するとされますが、坎宮が豊満な肉付きをしていれば晩年になってようやく幸福になるとされます。

総じていえば、八卦の各宮の一つだけ掌紋がたくさんあり、盈《みち》るのならば、孤賤《こせん》（身寄りがなく生活が貧しい）の相であるとされます。三山（巽離坤）は肉厚であるのが理想で、栄誉と出世を象徴しています。

36. 華蓋紋《かがいもん》(1)

吉利

弓なりに湾曲し弧を描いた掌紋が複数あり、坎宮から伸びた玉柱紋と交わっている掌紋です。陰徳《いんとく》（密かに行う善行）紋と同じく、聡明であり陰功《いんこう》（陰徳）があるとされます。もし、この掌紋がある人に別の凶となる掌紋が現れたとしても、華蓋紋があれば、その凶を打ち消して救うとされます。

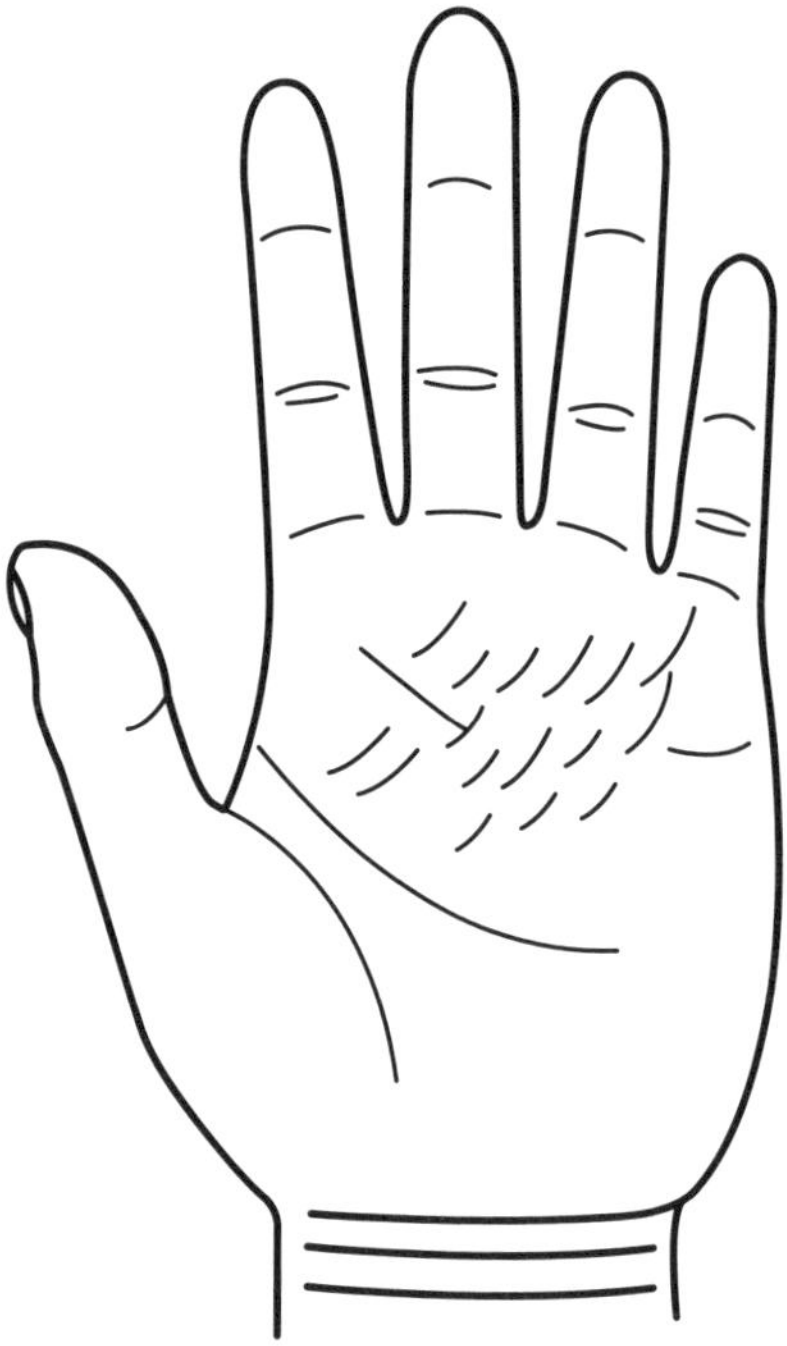

離卦紋

37. 震卦紋《しんかもん》　養子

震宮が肉付きよく豊満で光沢があれば、男児を授かることができるとされます。また、震宮に入っている掌紋が細かく、肉が薄く色つやも悪ければ、子息を授かるのは稀だとされます。あるいは震宮に煞《さつ》となる沖破を帯びれば、子どもとの縁が薄く、養子を招くのが好ましいといいます。

38. 坎魚紋《かんぎょもん》　富貴

文理《ぶんり》（筋道）は、魚のような形をした掌紋が坎宮に現れた相を坎魚紋といいます。別称として文理紋とも呼ばれます（『神相全編』）。

夫妻の関係は素晴らしく賢い子も授かり、夫婦ともに努力し富豪となり、富貴

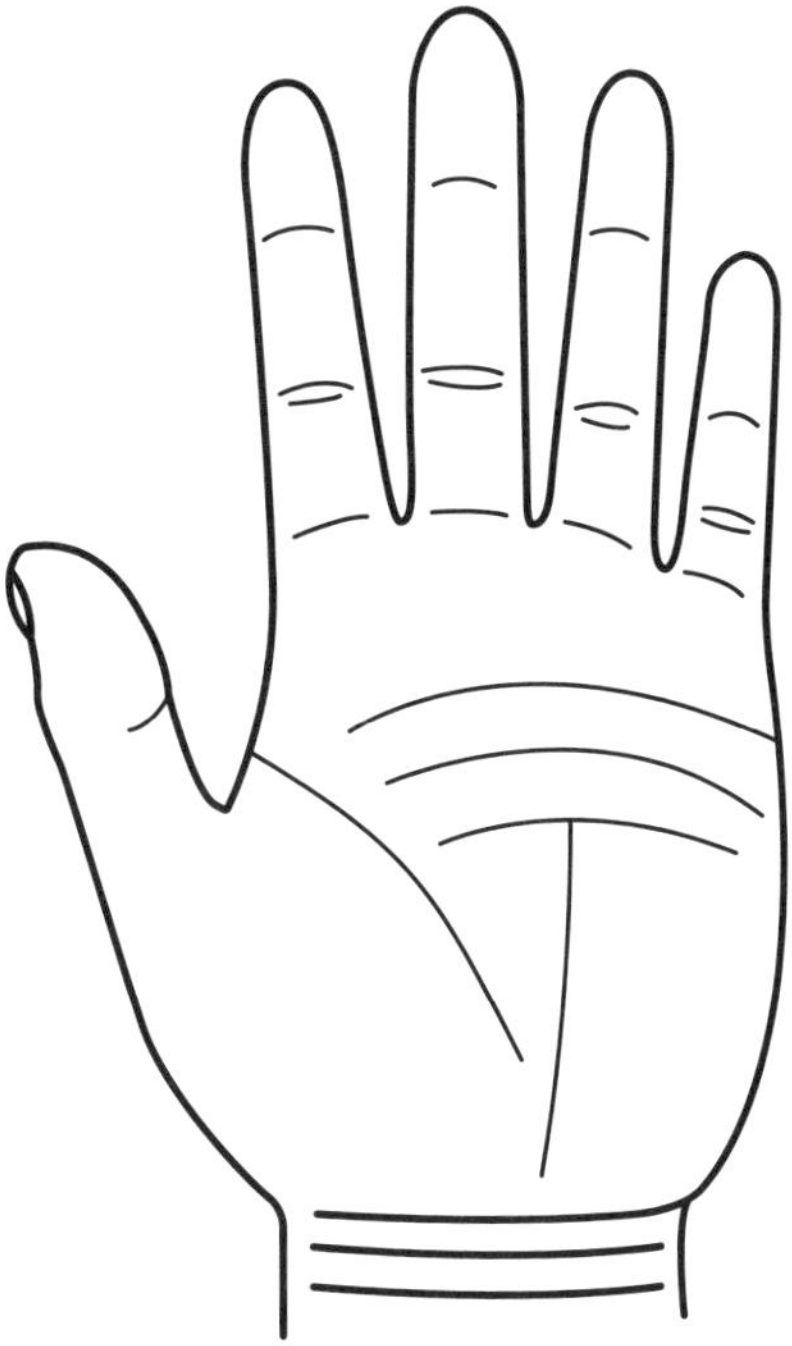

華蓋紋(1)

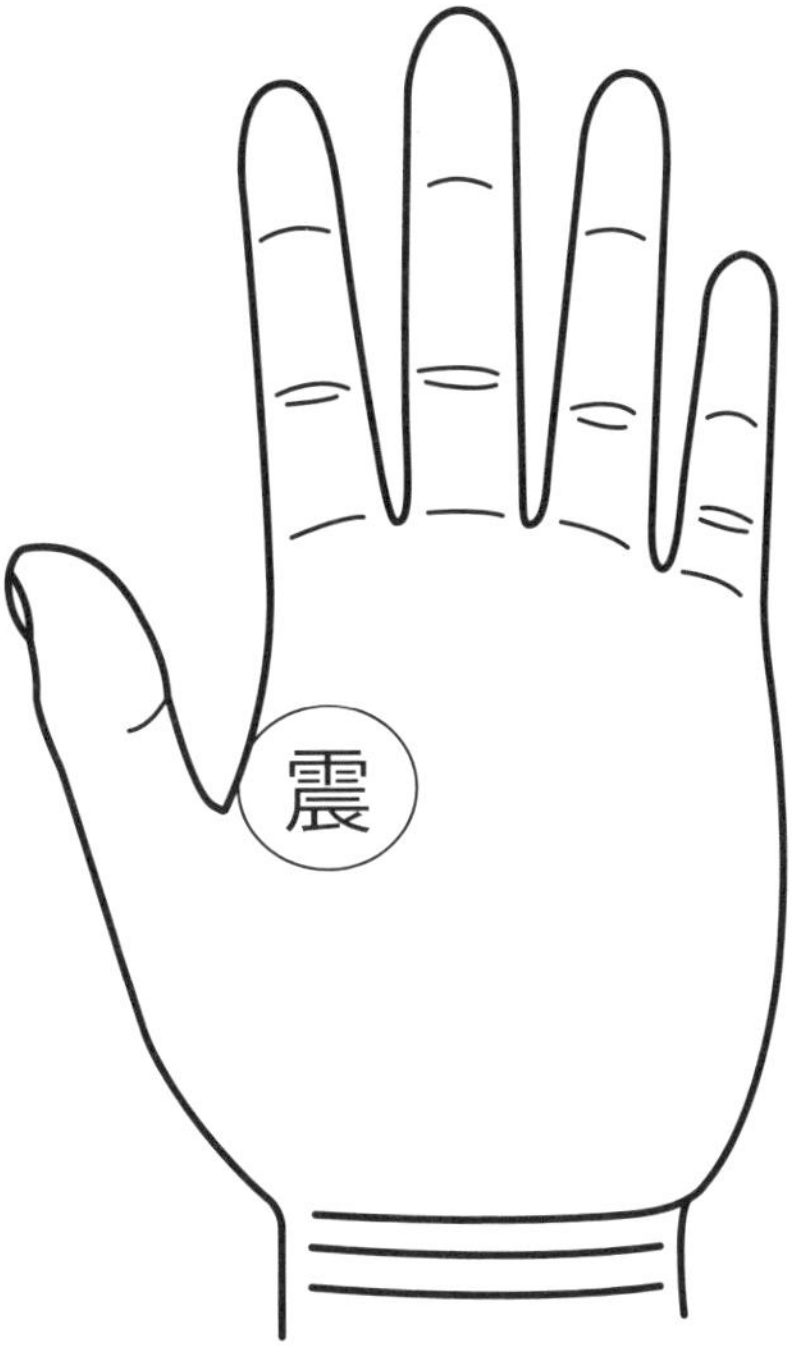

震卦紋

双全とされます。

また乾宮に「井」字形の掌紋もあれば、官途にも就き出世し、賢い子どもも得て子孫は繁栄するとされます。

39・陰徳紋《いんとくもん》 聡明

陰徳紋は身分に従って生じるとされ、艮宮から震宮にかけてのわずかに湾曲した複数の並列する縦紋のことをいいます。

陰徳を懐《おも》いて聡明であり、凶となる危険を冒さず、善を好み慈悲の心があり信心深い人だとされます。

40・住山紋《じゅうざんもん》 僧道

乾宮、艮宮から起きる紋が複数交差し、「山」の字形を形成している相を住山紋といいます。

山に入り、あるいは静寂な環境で暮ら

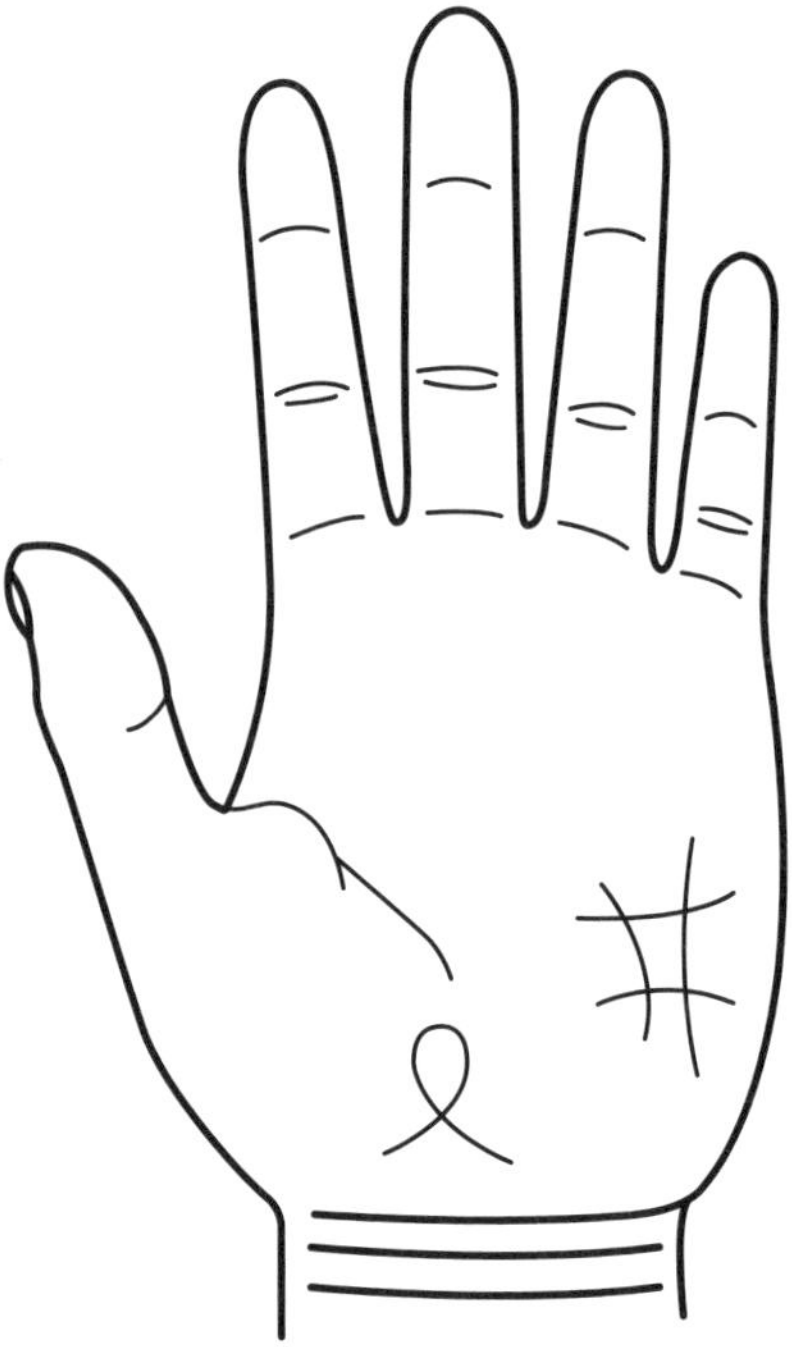

坎魚紋

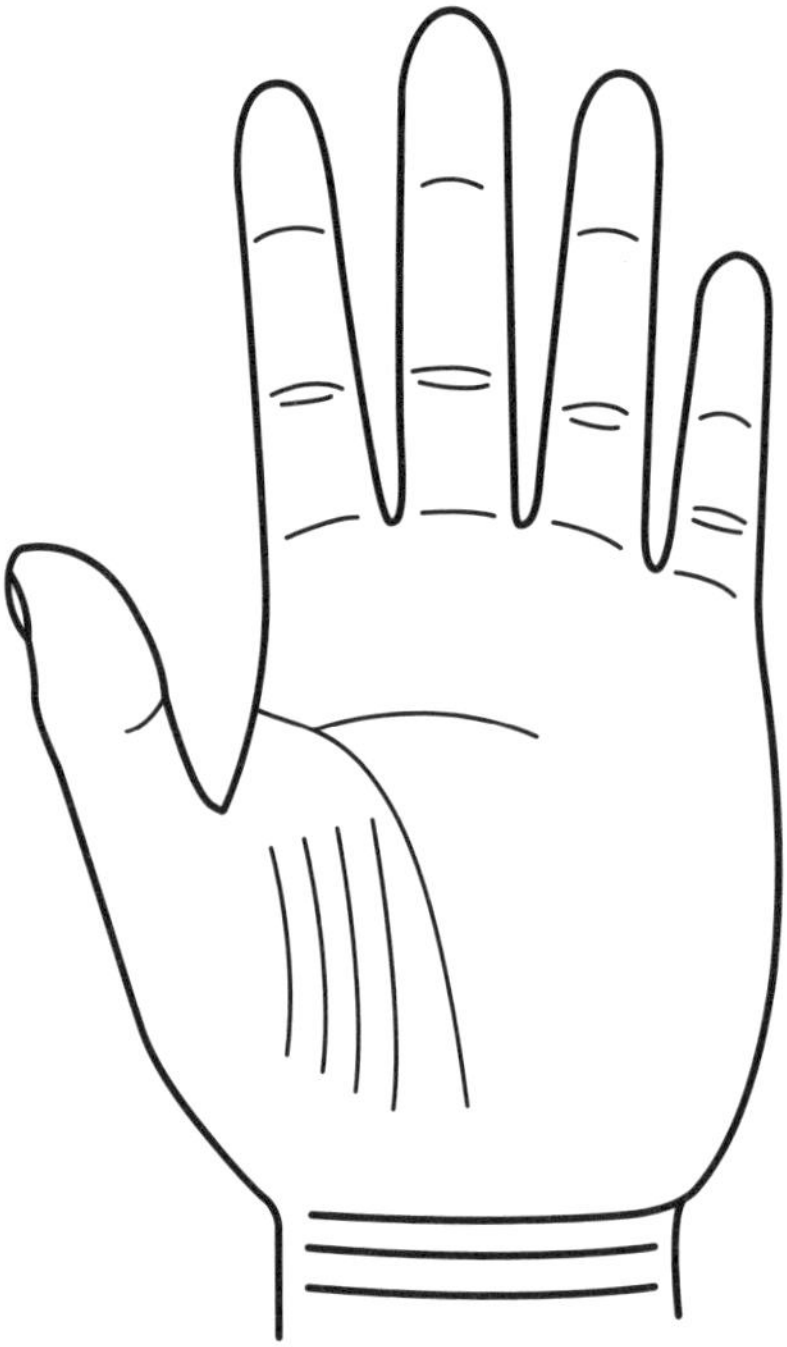

陰徳紋

したいと強く望む反面、権勢に対するあこがれは強く未練として残り、老いても世に出たいと心が常に動きます。しかし、鴛鴦《えんおう》（男女が愛し合うことのたとえ）の若き頃には体力も及ばず夢は叶わないとされます。

41. 智慧紋《ちえもん》 慈善

玉柱紋と六秀紋が真っ直ぐ伸び、槍のようです。並んだ槍を立て掛ける棒のように横紋が一つ入っている相を智慧紋といいます。一生を通じて思慮深く、慈善心があり、災禍がないとされます。

42. 隠山紋《いんざんもん》 閑静

掌の中央である中宮、明堂の部位に現れる複数の横紋を隠山といいます。

この紋がある人は善良な性格をしてい

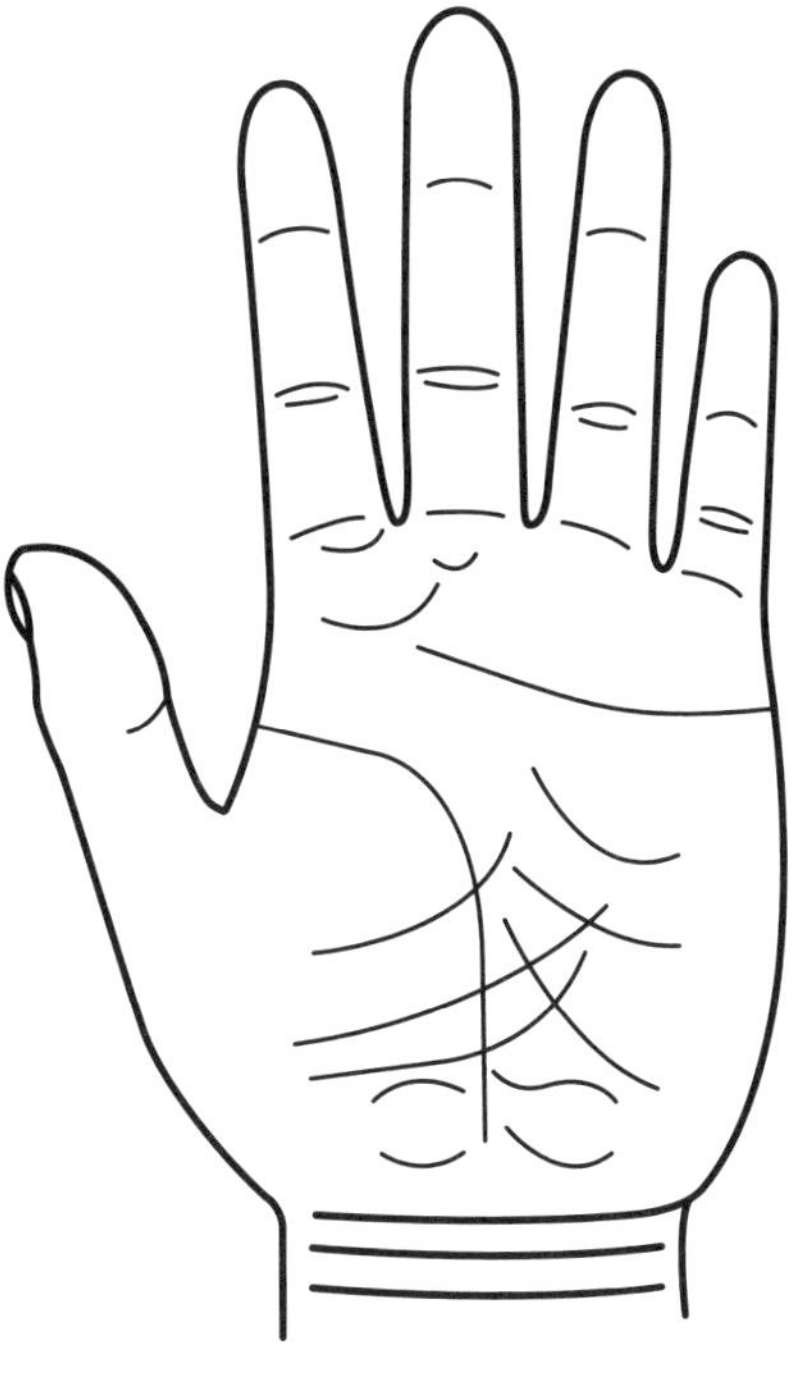

住山紋

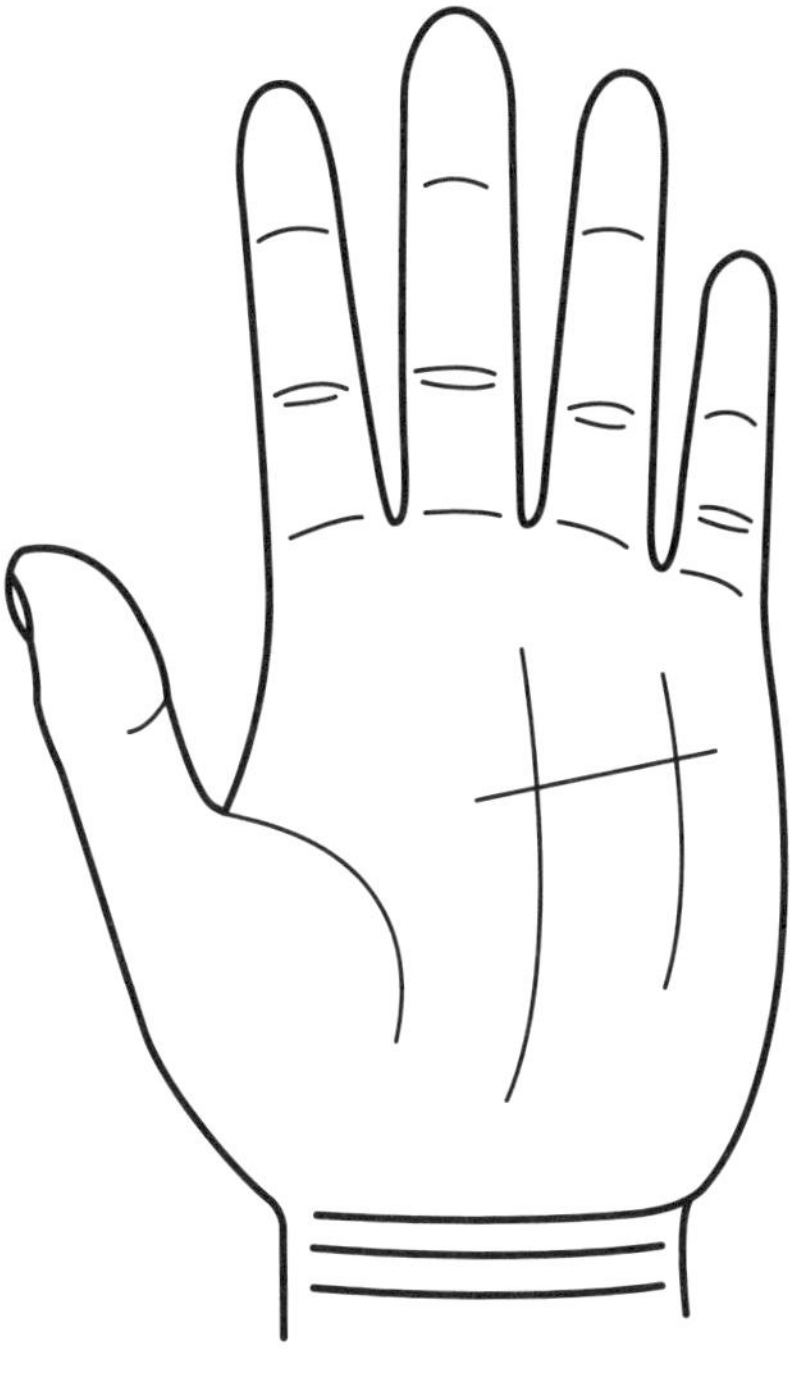

智慧紋

て、慈悲の心があり吉祥とされます。閑静な環境での暮らしを好み、騒がしい場所を嫌います。晩年に悟道を得て西方（極楽浄土）に行くとされます。

43・山光紋《さんこうもん》

僧道

震宮から起きて兌宮に向かう横紋が三条あり、天紋に方形の掌紋があれば、山光紋といいます。

この紋を持つ人は、清閑な場所で暮らしたいと望むため、出家して僧侶になるか、あるいは道家《どうか》（道士《どうし》）となるのがよいとされます。孤鰥《こかん》（妻子がなく孤独）を象徴しています。

44・逸野紋《いつやもん》

幽閑

震宮から起こり、中宮に向かって伸びる二条の横紋を逸野紋といいます。

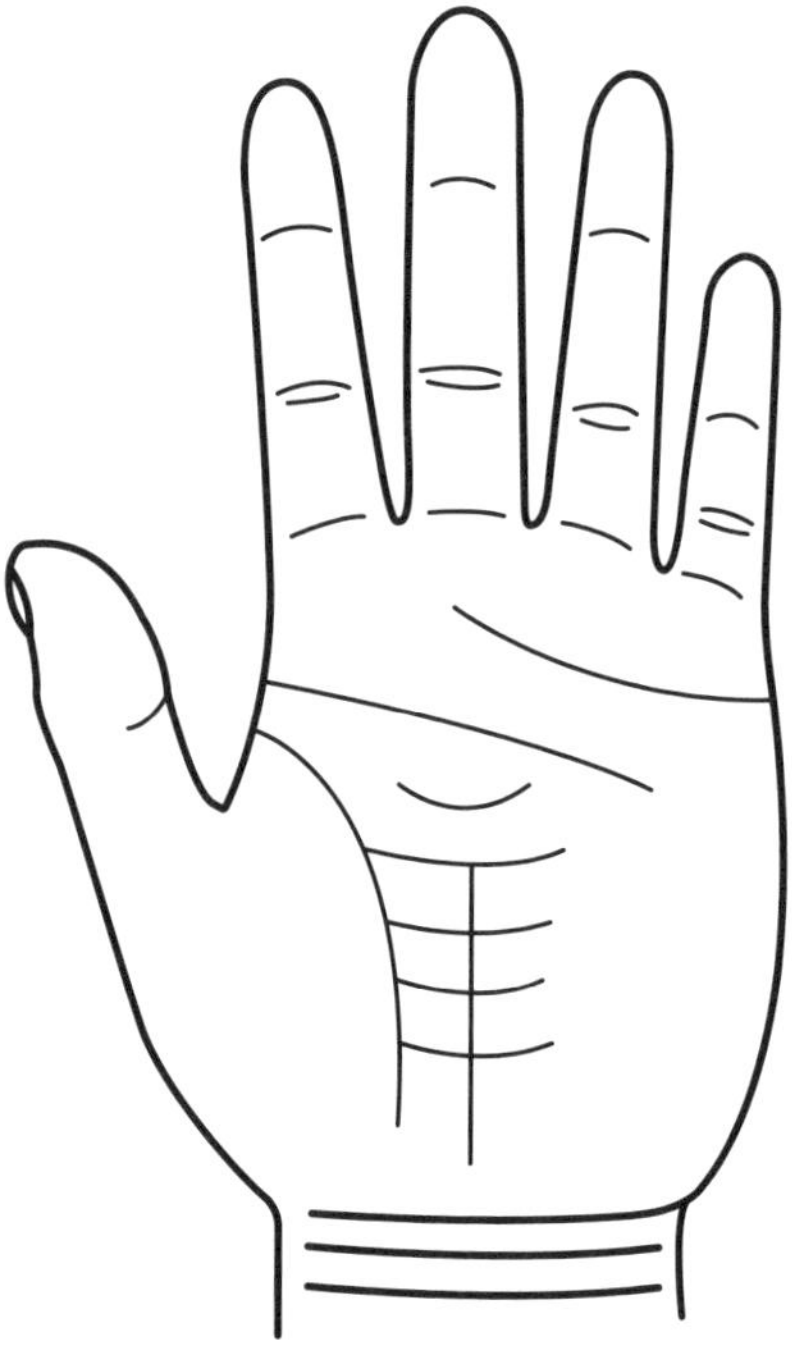

隠山紋

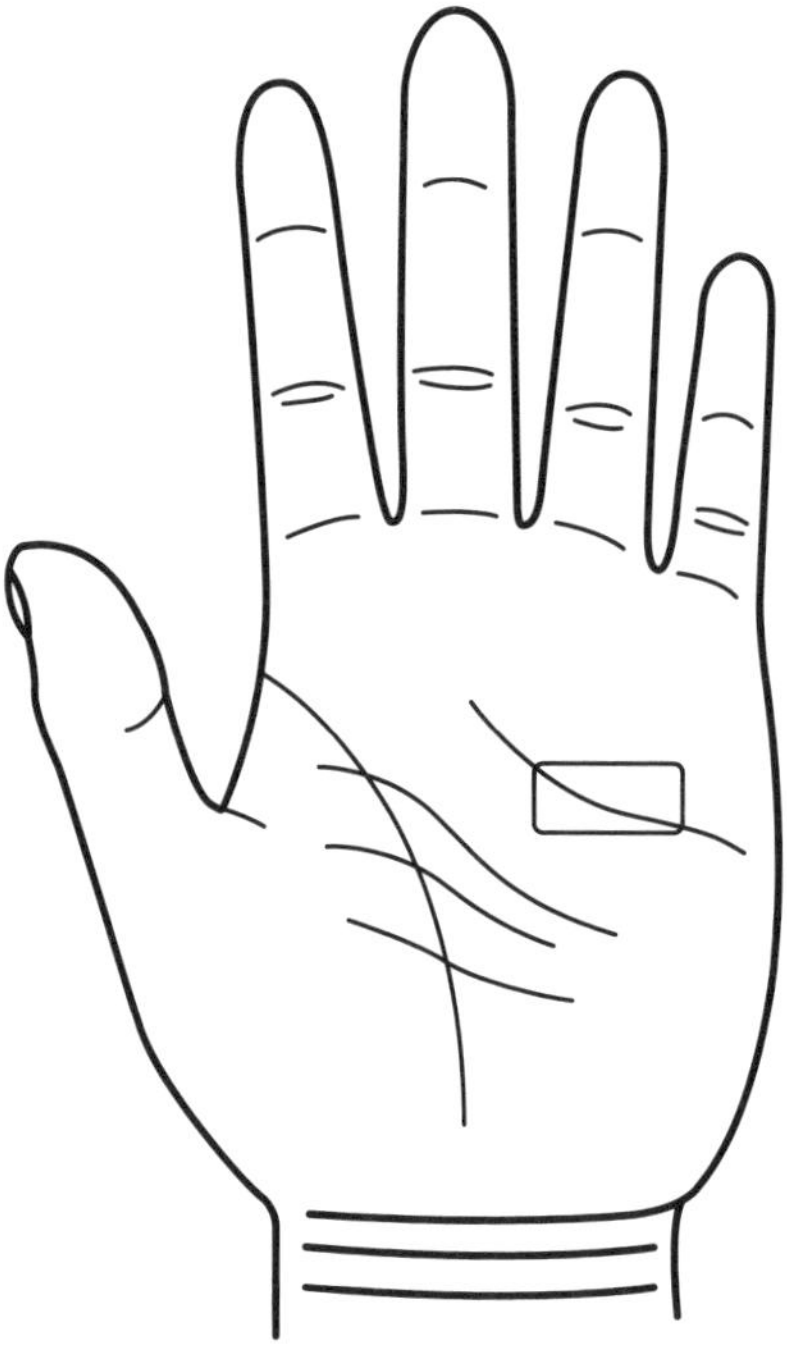

山光紋

幽閑《ゆうかん》（奥深くもの静かなこと）なる生活を好み、術（学術、五術）を好んで打ち込みます。人並みの生活とはならず家庭も持たずに、孤独な生活となる人が多いとされます。

45．色欲紋《しきよくもん》　性欲

掌中に草が茫々と乱れ、生えている掌紋を色欲紋といいます。

一生を通じて風情《ふぜい》（味わいのある感じ）を好み、貪迷《どんめい》（恋愛を貪欲に求める）であり、雲雨《うんう》（男女間の契り）の心は歇《や》む（休む）ことがなく、九十歳にして、その心は後生《こうせい》（年の若い人）に似ているとされます。

46．花酒紋《かしゅもん》　酒色

天紋と人紋が一文字に横に真っ直ぐ伸

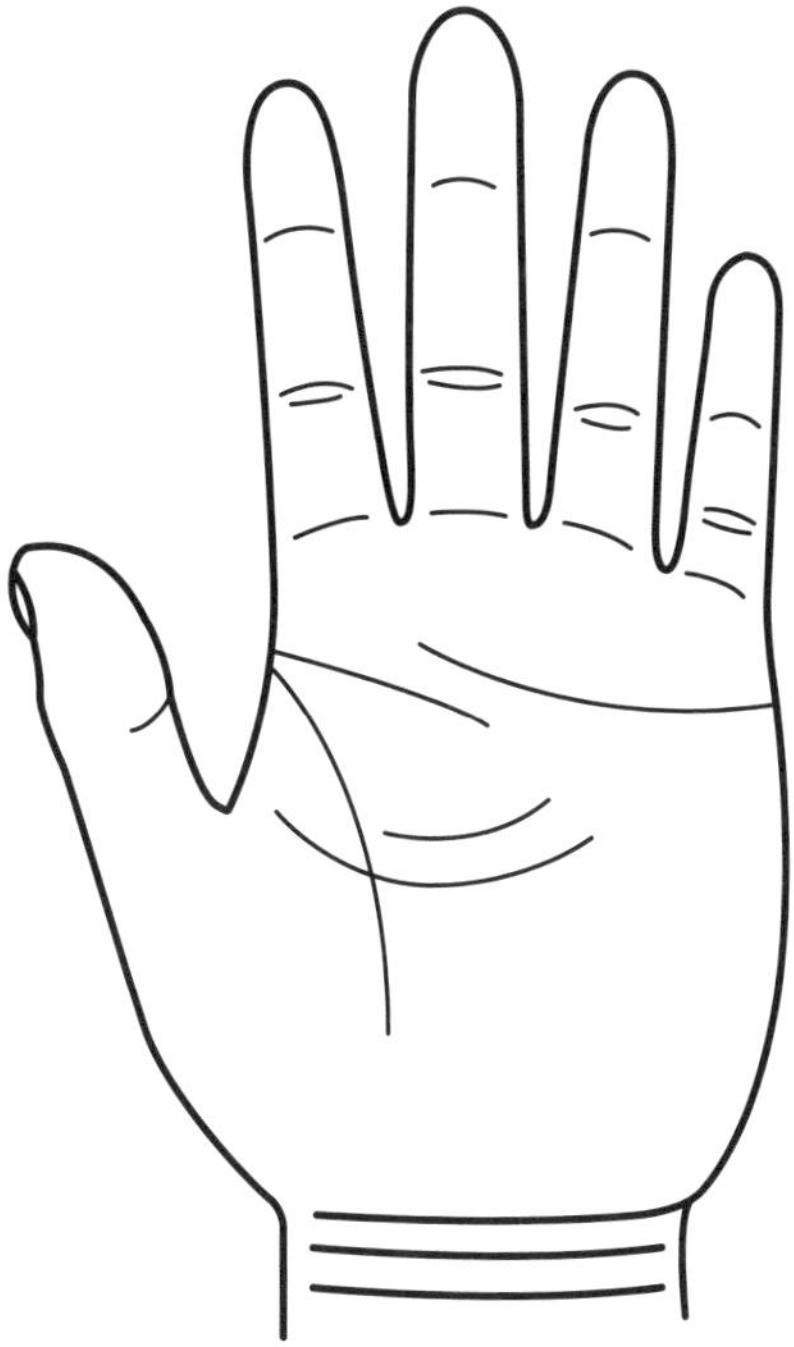

逸野紋

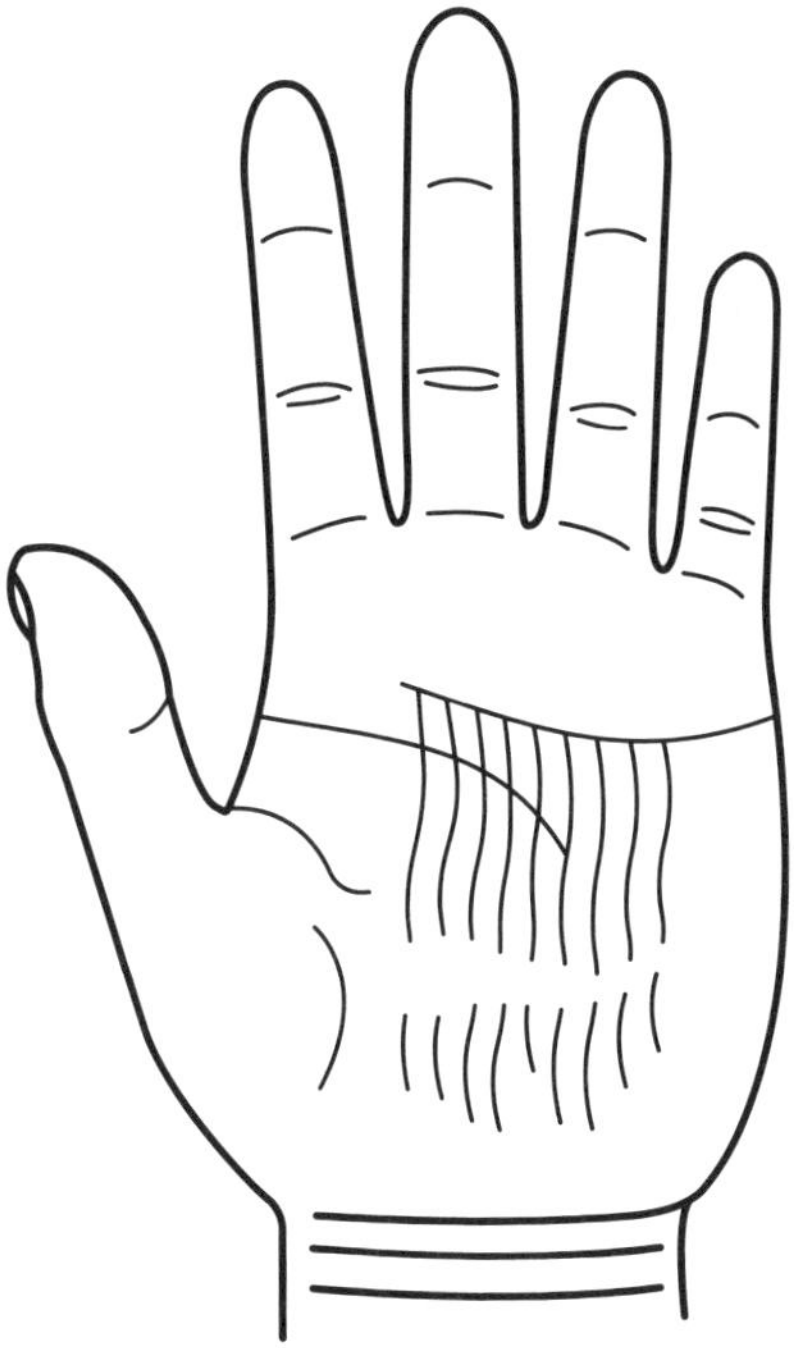

色欲紋

びる横紋となり、「二」の字形をつくる相、または、人紋の下の中宮、坎宮に縦に連なる二つの×字、八字の交紋がある相の二種類を花酒紋と呼びます。「二」と「八」の容《かたち》をなすとは、天紋と人紋の二条を指し、×字形または「八」字形の掌紋を意味しています。

この掌紋を持つ人は、一生酩酊して暮らすとされます。常に酒気を帯び、花柳《かりゅう》（遊女屋）に出入りし、疎狂《そきょう》（性格が常識にはずれていること）であり、浪費癖があり、酒と女にうつつを抜かす人が多いとされます。

47. 乱花紋《らんかもん》

貪欲

地紋より上に広がっていく散り乱れた花びらの様な掌紋を乱花紋といいます。

生まれもった性として奢華《しゃか》（贅沢で派手であること）を好み、花柳街（遊女

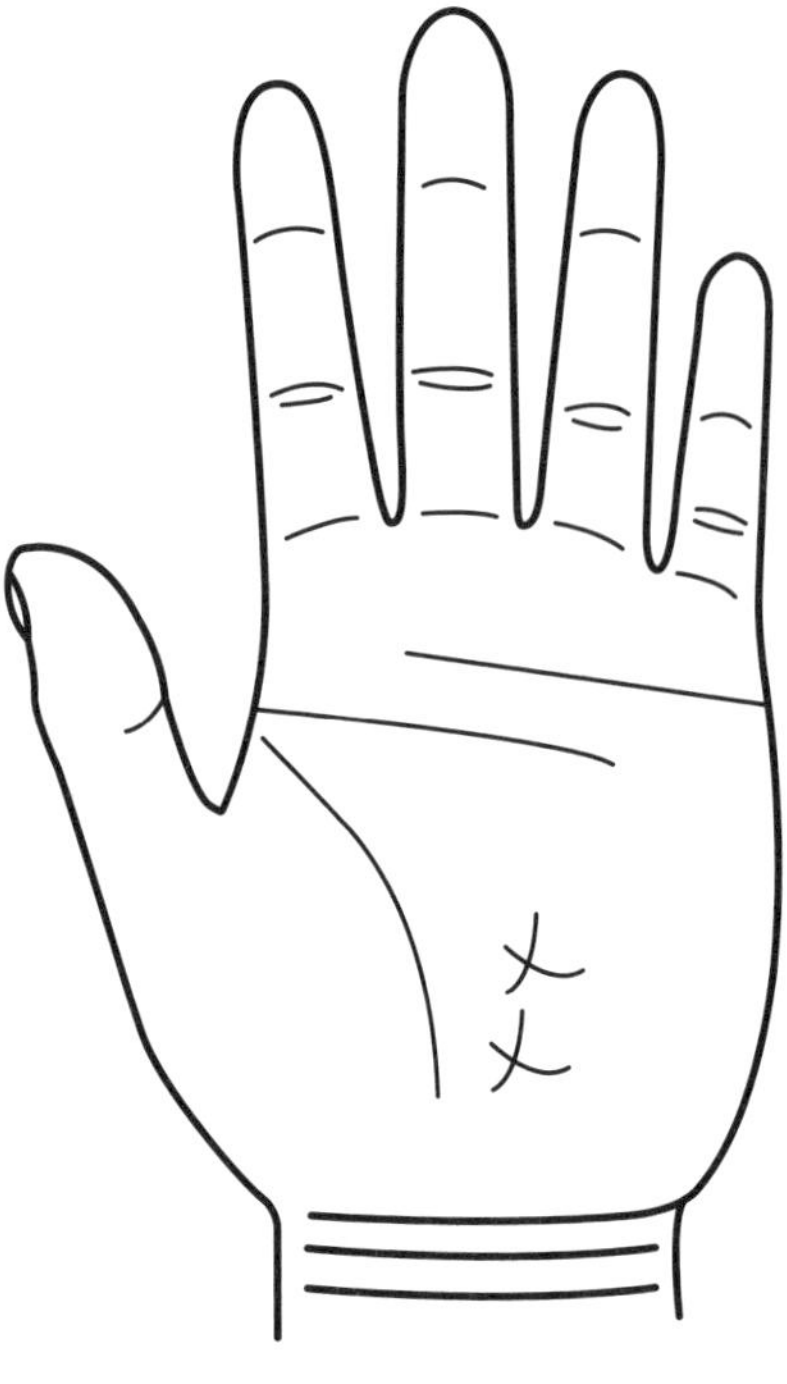

花酒紋／二の容

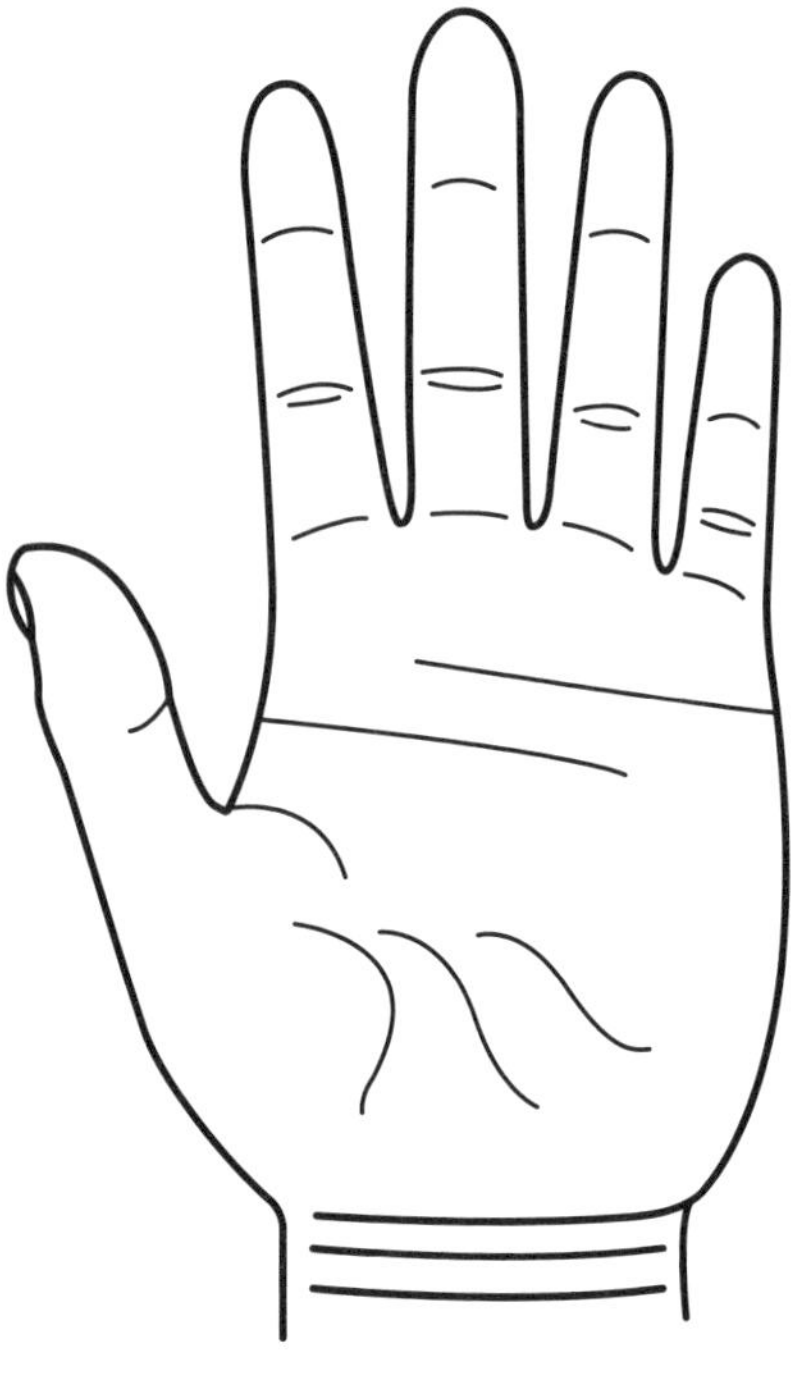

花酒紋／八の容

屋）に出入りするだけではなく、物静かな女性から、飾り気がなく純朴な女性まで、花の枝を引っ張って折るとされ、美人に恋して、家や家庭を顧みない放蕩な人間とされます。

48．桃花《とうか》紋《もん》(1)　酒色

地紋と人紋に雑な枝のような玉柱紋や入り乱れた紋があることを桃花紋といいます。

過分に酒を飲むことを愛し、情欲が強いので、酒と女で身を持ち崩すものが多いとされる相です。中年にはすでに家が傾くとされます。

49．色労紋《しきろうもん》　病気

中宮から兌宮へと柳の葉が川に浮かぶかのような複数の横紋を色労紋といいま

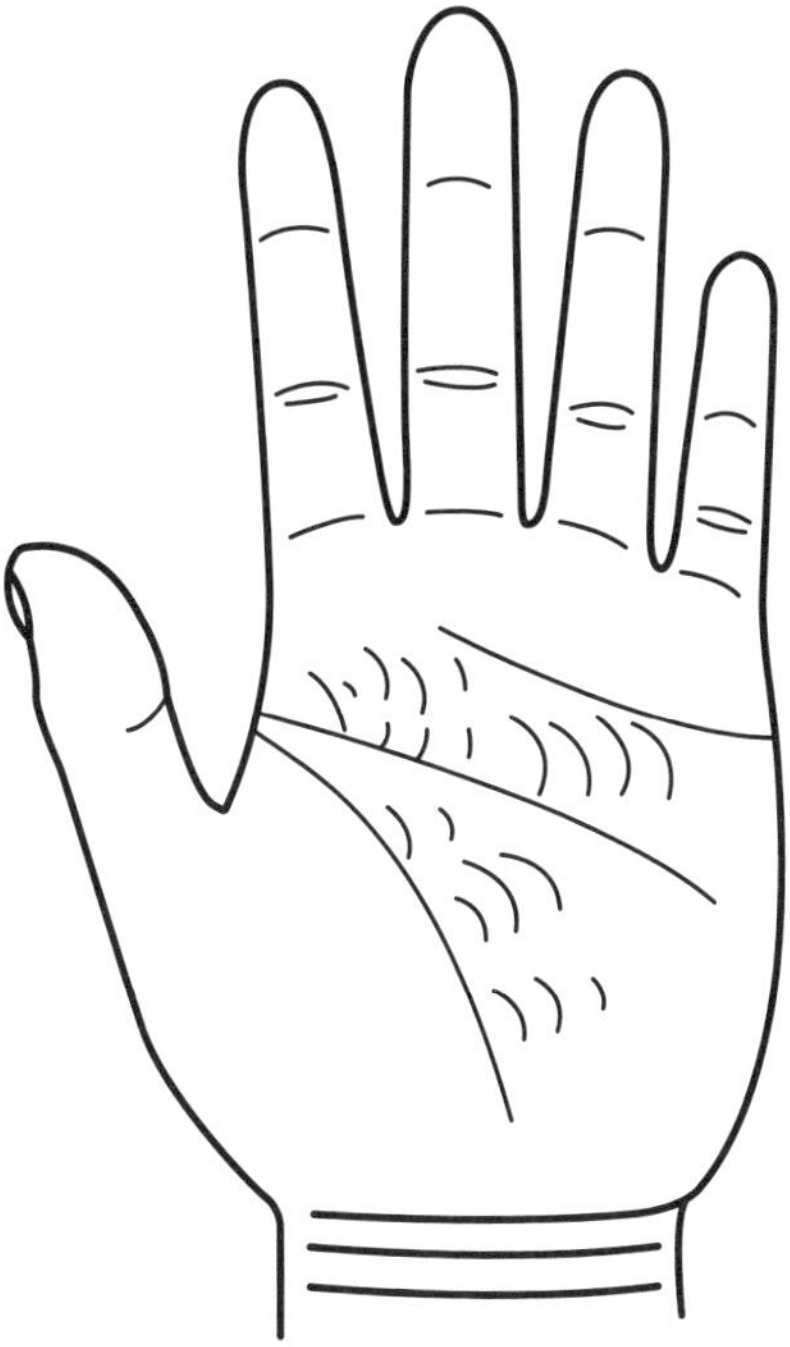

乱花紋

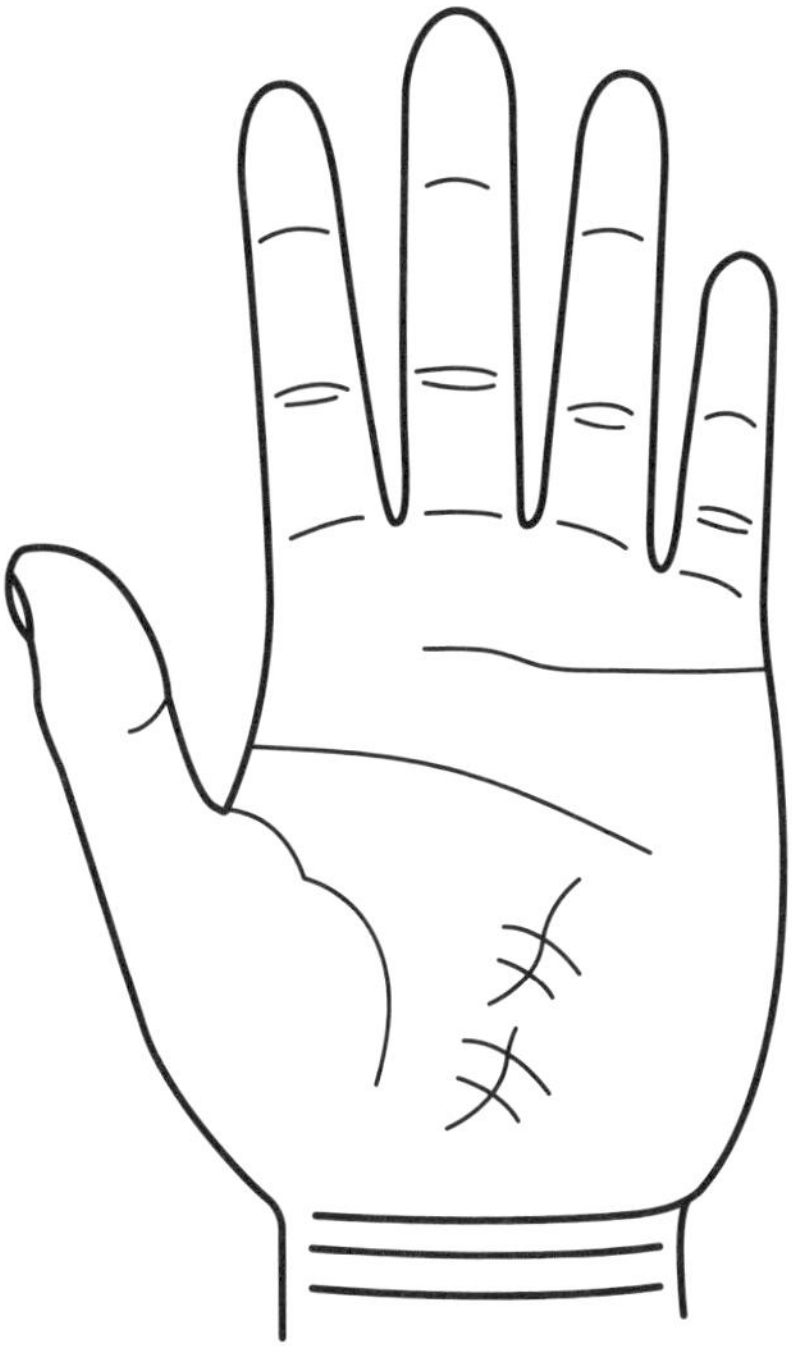

桃花紋(1)

す。

柳は花柳《かりゅう》（遊女屋）の象徴であり、街に出ては遊び暮らし歳を重ね、*朝雲暮雨《ちょううんぼう》（男女の情交のこと）に心喜ぶとされます。その結果、中年には色欲による過労が祟り、重病になるとされます。

*朝雲暮雨……「朝雲」は朝の雲、「暮雨」は夕暮れに降る雨の意で、男女の契りを表す比喩。楚《そ》の懐王《かいおう》が夢の中で情を交わした女神が立ち去る時に、「朝は雲に、日暮れには雨となり、朝な夕なあなたのそばにおります」といったことに由来する。

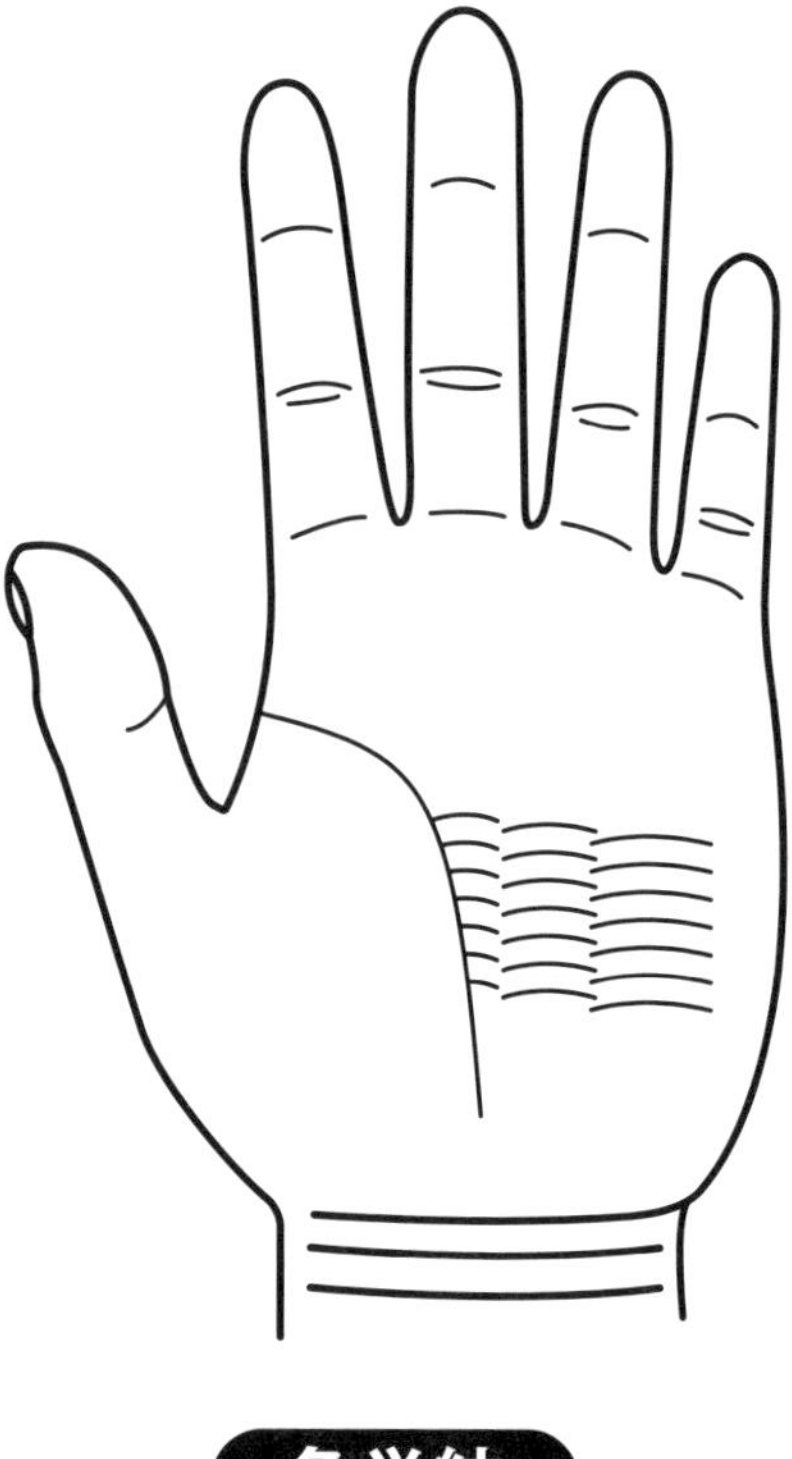

色労紋

50. 花柳紋《かりゅうもん》

愛欲

人紋と地紋の間に柳の枝を横に置いた横紋です。

花柳とは、芸者屋や遊女屋が集まっている地域を指し、この紋がある人は一生を通じて風流を愛するとされます。綺羅《きら》を飾り（華やかに装い）、歓楽を貪り、夜遅く昼頃に起きる*紅日三竿《こうじつさんかん》の生活をするとされます。

＊紅日三竿……紅日（太陽）が三本の竿の高さに昇ったという意味で、朝寝坊をしたという意味。

51. 鴛鴦紋《えんおうもん》　好色

鴛鴦《おしどり》はいつも一緒におり、鴛鴦紋とは鳥が羽ばたいているような交紋が二つ横に並んでいる掌紋のことをいいます。

鴛鴦は仲睦まじい男女の意味であり、この紋がある人は色を好み酒に溺れるとされます。男女が愛し合い、片時も離れていられないほどの深い仲、男女の情交である朝雲暮雨にたとえられます。

この紋がある人は、若い頃から酒池肉林に溺れやすく、老いてもなお情欲は尽きないとされます。

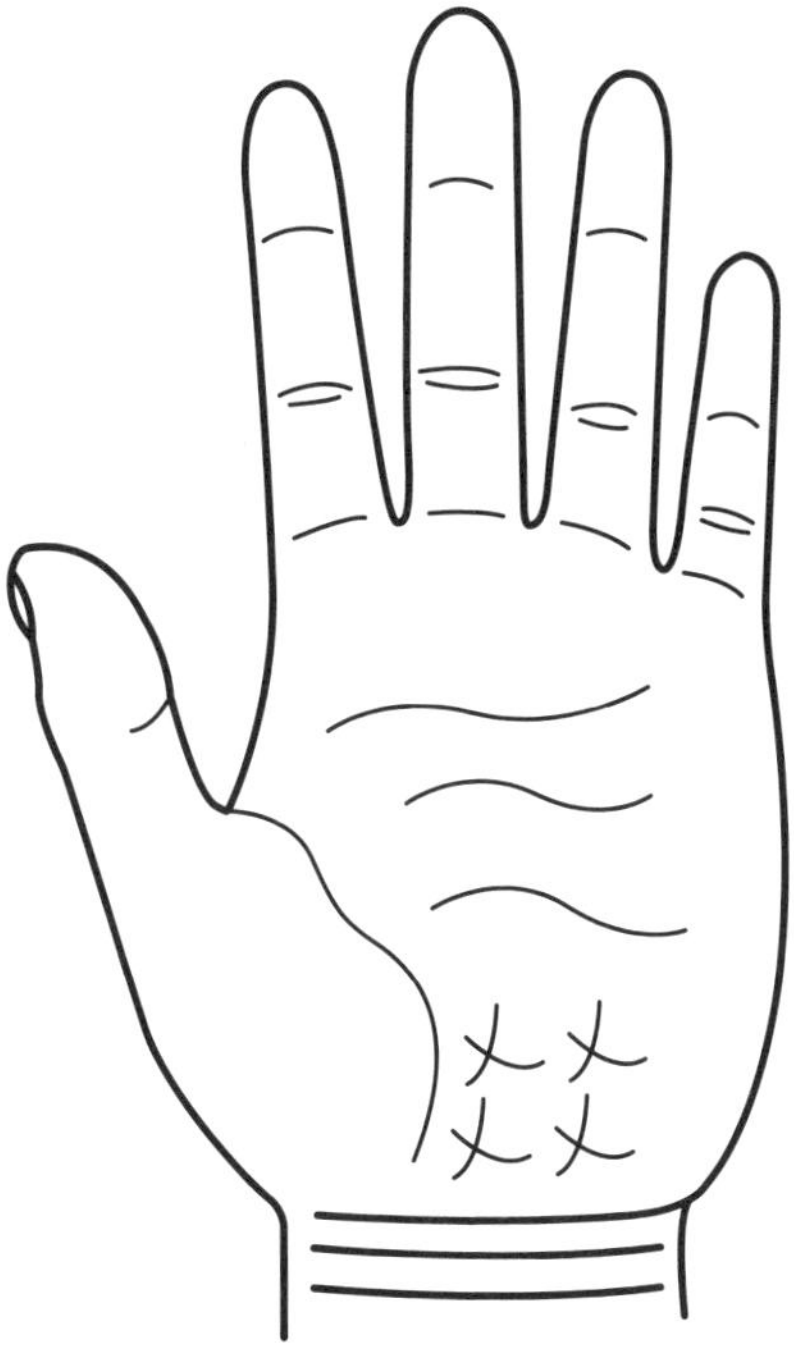

鴛鴦紋

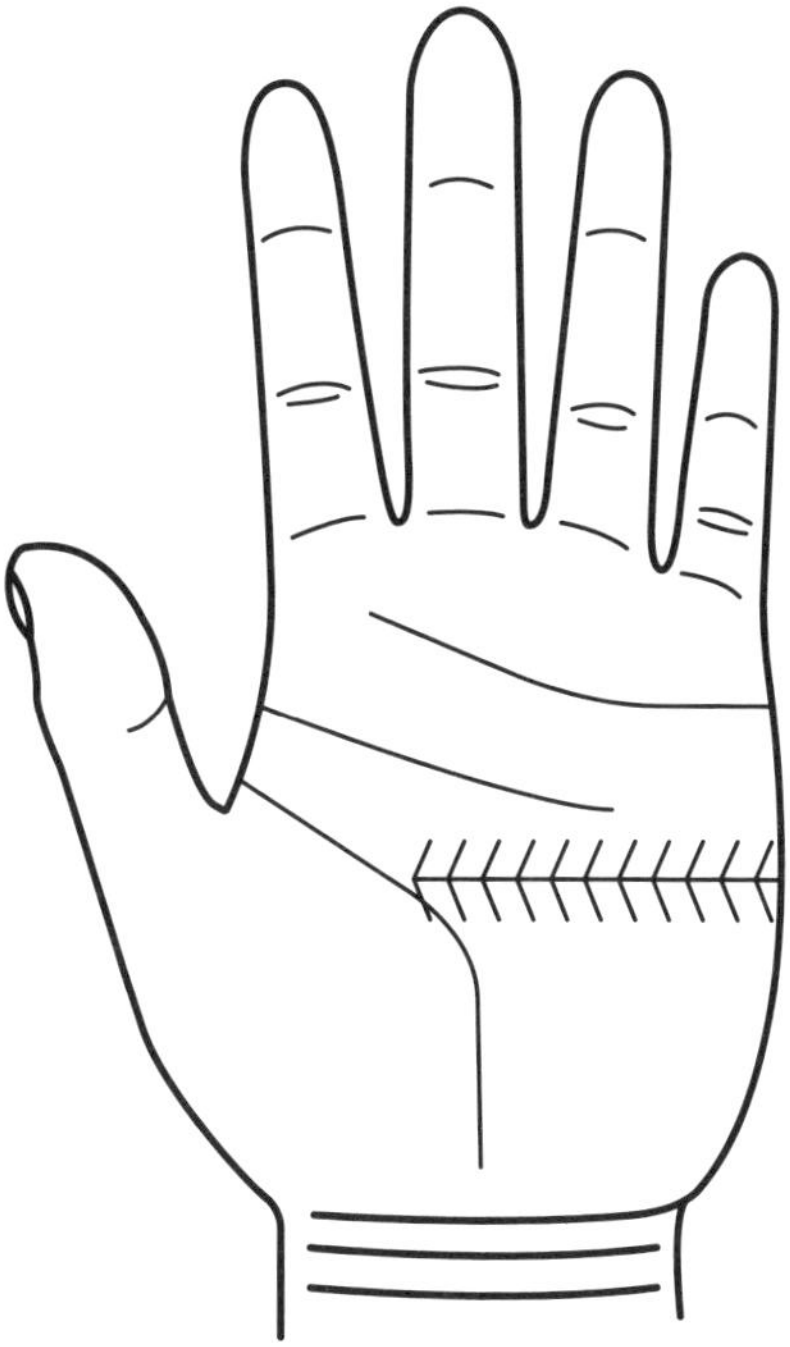

花柳紋

52. 偸花紋《ちゅうかもん》

不倫

偸花紋は二種類あり、一種は人紋の下にある複数の横紋が入っている相です。もう一種は天紋より上に、枝分かれした掌紋が指下に枝のように現れる相です。

この紋が現れる人は、非（悪しき原因）が多いといわれ、花街の女性にも興味がありますが、専ら人妻との不倫に一途だとされます。

53. 花釵紋《かさいもん》

色欲

花釵とは女性が髪を結う時に使う花の形に作った髪飾りの簪《かんざし》のことです。掌中に髪を櫛《くし》などで梳《す》いているような波型の横紋が複数現れた相です。この紋は時を偸《ぬす》むことを象徴しており、人生における時間を巷陌《こうはく》（街道）に出て風流を追い求

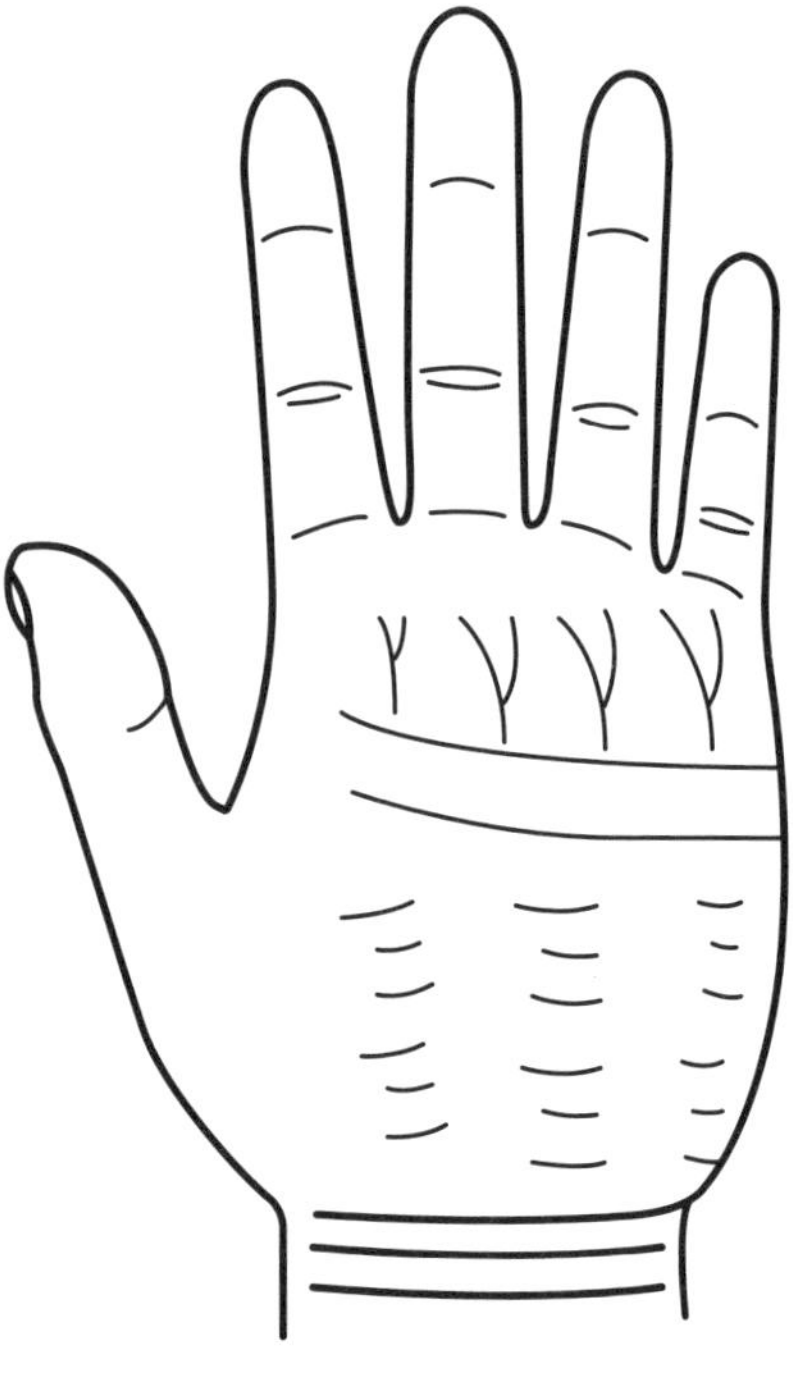

偸花紋

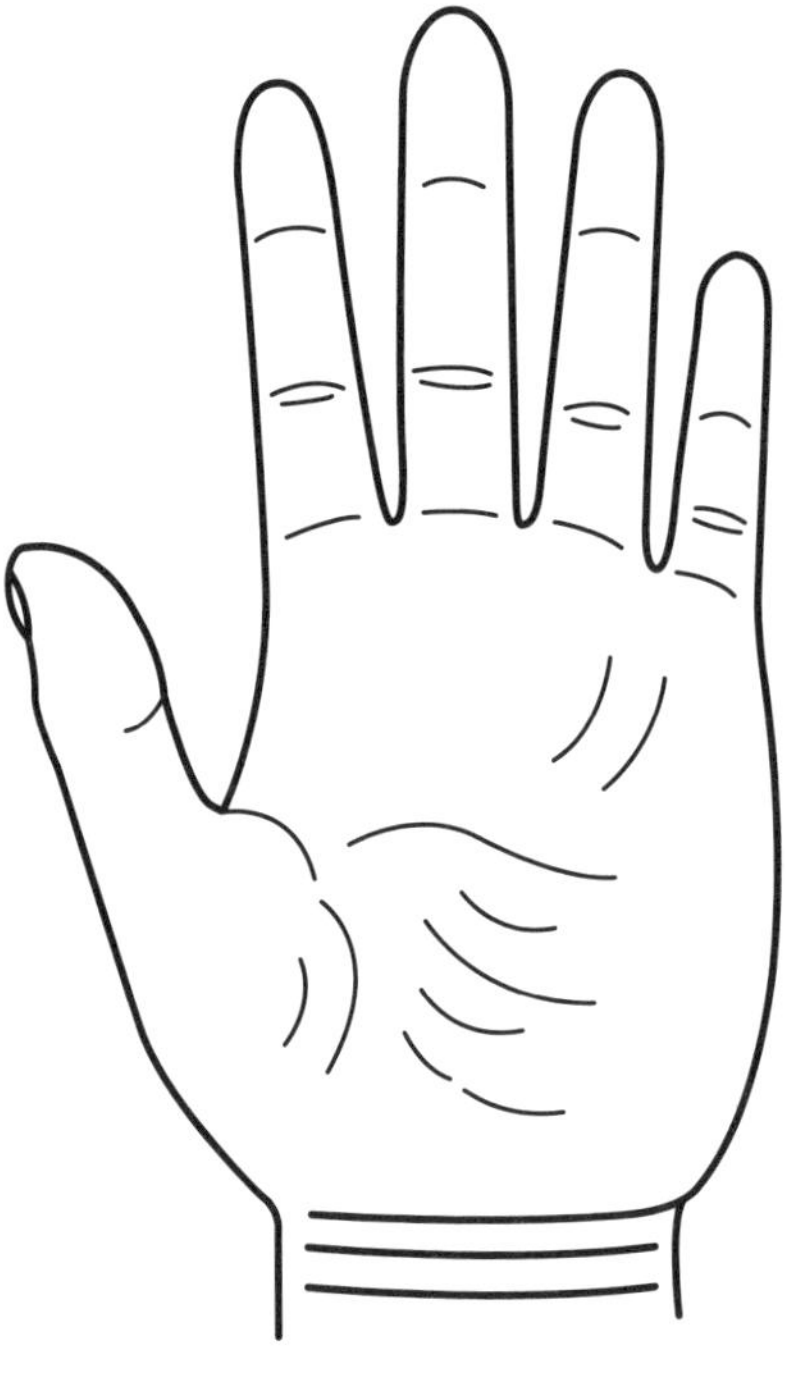

花釵紋

めることに費やすとされます。花柳町（遊女屋）で歓楽を貪り、女性からの人気もあり、西施《せいし》（春秋末期の人で中国古代四大美女の一人）にも勝るとされます。

54・魚紋《ぎょもん》　清雅

小指の下の妻妾宮に魚の形をした紋があれば魚紋といいます。品行方正で清雅《せいが》（高尚で優雅である）です。賢妻を娶り内助の功があるとされます。

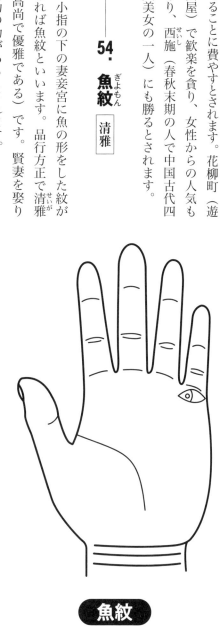

ただし、「沖破」と呼ばれる手のひらに他の掌紋や、皺、傷などによる干渉がなく紋が乱れていないことが前提です。もし、沖破していれば、淫乱で愚か者となるとされます。

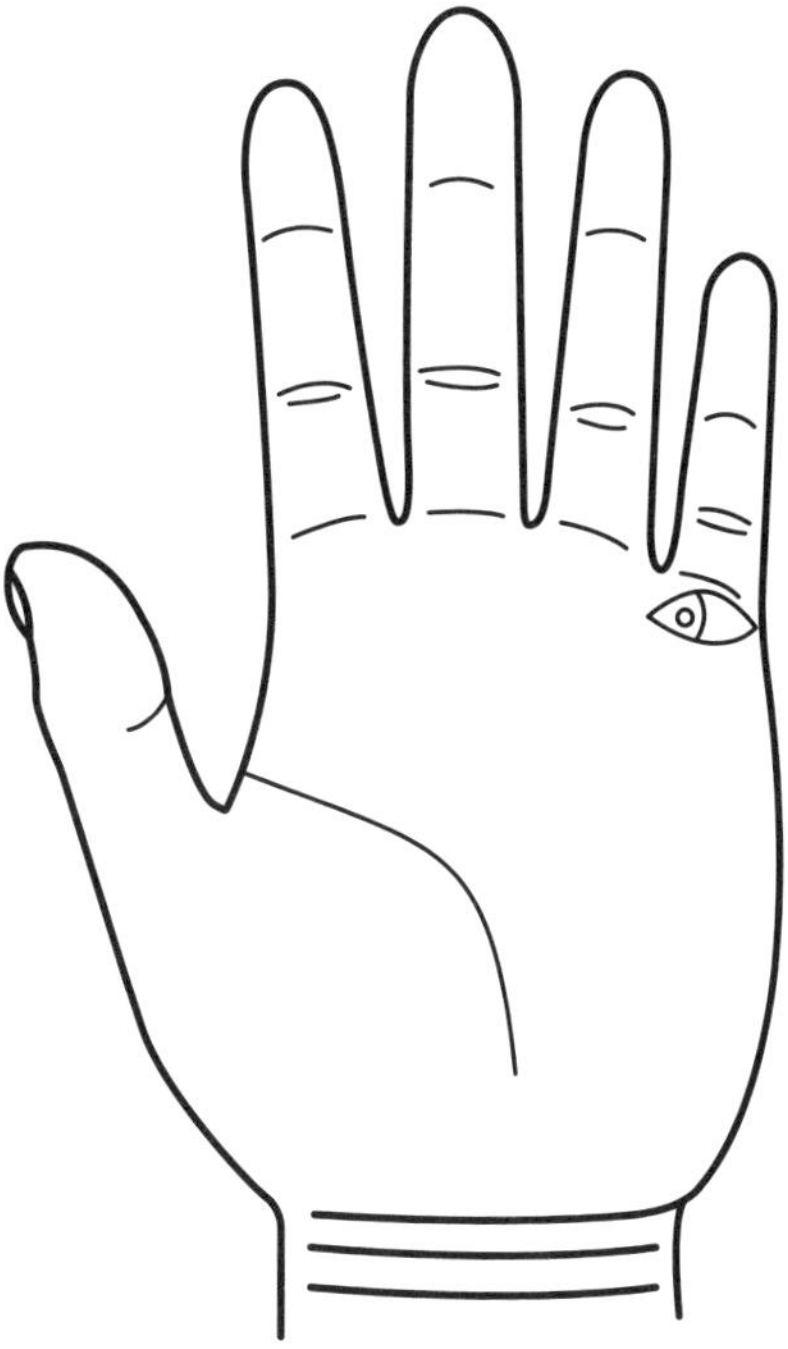
魚紋

55・桃花《とうか》紋《もん》(2)　淫乱

少女を象徴する兌宮より枝分かれし入り乱れた横紋があるのを桃花紋といいます。この紋は情邪を象徴しています。

色町のたとえである*柳巷花街《りゅうこうかがい》を我が家とする、と説かれているほど酒と女に耽《ふけ》ってしまうとされます。「遊《ゆう》魂《こん》桃花」とも呼ばれ、遊魂とは、「さまよえる魂」です。桃花（恋愛）に男女の区別なく、男であろうと、女であろうと、狂った恋愛に走ることを述べています。古代では女性が駆け落ちすることなど珍しかったので、そのような恋愛にまつわる夢想によって、中年になる頃には、家財が尽きているとされます。夢魂《むこん》（夢を見ている人の魂）になお一枝《いっし》の花に恋するとされ、桃花紋の枝は花の枝に由来しています。

＊柳巷花街……「柳巷」は柳の木が多くある街路、「花街」は花が咲いている町のことで、遊郭には柳の木が多く植えられていたことと、花の美しさを女性にたとえたといわれている。

56. 華蓋紋《かがいもん》(2)

妻財

華蓋紋(2)は、(1)と同じく弧を描く二本の横紋ですが、(1)の掌紋より小さく、坤宮の妻妾宮に現れたものを指しています。

この紋がある人は結婚し妻帯しても、

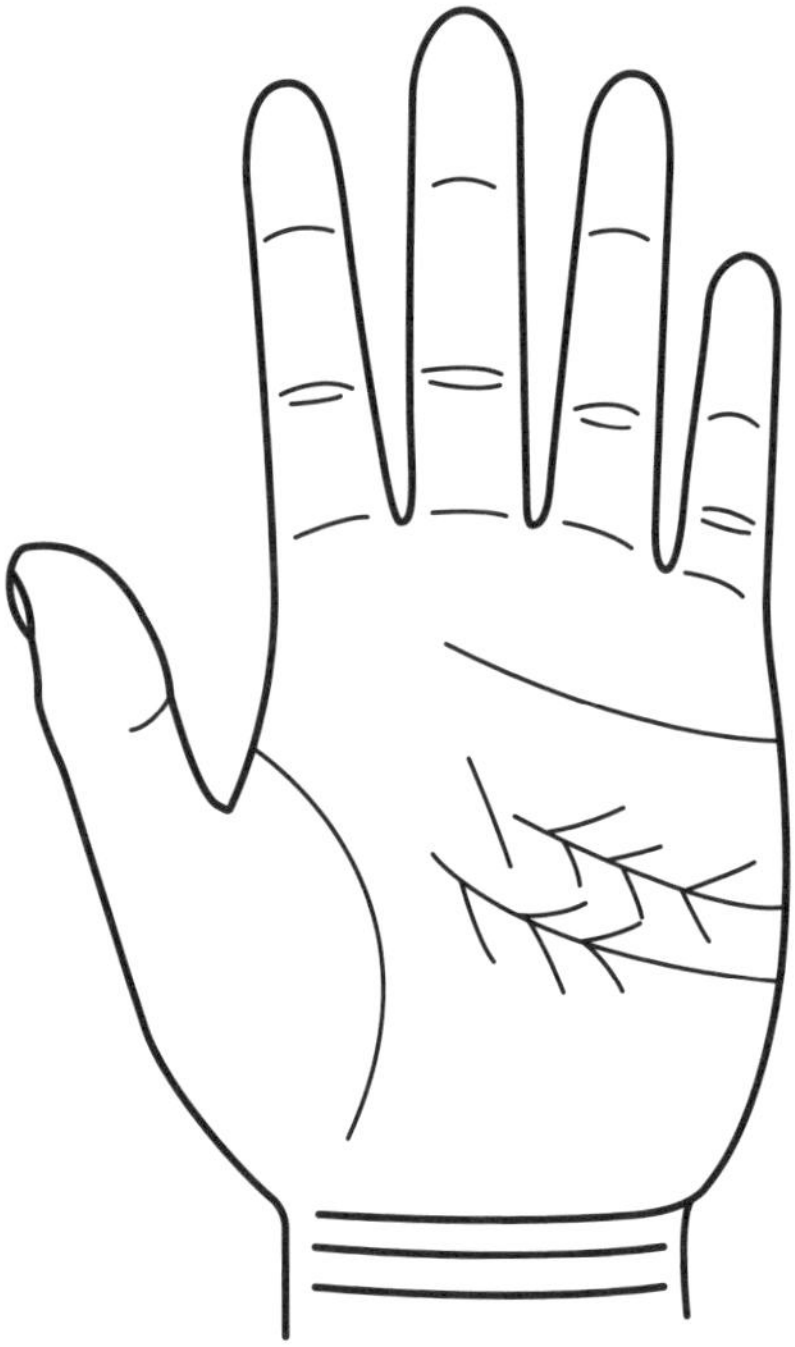

桃花紋(2)

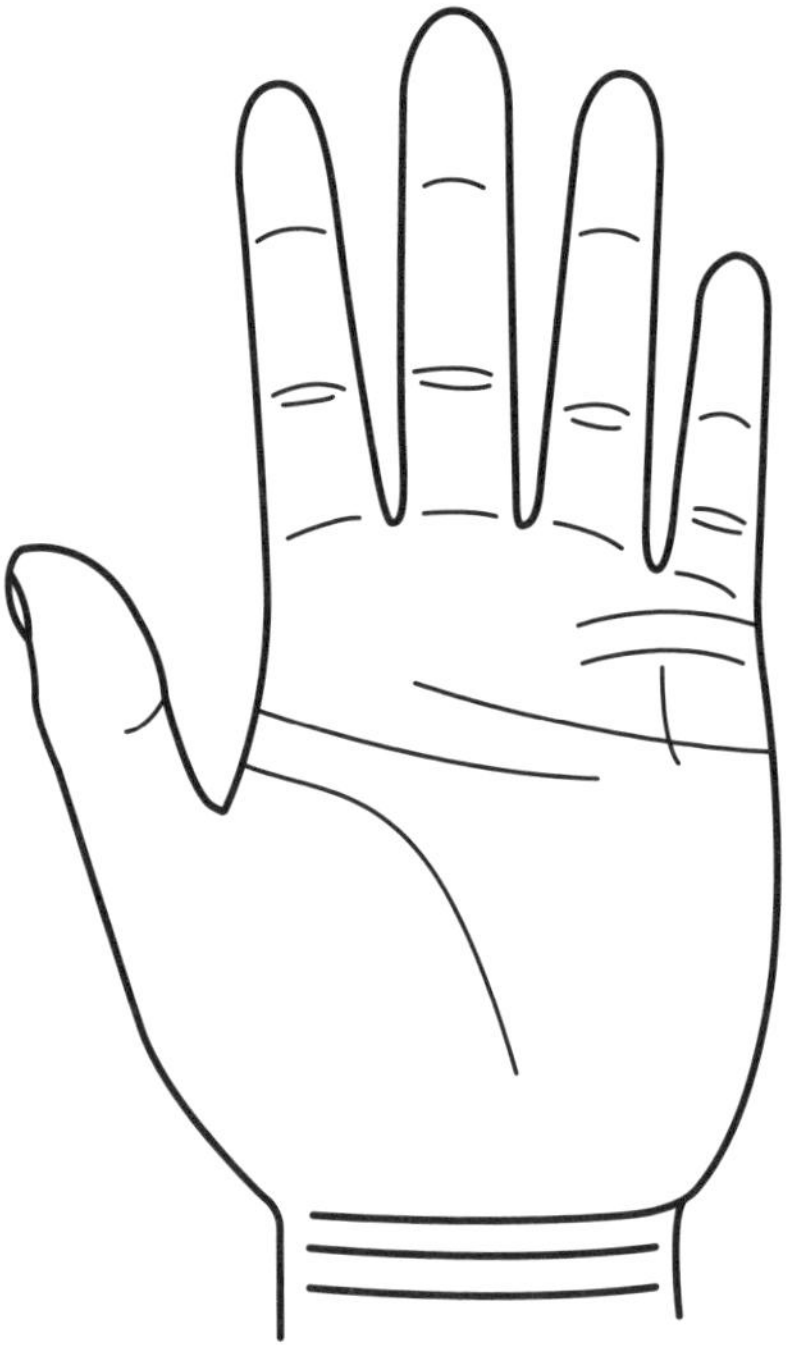

華蓋紋(2)

別の女性に求愛する相とされます。掌における仔細を確認し、この一点だけで全てを判断するのではなく全体の判断が大事です。

将来的には正妻だけではなく後妻も子宝に恵まれるとされます。

57. 朝天紋《ちょうてんもん》 淫乱

朝天紋とは妻妾宮より現れた妻妾紋と、天紋が互いに呼応して織り成す掌紋です。淫らな心を起こして、不倫などをし、雲雨《うんう》（男女間の契り）のことをなし、人倫が不正であり、家紋を汚すとされます。

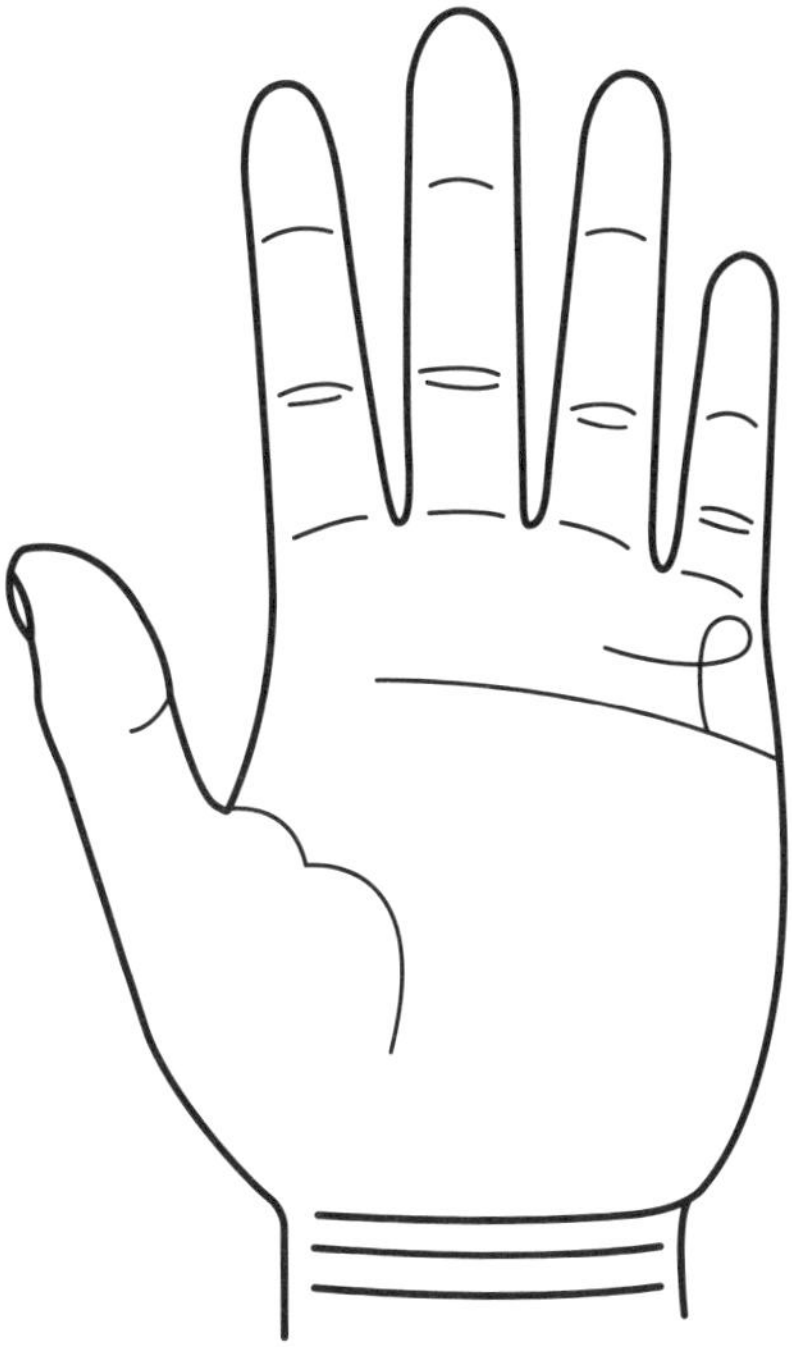
朝天紋

58. 妻妾紋《さいしょうもん》 淫乱

妻妾宮より生じる掌紋を妻妾紋といい、この妻妾紋が薬指の下の奴僕宮に入れば、女性は奴僕宮の意味として身分の低い者と情事《じょうじ》（夫婦ではない男女の肉体関係）に通じ、男性は年上や目上の女性と通じるとされます。

艮宮に二重の弧を描く線があれば、艮宮への沖破であり、艮の意味する子どもを捨てて別な人と駆け落ちするなど、さらに理性を失った行動に出るとされます。

59. 奴僕紋《ぬぼくもん》 淫乱

天紋のある妻妾宮から奴僕宮にかけて伸び、中宮に向かう紋を奴僕紋といいます。この紋がある男性は奴僕の象徴する、召使や部下の女性と情に通じ、主婦は浮気をし家を乱す相とされます。この紋は高貴な家柄の人たちによく現れるともされます。

60. 一重紋《いちじゅうもん》 児孫

天紋の上、妻妾宮に一本の掌紋がある場合と、兄弟宮の地紋線の下に一本の掌紋がある場合のどちらかを一重紋といいます。妻妾宮にある一重紋は妻や部下との別れを、兄弟宮にある一重紋は兄弟姉

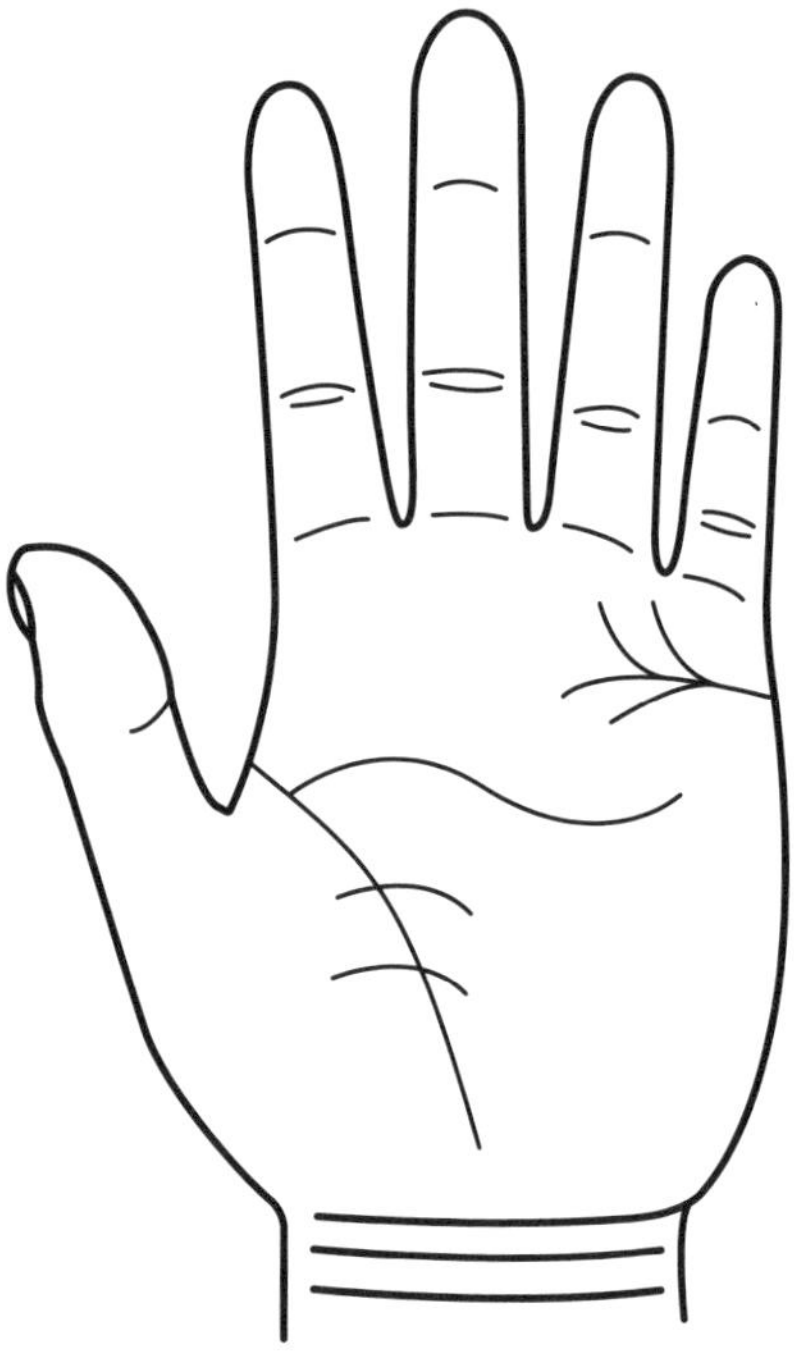

妻妾紋

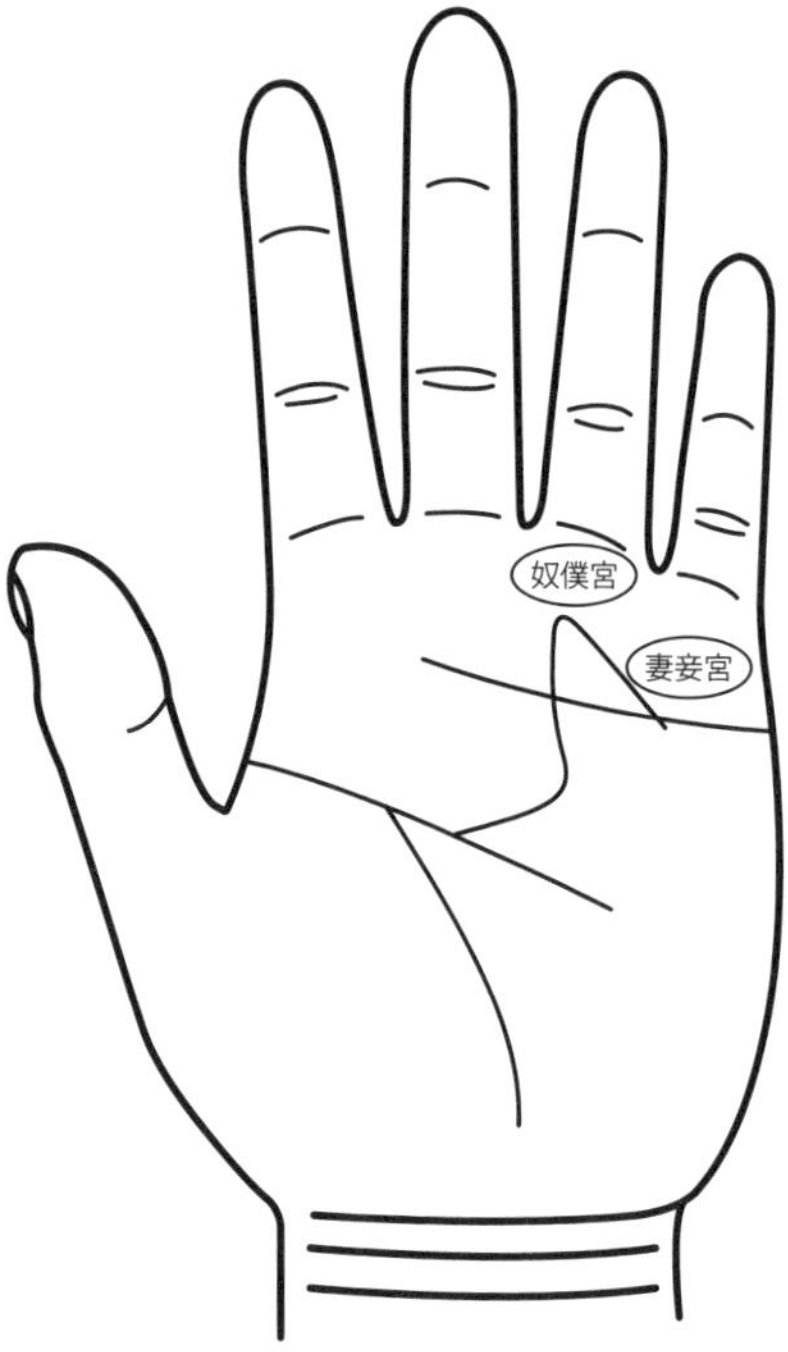

奴僕紋

妹との別れを象徴しています。

もし、妻妾宮に二条の横紋、兄弟宮にも二条の横紋、合計四条（両紋四画）あれば、子女に恵まれ孝順な跡継ぎに育つとされます。

61・生枝紋《しょうぎもん》 狡猾

妻妾宮に「Y」字形をした枝が生じる掌紋を生枝紋という。

この紋がある男女はともに狡猾であり情欲が盛んで浮気をする相とされます。男性は半ば反省することもあり、女性も子を思う親の愛情を育まれていくうちに、過ちを犯さなくなるともされます。

62・剋父紋《こくふもん》 刑剋

引き裂いたようなギザギザの天紋、もしくは天紋に沿って現れる横紋を剋父紋

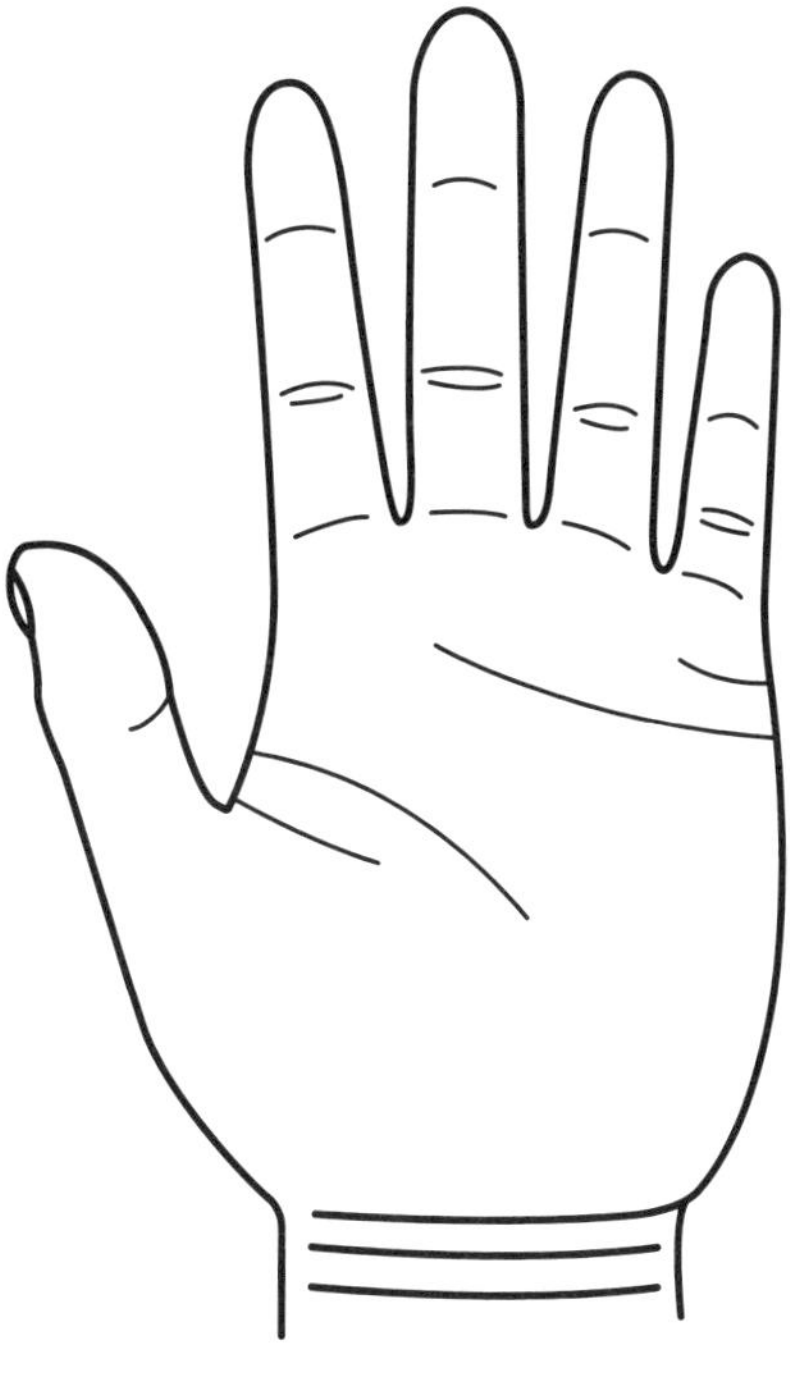

一重紋

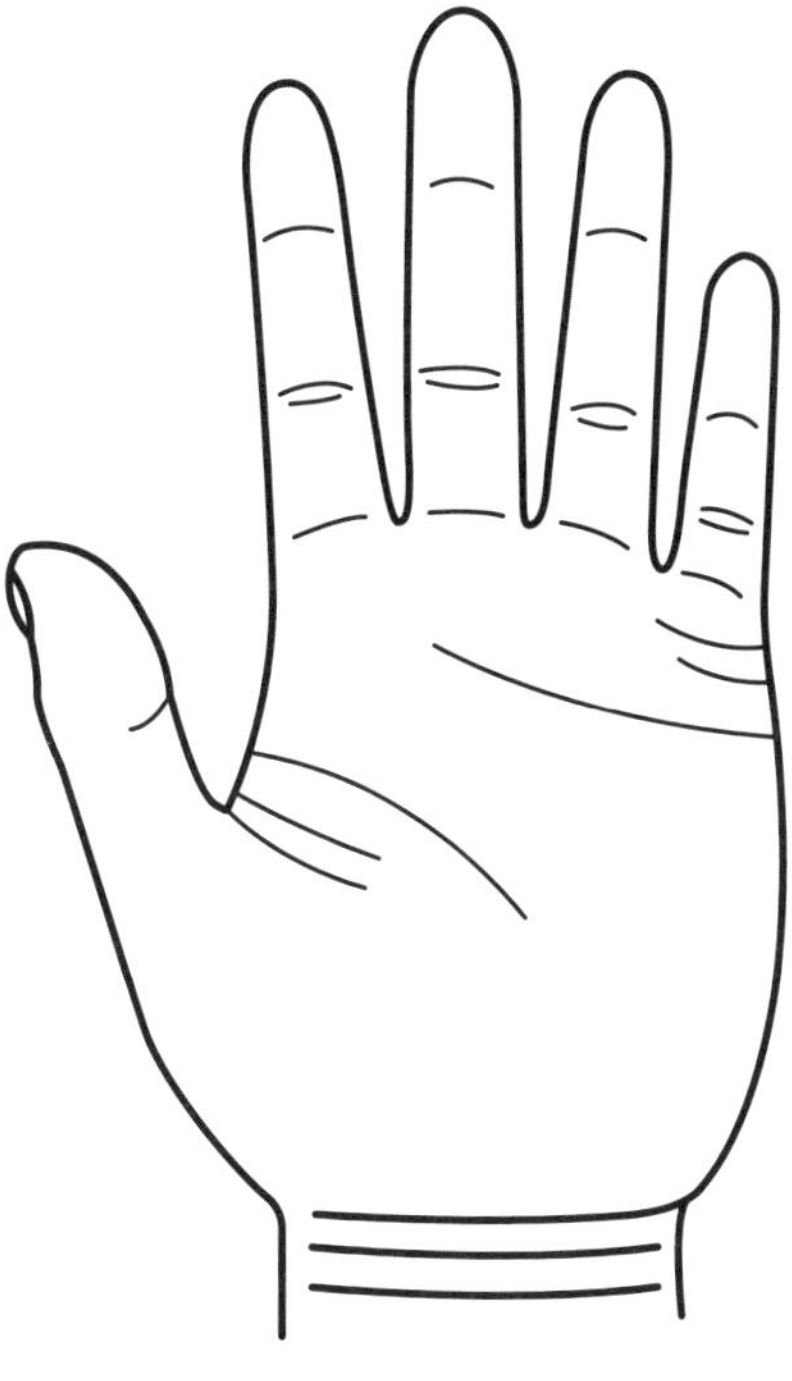

一重紋／両紋四画

といいます。この掌紋が中指に向かえば、これは魁星《かいせい》（文運をつかさどる神）といい喜ぶべき掌紋です。少年の頃、父親を剋する運命の相を持っており、父親を剋することの意味としては、最悪の場合は、父親が死んだりすることもあるとされます。

63・剋母《こくぼ》紋《もん》

沖破

太陰《たいいん》（地紋）に沖破する紋があれば縁が薄く、母親を剋する運命の相だとされます。必ず生みの親である母親との関係性において、この掌紋の意味である母を剋することが現れ、生母との縁が薄く、また母親からの愛情を得られにくい相でもあります。生母は、人間の死後に善悪を裁く者とされる閻君《えんくん》（閻羅《えんら》、閻魔王《えんまおう》）に見える定めとされます。

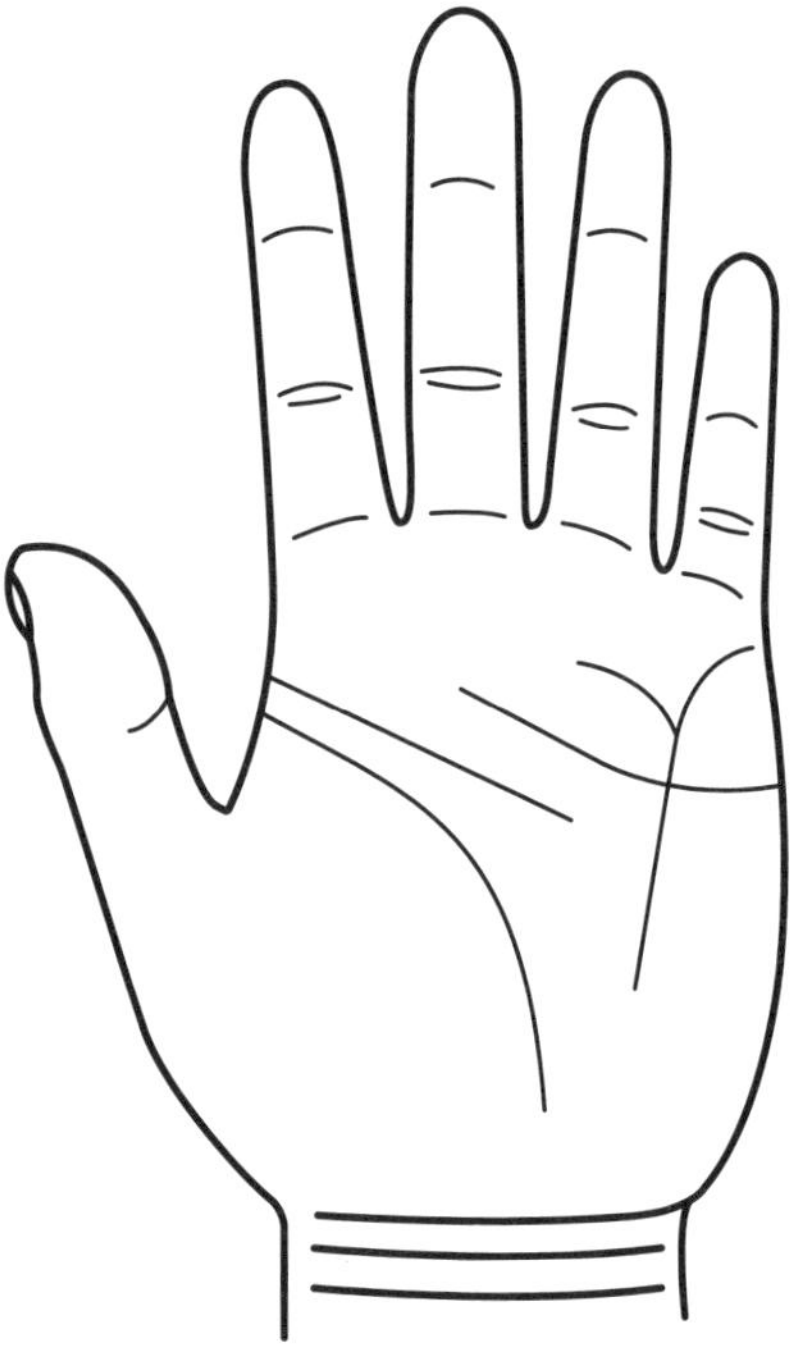

生枝紋

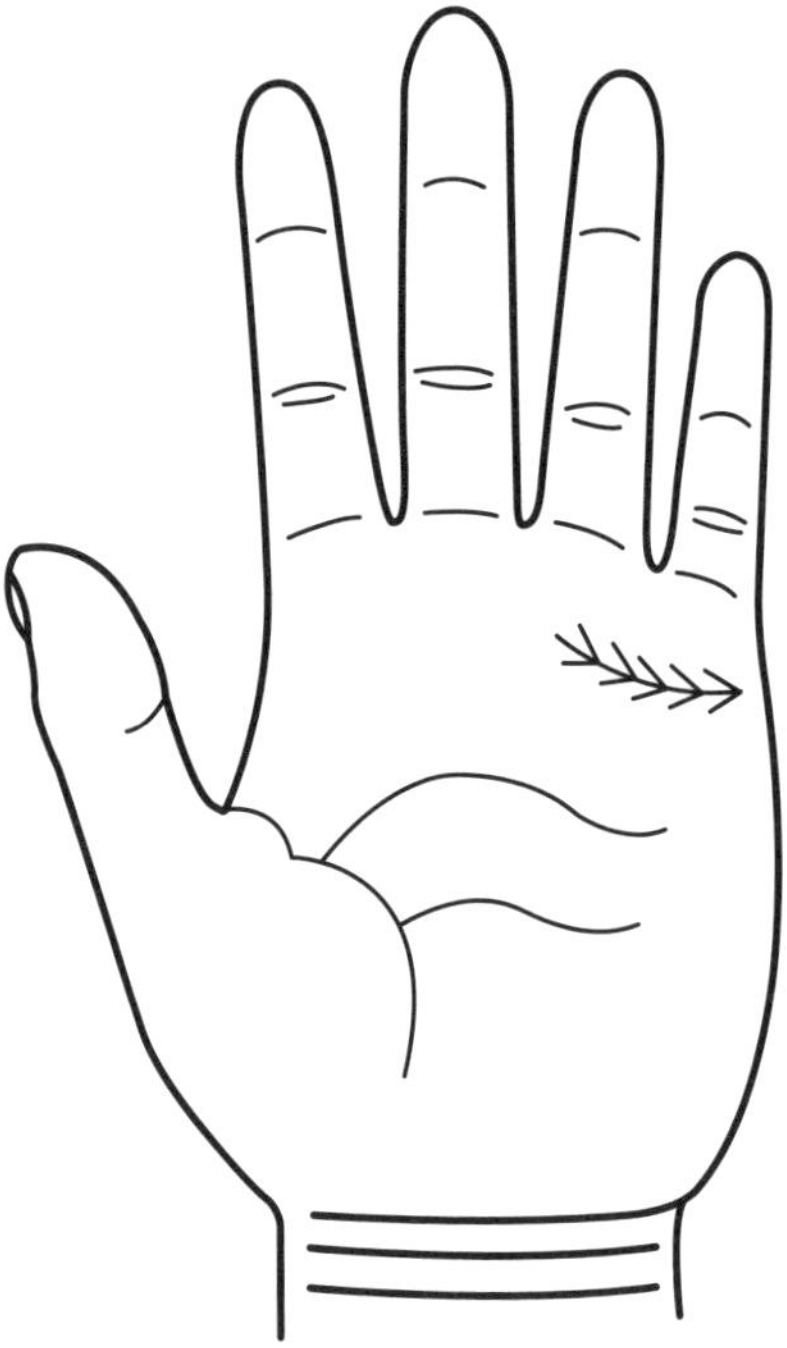

剋父紋

64. 月角紋《げつかくもん》

妻財

地紋と人紋が二重に現れ、兌宮から起こった横紋が中宮に入る相を月角紋といいます。

この紋がある人は女性から養われたり、お金を借りて財を得たりするとされます。好事《すきごと》（男女の情交のことをいう）に対して自らを戒め、忌むべきです。痴情のもつれによって、裁判や罪に問われることがないように注意すべきでしょう。

65. 過随紋《かずいもん》

拝啓

艮宮と震宮の肉が分厚く高く隆起し地紋を包むがごとく豊満な母指宮（艮宮）を過随紋といいます。

早年には恵まれず、頼るべきものもないのですが、悲しんで心を傷めることが

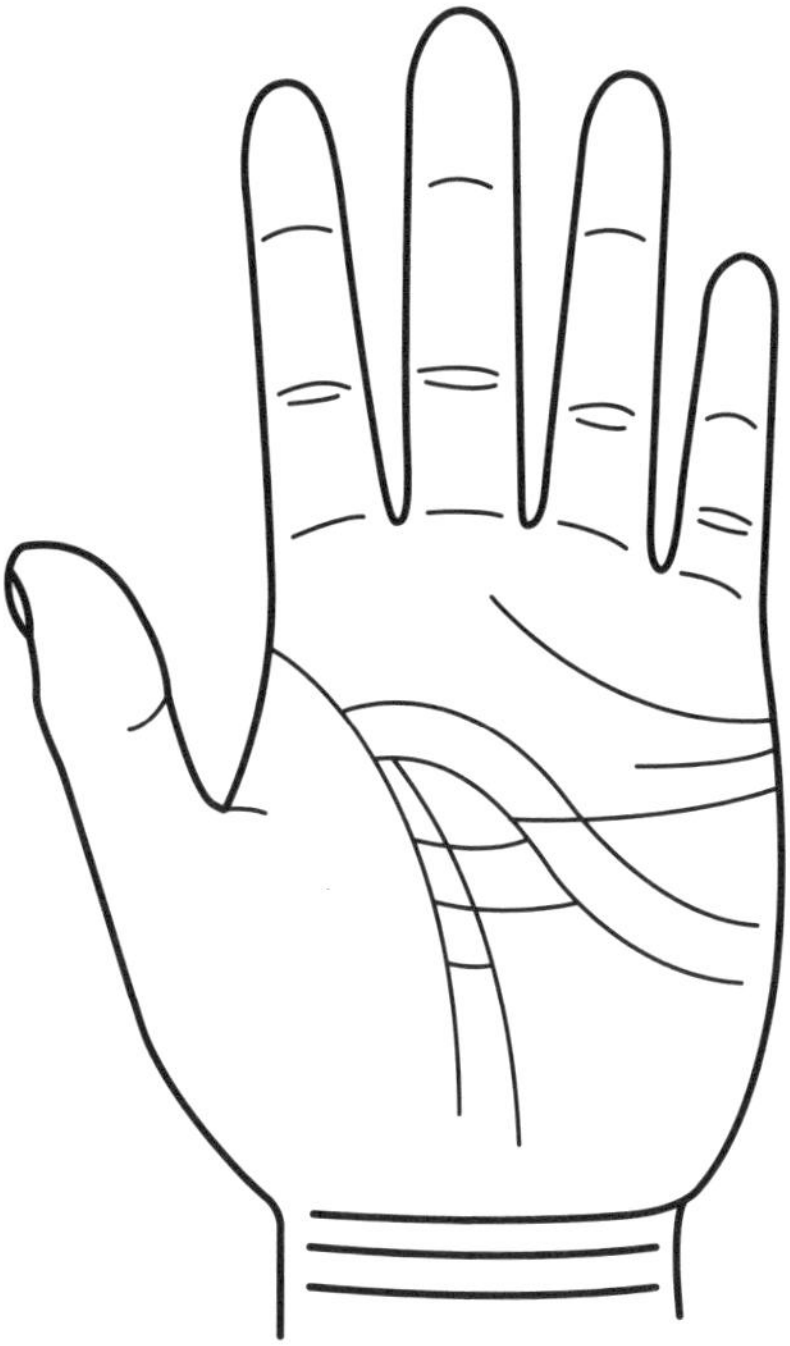

月角紋

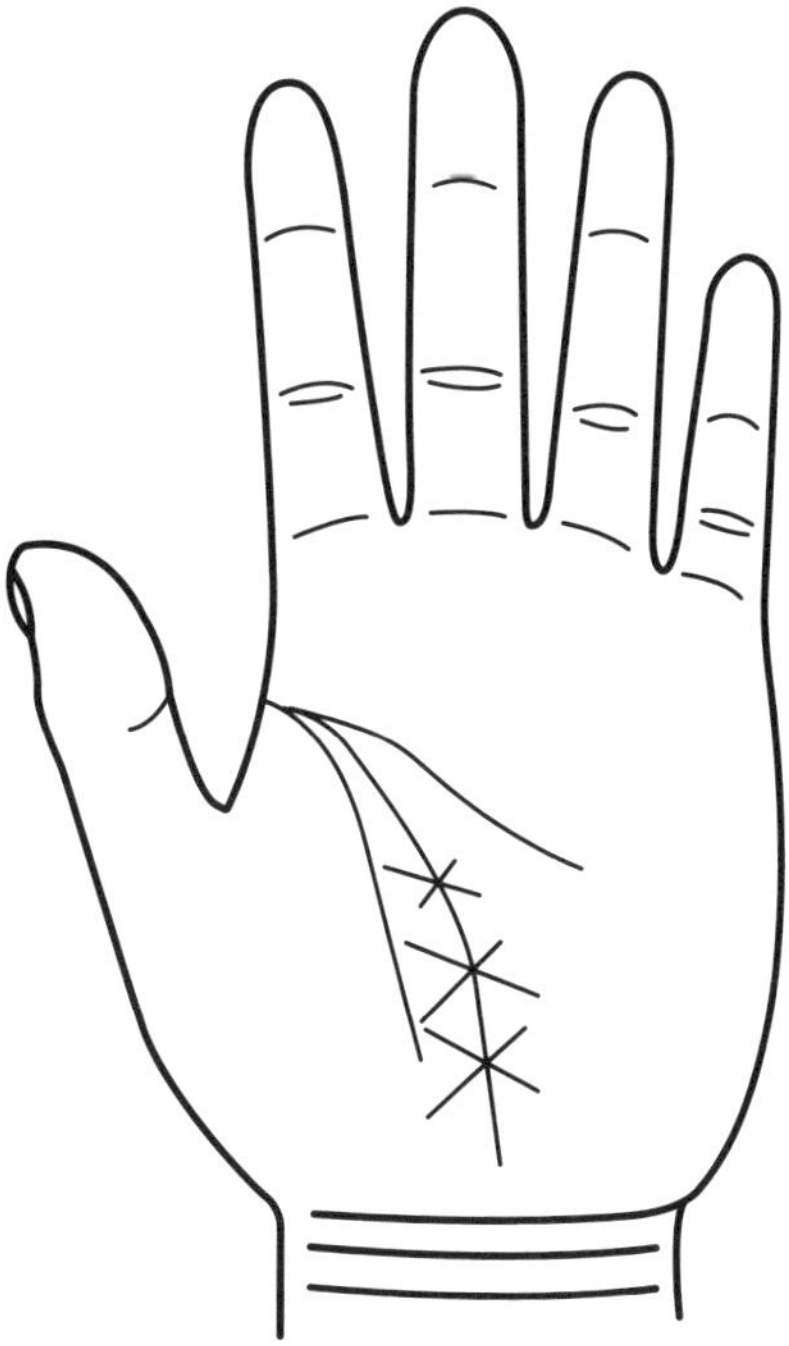

剋母紋

ないようにしてください。中年以降は、娘や嫁に随《したが》うことがあり、他人を拝啓（頼りにする）して、養児防老《ようじぼうろう》（子どもを育てるのは年をとってから子どもに面倒を見てもらうためである）の運命だとされます。

66. 亡神紋《ぼうしんもん》

険難

手掌にたくさんの「×」字形の交差紋が現れているものを亡神紋といいます。

この紋がある人は家業を破産させ、六親《ろくしん》（子女・父母・兄弟）にお金の無心をするような迷惑をかける相だとされます。特にこの相を持つ人と共同事業などをすれば失敗は目に見えています。また、この紋の人は自らの生命を奪うほどの険難《けんなん》（つらく苦しいこと）に遭遇するともされます。

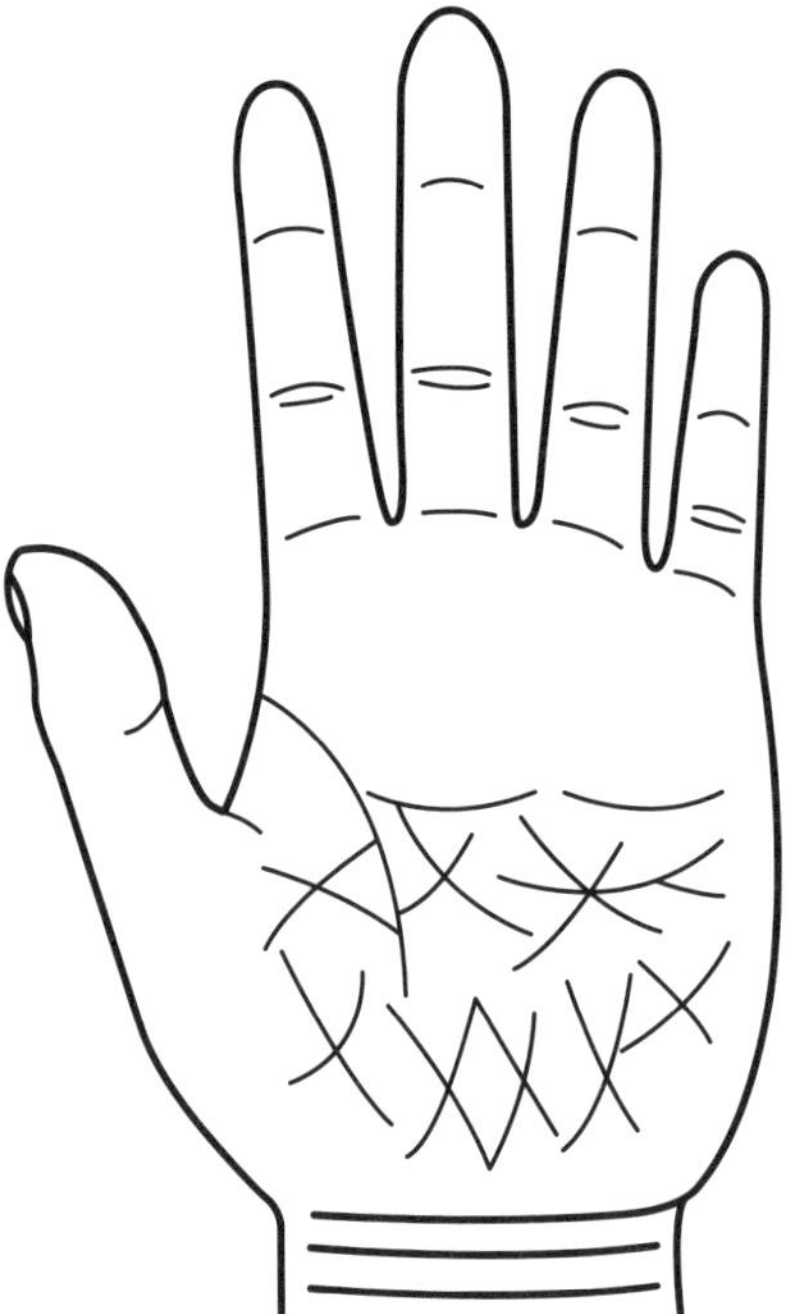

亡神紋

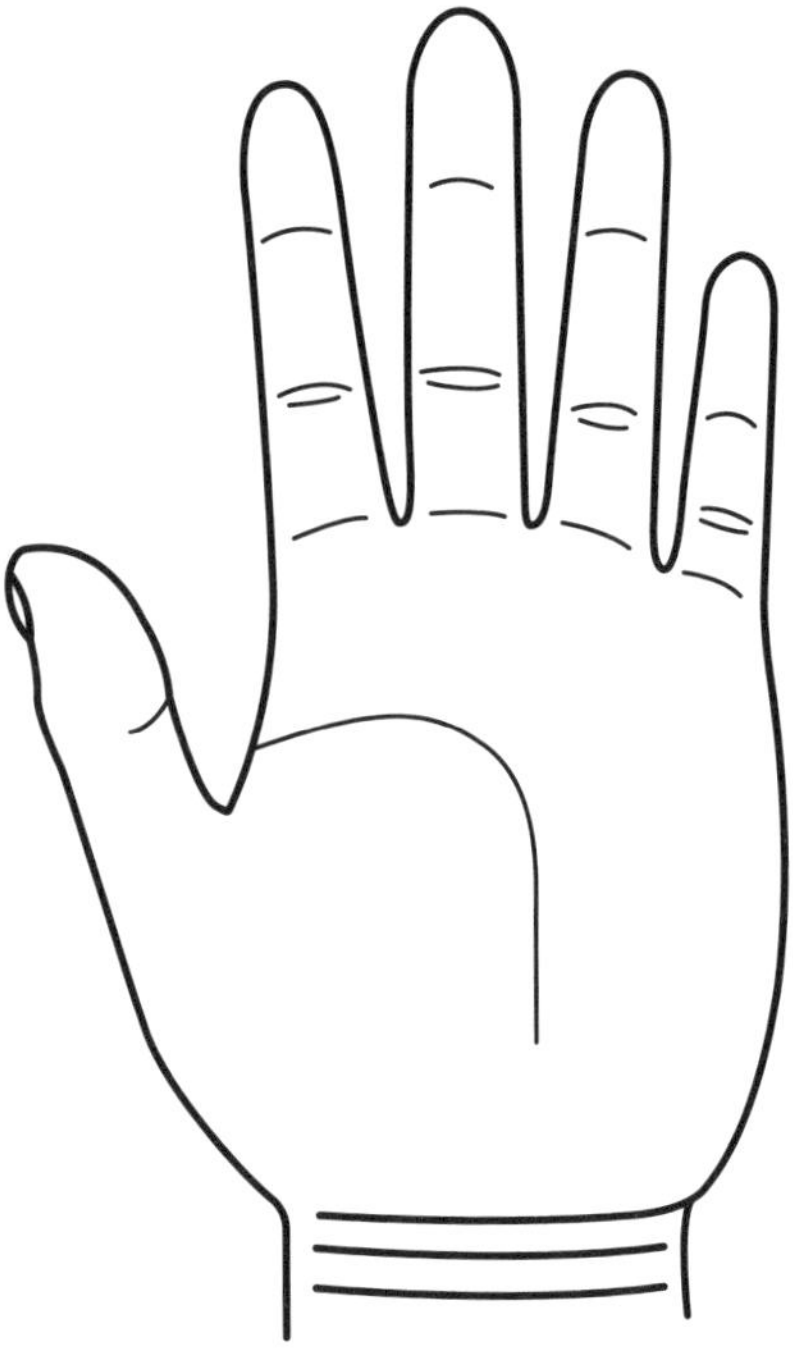

過随紋

67.貪心紋《どんしんもん》 貪欲

天紋が散走《さんそう》（ちりぢりになって走っていること）しており、坤宮や兌宮から起きて散走した複数の横紋が巽宮や離宮に至る相を貪心紋といいます。

この紋を持つ人は目先の利益のために平気で人を裏切る貪欲な心を持っています。この紋の人は他人に誤解を与えることが多く、その心内が欺こうとしているのか推し量り難いとされますが、火のないところに煙は立たないものです。

68.劫煞紋《ごうさつもん》 災厄

二つの紋が交わる×字形をした交紋が坎宮にあり、天紋に複数の縦紋が入って沖している相を劫煞紋といいます。

この紋がある人は事にあたっては失敗

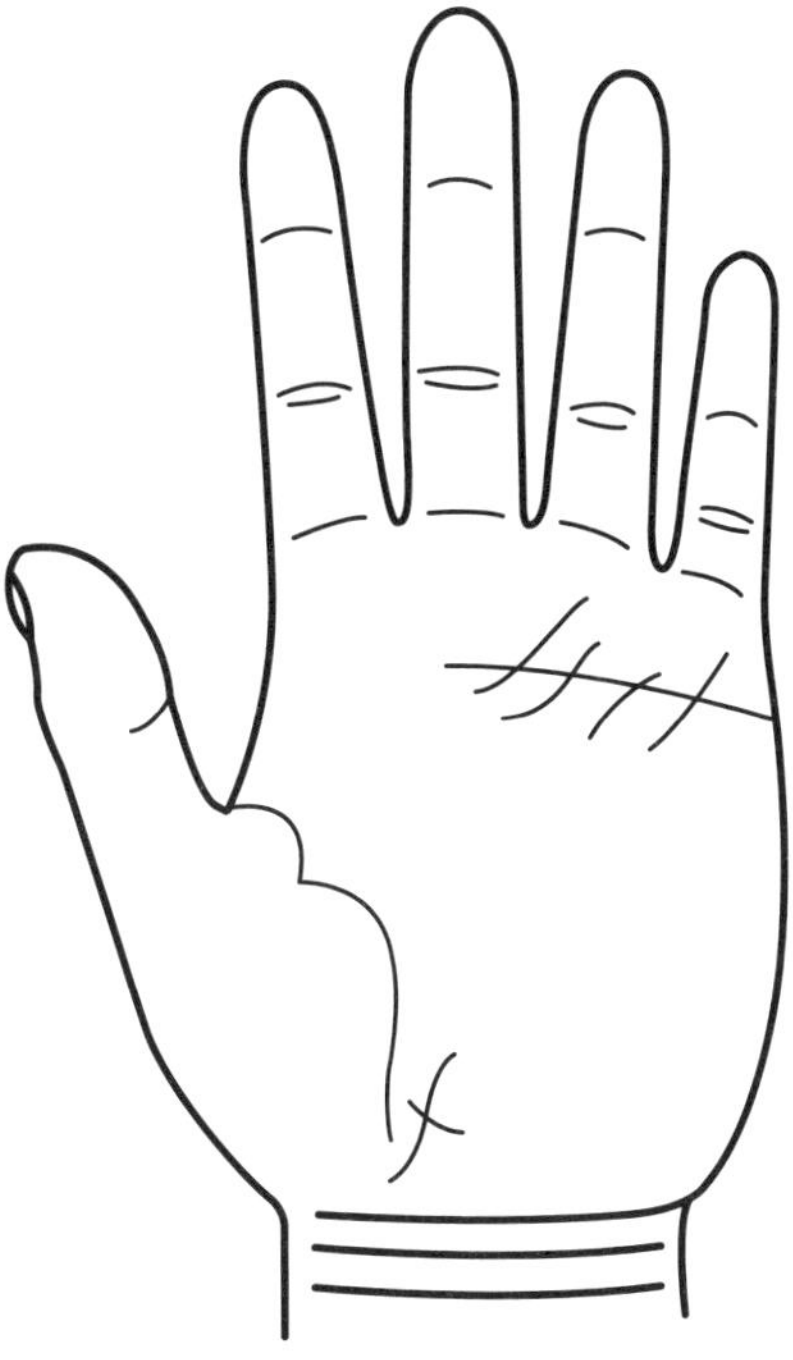
劫煞紋

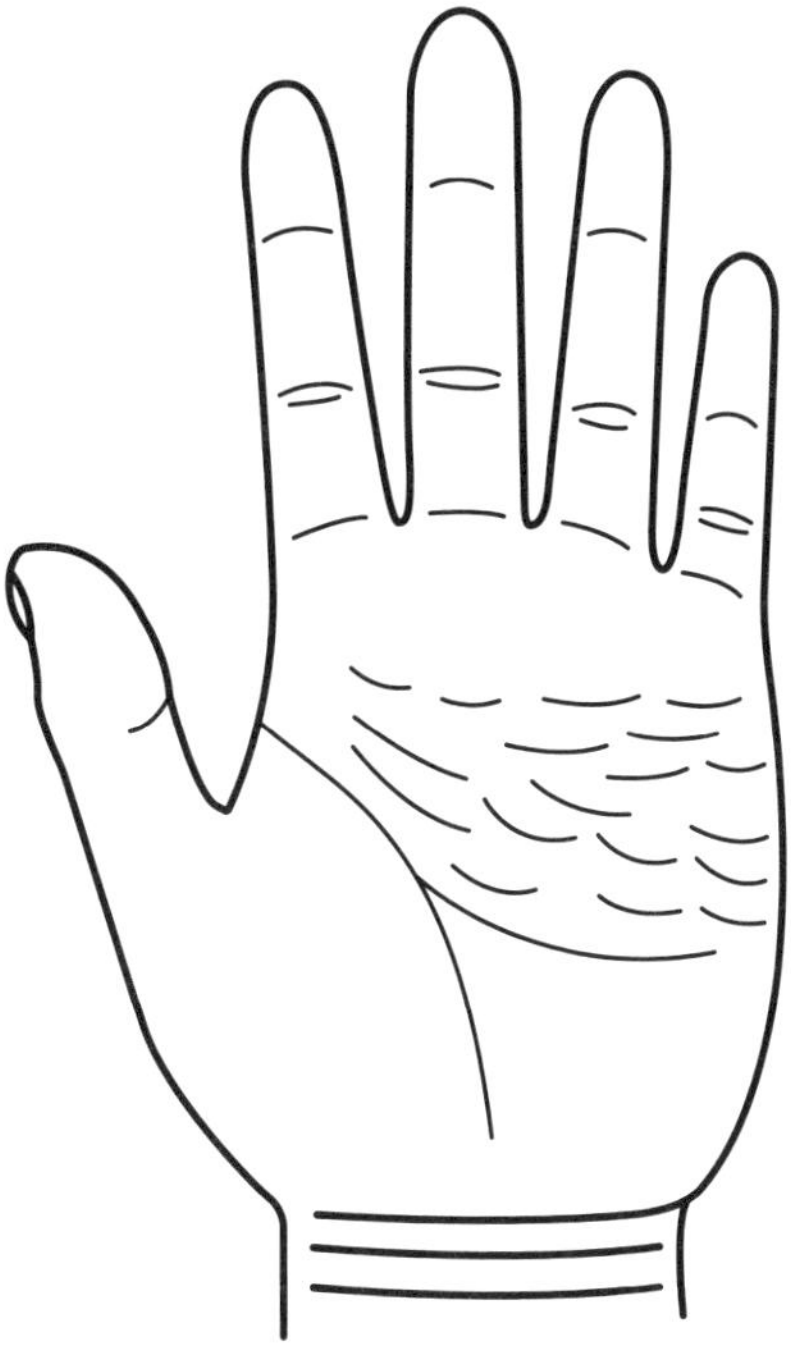
貪心紋

し続け、凶となる出来事が多いとされます。幼少から中年期にかけて災いが多かったのならば、刑や害となることは、すでに起きた過去のこととされます。自分の考えに固執していれば、連続する凶禍から逃れることは叶わず、己の心を深く観察することが災いを防ぐ方法だといいます。

69. 三煞紋《さんさつもん》 妻害子

坎宮から起きる三条の掌紋が尖って曲がり煞となり、坤宮の妻妾紋に向かう相を三煞紋といいます。煞となる尖った角度は艮宮の子どもを害しているため、子どもが虐待される象徴でもあります。妻が子どもを害するとされます。害された子どもが成人して家を出たら、当然親の面倒など見ないため、中年以降は寂しい生活を余儀なくされるとされます。

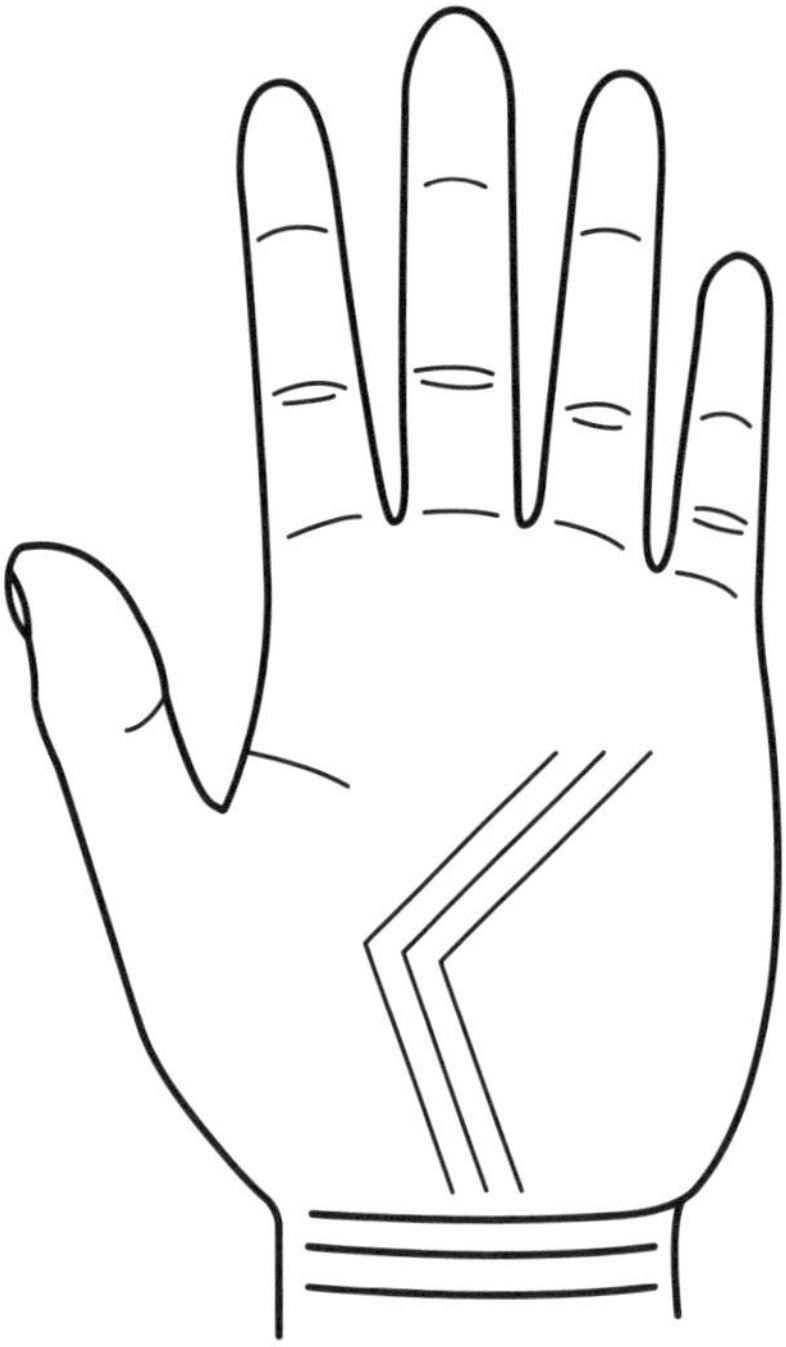

三煞紋

70. 酒食紋《しゅしょくもん》　酒禄

ツバメが坤宮に斜めに飛来して、離宮、巽宮へと降り立ったツバメ三羽の掌紋を酒食紋といいます。飲み食いを好み、まな板を横に自ら料理し、貴人と会話をしているとされます。

71. 朱《す》雀紋《ざくもん》　官刑

人紋から天紋を貫く縦の掌線が複数あり、天紋上や、艮宮の母指宮、坎宮、乾宮といった部位に、交差する「又」字の形の掌紋があれば、朱雀紋といいます。「又」字の二つ以上、「又」字があるのを最も恐れるとされます。

一生を通じて官非《かんひ》と呼ばれる訴訟、投獄といった災いがあるとされます。吉紋があれば災いを軽減することができます。

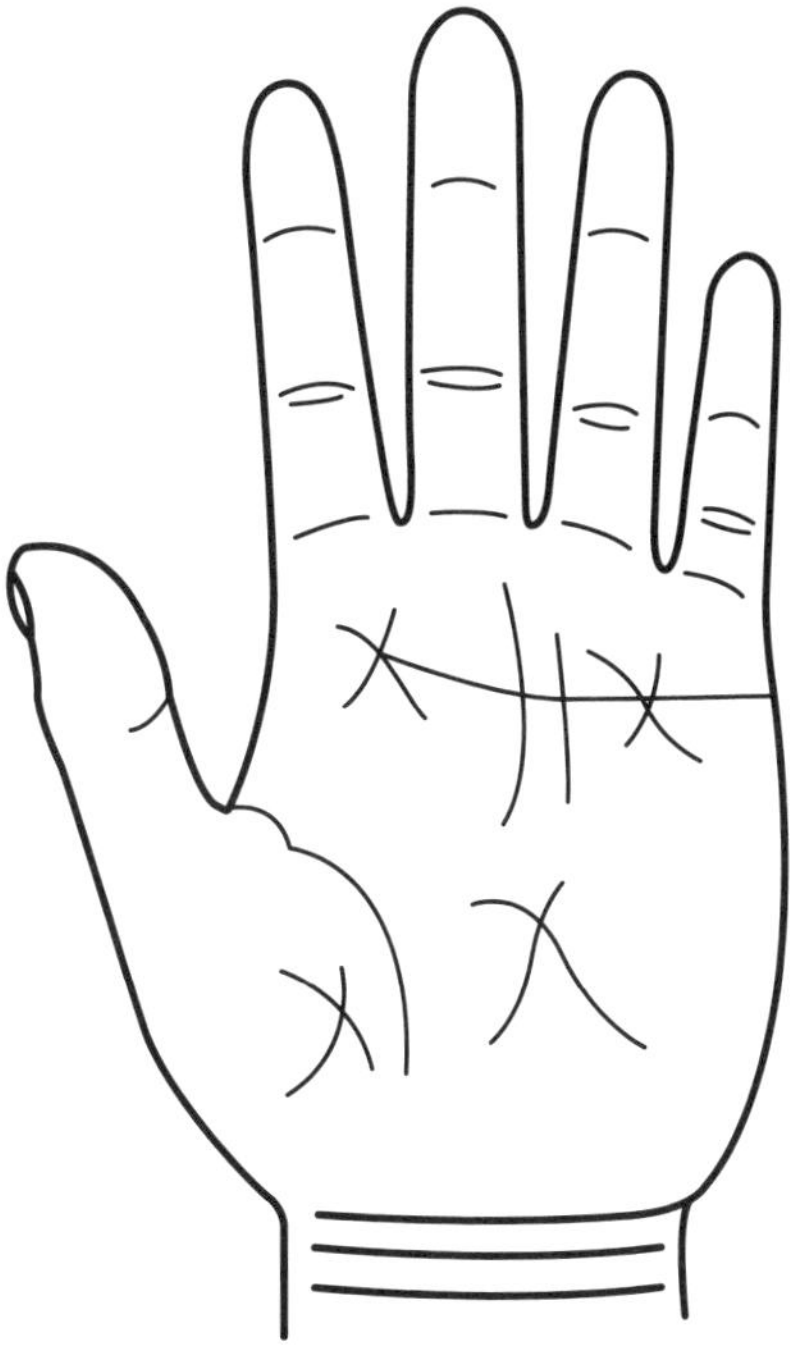

朱雀紋

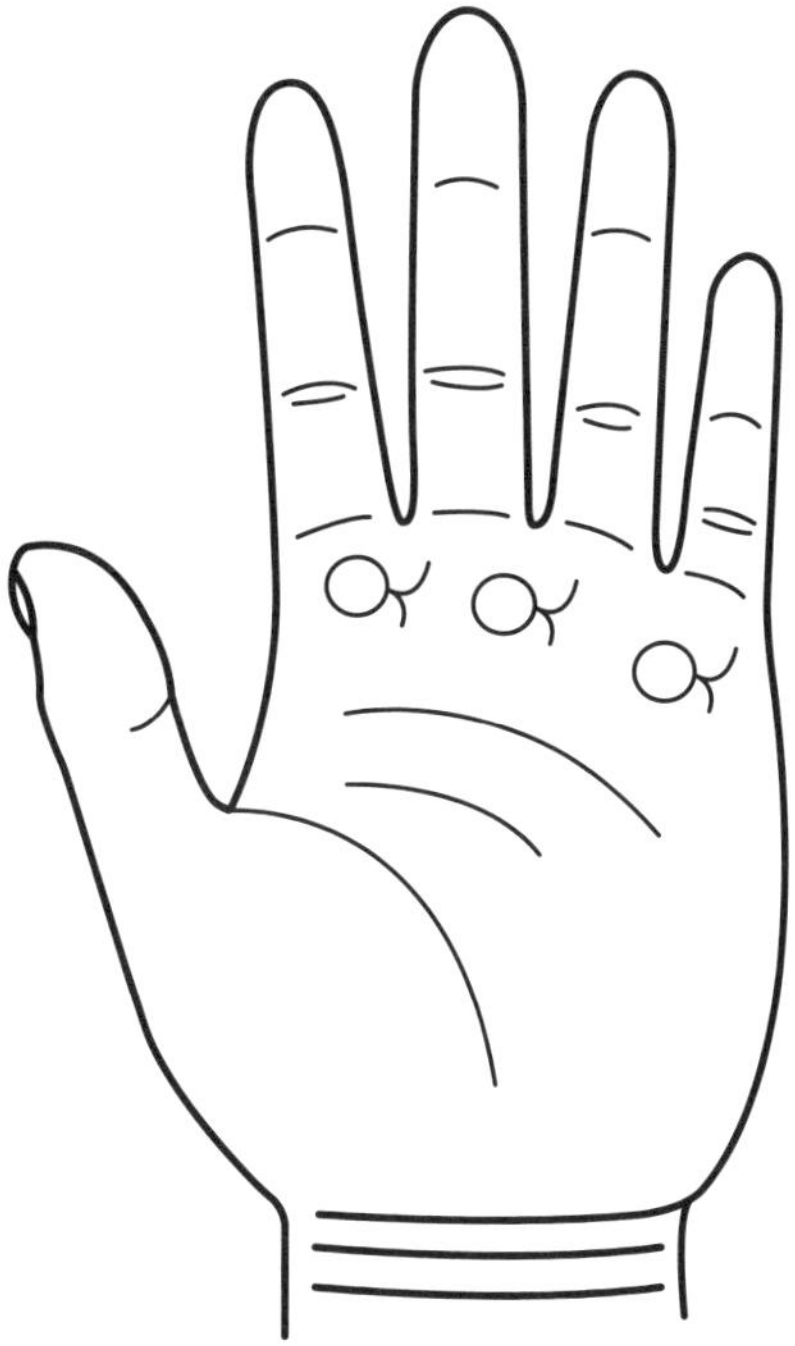

酒食紋

72. 独朝紋《どくちょうもん》 昇進

地紋の上で、命宮に近い部分から起きた掌紋が、中指から人差し指の間の付け根まで伸び、坎宮から起きた玉柱紋と交差します。

この交差する形が古代の官吏が君主に拝謁する際に身に着けた靴《くつ》と笏《しゃく》（古代、大臣が天子に拝謁する時右手に持つ細長い板）の紋となれば、さらに聡明な人であるとされます。職種によっては出世するのが難しいが、中年以降必ず昇進するとされます。

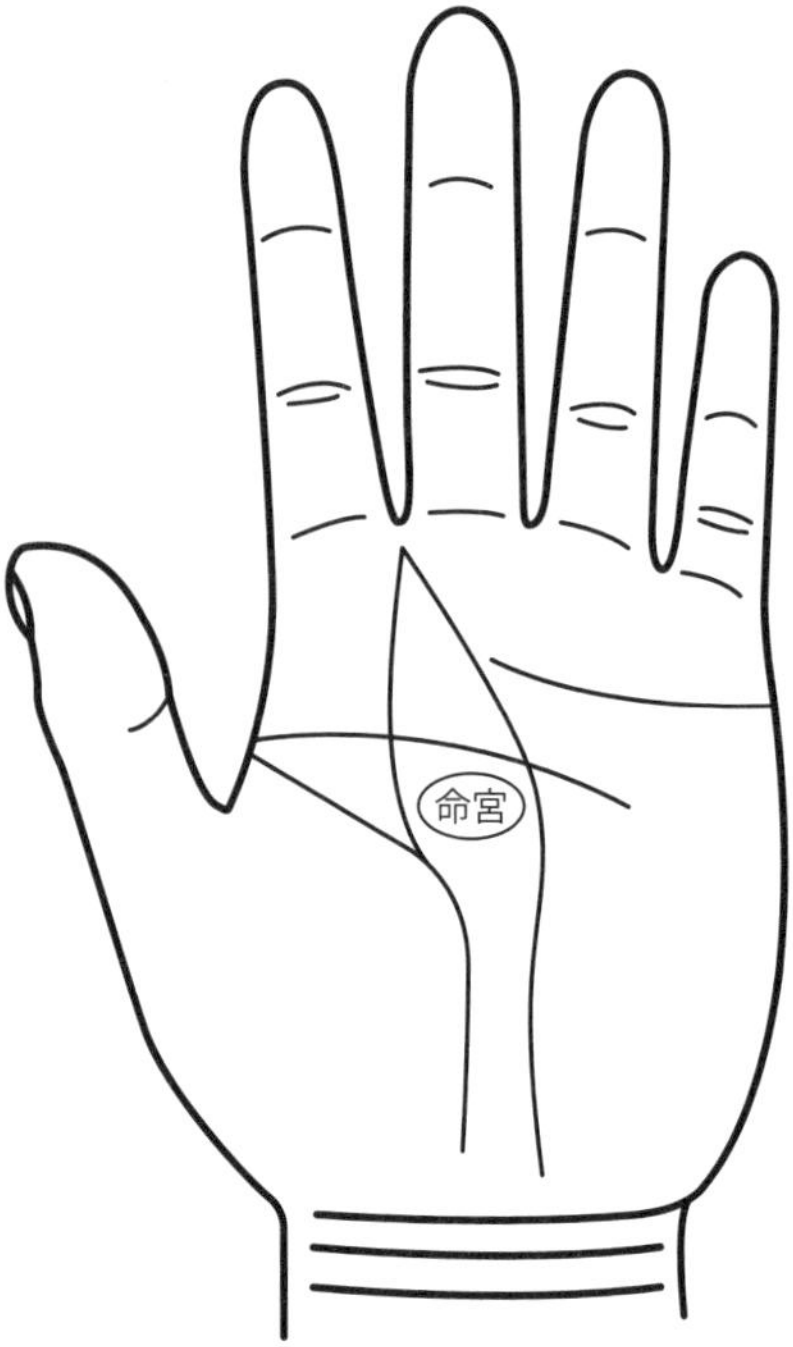

独朝紋

麻衣相法の足紋解説

1. 亀紋《きもん》

足裏に亀紋がある人は、要職に就くことができるとされます。

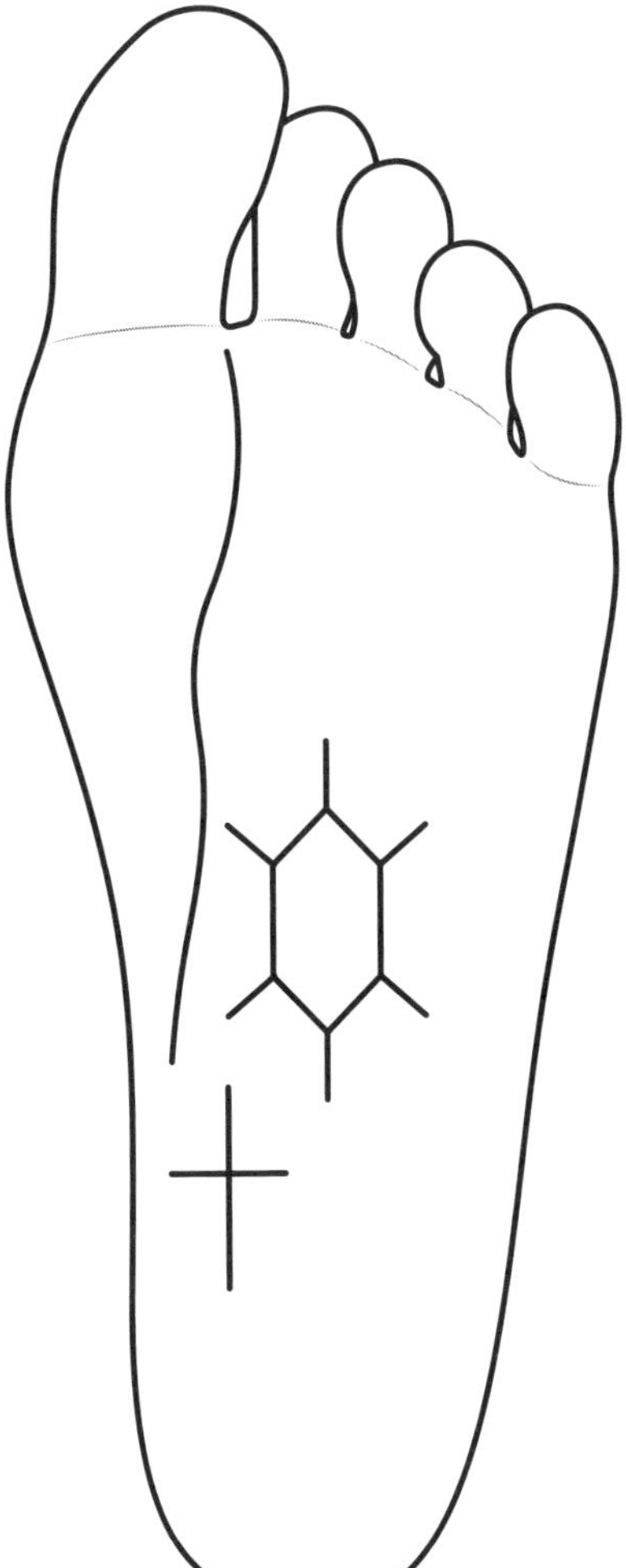

亀紋

2. 禽紋《きんもん》

足裏に禽（鳥）紋がある人は、二千石の俸禄を授かることができるとされます。

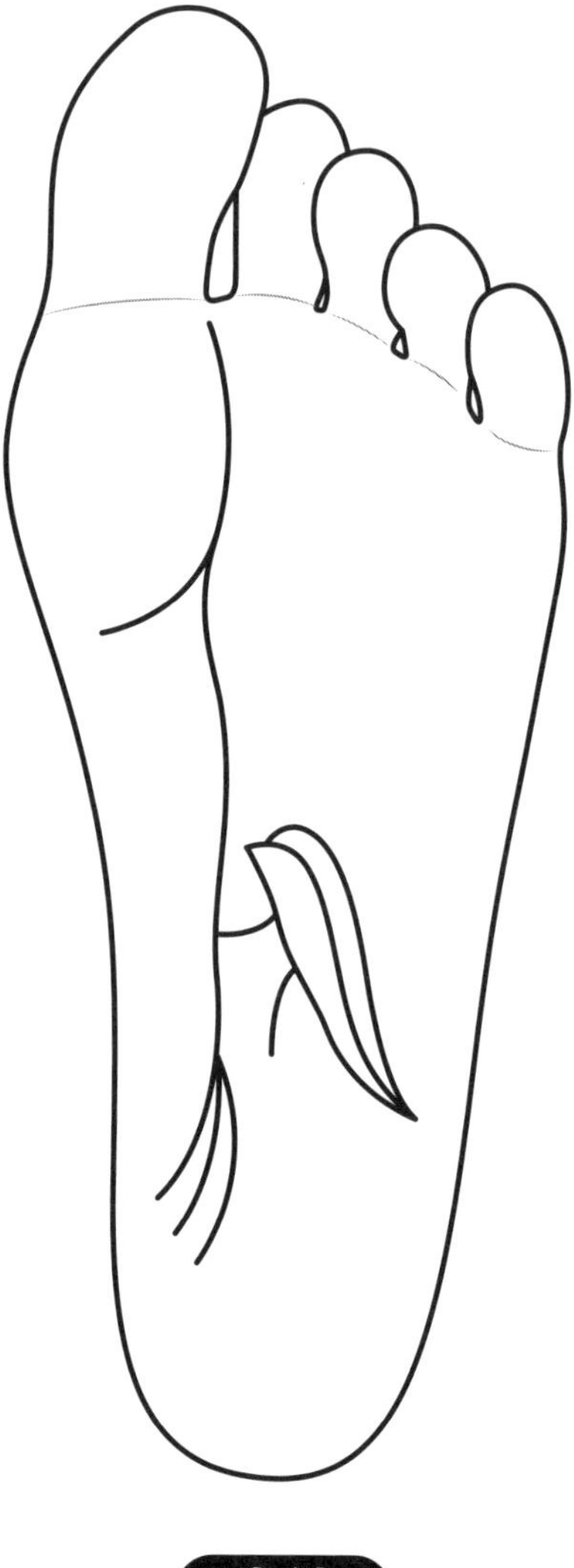

禽紋

3. 貴紋《きもん》（文理《もんり》紋《もん》）

足裏に柔らかくきめ細かい紋理（文理）が数多くあれば、その人は富貴であるとされます。

註：イラストは文理と書いていますが、きめ細かい多数の明確な紋である「紋理」（文理）があるという意味です。

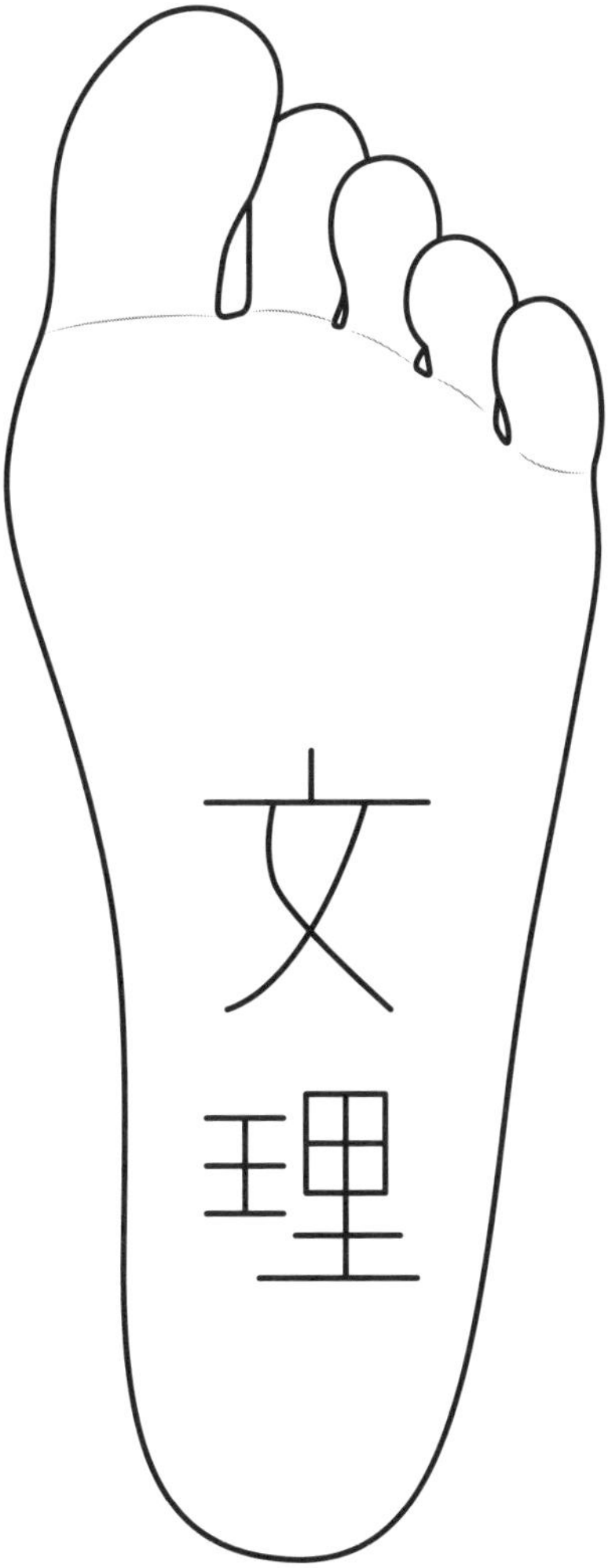

貴紋（文理紋）

4. 賤《せん》紋《もん》

足裏に紋理がなければ、その人は愚かで頑なで下賤とされます。

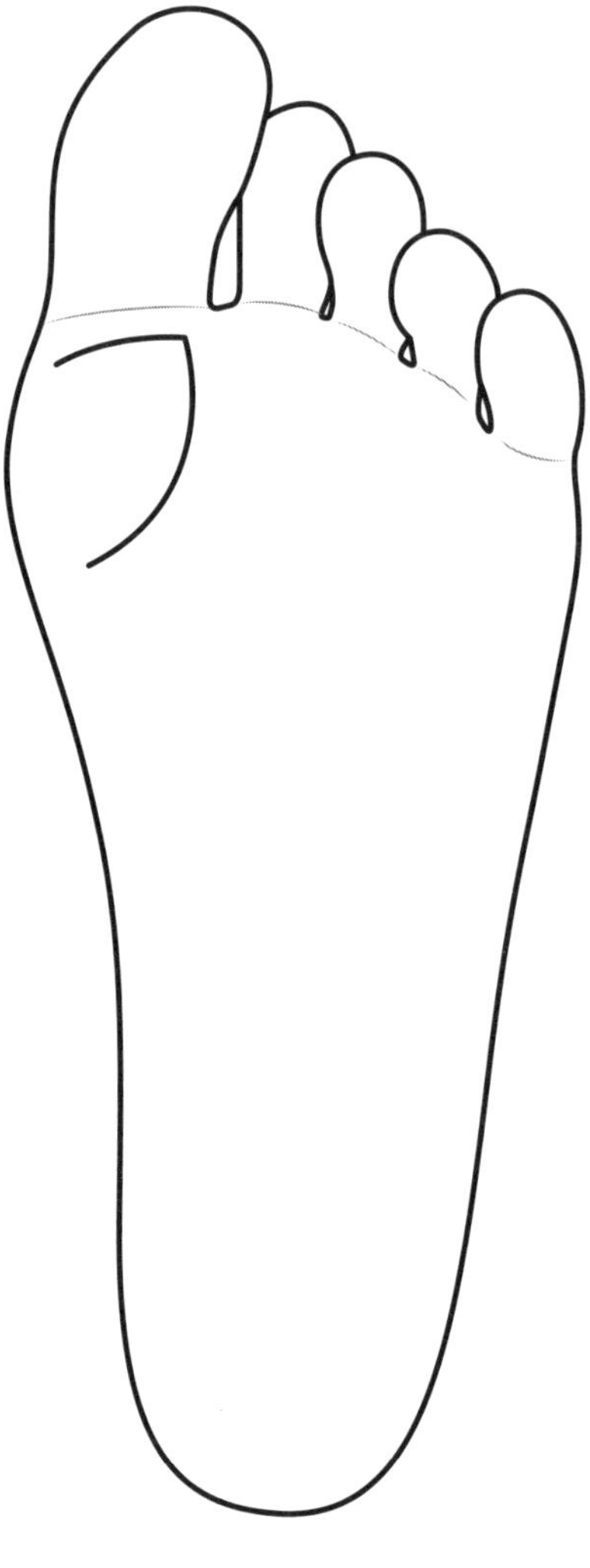

賤紋

あとがき

相術書であり、そして相術の名称ともなっている「麻衣相法」とは何かを考えるにあたって、様々な「麻衣相法」あるいは「麻衣神相」を書名とする活版印刷の同名異種の古典籍に触れて気づかされたのは、古典ごとによって微妙に異なる挿絵や歌訣にみられる漢字の違いからも明白なのですが、「麻衣相法」とは口承または口伝《くでん》（口訣《くけつ》）の文化として受け継がれてきた悠久の時間を経た知識体系であるという確信でした。

口承または口伝の文化は、文字文化以前の情報を保持する役割を果たし、舞踊、儀式、壁画など様々なものがありますが、その目的は生活する術としての知識や知恵だったわけであり、人の相を看て人を判断する相術が、人が生活を営む上で必要とされた知識であり知恵だったということが、古代より、今も同じく不変の意味を有していることに感銘を受けました。

人からの情報を読み取る技術である「人相」とは、人の顔つきや容貌（顔かたち）を指す言葉ですが、顔つきや顔の形だけで人の相を判断するのではなく、それこそ頭の形から足裏の紋に至るまで、丸ごと人間のもつありとあらゆる形と相に着眼し、「人間の様相」を分析する技術体系でもあります。

相術において「形《けい》」とは肉体の特徴を意味し、「神《しん》」とは心や精神のあり方を示しています。そして、人生の目標や信念である志《こころざし》が生まれ、心に強く思い描く精神力こそが現実を開拓していく原動力の「神」であり、それは運命の起承転結となり得る方向性を指し、気力や士気でもあり、「相」によって窮い知ることができると古代相術家たちは考えていました。そこに形と相の因果関係があり、形を以って神、神を以って形となり顕れてくる相の象《かたち》を古代相術家たちは象意と考え、研究してきました。形（肉体）と神（精神）の因果関係は、前漢時代の経書『礼記《らいき》』楽記編からも見出せ、内面の「徳」が外表となって表れることを次のように述べています。

「楽なる者は、内に動く者なり。礼なる者は、外に動く者なり。楽は和を極め、礼は順を極める。内に和《わ》して、外に順《じゅん》なれば、すなわち、民はその顔色を見てともに争わないのであり、その容貌を望《のぞ》みみて、民は易慢《いまん》（人を侮る）を生じないのである」

徳を治めた君子は、内面の徳がその外形に表れるのであり、君子に接する人たちは、その顔色や容貌を見ただけで、争う気持ちや怠けたり、人を侮ったりする気持ちが起きずに、君子の言葉を聞き届けるようになるといいます。

およそ他人と区別される要素として名前という固有名詞が挙げられますが、自分を表す固有名詞を使わずに、他人と識別が可能なものとして、形と相の特徴を兼ね備え、この世に表れた相が、私たち自身の人相なのではないでしょうか。

麻衣道者、麻衣道人、麻衣道士と、その呼び名は幾つかありますが、中国五代から宋代にかけての著名な相術家にして仙人とされる麻衣道者。麻衣道者は、華山の石室で陳摶《ちんたん》（陳希夷《ちんきい》）に相法を伝えたとされ、その著作として『麻衣相法全編』の他にも、断易の経典である『火珠林《かじゅりん》』や『正易心法』があります。謎多き人物ですが、宋代の僧文瑩《ぶんえい》撰『湘山野録《しょうざんやろく》』、邵伯溫《しょうはくおん》『聞見前録《けんぶんぜんろく》』などの文献から麻衣道者の名前を見出せるため実在した人物であることが有力です。相書、相術名としての「麻衣相法」とは、古代相術家たちが伝説の麻衣道者を作者として仮託し、積もり積もった集大成でもあります。麻衣相法は、人の面相、五官、骨格、気色、体形、手の掌紋などから吉凶禍福を推測し、人の貴賤から寿命の長短までを判断する面相術となっているのが特徴です。それ以前の相術書に比べて体系化されてはいますが、それでもなお、この人相術が完全なものであると断言し難く、さらなる観察によって研究される余地があると思います。

本書は、当初は『麻衣相法全編』の翻訳書としての発刊を考えていましたが、これまでの「完全定本」シリーズを踏襲し、より実用書としての用途とニーズに合わせ、全訳ではなく幾つかの版の異なる古典籍である「麻衣相法」を底本とし翻訳・校訂をしながら、注釈を加え、文章は現代人が読みやすいように超訳し、紙面に限りがある都合からも相術の基礎知識を構成しなおし、骨格となる五官相法を中心に「麻衣相法」を現代に伝えるための書にするべく、努めました。本書は宋代から続く古代相法を現代から考究するための入門書であり、かつ実用書となることを指針として、必要な部分と不要な部分の取捨選択を心掛けました。企画当初のページ数である300ページに収まるように「麻衣相法」をよりコンパクトに、古い文体で難解な文章をよりわかりやすくするため、原文、訓読文は極力削除しました。私にとって初の超訳本とも言えます。古典ではあり得ない豊富なイラストとともに「完全定本」シリーズ五冊目にして、その初心にかえる実用書になったと自負しております。本書は宋代からの「麻衣相法」の風格を現代に伝えるとともに、本来の目的であった人が生活を営む上で必要とされた人相術の知識と知恵を希求する人々に届けるものです。人相術が今後も研究され、やがては人相学として昇華され、東洋の叡智が引き続き研究され発展し続けていくことを願ってやみません。

底本として以下の古典籍を比較対照させながら、挿絵など精査しました。

『増釋麻衣相法全編』善成堂藏板、同治癸酉年
『新刊圖相麻衣相法』佚名編、明刊本
『新刊校正増釈合併麻衣先生人相編』4巻（明）陸位《りくい》崇《すう》校編、唐譙《とうしょう》繡梓《しゅうし》
『新刊校正増釋合併麻衣先生人相編五巻』5冊（明）陸位崇編、安永七年刊

参考文献として、以下の書籍を参照にしました。

『蕭相法全集《しょうそうほうぜんしゅう》』蕭湘居士《しょうそうこじ》、１９９５年発刊

『白話麻衣神相』（文國書局）麻衣道者著、２００９年3月25日刊行

『圖解麻衣神相』（西北國際）麻衣道者著、２０１４年5月1日刊行

『麻衣相法完整本』（進源書局）麻衣先生著、２０１７年6月1日刊行

最後に本書を発刊するにあたって、本書がより多くの人に伝わりやすいものにするべく適宜アドバイスをしてくださり、本書の締め切りを三回もブレイクしても根気よくお付き合いくださった編集者の初鹿野剛氏、何度も修正を重ねながらイラスト３００点以上を粘り強く仕上げてくれたデザイナーの上田壽彦氏、文章校正から平易な現代語にするべくライティングを手伝ってくれた山下芳恵女史、滝澤孝一氏、小園浩氏、ゲラチェックをともにしてくださった池上弘康氏、序文をおよせくださり、私に相術を授けてくれた鍾進添老師に感謝申し上げます。

山道帰一

二〇一七年十二月一日

[著者]
麻衣　道者（まい　どうしゃ）
中国五代から宋代にかけての著名な相術家。宋代の僧文瑩撰『湘山野録』、邵伯溫『聞見前録』などの文献から麻衣道者の名前を見出せるため実在した人物である。相書、相術名としての「麻衣相法」とは、後人たちが伝説の麻衣道者を作者として仮託していった集大成とされる。麻衣相法の特徴は、人の面相、五官、骨格、気色、体形、手の掌紋などから吉凶禍福を推測し、人の貴賤から寿命の長短までを判断する面相術となっている点である。華山の石室で陳摶（陳希夷）に相法を伝えたとされる。別称として麻衣道人、麻衣道士とも呼ばれる。著作として『麻衣相法全編』『火珠林』『正易心法』がある。

[編訳者]
山道　帰一（やまみち　きいつ）
五術に造詣の深い家元の家庭に生まれ、幼少の頃より五術を学ぶ。東洋大学印度哲学科を卒業し、台湾師範大学、韓国西江大学に留学。中国・台湾において道教・仙道のフィールドワークの後に日本に帰国。アジアにおける正しい伝統文化のあり方を志向し、世界的に著名な風水師達からも活動を高く評価され支援されている。風水、養生学指導を通じて活動範囲は、大学機関・法人に広がり、環境を配慮する建設・環境保護団体などから、高い評価を受けている。台湾五術界の国宝的存在である鍾進添老師の高弟。
ブログ「風水山道」（http://blog.yamamichi.org/）にて活動を紹介。

完全定本《かんぜんていほん》　人相学大全《にんそうがくたいぜん》【麻衣版《まいばん》】

2018年5月20日　初版印刷
2018年5月30日　初版発行

著　者　麻衣道者
編訳者　山道帰一
装　幀　木ノ下努（株式会社　スターダイバー）

発行者　小野寺優
発行所　株式会社河出書房新社
東京都渋谷区千駄ヶ谷2-32-2
電話(03)3404-1201[営業]　(03)3404-8611[編集]
http://www.kawade.co.jp/
組　版　一企画
印　刷　株式会社亨有堂印刷所
製　本　小泉製本株式会社

Printed in Japan
ISBN978-4-309-27948-0